増補新版

人間の条件
そんなものない

立岩真也

新曜社

よりみちパン！セ

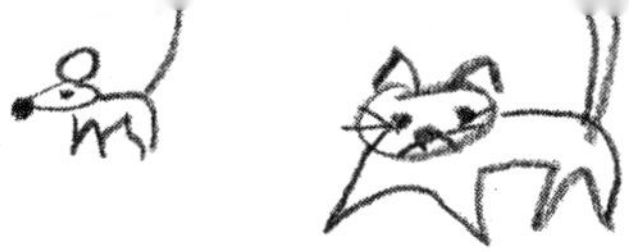

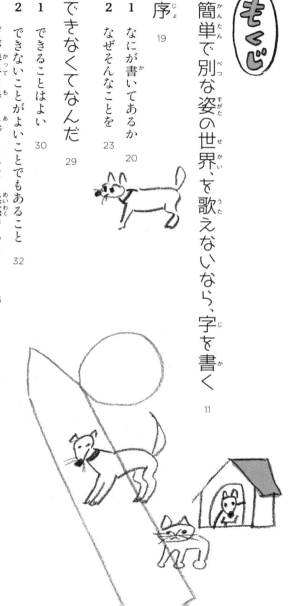

もくじ

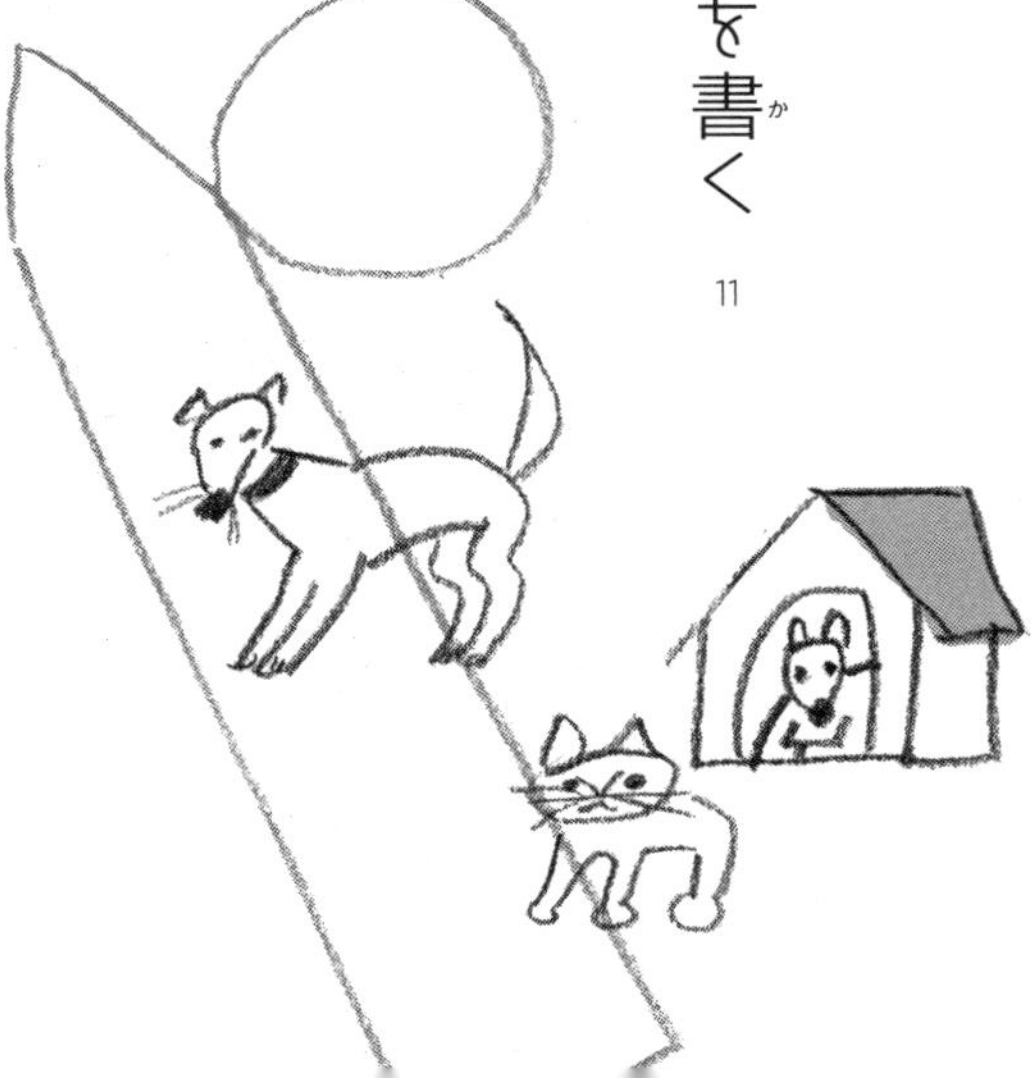

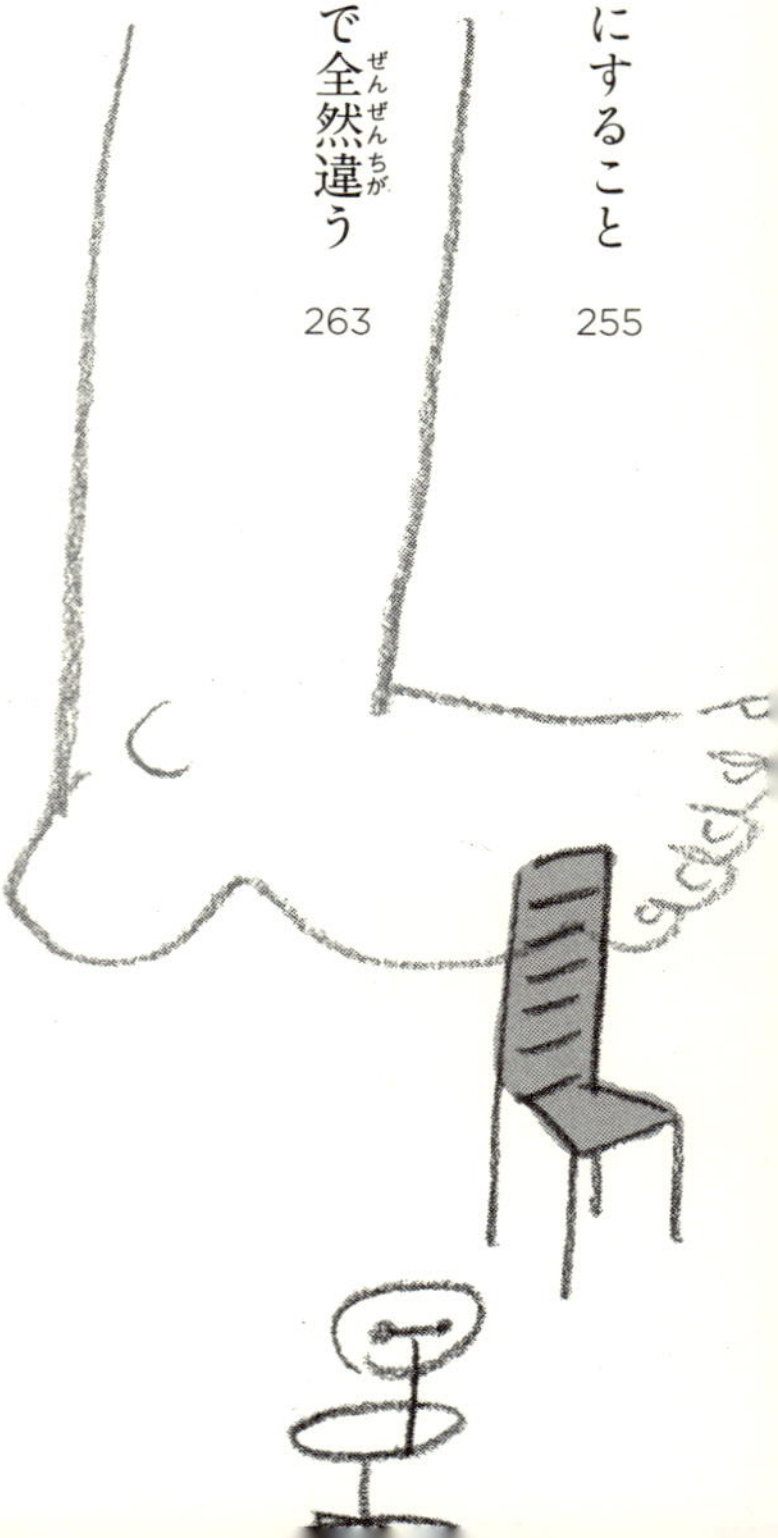

補《ほ》　301

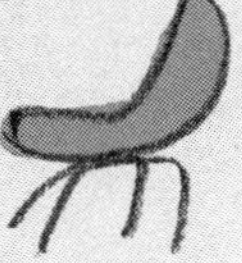

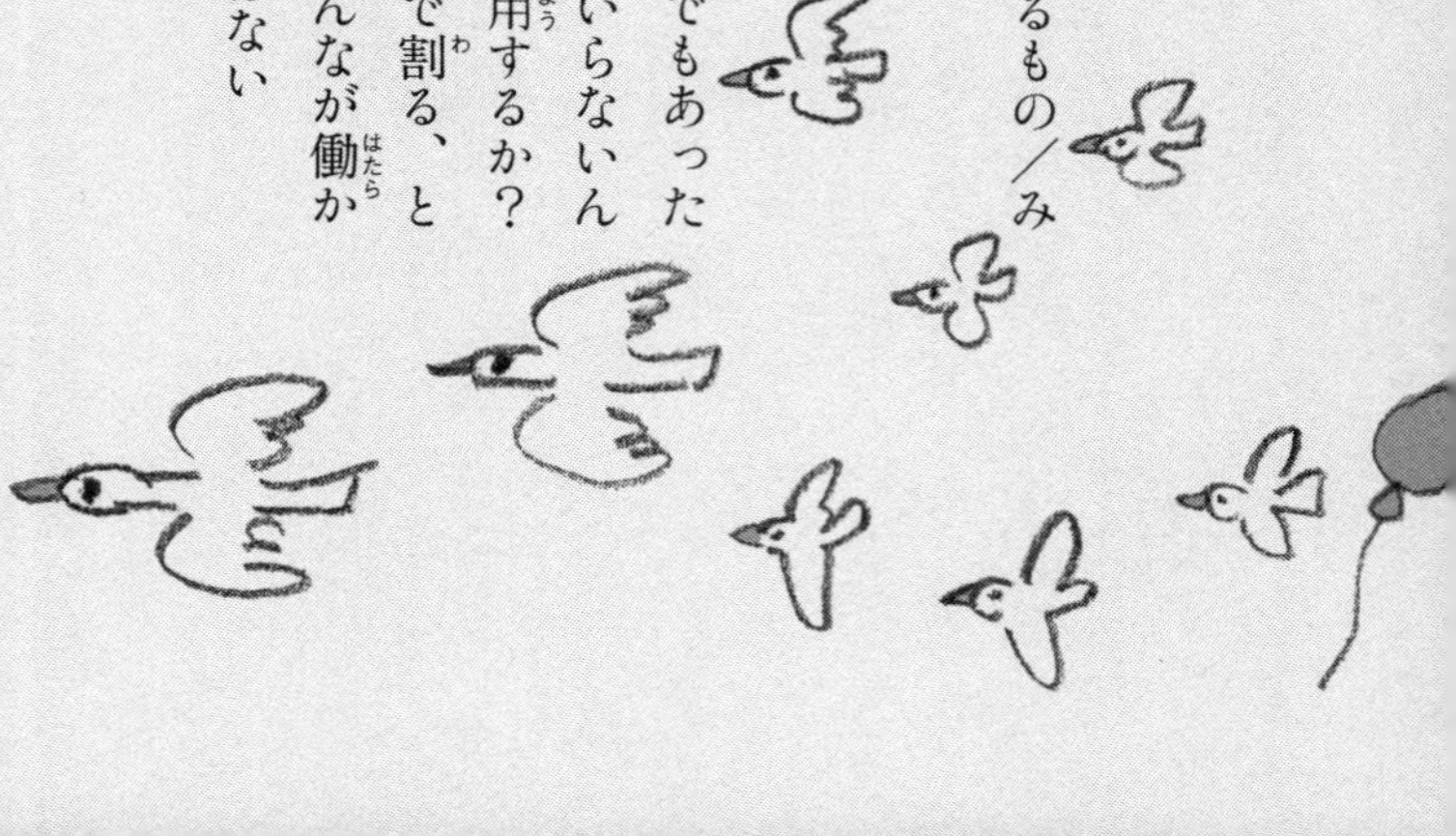

簡単《かんたん》で別《べつ》な姿《すがた》の世界《せかい》、を歌《うた》えないなら、字《じ》を書《か》く

二〇一〇年《ねん》に二十歳《はたち》になった子《こ》がいて、質問《しつもん》したら、RCサクセション・忌野清《いまわのきよ》志郎《しろう》といったあたりはあまり聴《き》かないと言《い》う。だから、中学生以上《ちゅうがくせいいじょう》はどうぞ、というこのシリーズの本《ほん》に書《か》いてもだめかなとは思《おも》いつつ、書《か》くのだが、この本《ほん》を仕《し》上《あ》げねばと仕事《しごと》をしていた二〇一〇年《ねん》の五月《がつ》二日《にち》は清志郎《きよしろう》（一九五一年生《ねんう》まれ）の一周忌《しゅうき》の日《ひ》で、FMで一日中《いちにちじゅう》彼《かれ》の歌《うた》をやっていて、すくなくともそれから数日《すうじつ》、はまってしまった。ユーチューブをそれまでほとんど使《つか》ったことのない私《わたし》は、「スローバラード」（一九七六年《ねん》）の各種《かくしゅ》ライブ版《ばん》やらいくつかの種類《しゅるい》のを、そして、それまで聴《き》いたことのない曲《きょく》やら含《ふく》めて、ずっと聴《き》きながら、この本《ほん》の原稿《げんこう》をなんとか仕《し》上《あ》げようとしてきたのだ。

じつは彼《かれ》のものをそう聴《き》いてきたわけではない。むしろ「洋《よう》もの」を聴《き》くことが多《おお》くて、それは原稿仕事《げんこうしごと》をしながら音《おと》をかけているので、英語《えいご》の歌詞《かし》だと頭《あたま》に入《はい》らなくてよいという事情《じじょう》もあったように思《おも》う――おかげで、かどうなのか、英語《えいご》を私《わたし》は言語《げんご》としてまるで認識《にんしき》できないようになってしまっている。そしてここ長《なが》くは「歌《うた》もの」を聴《き》くことも少《すく》なかった。のだが、数日《すうじつ》は清志郎《きよしろう》を聴《き》いていた。

なんでこんなことをここに書《か》いているかは、この本《ほん》の「**III**　しかしこの世の仕組み」（85ページ〜）を読《よ》んでもらうと少《すこ》しわかってもらえるかもしれない。その歌《うた》は、なにか新規《しんき》なというよりは、ものすごく正統《せいとう》なコード進行《しんこう》とメロディーと、そしてものすごく短《みじか》い歌詞《かし》の歌《うた》で、しかし、他《ほか》の数《かず》あるまともな歌《うた》たちもまたそうであるように、あるいは歌《うた》でない様々《さまざま》なものたちもまたそうであるように、それだけでよいのだ、ほんとうは。

でも私《わたし》は字《じ》を書《か》いている。なんで、そしてなにを書《か》いてきたのか、書《か》いているのか。この本《ほん》では、他《ほか》に書《か》いてないこともいくらか混《ま》ぜながらそんなことを少し書いてみた。

一人《ひとり》で書《か》いた三《みっ》つめの本《ほん》の副題《ふくだい》が「簡単《かんたん》で別《べつ》な姿《すがた》の世界《せかい》」という（二〇〇四年《ねん》）。本題《ほんだい》は『自由《じゆう》の平等《びょうどう》』というすごくべたな題《だい》なのだが、その表紙《ひょうし》はひと工夫《くふう》したつもりで、この二つの題《だい》を『自由《じゆう》の平等《びょうどう》——簡単《かんたん》で別《べつ》な姿《すがた》の世界《せかい》』と普通《ふつう》にならべて読《よ》むこともできるのだが、「自由《じゆう》の簡単《かんたん》な姿《すがた》」「平等《びょうどう》で別《べつ》の世界《せかい》」と読《よ》むこともできる。

そんなことを考《かんが》えていて、書《か》いている。

なんでそんなことをわざわざという気《き》もする。けれども、書《か》いた方《ほう》がよいのだろうと思《おも》うところもあって、書《か》いている。

そして、歌《うた》うならともかく、字《じ》を書《か》くなら、退屈《たいくつ》でも、長《なが》くなっても、順番《じゅんばん》どおりに書《か》こうと思《おも》ってきた。それで、まわりくどいとか、ぐねぐねしているとか、私《わたし》の書《か》きものの評判《ひょうばん》はさんざんなのだ。けれどもそれは仕方《しかた》がないと居直《いなお》ることにした。短《みじか》く言《い》えることや言葉《ことば》もいらないようなことは清志郎《きよしろう》のような人《ひと》に歌《うた》ってもらったらよい。私《わたし》（たち）はそのずっと後《あと》にいて、退屈《たいくつ》な、でも必要《ひつよう》だとは思《おも》う仕事《しごと》をする。そういうことだろうと思う。

それでもこの本《ほん》を、今《いま》までのものに比《くら》べてぐねぐねしないように、書《か》こうと思《おも》った。ただ部分的《ぶぶんてき》には、ちかごろは大人《おとな》の間《あいだ》でもしないような話《はなし》が混《ま》ざっていて、今《いま》的《てき》には普通《ふつう》でない話《はなし》もあることはある。てきとうに飛《と》ばしてもらってもよい。でも、基本的《きほんてき》には、むだなことは書《か》いてないはずだ。

本書《ほんしょ》（＝この本《ほん》）は、ウェブ連載《れんさい》「人間の条件《にんげんのじょうけん》」がもとになっている。その連載《れんさい》名《めい》はもらったものだ。すごい題《だい》だなと思《おも》ったのだが、そのまま連載《れんさい》は始《はじ》まった。本《ほん》にする時《とき》にはぜんぜん違《ちが》った題《だい》にと思《おも》ったのだが、それで行《い》きますと言《い》われ、怖《お》じ気《け》づきはしたが、受《う》け入《い》れ、副題《ふくだい》をつけて、使《つか》わせていただくことにした。本《ほん》にするにあたり、かなり大幅《おおはば》な加筆《かひつ》、順番《じゅんばん》の入《い》れ替《か》えなどを行《おこ》なった。

連載《れんさい》の最初《さいしょ》は学校《がっこう》の話《はなし》をしていたのだが、その部分《ぶぶん》などはそっくり使《つか》っていない。また、もっと「具体的《ぐたいてき》」な話《はなし》をしたいとも考《かんが》える。どこかで連載《れんさい》を続《つづ》けてさせてもらうと続篇《ぞくへん》になるかもだ。つきましては、わからないとか言《い》われる、その何《なに》がわからないのか私《わたし》はわかりたい。ので、返事《へんじ》はできないとしても、tae01303@nifty.ne.jp（立岩《たていわ》）まで連絡《れんらく》をください。読《よ》ませていただきます。

視覚障害《しかくしょうがい》などで活字版《かつじばん》が不便《ふべん》な人《ひと》にこの本《ほん》のテキスト・ファイルを提供《ていきょう》します。同《おな》じアドレスまで連絡《れんらく》をください。

ほぼ以上《いじょう》が初版《しょはん》の始《はじ》まり。その後《ご》その本《ほん》は、数奇《すうき》な運命《うんめい》を辿《たど》った。そのことは「終《お》わりに」（421ページ）に書《か》く。また出《だ》してもらえることになって、それでついでだから、と少《すこ》し加《くわ》えて、本第《ほんだい》二版《はん》とすることにした。そのこともそこに書《か》いておく。総《そう》ルビ付《つ》きの「よりみちパン！セ」だが、この本《ほん》は、じつは、しばらく人生《じんせい》やってからの方《ほう》がよいのではと思《おも》う。「それまでの人生《じんせい》」がないと、「何《なん》でこんなことをやっているんだろう、この人《ひと》は？」となるかもだ。

ただ一《ひと》つ、「I　できなくてなんだ」（29ページ）そして「II　ならどうならよいか」（77ページ）辺《あた》りまでは、社会《しゃかい》を長《なが》く生《い》きていないとわからない部品《ぶひん》も出《で》てこない。誰《だれ》も自分《じぶん》が見知《みし》っている範囲《はんい》でわかる部分《ぶぶん》だ。また、「自分《じぶん》でできる」のがどのぐらいよいか、そんなによくもないかについて、その全体《ぜんたい》を書《か》いた本《ほん》は、私《わたし》の他《ほか》の本《ほん》にも、世《よ》の中《なか》にも他《ほか》にないと思《おも》う。私《わたし》もそうだったが、「自分《じぶん》のことは自分《じぶん》でしなさい」と毎日《まいにち》言《い》われているのだから、「なんで？」を考《かんが》えるために、まずここを読《よ》んでもらうのがよいと思《おも》う。

あとの部分《ぶぶん》は、私《わたし》がこれまでいろいろな本《ほん》で書《か》いてきたことを繰《く》り返《かえ》している部《ぶ》分《ぶん》も多《おお》い。ただ、そのいろいろな本《ほん》の数《かず》が妙《みょう》に多《おお》いので（→「本《ほん》の紹介《しょうかい》」、421ページ）、まず一《ひと》つならこの本《ほん》はありかと思《おも》う。文庫本《ぶんこぼん》になったものを除《のぞ》くと、私《わたし》の他《ほか》の本《ほん》より安《やす》くもある。紙《かみ》の質《しつ》のせいか、軽《かる》くもある。絵《え》がある。よいと思《おも》う。

人間の条件　そんなものない

序《じょ》

立岩先生の文章って・・・
ころ ころ
どんだけ わかりにくそ
ぐねぐねしてるの?・
しかもフツーで
なくて わかりにく
いって・・・
・・・・・
なんでそんな文章
書いてるんですか?
・・・・
読んでみて
ください・・・

1　なにが書《か》いてあるか

できることはよいことか。たしかによいこともあるけれども、世間《せけん》で思《おも》われているほどではない。できなくても、自分《じぶん》でしなくても、他《ほか》の人《ひと》がやってくれるなら、その方《ほう》が楽《らく》だということもある。（I、29ページ〜）

だからといって、べつにしないことを持《も》ち上《あ》げようとは思《おも》わない。なにかよいことしたら、その分《ぶん》の苦労《くろう》は報《むく》われてもよいとは思《おも》う。（II、77ページ〜）

だがしかしこの社会《しゃかい》では、このぐらいはもっともというところを超《こ》えて、自分《じぶん》ができることがよいことだということになっている。どのようにか。またどうしてか。

A：自分《じぶん》ができると自分《じぶん》が得《とく》をすることがある。そのような仕組《しく》みの社会《しゃかい》に私《わたし》たちは生《い》きている。さらに**B**：自分《じぶん》ができることが自分《じぶん》の価値《かち》であるという価値《かち》がある。

そんな価値観《かちかん》のある社会《しゃかい》に私《わたし》たちは生《い》きている。

そして、私《わたし》たちの社会《しゃかい》は、AとBについて、それが当然《とうぜん》であると、正《ただ》しいことであるとしている。しかしそんなことはない。つまり、できるから得《とく》をするのは当然《とうぜん》のことではない。またできる人《ひと》をほめてもよいが、それはそれ以上《いじょう》でも以下《いか》でもない。（**III**、85ページ〜）

もう一つ、正《ただ》しい正《ただ》しくないは別《べつ》として、できる人《ひと》に多《おお》く渡《わた》すのは必要《ひつよう》である、仕方《しかた》がないという説《せつ》がある。これにはもっともなところがある。深刻《しんこく》に一途《いちず》に考《かんが》えると難《むずか》しいことになる。私《わたし》はしばらくそれにはまってしまい、どうしたものやらといろいろと考《かんが》えることになった。（**IV**、111ページ〜）

そうしてあれこれ考《かんが》えていくと、じつは、人《ひと》と**A**・**B**と違《ちが》うものを信《しん》じていることがわかる。ではなにを信《しん》じているのか。それを書《か》く。（**V**、133ページ〜）

しかしそれにしても、人《ひと》がよいものを安《やす》く手《て》に入《い》れようとし、働《はたら》いたらよいことがあった方《ほう》がよいと思《おも》うなら、差《さ》は仕方《しかた》がない、必要《ひつよう》だというお話《はなし》が終《お》わっていない。そのことについて考《かんが》える。そんな気持《きも》ちがなくなることはないだろうし、根絶《こんぜつ》させる必要《ひつよう》もないだろうが、だからといって今《いま》ある差《さ》を受《う》け入《い》れる必要《ひつよう》などないこ

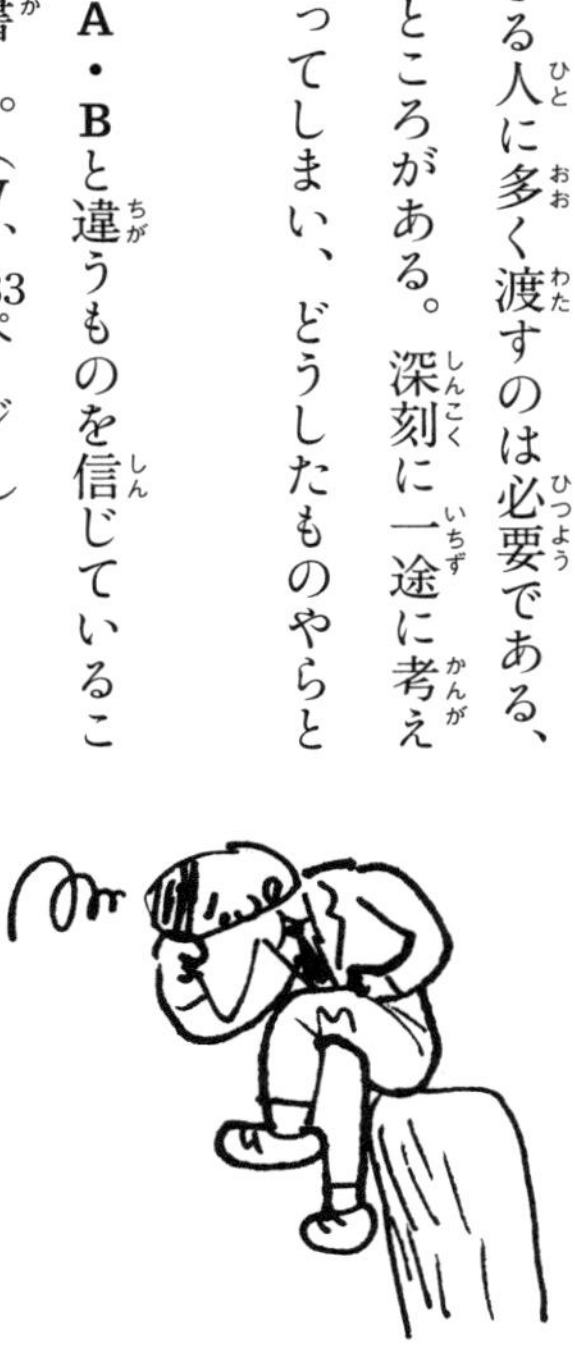

とを言《い》う。（**VI**、151ページ〜）

だが、私《わたし》たちの社会《しゃかい》は**III**（前《ぜん》ページ参照《さんしょう》）を正面《しょうめん》から問題《もんだい》にせず、「機会《きかい》の平等《びょうどう》」を言《い》い、それを実現《じつげん》すれば、差《さ》も少《すく》なくなっていくと言《い》ってきた。しかしそんなにうまくいかないという話《はなし》をする。（**VII**、167ページ〜）

むしろ、いろいろな要因《よういん》があって、差《さ》は大《おお》きくなっていく。そうした要因《よういん》のうちのいくつかだけをあげる。（**VIII**、187ページ〜）

ではなにを言《い》おうか。一つ、「ぴんはね」されている「搾取《さくしゅ》」されているという批判《ひはん》があった。これは、言《い》い方《かた》によっては使《つか》えるが、うまく言《い》わないと使《つか》えない。一つ、「最低限《さいていげん》」を保障《ほしょう》せよという主張《しゅちょう》があった。大変《たいへん》もっともだが、こればかり言《い》うと、かえって辛《つら》くなってしまうことがある。（**IX**、207ページ〜）

さてそれでどうするか。世界《せかい》の分《わ》け方《かた》について、その「さわり」を簡単《かんたん》に述《の》べる。まず世界《せかい》にあるものを人数《にんずう》で割《わ》ってしまってしまわないかというところから始《はじ》める。その上《うえ》で、いくらかの差《さ》もあってよい、また仕方《しかた》がないとする。（**X**、227ページ〜）

ただ一人《ひとり》ひとりの身体《からだ》には違《ちが》いもある。同《おな》じではやはり都合《つごう》がわるい。ではそこはどうしたらよいかと考《かんが》える。そのついでに、「本人《ほんにん》がほしいだけ」という分《わ》け方《かた》

だってまったく非現実的《ひげんじつてき》ではないことを言《い》う。（**XI**、251ページ〜）

そしてさらに、お金《かね》だけでなく、ものを作《つく》る際《さい》の材料《ざいりょう》（知識《ちしき》とか技術《ぎじゅつ》も含《ふく》む）も、仕事《しごと》も分《わ》けるとよいと付《つ》け足《た》す。（**XII**、275ページ〜）

だいたいそんなことを本書《ほんしょ》（この本《ほん》）では書《か》く。

2　なぜそんなことを

「なにをいったい」と思《おも》う人《ひと》もいるかもしれない。また「なにを今《いま》さら」と思《おも》うかもしれない。けれども、これが私《わたし》が気《き》になって考《かんが》えてきたことだ。「どうして?」と聞《き》かれても、よくはわからない。

ただまず一つ、できると得《とく》すること、得《とく》してよいとされること、できる人《ひと》は価値《かち》づけられてよいとされることは、この社会《しゃかい》の一番大《ばんおお》きな部品《ぶひん》だと思《おも》う。なんでも疑《うたが》うのが仕事《しごと》であるはずの（近代《きんだい》の）学問《がくもん》でも、このことは前提《ぜんてい》に置《お》かれていて、私《わたし》にはとても不思議《ふしぎ》なことに思《おも》えるのだが、疑《うたが》われていない。このことは、私《わたし》がだんだんとものを読《よ》んでいったりして、さらに一見《いっけん》、業績《ぎょうせき》だとか達成《たっせい》だとかといった

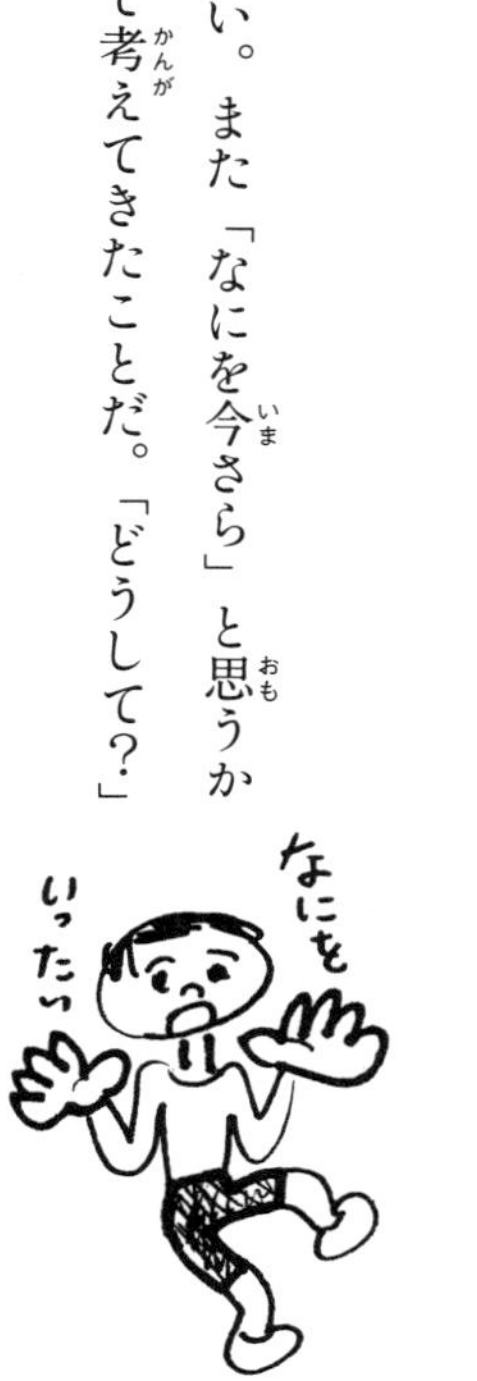

「経済《けいざい》」っぽい言葉《ことば》には縁《えん》のなさそうに思《おも》えるたとえば「生命倫理《せいめいりんり》」といった分野《ぶんや》のものを読《よ》んでいったりしても、実感《じっかん》していくことになったことだ。生死《せいし》に関《かか》わる境界《きょうかい》を決定《けってい》するものは、つまりは自分《じぶん》や外界《がいかい》を意識《いしき》し制御《せいぎょ》できる能力《のうりょく》であるとされる。短《みじか》くともざっと四百年《ねん》ぐらいは、この路線《ろせん》で（西洋《せいよう》の近代《きんだい》の）思想《しそう》はやってきたのである。

「どうしてだろう？」と私《わたし》は思《おも》ってしまう。今《いま》でもほんとうのところはよくはわからない。しかし、ともかく、大《おお》きく括《くく》れば社会思想《しゃかいしそう》において、またわりあい近年《きんねん》に現《あらわ》れたものとしての政治哲学《せいじてつがく》だとか生命倫理学《せいめいりんりがく》といったものにおいても、そうなっている。それで、利口《りこう》な猿《さる》は殺《ころ》してならないが、利口《りこう》でない（人間《にんげん》の）赤《あか》ん坊《ぼう》は殺《ころ》してよいというようなことを言《い》う人《ひと》も出《で》てくる（こんなことを言《い》う人《ひと》のことは、私《わたし》の本《ほん》だと、筑摩書房刊《ちくましょぼうかん》の『唯《ただ》の生《せい》』の第《だい》一章《しょう》「人命《じんめい》の特別《とくべつ》を言《い》わず／言《い》う」に出《で》てくる）。もちろんそこまではっきり言《い》う人《ひと》はそう多《おお》くはないが、それでも、煎《せん》じ詰《つ》めればそういう発想《はっそう》が、抜《ぬ》きがたくある。

ものを考《かんが》えて、そしてものを言《い》うなら、その相手《あいて》は大《おお》きなものの方《ほう》がよいということもある。ただ、せっかくなら大《おお》ものを狙《ねら》おうみたいなつもりからというより、

一つ、そんな具合《ぐあい》に社会《しゃかい》ができていると困《こま》る人《ひと》がたくさんいると思《おも》ったし、困《こま》らない方《ほう》がよい、困《こま》る必要《ひつよう》がないと思《おも》った。大《おお》きなものであっても、それがよいものであれば、相手《あいて》にする必要《ひつよう》はない。ほっとくか、あるいはほめていればよいのだ。しかし私《わたし》はそう思《おも》わなかった。

「能力《のうりょく》」という言葉《ことば》は英語《えいご》だと「ability」だが、それに「非《ひ》」という意味《いみ》の「dis」を付《つ》けると「disability」（「非《ひ》－能力《のうりょく》」）になって、これは日本語《にほんご》だと普通《ふつう》「障害《しょうがい》」と訳《やく》す。障害《しょうがい》がある人《ひと》、つまりできないことがある人《ひと》ということで、まずはそうだねということになる。そしてそのできない人《ひと》は、この社会《しゃかい》で損《そん》をする。しかし損《そん》をすることがよいことだと思《おも》えなかった。

むろん多《おお》くの人《ひと》はそこそこにはできる。そうひどく損《そん》をすることはないかもしれない。ただ、そのことを気《き》にしなければならないことまで含《ふく》めて考《かんが》えると、多《おお》くの人《ひと》がそこに引《ひ》きずり込《こ》まれてもいる。そんなものはだめだ、やめてしまおうと言《い》えばよいと思《おも》った。

といったことを書《か》いていると、なにか私《わたし》は「弱者《じゃくしゃ》の味方《みかた》」をしたがる輩《やから》だと言《い》う人《ひと》がいる。公的見解的《こうてきけんかいてき》にそれに応《こた》えると、このような仕組《しく》みの社会《しゃかい》であるから

「弱者《じゃくしゃ》」が現《あらわ》れるのであると、もとからその「弱者《じゃくしゃ》」というものがいるわけではないと返《かえ》すことになる。そして次《つぎ》に、べつに嫌《きら》いでもないが、べつに好《す》きでもないと答《こた》えることになる。また、家族《かぞく》かなにかに「そういう方《かた》がいらっしゃるのですか？」みたいなことを問《と》われることもある。とくにいないと答《こた》える。むろんすこし範囲《はんい》を広《ひろ》げれば、また長《なが》い時間《じかん》をとればいろいろといるに決《き》まっているのだが、だからこんなことを考《かんが》えよう言《い》おうと思《おも》ったわけではないと、答《こた》えることになる。

では「初発《しょはつ》の動機《どうき》」はなんなのか。よくはわからない。ただ、「能力主義《のうりょくしゅぎ》」がとんでもなく重《おも》いものとしてのしかかっているとまでは思《おも》わなかったが、しかしそれでも、分不相応《ぶんふそうおう》にはびこっているとは思《おも》い、それが気色《きしょく》わるいと感《かん》じてきたのだろうと思《おも》う。それほどでもないものを後生大事《ごしょうだいじ》にしている人《ひと》たちがいて、それほどのものかと思《おも》ってきた。

次《つぎ》に一つ、このような仕組《しく》みや価値観《かちかん》のことを「能力主義《のうりょくしゅぎ》」とか呼《よ》んで、そしてそれがだめなんだと言《い》った人《ひと》たちが、私《わたし》（たち）の前《まえ》の時代《じだい》——というよりは手前《てまえ》の、一九七〇年《ねん》あたりの前《まえ》や後《うしろ》の時期《じき》——にいた。それで私《わたし》もなるほどと思《おも》った。その人《ひと》たちの方《ほう》がもっともだと思《おも》った。私《わたし》もその方向《ほうこう》で行《い》くことにした。その人《ひと》たちの中《なか》には学者《がくしゃ》もいたけれど、そういう学問《がくもん》とかあまり関係《かんけい》ないところで、そんな気《き》にさせてくれた人《ひと》たちもいたと思《おも》う。「対抗文化《たいこうぶんか》」（カウンター・カルチャー）と呼《よ》ばれたものがあったのだが——今《いま》でもあるのかもしれない——、それは「主流《しゅりゅう》」の文化《ぶんか》をばかにしたりしたのである。「ばかにすればよいのか、なるほど」、というわけだ。

そして、そういう「青少年向《せいしょうねんむ》け」のものだけでなく、この日本《にほん》という社会《しゃかい》の場合《ばあい》、そういう発想《はっそう》がわりあい認《みと》められるような「部分《ぶぶん》」も昔《むかし》からあったように思《おも》う。「たかが人間《にんげん》のすることなんて」みたいな、「諸行無常《しょぎょうむじょう》」みたいな感覚《かんかく》である。

たださらにもう一つ、「だけどどうなのよ」、とも思《おも》った。気分《きぶん》としてはわかるけども、実際《じっさい》にどういうことになるのだろうと思《おも》った。たとえば主流《しゅりゅう》をばかにする歌《うた》にしても、歌《うた》のうまい人《ひと》が作《つく》って歌《うた》っているのだ。私《わたし》にしても、出来不出来《できふでき》はともかく、文章《ぶんしょう》が書《か》けるから書《か》いているのだ。「無常《むじょう》」とかいって日曜日《にちようび》に座禅《ざぜん》なんか組《く》んでる人《ひと》が、月曜《げつよう》からはたしかに無常《むじょう》な娑婆《しゃば》の世界《せかい》で切《き》った張《は》ったをやっていくのだ。そして、この社会《しゃかい》の仕組《しく》みとして、実際《じっさい》のところなにをどうするのよ、どうすることができるのだろう、と思《おも》った。

そんなわけで、考《かんが》えることになって、大学生《だいがくせい》を始《はじ》めたころからだと三十年《ねん》もやっていて、今《いま》に至《いた》る、ということになっている。この「問題意識《もんだいいしき》」を誰《だれ》もが共有《きょうゆう》するべきだとは言《い》わない。実際《じっさい》、こんなことを言《い》うと——私《わたし》はだいたい授業《じゅぎょう》などでもこんな話《はなし》をしてきた——反応《はんのう》する人《ひと》としない人《ひと》がいる。反応《はんのう》しない人《ひと》の中《なか》には、私《わたし》があまりに当《あ》たり前《まえ》の正《ただ》しいことを言《い》うものだから、聞《き》かなくてもよいという人《ひと》もいるだろう。ならばけっこうなことである。また別《べつ》の種類《しゅるい》の人《ひと》もいるのだろう。大切《たいせつ》にしているものを否定《ひてい》されると、それを否定《ひてい》するかあるいは無視《むし》することにする人《ひと》もいるだろう。そんなことをいろいろと忖度《そんたく》しても仕方《しかた》がない。しかしできるだけ多《おお》くの人《ひと》に伝《つた》わるとよいなとは思《おも》っている。賛成《さんせい》してくれなくてもよいから考《かんが》えてほしいものだと思《おも》っている。さて始《はじ》めよう。

I できなくてなんだ

1　できることはよい

できることはよいことだということになっている。なぜできるとよいのか。たんにできることが楽《たの》しいということもある。まず、できることがというより、できて行《おこ》なっていることそのものが気持《きも》ちがよかったりといったことがある。海《うみ》に出《で》て泳《およ》いだらなんだか気持《きも》ちがよかったというように——これは犬《いぬ》にもありそうなことだ。そして、できるようになってうれしいということもあるだろう。これまでできなかった逆上《さかあ》がりができてうれしいとか——これはわりあい人間的《にんげんてき》なできごとかもしれない。

次《つぎ》に、ときにはそうして楽《たの》しみながらということもあるが、できるとなにかが作《つく》り出《だ》されて、それを使《つか》って生《い》きていけるから、できるとよいということがある。米《こめ》

を作《つく》れると、米《こめ》ができて、米《こめ》を食《た》べて私《わたし》たちは生《い》きていける。生《い》きていくことがよいことであるなら、あるいは、よいかどうかわからないが生《い》きていくことにしたならば、生《い》きていくために必要《ひつよう》なことをすることは、そしてすることができることはよいことである。

できるというだけでは、そのできることやすることがよいことであるかわるいことであるのかは決《き》まっていない。そしてわるいことができることはあまりほめられない。ただ、よいことができる能力《のうりょく》とわるいことができる能力《のうりょく》は、能力《のうりょく》としては変《か》わらないとされる。身体《しんたい》の能力《のうりょく》にしても、知能《ちのう》にしても、どちらにも使《つか》える。だから、よいことに使《つか》えばよいとされる。そのようにできるのであれば、その力《ちから》をつけること、力《ちから》があることはよいことだということになる。ただ、人間《にんげん》というものはなにかできてしまうとろくなことにその力《ちから》を使《つか》わないと決《き》まったものだとするなら、できないことの方《ほう》がむしろよいということにもなりうる。そうかもしれない。少《すこ》し見《み》ておこう。

2　できないことがよいことでもあること

できるという言葉《ことば》には、多《おお》くの場合《ばあい》、よいことができるという意味《いみ》が最初《さいしょ》から入《はい》っている。だから、（よいことが）できることはよい。それだけと言《い》えばそれだけのことだ。他方《たほう》、わるいことをするのはよくない。だからわるいことができることはわるい、と言《い》えるか。けれども、わるいことができるとしても、しないこともできる。そして多《おお》くの場合《ばあい》、よいことをする力《ちから》もわるいことをする力《ちから》も同《おな》じ力《ちから》、たとえば体力《たいりょく》だったり知力《ちりょく》だったりする。だから、できることはよいことであるとした上《うえ》で、わるいことはできてもしないようにしよう。こんなところが普通《ふつう》の落《お》としどころだ。

ただそれでも、できることがよくないという気持《きも》ちにもわかるところがあるように思《おも》う。それは、この世《よ》に起《お》こること、というより、人《ひと》がすることは総《そう》じてろくでもないと考《かんが》える場合《ばあい》である。こんな場合《ばあい》には、人《ひと》がやっていることはだいたいみなわるいことなのだから、できない人《ひと》、しない人《ひと》の方《ほう》が偉《えら》いということにもなる。

そんな話《はなし》は経済《けいざい》や政治《せいじ》が語《かた》られるような場所《ばしょ》ではまず出《で》てこない。けれども文学《ぶんがく》にはあるようだ。ドストエフスキーという作家《さっか》に『白痴《はくち》』という作品《さくひん》がある。読《よ》んだことがあるかどうかも含《ふく》めてすっかり忘《わす》れていて、さきほど概要《がいよう》を調《しら》べてみて、やはり読《よ》んでないことがわかった。黒澤明《くろさわあきら》の監督《かんとく》で、舞台《ぶたい》が北海道《ほっかいどう》に移《うつ》されて、映画《えいが》にもなった。こちらは見《み》たはずだ。今《いま》は「白痴《はくち》」という言葉《ことば》は差別語《さべつご》だということで使《つか》われない。たしかに「知《ち》」を「やまいだれ」が囲《かこ》っており、その前《まえ》に「頭《あたま》が真《ま》っ白《しろ》」というときの「白《しろ》」が来《く》るのだから、使《つか》わない方《ほう》がよい。ただ、その上《うえ》で、この「白《しろ》」はわるくないように思《おも》うところがある。ちなみに、この作品《さくひん》に出《で》てくる「白痴《はくち》」の人《ひと》は、今《いま》で言《い》う「重度《じゅうど》の知的障害者《ちてきしょうがいしゃ》」というのではないが、それでも、たとえば映画《えいが》にあってはいくらかはそういう傾向《けいこう》の人《ひと》であり、そして無垢《むく》の人《ひと》として描《えが》かれる。

そういえば、多《おお》くの人《ひと》が子《こ》どもの頃《ころ》に読《よ》む（読《よ》まされる）『イワンの馬鹿《ばか》』（トルストイ著《ちょ》）というのもあった。これはすこし私《わたし》も覚《おぼ》えていた。ここで出《で》てくる「馬鹿《ばか》」は、なにもできない人《ひと》というわけではなくて、働《はたら》き者《もの》であって、愚直《ぐちょく》に、まっすぐにやることをやっていたりもする人《ひと》である。

その他《ほか》、『無能《むのう》の人《ひと》』という映画《えいが》（つげ義春原作《よしはるげんさく》・竹中直人《たけなかなおと》監督《かんとく》）もあったし、いろ

いろあって、ある程度《ていど》は受《う》け入《い》れられている。いずれも実際《じっさい》に出《で》てくる人《ひと》たちはそんなに「無能《むのう》」でなかったりするのだが、しかしそのような方向《ほうこう》の人《ひと》たちではあり、そしてそれよりは、「俗世《ぞくせ》」から離《はな》れた「無垢《むく》」な存在《そんざい》として描《えが》かれる。それは、いくらか日常《にちじょう》の仕事《しごと》に疲《つか》れていたり、人生《じんせい》に疲《つか》れていたり、社会《しゃかい》に対《たい》して斜《しゃ》にかまえていたり、あるいはそんなふりをしたかったり、そんなようなことであるようにも思《おも》われる。そして、そんなことで世《よ》の中《なか》やってはいけないのだと言《い》われそうだ。そして実際《じっさい》、それはそうである。誰《だれ》もなにもできなかったら、暮《く》らしていけない。

ただそうして働《はたら》いて、必要《ひつよう》なものを得《え》て、毎日生《まいにちい》きていくことも含《ふく》めて、それが全体《ぜんたい》としてよくないと、すくなくともたいしてよくないと考《かんが》えることも、そう誤《あやま》っていないかもしれない。これは「地球環境《ちきゅうかんきょう》」のことを心配《しんぱい》する人《ひと》が思《おも》うことかもしれない。人間《にんげん》たちの営《いとな》みが地球《ちきゅう》を破壊《はかい》している、それはよくない、控《ひか》えようというのである。けれど、その地球《ちきゅう》を（結局《けっきょく》は人間《にんげん》のために）よくしていこうという発想《はっそう》ともすこし違《ちが》って、人《ひと》がだんだん少《すく》なくなっていく、そんな世界《せかい》の方《ほう》がよいのに、と思《おも》う人《ひと》もいる。実際《じっさい》にはそうはならないし、そうなるためになにか積極的《せっきょくてき》なことをするべきだとも思《おも》わないのだが、そう思《おも》う人《ひと》はいる。私《わたし》にもそんな傾《かたむ》きがある。そ

れはそんなにおかしなことではないと思《おも》う。

人間《にんげん》たちはもう生《い》きていてしまっているから、今《いま》さら仕方《しかた》がない。生《い》きていけるようにした方《ほう》がよいし、どうせ生《い》きているなら気持《きも》ちよく生《い》きていけた方《ほう》がよい。しかし、人《ひと》が存在《そんざい》していることはそれほどよいことではない。たとえば、いない方《ほう》が静《しず》かでよい。それに対《たい》して、いやそんなことはないと言《い》う人《ひと》はいるだろうし、いてもかまわない。しかし絶対《ぜったい》にその立場《たちば》の方《ほう》が正《ただ》しいというのであれば、その理由《りゆう》を言《い》ってほしいものだ。

そして私《わたし》は、もっともなその理由《りゆう》を聞《き》いたことがない。中《なか》には、たとえばここで私《わたし》が書《か》いているようなことも含《ふく》めて、ことのよしあしを考《かんが》えたり言《い》ったりすること、考《かんが》えたり言《い》ったりできることがよいと言《い》う人《ひと》もいる。しかし私《わたし》にはそれがなぜよいことなのか、わからないし、そのことを説明《せつめい》されたこともない。私《わたし》はものを考《かんが》えて、ものを書《か》いているが、それはまず仕方《しかた》なく必要《ひつよう》だから書《か》いているのだし、いくらかは楽《たの》しいことである場合《ばあい》もないとは言《い》わないが、しかしよいことであるとは思《おも》わない（24ページにも出《で》てきた拙著《せっちょ》――私《わたし》が書《か》いた本《ほん》のことをへりくだって「拙著《せっちょ》」と言《い》う――『唯《ただ》の生《せい》』の第《だい》一章《しょう》「人命《じんめい》の特別《とくべつ》を言《い》わず／言《い》う」に、このことに関係《かんけい》することをすこし書《か》いた）。

むしろ、人《ひと》が観念《かんねん》を有《ゆう》してしまうこと、とくに有限性《ゆうげんせい》を知《し》り死《し》という観念《かんねん》を有《ゆう》してしまったことがよいことであると思《おも》えないし、それがよいことであるという理由《りゆう》も示《しめ》してもらったことがない。詩人《しじん》の長田弘《おさだひろし》に『ねこに未来《みらい》はない』という本《ほん》（角川《かどかわ》文庫《ぶんこ》、一九七一年《ねん》）があるが、猫《ねこ》の方《ほう》がよいように思《おも》う。それは私《わたし》の好《この》みであると認《みと》めてかまわない。ここで言《い》いたいのは、すくなくとも人《ひと》ができること、できてしまっていることが、とくによいことであるという理由《りゆう》を私《わたし》は知《し》らないということである。

3　だが勝手《かって》に持《も》ち上《あ》げられたら迷惑《めいわく》であること

こんなことについてもっと考《かんが》えていくのもよいかもしれない。だが、いったんは離《はな》れることにしよう。「無能《むのう》」がわるいことであると思《おも》えないと述《の》べたのだが、そのように思《おも》われることは当人《とうにん》にとってどんなことだろうか。けっこう迷惑《めいわく》なことがある。

そこにはしばしば誤解《ごかい》や思《おも》い込《こ》みがたくさんある。まず、できるとかできないといったことは、とくに外側《そとがわ》からはよくわからない。そしてさらに、各人《かくじん》にどんな望《のぞ》

みがあり、思《おも》いがあるかもよくわからない。あるいは、わかっても無視《むし》したりすることがある。とくにその「無能《むのう》」な人々《ひとびと》はしばしば「無垢《むく》」な人《ひと》であることにされる――さきほどすこし紹介《しょうかい》した作品《さくひん》などでもそんなことにされたりする――のだが、実際《じっさい》にはそんなことはない。もちろん当人《とうにん》にとって都合《つごう》のよい誤解《ごかい》というものもあるのだが、この場合《ばあい》には困《こま》ることがある。つまり欲《よく》があるのに欲《よく》がないことにされてしまう。すると、その人《ひと》はしたいことができなくなってしまう。これはとても困《こま》る。だからその人《ひと》たちは、なにか「普通《ふつう》の人《ひと》」にあるものがない存在《そんざい》として、またないものがある存在《そんざい》として描《えが》かれ、また扱《あつか》われることに対《たい》して、抗議《こうぎ》し、誤解《ごかい》を解《と》き、そしてその扱《あつか》いを改《あらた》めさせようとしてきた。これはまったくもっとなことだ。勝手《かって》なことを思《おも》っていないか、またしていないか、それはまわりの人《ひと》たちが気《き》をつけなければならないことだ。

なぜ、そんな「歪曲《わいきょく》」が起《お》こってしまうのか。一つに、単純《たんじゅん》に、その方《ほう》が扱《あつか》いが面倒《めんどう》でないために、そのように思《おも》うことにしているというところがある。たとえば、身体《からだ》が動《うご》かない人《ひと》が遠《とお》くに行《い》きたいという欲望《よくぼう》をもっていないことにしたら、面倒《めんどう》でない。性的《せいてき》な欲望《よくぼう》をもっていないとしたら、やはり面倒《めんどう》でない。等々《とうとう》。その結果《けっか》、本人《ほんにん》たちはしたいことができなくなってしまうのだから、これは困《こま》る。そういう誤解《ごかい》は止《や》めてもらわねばならない。

もう一つ、自分《じぶん》にないものを、しかしよいものではあるものを、しかし自分《じぶん》でまともに引《ひ》き受《う》けるつもりはないものを、他《ほか》の人《ひと》に見出《みいだ》してしまう、押《お》しつけてしまう、そしてそのことを称賛《しょうさん》してすませるということがある。

たとえば自分《じぶん》は欲《よく》をもっているが、しかし欲《よく》がないことがよいことであること、自分《じぶん》でほんとうにそう思《おも》っているかはともかく、よいことであるとされていること、上品《じょうひん》なことであることを知《し》っているとしよう。その場合《ばあい》にどうするか。自分《じぶん》で使《つか》い分《わ》けるという手《て》もある。たとえは日《ひ》ごろは実務家《じつむか》として仕事《しごと》をこなしており、非情《ひじょう》に辣腕《らつわん》をふるっていたりするのだが、休日《きゅうじつ》には、どこぞのお寺《てら》かなにかで「精神修養《せいしんしゅうよう》」に務《つと》める、であるとか。それとともに、他人《たにん》に委《ゆだ》ねてしまうという手《て》があるということだ。自分《じぶん》は世俗《せぞく》のあれこれに埋《う》もれて生活《せいかつ》しているのだが、その自分《じぶん》と違《ちが》う「無垢《むく》」な人《ひと》たちがいる、ことにする。そしてその人《ひと》たちをほめることによって、そのような価値《かち》を自分《じぶん》が肯定《こうてい》していることを自分《じぶん》や他人《たにん》たちに示《しめ》す。さらにときには、いくらかの寄付《きふ》ぐらいするかもしれず、そんなことによってさらに示《しめ》す。そし

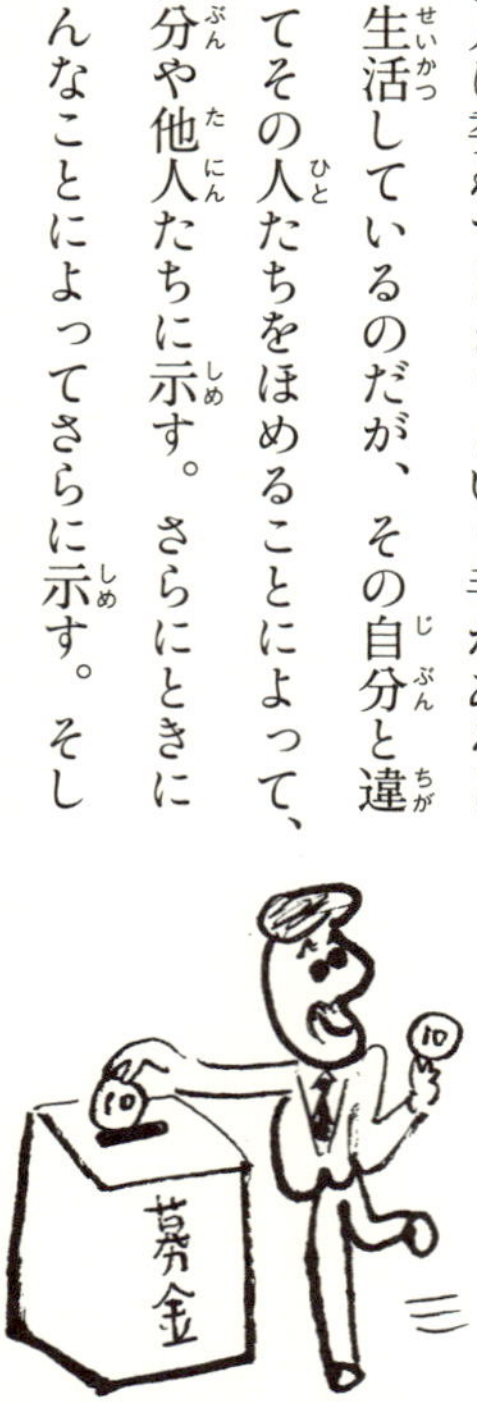

て自分《じぶん》は日《ひ》ごろの普通《ふつう》の生活《せいかつ》を続《つづ》けていく。

そんなことがあると思《おも》う。そして小説《しょうせつ》や映画《えいが》もそんなふうに消費《しょうひ》されてしまうことがある。これを「癒《いや》し」と私《わたし》たちは呼《よ》んでいるのである。やめるべきだとは言《い》わない。自分《じぶん》では引《ひ》き受《う》けられない、あるいは引《ひ》き受《う》ける気《き》がないものを、一時的《いちじてき》に、あるいは別世界《べっせかい》において、別人《べつじん》において、存在《そんざい》させ、いくらか感《かん》じたり、肯定《こうてい》したりする。こんなことが私《わたし》たちの生《せい》のいくらかの部分《ぶぶん》を占《し》めているのは確《たし》かであり、そんなことがなくなることがあるとは思《おも》わない。都会《とかい》で忙《いそが》しくも便利《べんり》な暮《く》らしをしている人《ひと》たちが、田舎《いなか》で暮《く》らす人《ひと》はよいと言《い》ってみたり、あるいは、たまにすこし「体験《たいけん》」したりして、「リフレッシュ」したりするとか、そんなことがある。それ自体《じたい》はべつにわるいことではない。

ただ、すくなくとも、自分《じぶん》（たち）に都合《つごう》のよいように他人《たにん》（たち）を思《おも》い描《えが》き、そして扱《あつか》い、そのことによってその他人《たにん》（たち）に迷惑《めいわく》をかけるのはよくないことだ。このことはわかっておこう。純心《じゅんしん》だとか純朴《じゅんぼく》だとかはよいものであるとされる。田舎《いなか》の人《ひと》はそういう人《ひと》たちであるとされる。しかし、まず本人《ほんにん》たちが、そんなことはないのに勝手《かって》にそういうことにされてしまったら、気持《きも》ちがよくない。そして純真《じゅんしん》とか純朴《じゅんぼく》といった言葉《ことば》は、よい言葉《ことば》であるとともに、消極的《しょうきょくてき》な言葉《ことば》、あるいは人《ひと》をばかにする言葉《ことば》でもある。

さらに、ただ言《い》われるぐらいだったら実害《じつがい》はないかもしれないが、ときには自分《じぶん》たちの行動《こうどう》も制約《せいやく》されることがある。「できない」ことに関《かか》わる場合《ばあい》にはその実害《じつがい》は大《おお》きなものになることがある。よくあるのは、(自分《じぶん》で)「できない」ことについて、そのことに関《かか》わる欲望《よくぼう》・欲求《よっきゅう》がないことにされることだ。したいのだが(自分《じぶん》では)できない。それをするとなると、他人《たにん》(たち)が手伝《てつだ》わなければならない。それは他人《たにん》(たち)にとっては面倒《めんどう》である。そんなとき、しばしば、その人《ひと》にはそんな欲求《よっきゅう》がないとされてしまう。あるいはあることに気《き》づかないことにしてしまうのである。それはよくない。

4　自分《じぶん》でしない方《ほう》が楽《らく》なことがある

人《ひと》が行《おこ》なうこと、行《おこ》なうことができることが、生《い》きていく上《うえ》で必要《ひつよう》であることを認《みと》めるとしても「1」(30ページ〜)、そうした人《ひと》の営《いとな》みも含《ふく》め、よいことだと思《おも》えないことがあることを言《い》った［2］（32ページ～）。だが、もう一つ、できない人《ひと》について勝手《かって》な像《ぞう》を作《つく》って、変《へん》に持《も》ち上《あ》げたり、その行為《こうい》や人生《じんせい》を制約《せいやく》するのはよくないとも言《い》った［3］（36ページ～）。次《つぎ》に、できないことは本人《ほんにん》にとってどうなのか。そのことを考《かんが》えてみよう。

自分《じぶん》にとってできることはどんなことか。自分《じぶん》ができることはよいことであると思《おも》われる。だが、どんなふうによいのだろうか。

このことについてだいぶ以前《いぜん》に書《か》いたことがある。「ないにこしたことはない、か・1」という文章《ぶんしょう》だ（続《つづ》きを書《か》くつもりで「1」なのだが、「2」はまだない）。題《だい》には主語《しゅご》がないが、この文章《ぶんしょう》は二〇〇二年《ねん》に刊行《かんこう》された『障害学《しょうがいがく》の主張《しゅちょう》』（石川准《いしかわじゅん》・倉本《くらもと》智明編《ともあきへん》、明石書店《あかししょてん》）に入《はい》っていて、主語《しゅご》は「障害《しょうがい》は」だ。「障害《しょうがい》」のことを英語《えいご》ではディスアビリティ（disability）と言《い》う。アビリティはできること、能力《のうりょく》という意味《いみ》だから、ディスアビリティは「できないこと」ということになる。つまり、「できないことがあることはないにこしたことはないのか」、「できるにこしたことはないのか」について考《かんが》えてみた。

できた方《ほう》がよいのは当《あ》たり前《まえ》のことのように思《おも》われる。しかし、世《よ》の中《なか》には

不思議《ふしぎ》な人《ひと》（たち）もいて、障害《しょうがい》があってもかまわないとか、あってもよいと言《い》う人《ひと》がいる。つまり、できないでもよい、できなくてよいと言《い》っているわけだ。［3］（36ページ〜）では、いくらか人生《じんせい》に疲《つか》れたみたいな人《ひと》がそんなことを言《い》うことがあると書《か》いた。また、できない人《ひと》を持《も》ち上《あ》げているようで、結局《けっきょく》、その人《ひと》の望《のぞ》みを無視《むし》するような人《ひと》もいた。ただ、当《とう》のできない本人《ほんにん》たちがそんなことを言《い》うことがある。それを聞《き》くと、私《わたし》は、なんだか無理《むり》しているのではないか、やせがまんしているのではないかと思《おも》うところもある。けれどもそうだろうか。

なぜできるとよいのか。たんにできること、できることをすることが楽《たの》しいということもある。ただまず、ときにはそうして楽《たの》しみながらということもあるが、できるとなにかが作《つく》り出《だ》されて、それを使《つか》って生《い》きていけるから、できるとよい。米《こめ》を作《つく》れると、米《こめ》ができて、米《こめ》を食《た》べて私《わたし》たちは生《い》きていける。

しかし、なにかをすることやできるようになることは、楽《たの》しい部分《ぶぶん》もあることはあるが、ある程度《ていど》は手間《てま》のかかることだ。他方《たほう》、食《た》べたり飲《の》んだりすることは必要《ひつよう》なことだし、よいことである。つまり、野菜《やさい》を作《つく》るのは大変《たいへん》だ。しかし野菜《やさい》はいる、食《た》べたい。

するとどうしようか。すなおに考《かんが》えると、他人《たにん》に仕事《しごと》をしてもらって、自分《じぶん》はその結果《けっか》だけ受《う》け取《と》るというのが楽《らく》だ。もちろん、別《べつ》の人間《にんげん》でなくてもよい。動物《どうぶつ》でもよいし、様々《さまざま》な機械《きかい》などにやってもらってもかまわない。

もちろん、自分《じぶん》でできないわけではなく、できるのにあえてしない、他人《たにん》にやってもらうというのでもかまわない。だいたい昔《むかし》の偉《えら》い人《ひと》たちというのは、人《ひと》に様々《さまざま》をさせる人《ひと》たちであり、させることによって自分《じぶん》が偉《えら》いことを示《しめ》していた。あるいは今《いま》も、かなりの金持《かねも》ちの人《ひと》たちは、多《おお》くを人《ひと》にさせている。けれど、できるならそれをしなければならないということなっているのであれば――そして私《わたし》も、あとで説明《せつめい》するが、ある程度《ていど》、そう考《かんが》えているところがある――しなければならないことになる。働《はたら》かなければならないことになる。他方《たほう》、できなければ仕方《しかた》がないということになるかもしれない。そしてできないその人《ひと》は、できない間《あいだ》に別《べつ》のことをしていられるかもしれない。だから、できないことがよいことであることはある。

さぼりたい人《ひと》たちの肩《かた》をもちたいわけではない。ただ、普通《ふつう》に考《かんが》えたら、他人《たにん》にやらせたらよいのではないか、やってもらった方《ほう》がよいではないか、という素朴《そぼく》なところから考《かんが》えてみようということだ。考《かんが》えてみるとそれは当《あ》たり前《まえ》のことだ。だがこの当《あ》たり前《まえ》のことをあまり人《ひと》は言《い》わない。できない人《ひと》をときに人《ひと》はうらやましがったりしてしまうことがあることを［**3**］（36ページ〜）で述《の》べた。そんなことを思《おも》うことの一部《ぶ》にはこのことがあるのかもしれない。

ただ、誰《だれ》かはしなければならない。ある人《ひと》たちがしない、またできないのであれば、別《べつ》の人《ひと》たちがしなければならないことになる。それはその別《べつ》の人《ひと》たちにとっては面倒《めんどう》なことである。

すると、ある人《ひと》ができないことは、その代《か》わりに別《べつ》の人《ひと》たちがしなければならないのなら、そのある人《ひと》にとってはよいことであり、別《べつ》の人《ひと》たちにとってはよくないことである。こうなる。これは、できることはまずその本人《ほんにん》にとってよいことであるという「常識《じょうしき》」と違《ちが》う。しかし、ここまで述《の》べたことになにか間違《まちが》ったところがあるだろうか。ないはずだ。とするとむしろ、なぜ自分《じぶん》ができた方《ほう》がよいのか。そちらの方《ほう》が不思議《ふしぎ》なことのように思《おも》える。そしてこの問《と》いに対《たい》する答《こたえ》は一つではない。

5　代《か》わってもらえない場合《ばあい》

まず、自分《じぶん》でできないとおもしろくないこと、他《ほか》の人《ひと》ができても仕方《しかた》のないこと、他《ほか》の人《ひと》に代《か》わってやってもらえないことがある。

たとえば身体《からだ》を動《うご》かすこと自体《じたい》が気持《きも》ちがよいとして、その気持《きも》ちのよさを他《ほか》の人《ひと》に身体《からだ》を動《うご》かしてもらって得《え》ることはできない。言葉《ことば》を話《はな》すといった場合《ばあい》にはもう少《すこ》し微妙《びみょう》だ。自分《じぶん》の代《か》わりに言《い》ってもらう、外国語《がいこくご》なら通訳《つうやく》してもらって用《よう》が足《た》りることもあるだろう。しかし、それでは足《た》りないように思《おも》う場合《ばあい》もあるだろう。

自分《じぶん》の代《か》わりに通訳《つうやく》してくれる人《ひと》がいても、うまく伝《つた》わらなかったり、伝《つた》えたり聞《き》いたりすることの楽《たの》しみがうまく得《え》られない、かもしれない。他方《たほう》、自分《じぶん》で行《おこ》なわず他《ほか》の人《ひと》にやってもらっても同《おな》じものを問題《もんだい》なく得《え》ることができる場合《ばあい》もある。

結果《けっか》だけわかればよいこと、結果《けっか》だけあればよいこともまたたくさんある。買《か》い物《もの》をするのが好《す》きなわけではなく、自分《じぶん》が買《か》い物《もの》に行《い》ってもよいけれど、同《おな》じものが手《て》に入《はい》るなら、他《ほか》の人《ひと》に行《い》ってもらってもよい。

勉強関係《べんきょうかんけい》のことにしても、どこまでのことが自分《じぶん》の頭《あたま》の中《なか》に入《はい》っていなければな

らないのだろう。わからなかったら教科書《きょうかしょ》を読《よ》めばよい、辞書《じしょ》を引《ひ》けばよいではないかと思《おも》ったことが、多《おお》くの人《ひと》にはあるだろう。それに対《たい》して先生《せんせい》は、最初《さいしょ》のところから調《しら》べ始《はじ》めたら手間《てま》がかかるから、基本的《きほんてき》なところは自分《じぶん》の頭《あたま》に入《い》れた上《うえ》で、細々《こまごま》したところはなにかが調《しら》べればよいと言《い》うはずだ。そう言《い》われるともっともなようにも思《おも》える。しかし、最低限《さいていげん》というのが人《ひと》によってとても違《ちが》う。たいていその道《みち》を専門《せんもん》にする人《ひと》が思《おも》うその人自身《ひとじしん》が知《し》っていなければならないとされる最低限《さいていげん》の水準《すいじゅん》は、かなり高《たか》い。その道一筋《みちひとすじ》でない人《ひと》たちにとっては、どうしても自分自身《じぶんじしん》が知《し》ってなければならない、とはなかなか思《おも》えない。結局《けっきょく》、どのぐらいなのか、なかなか決着《けっちゃく》しない。

わりあい明《あき》らかなのは、やはり身体《からだ》、身体《からだ》にくっついている感覚《かんかく》が関《かか》わっている場合《ばあい》だろう。代《か》わりに誰《だれ》かにしてもらっても、同《おな》じものを得《え》られる場合《ばあい》もあるが、そうでない場合《ばあい》もある。目《め》が見《み》えない場合《ばあい》、代《か》わりに他人《たにん》に見《み》てもらうことはできるが、自分《じぶん》は見《み》えない。それで用《よう》が足《た》りることもたくさんあるが、見《み》ることはできない。

そして見《み》るということ自体《じたい》から受《う》け取《と》るものがある、と見《み》える人《ひと》たちには思《おも》える。

木々《きぎ》の緑《みどり》が見《み》えたりして気持《きも》ちのよい私《わたし》はそう思《おも》う。音楽《おんがく》が聞《き》くのが好《す》きな私《わたし》は、やはり音《おと》が聞《き》こえた方《ほう》がよいと思《おも》う。また同《おな》じ移動《いどう》するのでも、自分《じぶん》の足《あし》で歩《ある》いている時《とき》の快《かい》や、自分《じぶん》で運転《うんてん》していること自体《じたい》の快《かい》というものがあるのかもしれない。ただ、そのように思《おも》うのは、まず、それらがどんなことか体験《たいけん》してわかっている場合《ばあい》だろう。その快《かい》をすでに知《し》っていて、それを失《うしな》うと、その人《ひと》は悲《かな》しい。身体《からだ》を動《うご》かす楽《たの》しみといったものも同様《どうよう》だ。

　では最初《さいしょ》からできないのであれば、どうなのだろう。聞《き》いてみたらわかるだろうか。だが、たいてい聞《き》かれても困《こま》る。実際《じっさい》にはできないものはできない。できないのに、できることについて考《かんが》えても仕方《しかた》がないから、考《かんが》えない。それは「負《ま》け惜《お》しみ」でもなんでもない。当然《とうぜん》のことだ。そして、たとえば見《み》えるということが具体的《ぐたいてき》にどんなことであるかわからない人《ひと》は、そのよさを実感《じっかん》できないから、その実感《じっかん》からして見《み》えた方《ほう》がよいとは思《おも》わない。私《わたし》の知《し》っている人《ひと》で、「骨形成不全《こつけいせいふぜん》」という障害《しょうがい》のある人《ひと》がいる（安積遊歩《あさかゆうほ》さん・55ページ〜）。カルシウムを体内《たいない》に取《と》り入《い》れても骨《ほね》を作《つく》るのに結《むす》びつかないということらしく、骨《ほね》が大《おお》きくならなかったり、折《お》れやすかったりする。それで走《はし》ったりできない。けれど、走《はし》ったりできたらいいなと思《おも》ったことはないと言《い》う。

そんな人《ひと》は現《げん》にいる。ただ他方《たほう》に、具体的《ぐたいてき》にどんなよいことがあるのかはよくわからないのだが、その上《うえ》で、その具体的《ぐたいてき》なよさを実感《じっかん》できないことをできたらよいと思《おも》うこともあるだろう。なにか自分《じぶん》で体験《たいけん》したことのないことができたらおもしろいと思《おも》うのだ。たとえば羽《はね》があって飛《と》ぶことができたらいいかも、と思《おも》う。そして、そう思《おも》っていけないこともない。そんな意味《いみ》では、自分《じぶん》ができることがよいこと、よいと思《おも》うことを否定《ひてい》できないし、否定《ひてい》する必要《ひつよう》もない。ただ、ここまでのように考《かんが》えていくと、最初《さいしょ》に思《おも》っていたより、できることがよいに決《き》まっているということはない、ことがわかる。代《か》わってもらえることはかなりたくさんある。とくに身体《からだ》の動《うご》きと頭《あたま》の動《うご》きはそういうものだと思《おも》う。以前《いぜん》だったら人《ひと》が自分《じぶん》の身体《からだ》を使《つか》ってやらなければならなかったことのずいぶん多《おお》くを、機械《きかい》がすることができる。

すると人《ひと》の行《おこ》なうこととして、頭《あたま》を使《つか》うことが残《のこ》るということになるだろうか。実際《じっさい》の人間《にんげん》の仕事《しごと》としてはそういう傾向《けいこう》ではある。しかし、知識《ちしき》を使《つか》うということは、ものを作《つく》ることより、一つひとつの手間《てま》がかからないことがある。誰《だれ》かがなにか考《かんが》えついてしまえば、あとはそれをそのまま使《つか》えることがあるのだ。もちろん、

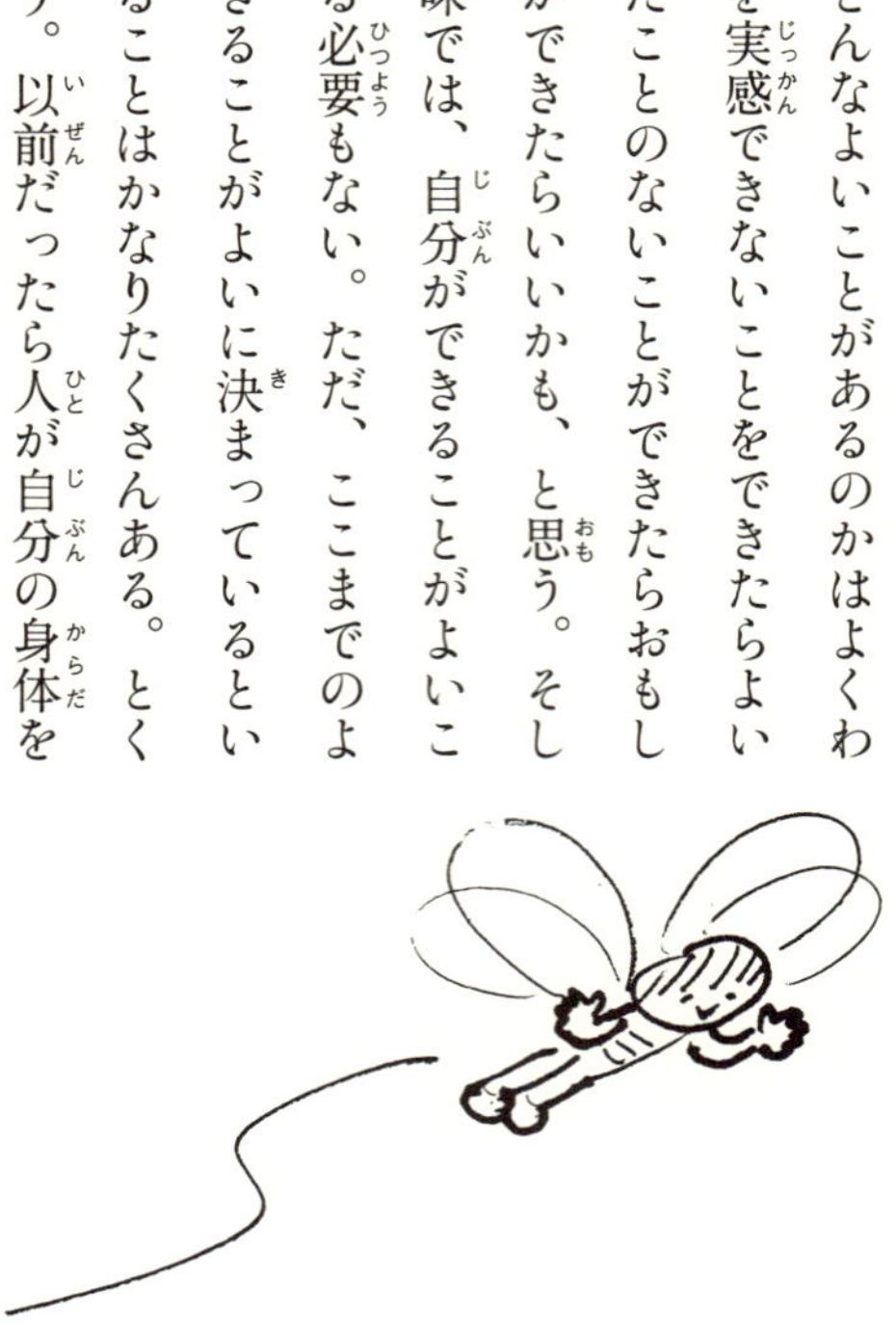

使《つか》うのにも人手《ひとで》はいくらかはかかる。だがそれにしても、機械《きかい》ができてしまうこともある。とすると、人《ひと》がしなければならないことはかなり減《へ》っている。このごろの人々《ひとびと》はよく、できない人《ひと》が多《おお》くなることを心配《しんぱい》する。つまり「少子高齢化《しょうしこうれいか》」のことを心配《しんぱい》する。その心配《しんぱい》もわからないわけではないのだが、私《わたし》はそんなに気《き》にすることはないと思《おも》っている。そのことを説明《せつめい》できることがあったら、説明《せつめい》しよう。ただ、簡単《かんたん》に言《い》えば、できない人《ひと》たちがいても、その代《か》わりにできる人《ひと》たちや、人《ひと》が蓄積《ちくせき》した知識《ちしき》や技術《ぎじゅつ》や、それを用《もち》いて作《つく》られたものがたくさんあるということである。

6　他人《たにん》がいてしまうこと

人《ひと》が行《おこ》なうこと、行《おこ》なうことができることが、生《い》きていく上《うえ》で必要《ひつよう》であることを認《みと》めるとしても［1］（30ページ～）、そうした人《ひと》の営《いとな》みも含《ふく》め、よいことだと思《おも》えないことがあることを言《い》った［2］（32ページ～）。しかし、できない人《ひと》について勝《かっ》手《て》な像《ぞう》を作《つく》って、変《へん》に持《も》ち上《あ》げたり、その行為《こうい》や人生《じんせい》を制約《せいやく》するのはよくないと言《い》った［3］（36ページ～）。次《つぎ》に、できないことは本人《ほんにん》にとってどうなのか考《かんが》え始《はじ》めた。

たしかに生《い》きていくために人《ひと》ができた方《ほう》がよいことはある。しかしそのことは「この私《わたし》」ができた方《ほう》がよいことを意味《いみ》しない。むしろ、他《ほか》の人《ひと》にやってもらった方《ほう》がよいことがある［**4**］（40ページ〜）。次《つぎ》に、他《ほか》の人《ひと》に代《か》わってもらえず、自分《じぶん》でできなければ、そしてしなければ、よいことがないことがあることを記《しる》した。ただ、それは思《おも》うほどには多《おお》くはないのではないかと述《の》べた［**5**］（45ページ〜）。次《つぎ》に、他《ほか》の人《ひと》に代《か》わってもらえるのだが、しかしその人《ひと》が人間《にんげん》であることに関《かか》わり、なかなかやっかいなことが起《お》こることがあることを述《の》べる。

自分《じぶん》でできない場合《ばあい》、あるいはしない場合《ばあい》、自分《じぶん》の代《か》わりに他人《たにん》に委《ゆだ》ねることがある。すると、その他人《たにん》との関係《かんけい》が生《しょう》ずる。その他人《たにん》がまったく無色透明《むしょくとうめい》な存在《そんざい》であれば、気《き》にならないだろう。しかし人《ひと》はそんな存在《そんざい》ではない。あるいはそんな存在《そんざい》になりにくい。

すると、恥《は》ずかしいと思《おも》うことがある。とくに身体関係《からだかんけい》のこととなると、自分《じぶん》の代《か》わりに、見《み》たり触《さわ》ったりしてほしくないところに他人《たにん》がやってくるということがある。そんな場合《ばあい》は気《き》にしなければよい、と言《い》われても、気《き》になってしまうことがある。

しかし慣《な》れてしまってかなり気《き》にならなくなる場合《ばあい》も実際《じっさい》にある。どこまでが恥《は》ずかしいことなのか。あらかじめ決《き》まってはいないが、かといって、どのようにでも変《か》わる、なくなってしまうということはないはずだ。たとえば人《ひと》が隠《かく》すところは、たしかにずいぶん大《おお》きく違《ちが》う。とてもたくさん隠《かく》す地域《ちいき》もあるし、ほんの少《すこ》しのところもある。しかしほんの少《すこ》しであっても隠《かく》すところはあって、その場所《ばしょ》はだいたい決《き》まっている。反対《はんたい》から言《い》えば、共通《きょうつう》の部分《ぶぶん》はあるが、幅《はば》はとても大《おお》きい。

自分《じぶん》も他人《たにん》も、慣《な》れてしまえばよい、慣《な》れてしまうしかないこともある。だが、慣《な》れなくてもよいことで慣《な》れてしまえばよいと言《い》われることがある。

三井絹子《みついきぬこ》さんという人《ひと》がいる。一九四五年生《ねんう》まれで、けっこう重《おも》い障害《しょうがい》がある。車椅子《くるまいす》を使《つか》って暮《く》らしている。東京《とうきょう》に府中療育《ふちゅうりょういく》センターという施設《しせつ》があって、三井《みつい》さんは一九六八年《ねん》にそこに暮《く》らし始《はじ》めたのだが、その暮《く》らしが辛《つら》くて、ハンスト――ハンガー・ストライキの略《りゃく》、食物《しょくもつ》を食《た》べないことによって自《みずか》らの主張《しゅちょう》を示《しめ》し通《とお》そうとすること――をしたり、かつて丸《まる》の内《うち》にあった東京都庁《とうきょうとちょう》の前《まえ》でテントを張《は》って座《すわ》り込《こ》みをしたりして、一九七五年《ねん》にその施設《しせつ》を出《で》て、東京都国立市《とうきょうとくにたちし》に住《す》み始《はじ》め、現在《げんざい》に至《いた》る。その過去《かこ》から現在《げんざい》を書《か》いた『抵抗《ていこう》の証《あかし》――私《わたし》は人形《にんぎょう》じゃない』（「三井《みつい》

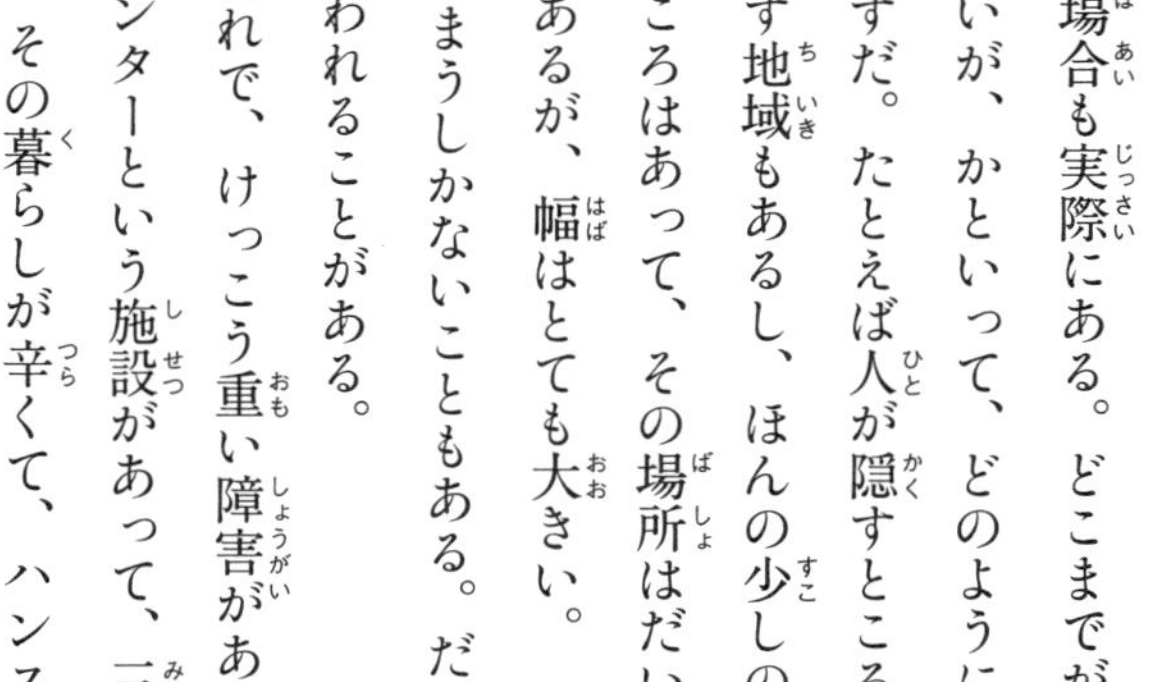

絹子《きぬこ》・六十年《ねん》のあゆみ」編集委員会《へんしゅういいんかい》ライフステーションワンステップかたつむり／千書房発売《せんしょぼうはつばい》、二〇〇六年《ねん》）という本《ほん》がある。その本《ほん》に、府中療育《ふちゅうりょういく》センターの看護婦《かんごふ》（今《いま》なら看護師《かんごし》）長《ちょう》の「N婦長《ふちょう》への抗議《こうぎ》」という、一九七一年《ねん》に書《か》かれた文章《ぶんしょう》が収録《しゅうろく》されている。そこにこんなことが書《か》いてある。

「それからはNさんは「親《した》しくしている人《ひと》なら、男《おとこ》の人《ひと》でもトイレをやってもらっても、いいじゃないか。」と言《い》いましたね。［……］Nさんは男女《だんじょ》の区別《くべつ》を乗《の》り越《こ》えるのが本当《ほんとう》だと言《い》いましたね。だったらなぜ、現在男《げんざいおとこ》のトイレと女《おんな》のトイレを別々《べつべつ》にしてあるんですか。」

［**4**］（40ページ〜）で、すこし考《かんが》えてみれば自分《じぶん》でやるより他人《たにん》にやってもらった方《ほう》が楽《らく》なこともあると述《の》べたのだが、その他人《たにん》は、その分《ぶん》、仕事《しごと》が増《ふ》えることになる。それが面倒《めんどう》なとき、けれどもただ面倒《めんどう》だからいやだとは言《い》えない場合《ばあい》、なにか別《べつ》のことを言《い》うことがある。「そんなことを人《ひと》にやってもらうなんて恥《は》ずかしいでしょ。自分《じぶん》でやりなさい。」こんなことを言《い》うことがある。もう一つ、とにかく誰《だれ》

かがやることになった場合《ばあい》、しかし人手《ひとで》が足《た》りないとか、そんな場合《ばあい》、Nさんのようなことを言《い》う。つまり、「気《き》にしなければいい」と言《い》う。それに対《たい》して三井《みつい》さんが返《かえ》した言葉《ことば》はまったくまっとうな言葉《ことば》だと思《おも》う。そして実際《じっさい》、こんなわけで、基本的《きほんてき》に同性《どうせい》が同性《どうせい》を介助《かいじょ》（介護《かいご》）するというやり方《かた》をとってきた人《ひと》たちが——社会全体《しゃかいぜんたい》としては女性《じょせい》にそういう仕事《しごと》をさせることが多《おお》いから、その中《なか》では少数派《しょうすうは》なのだが——いる。

もう一つ例《れい》をあげよう。助産《じょさん》という仕事《しごと》がある。その仕事《しごと》を男《おとこ》の人《ひと》もしてもよいことにしようということがあった。賛否両論《さんぴりょうろん》あった末《すえ》、たしかそのための学校《がっこう》には男性《だんせい》も入学《にゅうがく》してもよいということになったのだと思《おも》う。「職業選択《しょくぎょうせんたく》の自由《じゆう》」というものがあるではないか、と言《い》われた。また、お客《きゃく》の方《ほう》で男性《だんせい》がいやなら選《えら》ばなければよいではないか、とも言《い》われた。ただ私《わたし》はそのとき、それでも反対《はんたい》する人《ひと》たちがもっともだと思《おも》った。その人《ひと》たちが一つに言《い》ったのは単純《たんじゅん》なことで、羞恥心《しゅうちしん》というものは大切《たいせつ》にされてよいということだった。そして、選《えら》べばよいと言《い》われるが、病《びょう》院《いん》でもどこでも実際《じっさい》には選択《せんたく》などできないこと、できてもとても難《むずか》しいことはたくさんある、だから選《えら》べばよいという主張《しゅちょう》はもっともなようだがそうでもないという

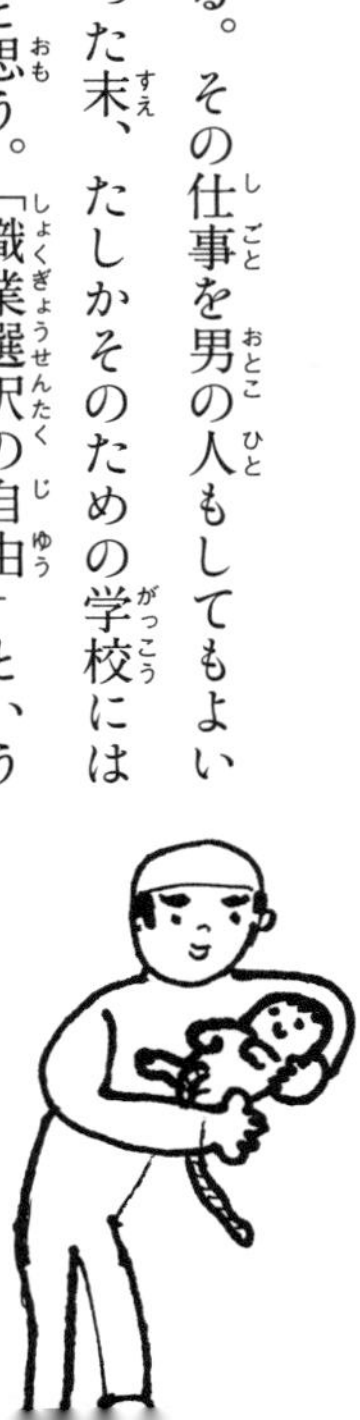

ことだった。

私《わたし》たちは、都合《つごう》のよいように同《おな》じ言葉《ことば》を使《つか》うことがある。「がまんしなさい」「気《き》にするな」と言《い》うことがあり、「恥《は》ずかしいなら自分《じぶん》で」と言《い》うことがある。こうして、結局楽《けっきょくらく》にことをすまそうとすることがある。

楽《らく》にすむのはよいことだ。けれど都合《つごう》よく言葉《ことば》を使《つか》って、そのことに気《き》がつかないのはよくない。まず、普通《ふつう》なら恥《は》ずかしいとかまずいことが起《お》こるかもしれないということで作《つく》られている仕組《しく》みを（実際《じっさい》には面倒《めんどう》を省《はぶ》きたいという理由《りゆう》で）その人《ひと》（たち）だけについて変《か》えるというのはよくないと言《い》えるだろう。「気《き》にするな、と言《い》うあなた（たち）は、では実際《じっさい》、気《き》にしないでやっていますか、そんなことはないでしょう」というのがさきの文章《ぶんしょう》で三井《みつい》さんが言《い》っていることだ。これは正《ただ》しい言《い》い分《ぶん》だと思《おも》う。そして「同時《どうじ》に」、慣《な》れるようにしてみること、やがて慣《な》れるようになること、そんなこともあるし、またできてしまうものだということをわかることがある。そのことによって、他人《たにん》に委《ゆだ》ねる人《ひと》は楽《らく》になる。それでも羞恥《しゅうち》は残《のこ》る。すくなくもはじめはある。なくせと言《い》われてなくせるものではない。まずはそんなところだ。

その上《うえ》で、気《き》にしないことだってできてしまうということだ。もう一人《ひとり》、私《わたし》の知《ち》人《じん》に安積遊歩《あさかゆうほ》という人《ひと》がいる。あとで紹介《しょうかい》する『生《せい》の技法《ぎほう》』（126ページ、302ページ等参照《などさんしょう》）という本《ほん》をいっしょに書《か》いた人《ひと》でもある。一九五四年生《ねんう》まれ。彼女《かのじょ》には骨形成不全《こつけいせいふぜん》という障害《しょうがい》があって、さきの三井《みつい》さんほどずっとではないが、外出《がいしゅつ》などでは車椅子《くるまいす》を使《つか》っている。三井《みつい》さんと同《おな》じで、東京《とうきょう》の国立市《くにたちし》に住《す》んでいる（そもそも、二十年以《ねんい》上《じょう》の前《まえ》のことだが、三井《みつい》さんを私《わたし》は安積《あさか》さんに紹介《しょうかい》されて知《し》ったのだった）。その人《ひと》の本《ほん》『いのちに贈《おく》る超自立論《ちょうじりつろん》』（太郎次郎社《たろうじろうしゃ》、二〇一〇年《ねん》）の目次《もくじ》には「自分《じぶん》のお尻《しり》を自分《じぶん》で拭《ふ》かなくてもいい」という見出《みだ》しがあったりする。そこにはこんなことが書《か》かれている。

「動《うご》かない手足《てあし》が現実《げんじつ》なのだから、自分《じぶん》のお尻《しり》を堂々《どうどう》と他人《たにん》に預《あず》けるというのが、私《わたし》たちの自立《じりつ》となるのだ。［……］

プライベートとか個人《こじん》のテリトリーとかいう考《かんが》え方《かた》は、障害《しょうがい》をもった人《ひと》の現実《げんじつ》にはまるで役《やく》に立《た》たない考《かんが》え方《かた》であり、ときには害《がい》をもたらしさえする。」

「プライバシーの概念《がいねん》から自由《じゆう》な子《こ》どもや知的障害《ちてきしょうがい》の人《ひと》とつきあってみると、そもそもプライバシーというものがどういうふうに人《ひと》と人《ひと》との関係《かんけい》に役立《やくだ》ち、

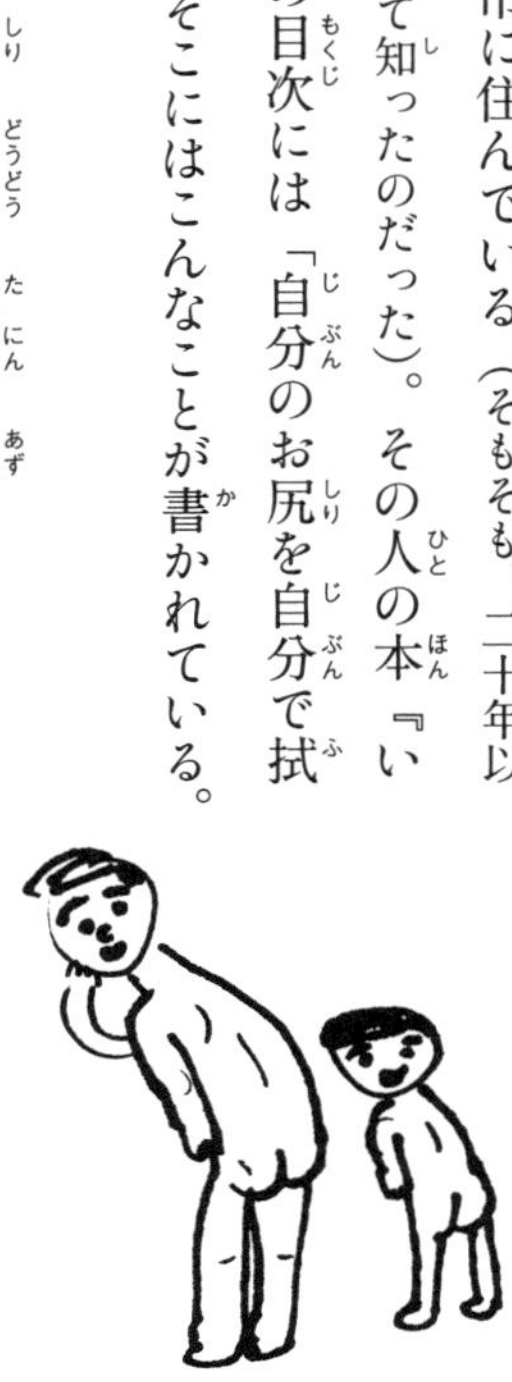

一人《ひとり》ひとりを大事《だいじ》にするものなのかがわからなくなるのだ。食《た》べること、動《うご》くこと、移動《いどう》すること、ときには眠《ねむ》ることにさえ人《ひと》の手《て》を借《か》りなければならないときには、プライバシーさえ分《わ》かちあわれることとなる。分《わ》かちあわれたプライバシーは、プライバシーと呼《よ》べるのだろうか。」

安積《あさか》さん本人《ほんにん》が気《き》にしない人《ひと》で、この本《ほん》には車椅子《くるまいす》が入《はい》りきらないトイレではドアを閉《し》めなくなったといったことも書《か》いてあるのだが、それには「世界《せかい》に類《るい》をみないばかげたもの」である「音姫《おとひめ》」といった排泄音《はいせつおん》を消《け》す装置《そうち》に「あえて対抗《たいこう》したいと思《おも》っている気《き》もする」ところがあるという。

これらは、「性《せい》」という項目《こうもく》が関係《かんけい》するとまたややこしくなる、なかなか深《ふか》い話《はなし》ではある。同性《どうせい》だったらよい、ということもあるが、介助《かいじょ》する人《ひと》として女性《じょせい》の方《ほう》を選《えら》ぶというか好《この》むという男性《だんせい》が多《おお》いという話《はなし》もよく聞《き》く。トイレが分《わ》かれている話《はなし》にしても、性同一性障害《せいどういつせいしょうがい》の人《ひと》——簡単《かんたん》に説明《せつめい》すると、自分《じぶん》で思《おも》う性《せい》と身体《からだ》に現《あらわ》れている性《せい》とが一致《いっち》しない人《ひと》——だとどうなるのかとか。ただこれを深《ふか》めていくと、これはこれで別《べつ》の本《ほん》になってしまう。このへんでいったん切《き》り上《あ》げよう。

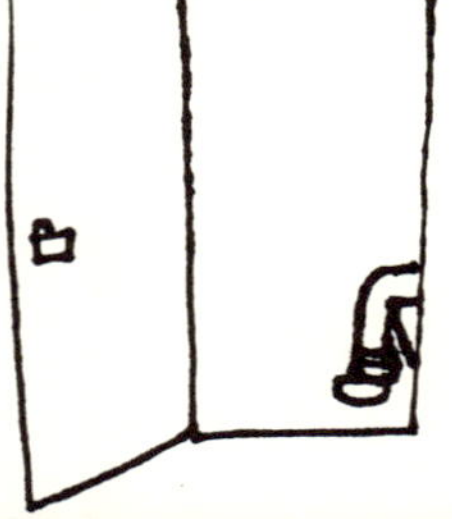

切《き》り上《あ》げて、簡単《かんたん》にすると、恥《は》ずかしいといった気持《きも》ちは、ほんとうのところはどうなのか、他人《たにん》が勝手《かって》に判断《はんだん》するのでなく、まずは本人《ほんにん》に即《そく》してみようということになる。すると一つに、やはり——ほとんどの場合《ばあい》、ある種類《しゅるい》のということだが——人《ひと》に委《ゆだ》ねるのはしんどいということがある。ただもう一つ——ほとんどの場合《ばあい》、誰《だれ》でもということではなく、とくに害《がい》を加《くわ》えられる可能性《かのうせい》がある場合《ばあい》にはとんでもないということになるのだが——じつはさほど気《き》にならないということがある。

そしてそれをすこし進《すす》めると、他人《たにん》に用《よう》があってしまうので他人《たにん》がいてしまうことがどんなことなのかということになる。ここで紹介《しょうかい》してきた人《ひと》たちは、これまで勝手《かって》に施設《しせつ》に集《あつ》められて仕切《しき》りもないような大部屋《おおべや》に住《す》まわせられ、世話《せわ》する人《ひと》たちの都合《つごう》で生活《せいかつ》が制約《せいやく》されてきた人《ひと》たちだから、まずは、一人《ひとり》になれることを主張《しゅちょう》し、実現《じつげん》してきた。そして、世話《せわ》する人《ひと》も余計《よけい》なお節介《せっかい》をせずいてほしい、不要《ふよう》なときにはいないでほしいと言《い》って、それも実現《じつげん》してきた。ただ、このことと基本的《きほんてき》には矛盾《むじゅん》することではないと思《おも》うのだが、人《ひと》がいてしまうということのよさのようなものもあったりする。さきの安積《あさか》さんの本《ほん》の「自分《じぶん》のお尻《しり》を自分《じぶん》で拭《ふ》かなくてもいい」の最後《さいご》のところには、「精神《せいしん》」関係《かんけい》の病《やまい》を発症《はっしょう》した人《ひと》が、「ずっと遊歩《ゆうほ》のことがうらやましかった。でも、これからは、ぼくだって病気《びょうき》なんだから、ひとりでいなくていいわけだ。ぼく、病気《びょうき》になってよかった」と言《い》ったという話《はなし》が出《で》てくる。

ここでももちろん、「選択《せんたく》」とか「自己決定《じこけってい》」という言葉《ことば》を知《し》っている人《ひと》は、一人《ひとり》のときは一人《ひとり》でいられ、人《ひと》といたいときは人《ひと》といる、それを選《えら》べるのがよい、と言《い》うのだ。私《わたし》もおおむねそう思《おも》う。そして、必要《ひつよう》があっている人《ひと》と、いてほしくている人《ひと》とは違《ちが》う。これもそうだと思《おも》う。ただ、人《ひと》がいてほしいときに人《ひと》がいないことはある。先方《せんぽう》も選《えら》べるのだから、自由《じゆう》なのだから、それは仕方《しかた》がないとはされる。そんなことはわかっている。しかし、やむをえなく人《ひと》が必要《ひつよう》で、人《ひと》がいる。その方《ほう》が、選《えら》べることのもとで人《ひと》がいないよりもよいこともある。それもまた事実《じじつ》なのだ。

7 他人《たにん》は信用《しんよう》できない、から自分《じぶん》で

人《ひと》にやってもらうとしてもためらわれることはあるという、できない（から人《ひと》にやってもらう）のは楽《らく》、という脳天気《のうてんき》な話《はなし》ですまないことについてすこし考《かんが》えてみた。

ただ、たしかにためらわれることはあるのだが、それだけでもないこと、気《き》になら

ないこと、気《き》にならなくなること、かえってよいこともあることを述《の》べた［6］（49ページ～）。次《つぎ》に、自分《じぶん》がしないこと（できないこと）を他人《たにん》に委《ゆだ》ねると、他人《たにん》のいいようにされてしまうから、自分《じぶん》ができる（する）のがよいこと、自分《じぶん》でせざるをえないことがあることについて述《の》べる。

なぜ自分《じぶん》でできた方《ほう》がよいか。した方《ほう》がよいか。他《ほか》の人《ひと》に任《まか》せると危《あぶ》ないということがある。他人《たにん》を信用《しんよう》して頼《たよ》ると、だまされることがある。それは、誰《だれ》かに身《み》の回《まわ》りの世話《せわ》をしてもらっているという小《ちい》さな場面《ばめん》にも起《お》こる。また、ある人《ひと》（たち）だけが情報《じょうほう》を独占《どくせん》したりねじ曲《ま》げてしまったりして、人々《ひとびと》に世《よ》のことを知《し》らせず、社会全体《しゃかいぜんたい》を誤《あやま》った方向《ほうこう》に導《みちび》き、人々《ひとびと》が迷惑《めいわく》を被《こうむ》るといった場合《ばあい》もある。

自分《じぶん》のことは自分《じぶん》で決《き》めるのがよい、「自己決定《じこけってい》」が大切《たいせつ》だと言《い》われる。このことが大切《たいせつ》である理由《りゆう》の一つもこれだと思《おも》う。選《えら》んだり決《き》めたりすることも面倒《めんどう》なことで、決《き》めたくないというのももっともなことではある。しかし、それで他《ほか》の人《ひと》に決《き》めてもらうことにしたら、その人《ひと》が好《す》きなように決《き》めてしまうかもしれない。そこで仕方《しかた》なく、自分《じぶん》たちで自分《じぶん》たちのことを決《き》めた方《ほう》がよいということになる。自《みずか》らが自分《じぶん》に関係《かんけい》することを知《し》り、自《みずか》ら決《き》めたり、他《ほか》の人《ひと》に意見《いけん》したり申《もう》し出《で》を断《ことわ》ったりできた方《ほう》がよい。その方法《ほうほう》をわかった方《ほう》がよい。だまされないように、自分《じぶん》で知《し》ったり考《かんが》えたりする。自《みずか》ら知《し》ったり考《かんが》えたりしたいし、またその必要《ひつよう》があるのに、教《おし》えるのに手間《てま》がかかるなどの理由《りゆう》で手抜《てぬ》きをし、それで仕方《しかた》がないとか当然《とうぜん》だとか言《い》う人《ひと》がいたなら、それは間違《まちが》っている。

なにかがよい、とする場合《ばあい》、大《おお》きくは、おおざっぱには、二つの言《い》い方《かた》がある。一つは、そのなにかそのもののよしあしを言《い》う。その場合《ばあい》、これはよいことだと思《おも》える「原理《げんり》」を立《た》てて、それを認《みと》めるなら、よしあしが問題《もんだい》になっているこれも認《みと》めることになるとか、これは禁《きん》ずることになるとか言《い》う。たとえば、「人《ひと》は生《い》きているのがよい」、だから、人《ひと》の命《いのち》を奪《うば》う可能性《かのうせい》のあるしかじかのことはしてはならない。こんな具合《ぐあい》になる。もう一つは、そのもののよしあしは判断《はんだん》しないかできないかだが、それが引《ひ》き起《お》こす「結果《けっか》」がよいからよいとか、わるいからわるいとか言《い》う。

いま、自己決定《じこけってい》がよい理由《りゆう》としてあげたのは、後者《こうしゃ》、つまり自分《じぶん》で決《き》めないとわるい結果《けっか》が起《お》こるかもしれないから自分《じぶん》で、というのだった。自分《じぶん》のことを自分《じぶん》が決《き》めるという方法《ほうほう》は、前者《ぜんしゃ》のような意味《いみ》で、つまり、それ自体《じたい》がよいことであるという意味《いみ》でよいことか。そうだ、よいことだ。普通《ふつう》はそう言《い》われる。それに反対《はんたい》したいわけではない。ただ、すこし、「そうかなあ」、と思《おも》うところはある。そんなにすばらしいことでもないと思《おも》うところがある。ただし、「他人《たにん》がその人《ひと》のことを決《き》めることはよくないことだ」とは言《い》えると思《おも》う。それは、「その人《ひと》がその人《ひと》のことを決《き》めることはよいことだ」というのと、似《に》ているがすこし違《ちが》う。「他人《たにん》がその人《ひと》のことを決《き》めることはよくないことだ」は、私《わたし》が思《おも》うには、「他人《たにん》の存在《そんざい》を損《そこ》なってはならない」という、たぶん人々《ひとびと》が大切《たいせつ》にしなければならないと考《かんが》えているはずの「原理《げんり》」から、認《みと》められると思《おも》う。

そして、積極的《せっきょくてき》に自己《じこ》決定《けってい》が大切《たいせつ》な理由《りゆう》は、さきに述《の》べたように、「結果《けっか》」に関《かか》わっている。他人《たにん》（たち）に決《き》めさせるとよいことにならない、だから自分《じぶん》で決《き》めるというのである。この、言《い》われてみればまったく当《あ》たり前《まえ》のことを押《お》さえておこう。どんな人《ひと》たちが自己《じこ》決定《けってい》を主張《しゅちょう》してきたか。いろいろな場面《ばめん》で、親《おや》や専門家《せんもんか》や教員《きょういん》や職員《しょくいん》によって、また政治《せいじ》や制度《せいど》の仕組《しく》みによって、自分《じぶん》の人生《じんせい》を決《き》められてしまって、ひどい迷惑《めいわく》を被《こうむ》ってきた人《ひと》たちである。その人《ひと》たちは被害《ひがい》を受《う》けてきたから、抵抗《ていこう》し、主張《しゅちょう》する。普通《ふつう》に決《き》めていられる人《ひと》たちは、被害《ひがい》も受《う》けないから、

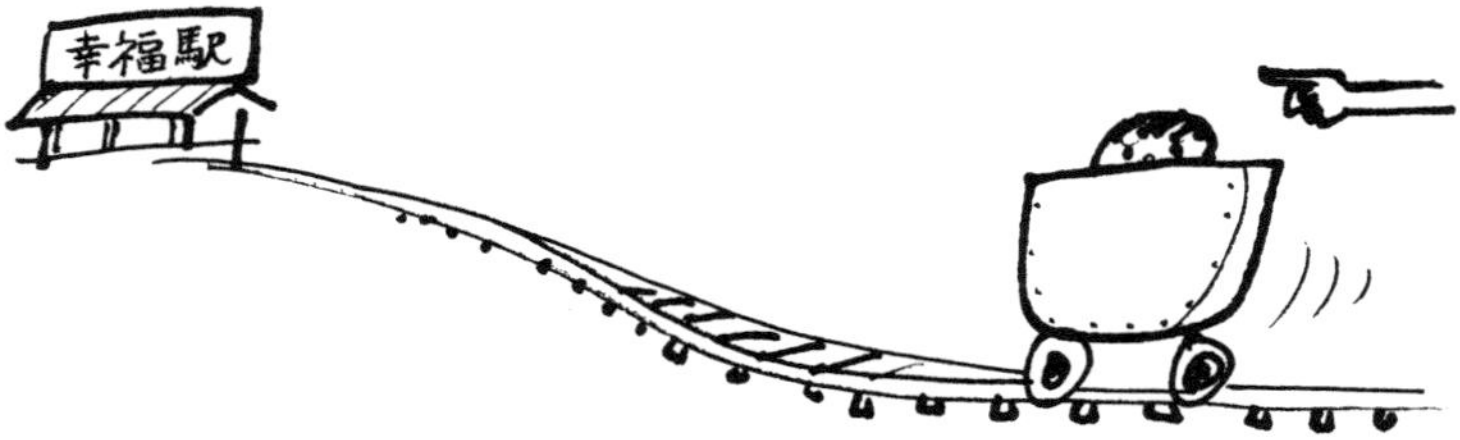

わざわざ主張《しゅちょう》する必要《ひつよう》もないということだ。

ただ、結果《けっか》のよしあしが問題《もんだい》だと考《かんが》えると、自分《じぶん》のことを自分《じぶん》で決《き》めること、さらに自分《じぶん》ですることは一つの大切《たいせつ》な方法《ほうほう》だが、他《ほか》にないわけではない。つまり、他《た》人《にん》たちが害《がい》になるようなことをしなければよい。自分《じぶん》で決《き》めなくても、うまくことが運《はこ》んでくれるなら問題《もんだい》はない。実際《じっさい》には困《こま》ることをするから、うまくことが運《はこ》ばないから、困《こま》る、だから自分《じぶん》で、ということになるのだが、それでも、他人《たにん》たちが変《へん》なことをしないようにして、本人《ほんにん》がうまく守《まも》られる仕《し》掛《か》けを周囲《しゅうい》が作《つく》って、害《がい》を防《ふせ》ぐという手《て》がある。その人《ひと》たちもやはり他人《たにん》だから、どこまでだいじょうぶなのかという問題《もんだい》は残《のこ》るのだが、それでもこういうやり方《かた》が役《やく》に立《た》たないことはないだろう。

もう一つ、「結果《けっか》」が問題《もんだい》だとすると、自分《じぶん》が自分《じぶん》のことを決《き》める場合《ばあい》と、他人《たにん》が決《き》める場《ば》合《あい》と、「必《かなら》ず」前者《ぜんしゃ》の方《ほう》が自分《じぶん》にとってよい、とは言《い》えない。多《おお》くの場《ば》合《あい》には、なにかしたりしなかったりして得《とく》したり損《そん》したりするのは結局自分《けっきょくじぶん》だし、また好《す》き嫌《きら》いなど自分《じぶん》に関《かん》することを他《ほか》の人《ひと》より知《し》っているのは自分《じぶん》だ。他方《たほう》、他《た》人《にん》たちにとっては、その人《ひと》のことは結局《けっきょく》は「他人事《たにんごと》」で、どうでもよいというところがある。だから多《おお》くの場合《ばあい》は自分《じぶん》が決《き》めた方《ほう》がうまくいく。けれどもいつもそうではない。その人《ひと》がよいと思《おも》ったこととは違《ちが》うが、その人《ひと》にとってよいこと——よかったと後《あと》でわかること——も、ときにはある。

「パターナリズム」という言葉《ことば》がある。その人《ひと》は同意《どうい》していなくともその人《ひと》にとってよいことがあると考《かんが》える立場《たちば》、そしてそれがなされてよいという立場《たちば》・主張《しゅちょう》を指《さ》す。ほとんどの場合最初《ばあいさいしょ》からわるい意味《いみ》に使《つか》われる。「おまえのためだ」とか言《い》って、結局《けっきょく》は他人《たにん》——パターナリズムの「パター」は父親《ちちおや》の意味《いみ》——の価値観《かちかん》やら都合《つごう》を押《お》しつけるということがとてもたくさんあるから、無理《むり》もないことではある。けれども、「余計《よけい》なお節介《せっかい》」がこの世《よ》にたくさんあることは、「余計《よけい》でないお節介《せっかい》」がときにはあること、よいパターナリズムもあることを否定《ひてい》しない。

次《つぎ》に、決《き》めることとすることは、別《べつ》のことだ。決《き》めることは、これもときと場合《ばあい》によるが、いくらか頭《あたま》が働《はたら》けば、そう苦労《くろう》なくできる。ただ、することは、身体《からだ》が動《うご》かないその他《ほか》の理由《りゆう》でできないことがある。その場合《ばあい》、自分《じぶん》で決《き》めて、他人《たにん》がする、ということになる。うまくいけばそれでよい。ただ、その他人《たにん》はやはり面倒《めんどう》なので、決《き》められたことをするのをさぼること、手《て》を抜《ぬ》くこと等々《とうとう》がある。そこで、

結局《けっきょく》自分《じぶん》でやることになる場合《ばあい》もある。しかしできなければ仕方《しかた》がない。手抜《てぬ》きのないように他人《たにん》にやってもらうしかない。そのための仕組《しく》みを作《つく》っておく必要《ひつよう》がある。それがうまくいけば、自分《じぶん》で決《き》めたことを他人《たにん》にやってもらうことで不都合《ふつごう》は起《お》こらない。

以上《いじょう》、「渡《わた》る世間《せけん》は鬼《おに》ばかり」みたいな状況《じょうきょう》だとすると、自分《じぶん》で決《き》めないと、そしてそれを自分《じぶん》で実現《じつげん》させないと、自分《じぶん》の身《み》がもたない。他方《たほう》、そんな状況《じょうきょう》でないなら、自分《じぶん》で決《き》めなくても、しなくてもすむこともある。このことを見《み》てきた。つまり、自分《じぶん》で決《き》め、自分《じぶん》でできた方《ほう》が自分《じぶん》にとって得《とく》である、そうしないと損《そん》をするということはたしかにあるが、それは自分《じぶん》のまわりがどんなであるか、その様子《ようす》によって変《か》わってくる。他人《たにん》たちが信用《しんよう》できるなら、また一人《ひとり》ひとりはどうかわからなくても、信用《しんよう》できるような仕組《しく》みが作《つく》られているのであれば、「自分《じぶん》で」と意気込《いきご》まなければならない度合《どあ》いは減《へ》る。

［補《ほ》］　民主主義《みんしゅしゅぎ》

突然《とつぜん》だが、「民主主義《みんしゅしゅぎ》」が大切《たいせつ》な理由《りゆう》は、一つに、そういうことにある。ものごとをみなで決《き》めるといったことは、だいたい手間《てま》もかかり面倒《めんどう》なことであり、そんなに楽《たの》しくはないことだ（と私《わたし》は思《おも》う）。代《か》わりに自分《じぶん》が決《き》めてあげたいという人《ひと》がいたら、そしてその人《ひと》がうまくことを決《き》め、ことをうまく運《はこ》んでくれれば、そんな人《ひと》にまかせておけばよいと思《おも》う。けれどもそうしてその人《ひと》にまかせてしまったら、たぶん、その人《ひと》は自分《じぶん》の都合《つごう》のよいようにしてしまうだろう。それは自分《じぶん》たちにとってよいことではない。だから民主主義《みんしゅしゅぎ》の方《ほう》がよい。簡単《かんたん》に言《い》うとそういうことだと思《おも》う。

さきと同《おな》じように、やはり、自分《じぶん》たちが自分《じぶん》たちのことを決《き》めること、それそのものがよいことだという考《かんが》え方《かた》もある。たぶんそうだろうとは思《おも》う。ただたとえば、この世《よ》のことは神様《かみさま》がみな定《さだ》めたのだという考《かんが》え方《かた》と、自分《じぶん》たちが決《き》めるのだという考《かんが》え方《かた》と、後者《こうしゃ》の方《ほう》が絶対《ぜったい》に正《ただ》しいということを証明《しょうめい》するのはけっこう難《むずか》しいことではないかと私《わたし》は思《おも》う。

他方《たほう》、人々《ひとびと》のためということであれ、あるいは神様《かみさま》が決《き》めたことを解釈《かいしゃく》し実行《じっこう》するのだということであれ、誰《だれ》かにまかせておくと結果《けっか》としてうまくいかないことが多《おお》いことは、多《おお》くの人《ひと》たちが多《おお》くの時代《じだい》に経験《けいけん》してきた。そこで、面倒《めんどう》なことではあるが、自分《じぶん》たちのことは自分《じぶん》たちで決《き》めようということになる。私《わたし》もそのほうがよいだろうと思《おも》う。

しかし、ここでも同《おな》じことを繰《く》り返《かえ》すが、面倒《めんどう》なことをせずにすむのであれば、もっとよいとも言《い》える。政治《せいじ》に関心《かんしん》がないこと参加《さんか》しようとしないことそのものが、なにかいけないことであるように言《い》う人《ひと》たちがいる。私《わたし》はそんなふうには考《かんが》えない。たしかに安心《あんしん》して他人《たにん》たちに任《まか》せておくとひどいことになることがあるから、気《き》をつけた方《ほう》がよい、関心《かんしん》をもった方《ほう》がよいというのはもっともだ。しかしもっとよいのは、毎日《まいにち》なにかを決《き》めたり、決《き》めるために時間《じかん》をかけて議論《ぎろん》をしたり、誰《だれ》を代理《だいり》者《しゃ》あるいは代表者《だいひょうしゃ》とするかを考《かんが》えたりすることが、なくすことはできないだろうけれども、少《すく》なくなることではないだろうか。ここでも私《わたし》たちは、仕方《しかた》なく大切《たいせつ》なことと、そのものが大切《たいせつ》なことと、どちらなのだろうと考《かんが》えてみたらよいと思《おも》う。政《せい》治《じ》（を自分《じぶん》たちで行《おこ》なうこと）は仕方《しかた》なく大切《たいせつ》なことなのだろうか、もともと大切《たいせつ》なことなのだろうか。まじめな人《ひと》たちは後者《こうしゃ》だと言《い》いたいようなのだが、前者《ぜんしゃ》だと考《かんが》えてもよいように思《おも》う。

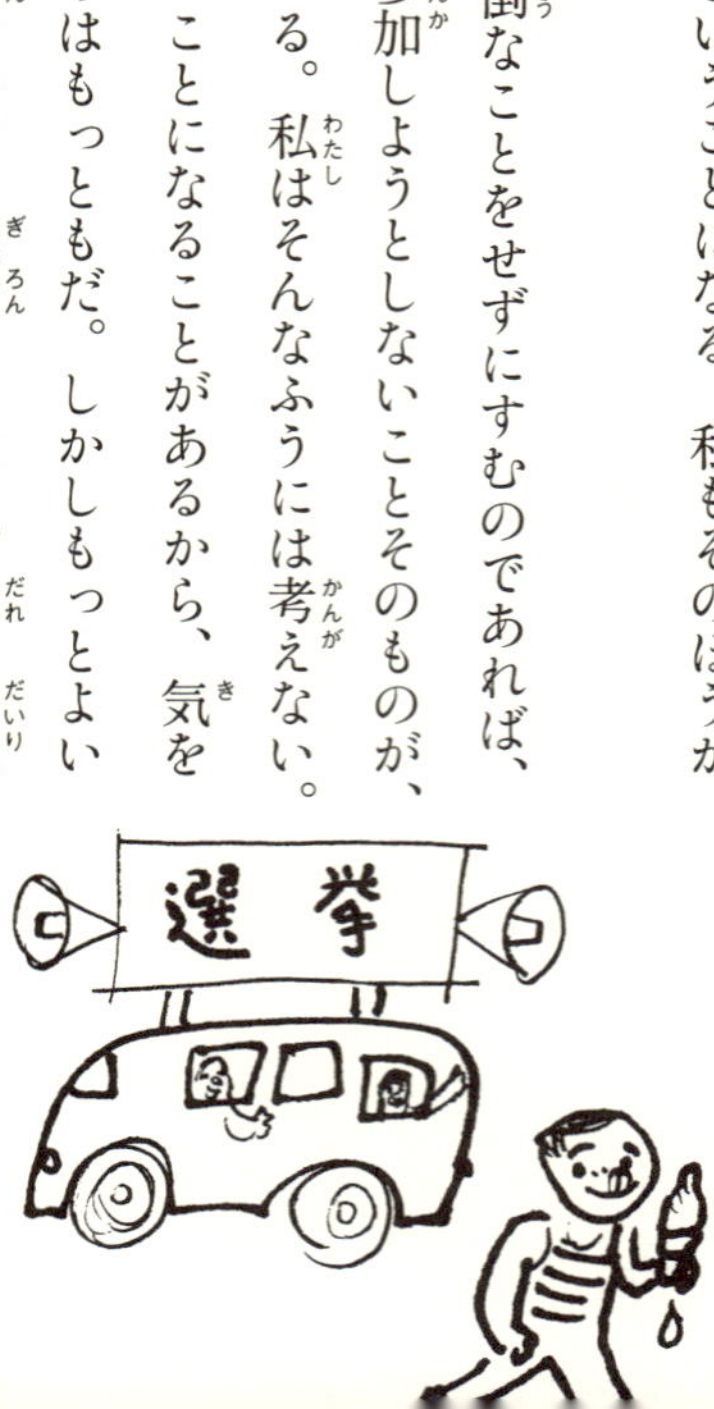

こうして、たしかに生《い》きていくのにできることは大切《たいせつ》だが、その人自身《ひとじしん》ができることは、それとは別《べつ》だ。中《なか》には自分《じぶん》でできないと意味《いみ》のないこともあるが、同時《どうじ》に、そうでなくてもよさそうなこともたくさんありそうだった。他人《たにん》にやってもらってもよい。すると、「私《わたし》」ができる方《ほう》がよい、とはいつもは言《い》えない。このことを述《の》べてきた。

「しかし」、とまじめな人《ひと》は思《おも》うにちがいない。そして、「とは言《い》っても」と言《い》うだろう。一つは、やはりできて、そしてできるだけでなくて実際《じっさい》に働《はたら》いて、それで人間《にんげん》は生《い》きているのだから、やはり働《はたら》くことは必要《ひつよう》だろう、できない人《ひと》とか、できても働《はたら》かない人《ひと》がたくさんいたら困《こま》るだろうということだ。もう一つは、働《はたら》いている人《ひと》は苦労《くろう》しているのだし、そうでない人《ひと》は楽《らく》をしているなら、それはよくないのではないかというものである。そしてあまり自分《じぶん》でしなくてもよいとなったら、みなさぼってしまって、世《よ》の中《なか》うまくいかないのではないか。そうかもしれない。どちらもまことにもっともな反応《はんのう》だ。順番《じゅんばん》に考《かんが》えてみることにしよう。

まず前者《ぜんしゃ》から考《かんが》える。世《よ》の中《なか》にはどれだけたくさんできた方《ほう》がよいことがあるのか。そしてさらにその前《まえ》に、以上《いじょう》に見《み》てきた理由《りゆう》からとは別《べつ》に、この社会《しゃかい》では、自《じ》分《ぶん》でできると自分《じぶん》が得《とく》するようになっている。これはいったいなんなのか。それを調《しら》べてみる。

8　たしかにできないと困《こま》る、のだが

生《い》きていくためには働《はたら》かなければならない。働《はたら》くためには働《はたら》くことができること、できるようにならなければならない。それはそのとおりである。ただ、できて作《つく》られるものが世《よ》の中《なか》の人《ひと》が生《い》きていくのに今十分《いまじゅうぶん》にあるのなら、それ以上《いじょう》はできる必《ひつ》要《よう》はない、働《はたら》くことはない。さて実際《じっさい》はどうか。「地球上《ちきゅうじょう》の貧困《ひんこん》」というような大《おお》きなところから考《かんが》えてみてもよい。あるいは小《ちい》さいところから考《かんが》えていってもよい。小《ちい》さいところからにしよう。

学校《がっこう》ではみなが同《おな》じことを勉強《べんきょう》して、みなが同《おな》じくできるようになることが目指《めざ》されるようだ。現実《げんじつ》にはそんなことにはならないことはみなが知《し》っている。実際《じっさい》には、多《おお》くの人《ひと》が途中《とちゅう》でついていけなくなったりして、数《かず》としては、（よく）わから

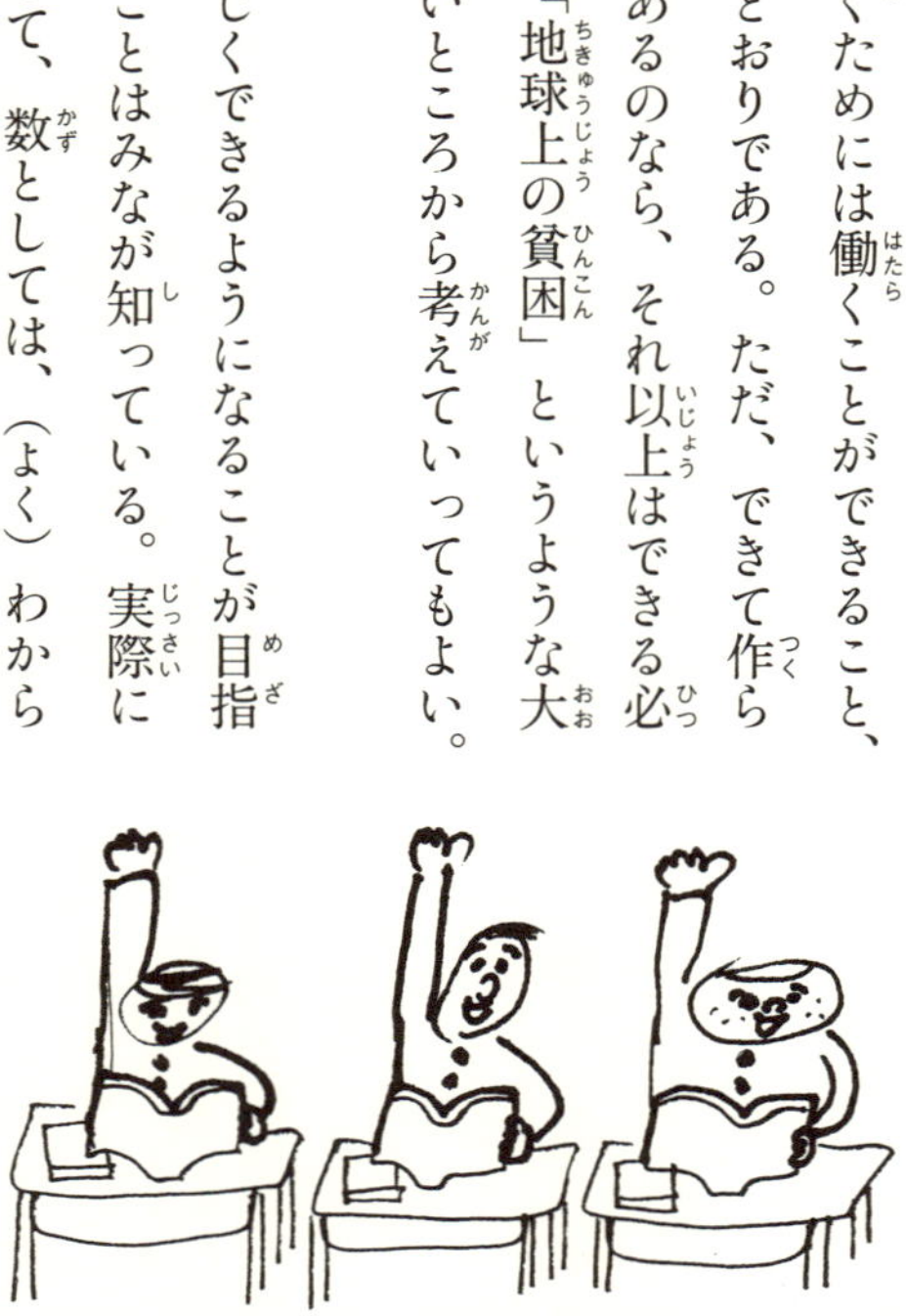

ない人《ひと》が大部分《だいぶぶん》ということにはなる。だが、いちおうたてまえとしては、みなができるようにということになっている。けれど、どうしてもそんなことが必要《ひつよう》だろうか。

というのも、みながてきる必要《ひつよう》はなく、誰《だれ》か一人《ひとり》ができれば、あるいは、一人《ひとり》ではないにしてもある程度《ていど》の数《かず》がいれば、それで足《た》りる場合《ばあい》もけっこうあるように思《おも》うからだ。わかっている人一人《ひとひとり》を決《き》めておいて、その人《ひと》にまかせる、とか、わからなくなったらその人《ひと》に聞《き》くというのではいけないのだろうか。人《ひと》でなくてもよい。本《ほん》に書《か》いておく（書《か》いておいてもらう）とか、機械《きかい》に覚《おぼ》えておいてもらうか、そういうやり方《かた》もある。

もちろん、一人《ひとり》ひとりがわかっていないと不便《ふべん》なものもあるにはある。たとえば言葉《ことば》はそうだろう。いちいち人《ひと》に聞《き》いたり、辞書《じしょ》を引《ひ》いたりしなければならないということになると、実用的《じつようてき》ではない。ただこのような場合《ばあい》であっても、すべての人《ひと》ができなくてもよいということは言《い》えそうだ。そしてそれ以外《いがい》に、あまりしょっちゅう使《つか》わないこととか、誰《だれ》かがわかっていればすむこととか、そんなことがたくさんある。そしてたとえばものを作《つく》るのに技術《ぎじゅつ》がいるとして、それは一度《いちど》わかってしまえば、すべてに使《つか》えるということがある。

知識《ちしき》というものにはそんな性質《せいしつ》がある。農作業《のうさぎょう》とかそんなものであれば、たくさんの人数《にんずう》でたくさん働《はたら》いただけできるものが多《おお》くなるということはあるのだが、知識《ちしき》のある部分《ぶぶん》はそうではない。誰《だれ》か一人《ひとり》が考《かんが》えつけば、あるいは誰《だれ》かが覚《おぼ》えていれば、それをみなが使《つか》うといったことができる。その知識《ちしき》・技術《ぎじゅつ》によってものが作《つく》られる。「応用《おうよう》」のためには各自《かくじ》が練習《れんしゅう》して覚《おぼ》えたりしなければならないこともあるが、それも使《つか》えば使《つか》うほど手間《てま》がかかるということはない。工業《こうぎょう》などの場合《ばあい》には、いったん技術《ぎじゅつ》がものを作《つく》る過程《かてい》の中《なか》に組《く》み込《こ》まれれば、それを使《つか》うために新《あら》たな費用《ひよう》はかからない。余計《よけい》に働《はたら》かなければならないということはない。

他《ほか》に、みなができるようにならなければならない理由《りゆう》があるだろうか。なくはない。一つは［**7**］（58ページ〜）と次《つぎ》の「民主主義《みんしゅしゅぎ》」（64ページ〜）に書《か》いたことである。つまり、少数《しょうすう》の人《ひと》になにかを独占《どくせん》させておくと、その人《ひと》たちが自分《じぶん》の都合《つごう》のよいようにそれを使《つか》ってしまってよくないことが起《お》こる可能性《かのうせい》がある。だから、たとえば政治《せいじ》の仕組《しく》みのことだとか、みながわかっていた方《ほう》がよいというのである。科学技術《かがくぎじゅつ》についてもそうかもしれない。これはある程度《ていど》もっともなことだとは思《おも》う。

しかし、このことについても工夫《くふう》のしようがないわけではない。たとえば、ごくおおざっぱなことを多《おお》くの人《ひと》がわかっておけば、そのままでも、また必要《ひつよう》であれば必要《ひつよう》なときに細《こま》かな情報《じょうほう》を仕入《しい》れるなどして、少数《しょうすう》の人《ひと》たちが変《へん》なことをしているかどうかは判断《はんだん》できるだろう。

一つは、じつは最初《さいしょ》からみなができるようになるとは思《おも》っておらず、競争《きょうそう》させることによって、あることがよくできる人《ひと》を育《そだ》てようというのである。みながプロのサッカー選手《せんしゅ》になることを期待《きたい》しているわけではないのだが、みながサッカーをやることになっていると、その中《なか》からすぐれた選手《せんしゅ》が現《あらわ》れるだろうというようなことがある。こんなことが起《お》こることもたしかにある。ただこれも程度《ていど》の問題《もんだい》だ。いくらブラジルの子《こ》どもたちがサッカーをしているといっても、みながさせられるというわけではない。そして、多《おお》くの子《こ》たちは、楽《たの》しくてそれを始《はじ》め、プロを夢見《ゆめみ》たりする子《こ》も多《おお》いのだろうが、だいたい途中《とちゅう》で自分《じぶん》の才能《さいのう》がわかり、そこでやめるか、あるいは楽《たの》しみとしてのサッカーを続《つづ》けるかである。そしてこれは遊《あそ》びから始《はじ》まるから文句《もんく》は出《で》ない。けれども、みなにやらせる場合《ばあい》には、このある意味無駄《いみむだ》の多《おお》いやり方《かた》がよいかである。

いま見《み》た二つにはもっともなところがあるから、なんでもかんでもできる人《ひと》にまかせておけということにはならない。けれども、すくなくとも、みながかなりたくさんのことができる必要《ひつよう》はないということは確実《かくじつ》に言《い》えそうだ。

一つには、一人《ひとり》ひとりが、なににについてもかなりのことがわかっていることがよいことであるという信仰《しんこう》のようなものがある。ギリシア時代《じだい》の人《ひと》はどうであったとか、ルネッサンスの時代《じだい》の人《ひと》はどうであったか、とか言《い》われる。たしかにその時代《じだい》、それは今《いま》よりは知識《ちしき》の総量《そうりょう》が少《すく》なかった時代《じだい》でもあるが、なんでも知《し》っているような人《ひと》もいただろうし、いてももちろんよいのだ。しかし、そうでなければならないと決《き》めてかかる必要《ひつよう》はない。

それでも、たくさんのことができるようにとされる。どうしてだろう。一つには、各々《おのおの》の専門《せんもん》の人《ひと》たちが各々《おのおの》の専門《せんもん》の科目《かもく》のことを決《き》めているからというところがある。その人《ひと》たちはなにせ専門家《せんもんか》だから、どうしても要求水準《ようきゅうすいじゅん》が高《たか》くなってしまう。

ちなみに、ついでに、私《わたし》は教科書《きょうかしょ》は薄《うす》い方《ほう》がよいとか、そんなことは思《おも》っていない。厚《あつ》くてよいと思《おも》うし、厚《あつ》い方《ほう》がよいとも思《おも》っている。けれども、それを覚《おぼ》えることはない、わからないことがあったらそれを読《よ》めばよいと思《おも》う。そうして使《つか》うと、

たしかにそれは私《わたし》が無知《むち》であるからなのだが、高校《こうこう》の比較的厚《ひかくてきあつ》い社会科《しゃかいか》の教科書《きょうかしょ》などはなかなかよいものであったりする。知《し》らないことがたくさん書《か》いてある［私《わたし》が教科書《きょうかしょ》に書《か》かせてもらった文章《ぶんしょう》を載《の》せてもらった↓313ページ〜］。それがそのようには使《つか》われていない。そのわけは、みなが知《し》っていることだが、知識《ちしき》が競争《きょうそう》のために使《つか》われているところにある。こうして話《はなし》は学校《がっこう》の話《はなし》になっていくのだが、この話《はなし》はまた別《べつ》のところでしよう。

ただ、もう一つついでに。私《わたし》のここでの話《はなし》は、学校《がっこう》で教《おそ》わることが「実社会《じっしゃかい》で役《やく》に立《た》たないじゃないか」というよく言《い》われることと、まるで同《おな》じというわけではない。そう言《い》うと、すぐに先生《せんせい》たちが言《い》う「すぐに役立《やくだ》つことばかりが大切《たいせつ》なんじゃない」という反論《はんろん》にももっともなところがあると思《おも》う。ただ、仮《かり》に広《ひろ》い意味《いみ》での役《やく》立《だ》つことがそこにたくさんあったとしても、それをみなが知《し》らないでもよいということだ。実際《じっさい》、昔《むかし》の社会《しゃかい》もそうだったし、今《いま》の社会《しゃかい》もそうだ。すると、それを「こみ」にして、できる人《ひと》を選《えら》び育《そだ》てるためには「無駄《むだ》」も必要《ひつよう》というさきの話《はなし》に戻《もど》される。わからないではない。ただ、それこそ「無駄《むだ》」を減《へ》らしたいのであれば、もうすこし合理的《ごうりてき》なやり方《かた》があるのではないかということである。

9　以前《いぜん》から足《た》りていて、そして楽《らく》になっている

学校《がっこう》の話《はなし》がしたかったわけではない。むしろ、知識《ちしき》・技術《ぎじゅつ》のことを言《い》いたかった。それは「資産《しさん》」として私《わたし》たちのもとにある。もちろん、「もと」のところからそれを理解《りかい》している人《ひと》が一定《いってい》いないと困《こま》るから、そういう人《ひと》を社会《しゃかい》においておくための維持費用《いじひよう》はかかる。また新《あたら》しいことをつけ加《くわ》えようとするなら、それにもかかる。ただ、それは、基本的《きほんてき》には一度現《いちどあらわ》れれば失《うしな》われることはなく、そしてそれ自体《じたい》は「ただ」である。それは**A**×**B**×**C**＝**D**という掛《か》け算《ざん》の**B**（その値《あたい》は1より大《おお》きい）の位置《いち》にある。**A**は原料《げんりょう》である。ここではそれを広《ひろ》い意味《いみ》で使《つか》っている。また技術《ぎじゅつ》（**B**）もすでに私《わたし》たちの前《まえ》にあって生産《せいさん》に役《やく》に立《た》つものなのだから、さらに広《ひろ》い意味《いみ》での材料《ざいりょう》の一部《ぶ》とも言《い》えるのだが、ここでは分《わ》けておく。**C**は労働《ろうどう》である。**D**は生産《せいさん》されるものである。同《おな》じだけ働《はたら》いたとして、**B**はそれを増《ふ》やす働《はたら》きをする。そして私《わたし》はここでその**B**を、新《あたら》しい時代《じだい》に現《あらわ》れた科学技術《かがくぎじゅつ》だけと考《かんが》えているのではない。ずっと前《まえ》からそれは積《つ》み上《あ》げられてきたものである。すると、その分人間《ぶんにんげん》は楽《らく》になっているはずであり、同《おな》じだけのもの（**D**）を使《つか》って生活《せいかつ》しようとすれば、だ

んだん働《はたら》かねばならない量《りょう》は減《へ》っていくはずだということだ。

人《ひと》は、そしてどんな生物《せいぶつ》も、常《つね》にそんな技《わざ》をもっているから、いつからこのことが始《はじ》まったというわけではない。ただD（生産《せいさん》）はいくらかずつ増《ふ》えてきた。そして、何《なん》十万年《まんねん》も前《まえ》から、もっと前《まえ》から、人間《にんげん》はだいたいなんとか生《い》きてきた。もちろん天災《てんさい》だとかがあって、ときには飢《う》えてしまい死《し》んでしまうこともあったにせよ、生《い》きてきた。そして、人《ひと》の社会《しゃかい》に作《つく》られた仕組《しく》みや起《お》こったできごとによっても、飢《う》えて死《し》んだりすることがあった。それは、働《はたら》きが少《すく》なかったからというわけではない。私《わたし》たちは、なんとなく、昔《むかし》の人《ひと》たちは食《た》べるために一日中朝《いちにちじゅうあさ》から晩《ばん》まで働《はたら》いていたように思《おも》ってしまうところがあるけれど、実際《じっさい》にはそうではないらしい。むしろ——たしかに夜《よる》が来《き》たり天気《てんき》がわるかったりすれば働《はたら》きようもないということはあったにせよ——今《いま》の人《ひと》たちより働《はたら》く時間《じかん》は短《みじか》いことがあったともいう。

今《いま》でもとても広《ひろ》い範囲《はんい》にある貧困《ひんこん》も、けっして働《はたら》き手《て》が少《すく》ないから起《お》こっていることではない。むしろ働《はたら》けるし働《はたら》きたい人《ひと》はたくさんいる。けれども働《はたら》けない人《ひと》がたくさんいる。生産《せいさん》のためには——とても広《ひろ》い意味《いみ》での——資源《しげん》（A）が必要《ひつよう》だ。それは土地《とち》であったり、気候《きこう》であったりもする。そして技術《ぎじゅつ》（B）も必要《ひつよう》だ。それ

がなければ、どんなに働《はたら》く気《き》があっても、働《はたら》けない。働《はたら》いてもうまくいかない。そしてたとえば技術《ぎじゅつ》（B）がないのは、べつにその人《ひと》たちが勉強《べんきょう》しないとかするつもりがないということではない。後《あと》で説明《せつめい》するが、すでにあるし、本来《ほんらい》ただで使《つか》えてよいはずのものを使《つか》えなかったりするからである。すると、同《おな》じだけ仕事《しごと》をしても、高《たか》い技術《ぎじゅつ》が備《そな》わっているところに比《くら》べたら少《すく》ないものしかできない。値段《ねだん》がつく場合《ばあい》には競争《きょうそう》に負《ま》けてしまって、作《つく》っても売《う》れないことになる。そこで仕事《しごと》が得《え》られない。あるいはひどく安《やす》く売《う》らざるをえず、生活《せいかつ》するには足《た》りなくなる。

ここをうまくすれば、足《た》りる。むしろいつも足《た》りていたと言《い》ってもよい。その上《うえ》で人間《にんげん》たちは、自分《じぶん》たちがさぼることができるための技術《ぎじゅつ》をたくさん作《つく》り出《だ》したのだった。そこで、みなが働《はたら》かなくてもみなが暮《く》らせるだけの分《ぶん》を作《つく》り出《だ》すことができるようになった。こう考《かんが》えてみよう。すると、暮《く》らすためには働《はたら》かねばならないというのはまったくそのとおりなのだが、しかし、やらねばならないことの量《りょう》は前《まえ》から少《すく》なかったし、今《いま》はもっと少《すく》ないということになる。

II ならどうならよいか・1

1　一人《ひとり》ひとりが自分《じぶん》の分《ぶん》という案《あん》

全体《ぜんたい》として足《た》りそうだということはわかったとして、その上《うえ》で、働《はたら》いている人《ひと》は苦労《くろう》しているのだし、そうでない人《ひと》は楽《らく》をしているなら、それはよくないのではないか。この、もう一つのもっともな反応《はんのう》について、考《かんが》えてみる。

まず、多《おお》くの場合《ばあい》、一人《ひとり》ひとりが働《はたら》いた方《ほう》が公平《こうへい》だと思《おも》われる。王様《おうさま》のような人《ひと》がいて、なんでも人《ひと》にやらせて楽《らく》しているのはよくないではないか。それより一人《ひとり》ひとりが一人分《ひとりぶん》をやった方《ほう》がよいだろう。親《おや》から、自分《じぶん》のことは自分《じぶん》でしなさいと言《い》われる。私《わたし》も言《い》われた。さらに祖母《そぼ》から言《い》われると、それはやはりそうかなと思《おも》った。苦労《くろう》した人《ひと》だから、そういう人《ひと》の言《い》うことは聞《き》かなければと思《おも》った。そして、家《いえ》の中《なか》のことなど考《かんが》えると、親《おや》にせよその親《おや》にせよそのように言《い》う人《ひと》たちの言《い》い分《ぶん》の方《ほう》が、たいていもっともだと思《おも》う。家《いえ》の中《なか》のことの多《おお》くを忙《いそが》しい親《おや》の方《ほう》がやっていて、ひまな子《こ》どもはさぼっているからである。

当《あ》たり前《まえ》のことだが、一人《ひとり》に必要《ひつよう》なものは平均《へいきん》すれば一人分《ひとりぶん》である。だから、それぞれの人《ひと》が自分《じぶん》の分《ぶん》をやれれば、それでだいたいはうまくゆく。そして一人《ひとり》に必要《ひつよう》な分《ぶん》は多《おお》くの場合《ばあい》、そう大《おお》きくは違《ちが》わない。さらに一人《ひとり》ひとりができることも、やはり多《おお》くの場合《ばあい》、そう大《おお》きくは違《ちが》わない。そうした場合《ばあい》には、自分《じぶん》のことは自分《じぶん》でするのでかまわない。たしかにその方《ほう》がよいように思《おも》われる。

たとえば、脱《ぬ》いだ服《ふく》をハンガーにかけるとか、風呂《ふろ》に入《はい》るときに脱《ぬ》いだ服《ふく》を洗濯《せんたく》かごに入《い》れるとかいった場合《ばあい》、たいてい、服《ふく》を脱《ぬ》いだその人《ひと》が一番近《ばんちか》くにいる。他《ほか》の人《ひと》が行《おこな》うよりその人自身《ひとじしん》にやらせた方《ほう》がよい。そして一人《ひとり》がその一人分《ひとりぶん》と決《き》めておけば、それ以外《いがい》、誰《だれ》が誰《だれ》のためになにをするかを決《き》める必要《ひつよう》もない。各自《かくじ》の仕事《しごと》を調節《ちょうせつ》したりする手間《てま》も省《はぶ》ける。自分《じぶん》の分《ぶん》は自分《じぶん》で、は効率的《こうりつてき》なことがあり、単純《たんじゅん》で難《むずか》しくないやり方《かた》であることがある。というわけで、自分《じぶん》のことは自分《じぶん》でしろと子《こ》をしかる親《おや》はもっともなのではある。

しかし、そんなこともたくさんあるが、いつもそうではない。まとめて誰《だれ》かがや

った方《ほう》がよいことがあるかもしれない。みなができる必要《ひつよう》はなく、誰《だれ》か一人《ひとり》ができればそれで足《た》りる場合《ばあい》もあるだろう。そのためにその人一人《ひとひとり》だけに負担《ふたん》がかかったら大変《たいへん》だが、それほどの仕事《しごと》でないこともある。それよりも、たくさんの人《ひと》が同《おな》じことができるようになるための手間《てま》の方《ほう》がかかるかもしれず、一人《ひとり》の人《ひと》にやってもらう分《ぶん》、その人《ひと》の別《べつ》の仕事《しごと》を少《すく》なくしてあげたらその方《ほう》がよいかもしれない。みながなぜ同《おな》じことをできる必要《ひつよう》があるのだろうと思《おも》ったことはないだろうか。わかっている人一人《ひとひとり》を決《き》めておいて、わからなくなったらその人《ひと》に聞《き》く、というのではいけないのだろうか。

それですむ場合《ばあい》もけっこうあるだろう。**I**の［**9**］「以前《いぜん》から足《た》りていて、そして楽《らく》になっている」（74ページ〜）の話《はなし》はそういう話《はなし》でもあった。ただ、その上《うえ》でも、仕事《しごと》はそこそこにはある。そして誰《だれ》か一人《ひとり》というその一人《ひとり》だけが大変《たいへん》になったら、やはりそれはよくないようにも思《おも》う。

2 苦楽《くらく》の公平《こうへい》はありだと人《ひと》は思《おも》っている

その「よくない」というのはなんだろう。反対《はんたい》に「よい」と思《おも》うのはなんだろう。人《ひと》が費《ついや》すものと人《ひと》が得《え》るもの、その合計《ごうけい》というか差《さ》し引《ひ》きというかが、だいたい同《おな》じぐらいがよいという基準《きじゅん》に基《もと》づいてよいということだろう。格別《かくべつ》の理由《りゆう》なく、ある人《ひと》だけに大《おお》きな苦労《くろう》をかけたり、ある人《ひと》だけが楽《らく》して得《とく》するのはよくないということだろう。

仕事《しごと》することが楽《たの》しいことであれば、その楽《たの》しい人《ひと》が、楽《たの》しく仕事《しごと》をして、その結果《けっか》、必要《ひつよう》なものがみなまかなわれる。そんなことになればきっとよい。そして実際《じっさい》、たしかに楽《たの》しい部分《ぶぶん》もありはする。けれど、やはり、残念《ざんねん》ながら、そんなことばかりではない。やはり面倒《めんどう》なこともある。働《はたら》いているその時間《じかん》、別《べつ》のことをしていたらもっと楽《たの》しいかもしれない。働《はたら》けばそれだけ疲《つか》れることはある。いろいろと悩《なや》んだりもする。

こうして仕事《しごと》には両方《りょうほう》の性格《せいかく》がある。そしてその苦労《くろう》の部分《ぶぶん》について、あまりそれが、人々《ひとびと》の間《あいだ》で違《ちが》うように分《わ》けられてしまっていたら「不公平《ふこうへい》」だ。私《わたし》はこうい

なるか。とするとどう
う気持《きも》ちは認《みと》めてよいと思《おも》う。これを「基準《きじゅん》」にしてもよいと思《おも》う。とするとどう

一つは、さきにあげたように、一人《ひとり》ひとりの分《ぶん》を各自《かくじ》がやるというやり方《かた》である。そのことによって、一人《ひとり》ひとりが行《おこ》なうのと受《う》け取《と》るのと、だいたい同《おな》じになる。いちいち量《りょう》を測《はか》って同《おな》じかどうか確《たし》かめたりする必要《ひつよう》がなく、手間《てま》が省《はぶ》ける。

そのやり方《かた》を使《つか》える場面《ばめん》もかなりある。けれども、仕事《しごと》はまとめてやったり、手《て》分《わ》けしてやったりした方《ほう》が効率《こうりつ》よくできることもある。そのことを認《みと》めるとしよう。すると、みなが同《おな》じだけ働《はたら》いて、みなが同《おな》じだけ受《う》け取《と》るという案《あん》もある。また、多《おお》く働《はたら》き苦労《くろう》した分余計《ぶんよけい》に受《う》け取《と》るという案《あん》もある。

つまり、人々《ひとびと》は、苦労《くろう》に応《おう》じて報《むく》いがあるのはよいと思《おも》っているようだ。そしてそれにはもっともなところがあると言《い》った。なぜか。

できるようになるための努力《どりょく》もある。また、実際《じっさい》にできるようになったことを行《おこ》なうことにも労力《ろうりょく》がいる。努力《どりょく》するのはしんどいことである。その分《ぶん》よいことがあってもよいではないか。人々《ひとびと》はこう思《おも》っているのではないか。つまり、自分《じぶん》が支払《しはら》うマイナスと自分《じぶん》が受《う》け取《と》るプラスとは釣《つ》り合《あ》っているのがよいではないか。そし

て、苦労《くろう》することと得《え》られるものの差引《さしひ》きというか合計《ごうけい》というかは、みなの間《あいだ》でそう大《おお》きくは違《ちが》わない方《ほう》がよいのではないか。こんなところが理由《りゆう》なのではないか。

そして私《わたし》は、これはもっともなことだと思《おも》う。現実《げんじつ》には、受《う》け取《と》るもの持《も》ち出《だ》すもの、さらに幸不幸《こうふこう》は人々《ひとびと》の間《あいだ》に等《ひと》しくは割《わ》り当《あ》てられていない。それはどうしようもないこと、仕方《しかた》のないことでもあるのだろう。たとえばある人《ひと》になぜか好《す》かれなかったりする。だが、社会《しゃかい》のきまりを変《か》えるぐらいで、部分的《ぶぶんてき》に、そのばらつきを減《へ》らせるのだったら、それはしたらよい。楽《らく》や苦労《くろう》が人《ひと》と人《ひと》の間《あいだ》でそう大《おお》きく偏《かたよ》るのはよくない。だいたいそのように人々《ひとびと》は思《おも》っているのだと思《おも》う。

そんなところから、実際《じっさい》にどうしたらよいのか。X「世界《せかい》の分《わ》け方《かた》」（227ページ〜）に続《つづ》きを書《か》く。その前《まえ》に、私《わたし》たちの社会《しゃかい》がそうなっていないこと、それは変《へん》であることを書《か》く。

III しかしこの世《よ》の仕《し》組《く》み――私《わたし》たちの社会《しゃかい》は変《へん》だ

1　きまりA：私《わたし》の作《つく》ったものが私《わたし》のもの／価値《かち》B：私《わたし》がすることとできることが私《わたし》

しかし、それならもっともだとII（77ページ〜）で言《い》ったことと、この社会《しゃかい》で決《き》まっていること、そして起《お》こっていることとは、同《おな》じではない。二つの互《たが》いに関係《かんけい》するきまりAと価値《かち》Bとがあって、この社会《しゃかい》が動《うご》いている。

A：私《わたし》たちの社会《しゃかい》は、自分《じぶん》が生産《せいさん》したものは自分《じぶん》でとれる社会《しゃかい》であるということになっている。自分《じぶん》ができる。自分《じぶん》が——もちろん「もの」だけではなく、一切《いっさい》合財《がっさい》を——生産《せいさん》する。すると自分《じぶん》が得《え》られる。自分《じぶん》が得《とく》をする。こうなっている。すると、できる人《ひと》は得《とく》をする。他方《たほう》、できない人《ひと》は得《え》られない。そのような仕組《しく》みの社会《しゃかい》に私《わたし》たちは生《い》きている。

もちろん一人《ひとり》だけでものを作《つく》るということは少《すく》ない。みなで分業《ぶんぎょう》したりしていっしょに働《はたら》いて作《つく》っている。だから、多《おお》くの場合《ばあい》、一人《ひとり》ひとりがどれだけ「貢献《こうけん》」したかはわかりにくい。実際《じっさい》には組織《そしき》の中《なか》の力関係《ちからかんけい》とかそんなもので、一人《ひとり》ひとりの取《と》り分《ぶん》は決《き》まったりもする。しかし、それでも「貢献《こうけん》」に応《おう》じて支払《しはら》いがされるということになっている。それはときどき嘘《うそ》っぽいが、ではまったく当《あ》たっていないかというと、そんなこともない。

B:そして、自分《じぶん》がすること、できることが自分《じぶん》の価値《かち》であるという価値《かち》がある。そんな価値《かち》のある社会《しゃかい》に私《わたし》たちは生《い》きている。すこし説明《せつめい》を足《た》そう。

もちろん、なにか大切《たいせつ》なことやおもしろいことができることが称賛《しょうさん》されたりうらやましがられたりといったことはどこでもあるだろう。そうしてできる人《ひと》がほめられたりねたまりたりすることもたいがいの社会《しゃかい》にあるだろう。けれども、私《わたし》たちの社会《しゃかい》では、できる(できない)ことが、人《ひと》の存在《そんざい》の価値《かち》を決《き》める。その強《つよ》さ弱《よわ》さは程度《ていど》問題《もんだい》だとも言《い》える。けれどもその程度《ていど》の差《さ》は無視《むし》できない。私《わたし》は、何冊《なんさつ》かの本《ほん》(302ページ~等参照《などさんしょう》)――『ALS』『良《よ》い死《し》』『唯《ただ》の生《せい》』、そしてもっと前《まえ》の『弱《よわ》くある自由《じゆう》へ』の一部《ぶ》で――死《し》なくてすむのに死《し》んでしまうことについて、「安楽死《あんらくし》」

とか「尊厳死《そんげんし》」とかいった考《かんが》え・行《おこ》ないについて考《かんが》えた。普通死《ふつうし》にたくない人《ひと》が、他人《たにん》の力《ちから》を借《か》りて死《し》ぬのは、自分《じぶん》で動《うご》かせなくなっている場合《ばあい》だ。つまり自分《じぶん》でできないことがあるから死《し》ぬ。死《し》を望《のぞ》むのは、一つには、自分《じぶん》が生《い》きられるためのものを自分《じぶん》がもっていないことによる。だからこれは**A**（86ページ〜）のきまりに関《かか》わる。ただ、経済的《けいざいてき》なことだけだったら、その人《ひと》がたまたま金持《かねも》ちであるとか、まわりの人《ひと》が支《ささ》えてくれるとか、たまにはそんなことも場合《ばあい》もある。それでも死《し》ぬこと望《のぞ》むことがある。それは、身体《からだ》の苦痛《くつう》によるのでなければ、できなくなることが、自分《じぶん》でできていないことを他人《たにん》に渡《わた》すことが死《し》ぬことよりも辛《つら》いということである。つまり、できることが人間《にんげん》の存在《そんざい》の価値《かち》であり、それが失《うしな》われるから死《し》ぬというのである。

次《つぎ》に、一つめのきまり**A**があることと、二つめの価値《かち》**B**（87ページ〜）があることとは、とりあえずは別《べつ》のことである。しかし、自分《じぶん》がすること、そして作《つく》り出《だ》すものが、自分《じぶん》に強《つよ》くつながっているという価値《かち》**B**があるのであれば、そのものが自《じ》分《ぶん》のものとされてよいというきまり**A**は当然《とうぜん》のことにされやすい。他方《たほう》、自分《じぶん》が生《う》み出《だ》したものが自分《じぶん》に返《かえ》ってくることに決《き》まっているのであれば（**A**）、そのもの

が自分《じぶん》に関《かか》わりがあり、自分《じぶん》を示《しめ》すものだと考《かんが》えられてもそう不思議《ふしぎ》なことではない（B）。こうして二つは相互《そうご》に強《つよ》め合《あ》うような関係《かんけい》になっている。

そして、私《わたし》たちの社会《しゃかい》は、これらが当然《とうぜん》であると、正《ただ》しいことであるとしている。

それは当《あ》たり前《まえ》のこと、自然《しぜん》なことのようにされている。

さきに苦労《くろう》が報《むく》われることはよいとした。この時代《じだい》は、その前《まえ》の時代《じだい》に比《くら》べれば、苦労《くろう》が報《むく》われる度合《どあ》いが高《たか》いのかもしれない。実際《じっさい》には私《わたし》たちは昔《むかし》のことをほんとうに知《し》ってはいないから、どのぐらいほんとうになんでもかんでも身分《みぶん》やなにかにしばられていたのか、わかっているわけではない。しかしそれにしても、比《くら》べれば今《いま》の方《ほう》が、報《むく》われるとは言《い》えるとしよう。けれども、以前《いぜん》の生《う》まれながらの「属性《ぞくせい》」で受《う》け取《と》るものが決《き》まっている社会《しゃかい》がよくないということは、その後《あと》の「業績《ぎょうせき》」の社会《しゃかい》がよいということではない。

すくなくともやればできる人《ひと》、できそうな人《ひと》にとっては、できても代《か》わりに得《え》られるものがない社会《しゃかい》が変《か》わることは魅力的《みりょくてき》だったのだろう。けれども、やればできるなんてことにはならない。人々《ひとびと》が、同《おな》じぐらいの力《ちから》を使《つか》い、同《おな》じだけ苦労《くろう》すると、同《おな》じぐらいのことができて、同《おな》じだけ受《う》け取《と》ることができるなら、それはそれでよいということにもなるかもしれない。しかし実際《じっさい》はそうならない。これははっきりしているのではないか。人々《ひとびと》が正《ただ》しいと思《おも》わないはずのことがこの世《よ》にあってしまっている。なのになぜ、それがよいと言《い》うのだろう。よいとされるのだろう。

2 そのことが気《き》になったこと

私《わたし》は、結局《けっきょく》、このとても単純《たんじゅん》な疑問《ぎもん》から発《はっ》して、ものを考《かんが》えたり書《か》いてきたりした。ずっとそのことを考《かんが》えてきた。なぜそのことが気《き》になったのか。ほんとうのところはよくわからない。二十歳《はたち》より前《まえ》からのことのはずだが、そのときの気分《きぶん》をよく思《おも》い出《だ》せない。

ただ、「学問《がくもん》」の方《ほう》から言《い》うと、社会《しゃかい》についていろいろなことを言《い》うその学問《がくもん》たちは、いろんなことを言《い》っていて勉強《べんきょう》になるけれど、この一番大切《いちばんたいせつ》な、大《おお》きなことについて、なにも言《い》ってない、すくなくともたいして言《い》っていないじゃないかと思《おも》った。

なにも言《い》わないというのはすこし言《い》い過《す》ぎだ。社会《しゃかい》の「近代化《きんだいか》」をどう見《み》るのかというときに、人《ひと》の「属性《ぞくせい》」で決《き》まる社会《しゃかい》から「業績《ぎょうせき》」「達成《たっせい》」で決《き》まる社会《しゃかい》への変化《へんか》が社会《しゃかい》の近代化《きんだいか》であるということは、まっさきに言《い》われる。たしかにそこまでは言《い》われる。それは、私《わたし》の社会《しゃかい》の捉《とら》え方《かた》はけっして変《か》わったものではないということでもある。むしろとても当《あ》たり前《まえ》の常識的《じょうしきてき》な社会《しゃかい》の見方《みかた》をしている。

そして、その前《まえ》の時代《じだい》・社会《しゃかい》が望《のぞ》ましくない社会《しゃかい》であるということは、言《い》われる。あるいは、最初《さいしょ》から前提《ぜんてい》されているようだ。だが、そのことは、今《いま》の社会《しゃかい》がよいということにはならないはずだ。しかし、どうやらそういうことにされている。そのことは、やはり最初《さいしょ》から当《あ》たり前《まえ》のことにされているようだ。しかしなぜ当《あ》たり前《まえ》なのか、私《わたし》にはわからないのだが、そのことは説明《せつめい》されない。社会《しゃかい》についてものを考《かんが》えて言《い》うのが社会科学《しゃかいかがく》の仕事《しごと》なら、そんなことではいけないのではないか。「能力《のうりょく》」が社会《しゃかい》の大《おお》きな部品《ぶひん》であるのは間違《まちが》いないのだから、その大《おお》きな部品《ぶひん》について考《かんが》えることはよいことであり、それがあまり考《かんが》えられていないのなら、それを考《かんが》えることはよいことだ。そんなことを思《おも》うようになったのかもしれない。

たしかに、すくなくともやればできる人《ひと》、できそうな人《ひと》にとっては、能力《のうりょく》・達成《たっせい》が評価《ひょうか》される社会《しゃかい》に変《か》わることは魅力的《みりょくてき》だったのだろう。そのことは認《みと》めてもよい。

しかし環境《かんきょう》の差《さ》が能力《のうりょく》や達成《たっせい》に影響《えいきょう》するのではないか。ならば人々《ひとびと》に機会《きかい》を等《ひと》しく与《あた》えて、差《さ》を小《ちい》さくすればよいか。それもよいだろう。しかしそれには限界《げんかい》もある（**VII**、167ページ〜）。そして、いくらか見《み》ていくような仕掛《しか》けによって、むしろ差《さ》は大《おお》きくもなっていく（**VIII**、187ページ〜）。とすれば、もとのところから考《かんが》えて、よいかわるいか考《かんが》えたらよいと私《わたし》は思《おも》った。

3　同《おな》じにできるようにはならないし、できたからどうというものでもない

ただ私《わたし》の場合《ばあい》、最初《さいしょ》から、学問《がくもん》がどうだとか、考《かんが》えていたわけではない。私《わたし》はときどき、なぜ、できること／できないことについて、できないこととしての障害《しょうがい》についてものを書《か》いたりしているのかと問《と》われることがある。家族《かぞく》にそういう人《ひと》がいるのかといった聞《き》かれ方《かた》をされることもある。いるといえば世間並《せけんな》み程度《ていど》にはいる――おばに知的障害《ちてきしょうがい》の人《ひと》がいるし、おいは自閉症《じへいしょう》の傾向《けいこう》のようだ――が、他《ほか》の人《ひと》たちに比《くら》べてとくに目立《めだ》った経験《けいけん》をしてきたわけではない。

ただ一つ、すくなくとも、みなやればできるようになるというのは違《ちが》うだろうと

いうのはあった。もちろん、やればできるようになることはある。けれども、同《おな》じだけやったって、できることの度合《どあ》いの違《ちが》いは、これはもうよいもわるいもなく、ある。事実《じじつ》としか言《い》いようがない。私《わたし》は、高校《こうこう》までは佐渡島《さどがしま》という日本海《にほんかい》にある島《しま》に住《す》んでいて近所《きんじょ》の学校《がっこう》に通《かよ》っていた。高校《こうこう》は家《いえ》の隣《となり》だった。学校《がっこう》はいろいろと理《り》不尽《ふじん》と思《おも》えるきまりがあって、そのことは好《す》きでなかったが、なにせ数《かず》が少《すく》ないこともあって——とは言《い》っても、その当時《とうじ》島《しま》には六つの高校《こうこう》があったと言《い》うと、たいていの人《ひと》は驚《おどろ》く——いろんな人《ひと》が同《おな》じ学校《がっこう》、学級《がっきゅう》にいた。入試《にゅうし》で切《き》り分《わ》けられてみながそこそこに同《おな》じぐらいにできるという学校《がっこう》がどんなものかよくわからないのだが、私《わたし》のまわりはてんでばらばらだったし、それが当《あ》たり前《まえ》のことだった。それでも高校《こうこう》は科《か》が分《わ》かれ、私《わたし》は進学《しんがく》する人《ひと》の多《おお》い普通科《ふつうか》——他《ほか》に商業科《しょうぎょうか》・家庭科《かていか》・水産《すいさん》科《か》とあったが、水産科《すいさんか》などなくなりだんだん減《へ》っていったようだ——にいたのだが、小学校《しょうがっこう》から近所《きんじょ》でいっしょだったそのクラスの同級生《どうきゅうせい》は、ついに二次方程式《じほうていしき》を理解《りかい》しなかった。それはよいことでもないがわるいことでもない。そういうものだとしか言《い》いようがない。

その後《ご》、勉強《べんきょう》ができることになっている人《ひと》たちの学校《がっこう》（東京大学《とうきょうだいがく》）に行《い》くことに

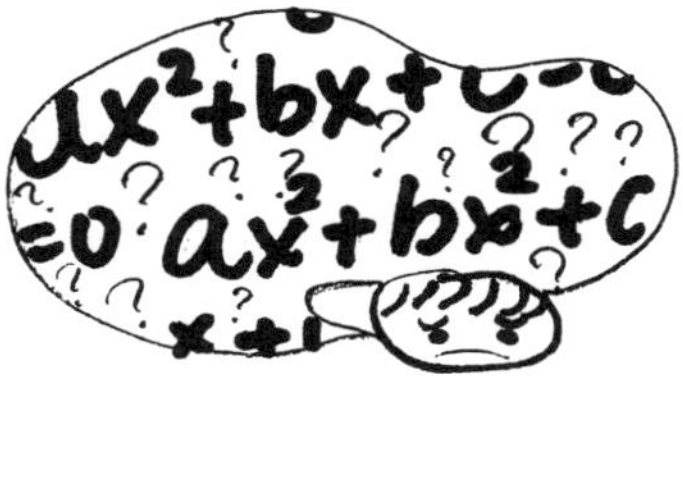

なったのだが、まあみなさんこんなものかなと、そんなことぐらいでいばるなよ、そんなに自分《じぶん》や自分《じぶん》の頭《あたま》にあるらしいもちものが大切《たいせつ》かい、と思《おも》った。それは、もっとよいものがなにか別《べつ》にあるからというのでもなかった。だが、すくなくともそれほどのことではない、ないのに、なにかそれがずいぶんなことのように思《おも》われているようだった。

とはいえ、私自身《わたしじしん》もまた、そういう学校《がっこう》に入《はい》って、どちらかいえば、この社会《しゃかい》で得《とく》をするはずの人《ひと》ではあったはずだ。いまあるきまりや価値《かち》をひっくり返《かえ》して、得《とく》になるという格別《かくべつ》の利害《りがい》はないとも言《い》える。けれど、この社会《しゃかい》にある価値《かち》を信《しん》じない方《ほう》が、どんな人《ひと》にとってもよいということはあると思《おも》う。それは不思議《ふしぎ》なことではない。なんでもよいのだと思《おも》える方《ほう》が、どんなあり方《かた》がよいと決《き》まっているとされるより、そしてそのよいとされることにかなり成功《せいこう》していたとしても、楽《らく》だ。（そのことはわかってはいたのだが、それを文章《ぶんしょう》に書《か》くことになるのは、二〇〇四年《ねん》の『自由《じゆう》の平等《びょうどう》』（303ページ～等参照《などさんしょう》）の第《だい》三章《しょう》「「根拠《こんきょ》」について」の二節《せつ》1「私《わたし》のために、から届《とど》く」になる。）

4　どういうことではないという気持《きも》ちをもらったこと

そして、そんな気持《きも》ちのもとのところは「学問《がくもん》」からもらったわけではないと思《おも》う。人間《にんげん》がいろんなことができるようになって、それでよい、さらにだんだんよくなるような気持《きも》ちがしていた時期《じき》がたしかにあったのだが、そうなのかなあと思《おも》う人《ひと》たちが私《わたし》（たち）の前《まえ》の時代《じだい》にわりあいたくさん現《あらわ》れた。私《わたし》は一九六〇年《ねん》の生《う》まれなのだが、それより一回《ひとまわ》りぐらい年《とし》の上《うえ》の人《ひと》たち、一九四五年《ねん》あたりから一九五〇年《ねん》あたりに生《う》まれた人《ひと》たちが、十八とか二十《はたち》すぎとかそんな頃《ころ》、一九七〇年前後《ねんぜんご》のことだ。今《いま》の中学生《ちゅうがくせい》のおじいさんやおばあさんという人《ひと》たちだ。一つには各地《かくち》で公害《こうがい》、環境《かんきょう》の破壊《はかい》が進《すす》んで、被害《ひがい》を被《こうむ》る人《ひと》たちが出《で》てきた。医療《いりょう》・薬害《やくがい》等《とう》による被害《ひがい》もあった。その時代《じだい》に始《はじ》まったことではないが、ひどい戦争《せんそう》が、そのときはベトナムであった。

その人《ひと》たちは「団塊《だんかい》の世代《せだい》」などと言《い》って、戦争《せんそう》（第二次世界大戦《だいにじせかいたいせん》）が終《お》わって、「さあ」ということだったのか、団子《だんご》のように土塊《つちくれ》のようにかたまって大量《たいりょう》に生《う》ま

れて、おかげで受験《じゅけん》も大変《たいへん》——「受験戦争《じゅけんせんそう》」という言葉《ことば》はそのころ生《う》まれたらしい——みたいな、混雑《こんざつ》した人《ひと》たちでもあった。それだけでちょっと頭《あたま》にきていたのかもしれない。そして、大学《だいがく》に行《い》くといったことがかつては晴《は》れ晴《ば》れしいことだったのが、わりあい普通《ふつう》のことにもなりつつあった。そして、その大学《だいがく》で、大学《だいがく》の言《い》うことを聞《き》かない学生《がくせい》を間違《まちが》えて処分《しょぶん》してしまうとか様々《さまざま》な事件《じけん》も起《お》こり、「学問《がくもん》の府《ふ》」でなされていることをどうもぜんぶは信用《しんよう》できないぞということになった。それは、それに共感《きょうかん》する人《ひと》からは「大学闘争《だいがくとうそう》」と、そうでない人《ひと》たちからは「大学《だいがく》紛争《ふんそう》」と呼《よ》ばれる。そしてそんなことが起《お》こったのは日本《にほん》だけのことではなかった。アメリカでもヨーロッパでも起《お》こった。ベトナム反戦運動《はんせんうんどう》との関《かか》わりはもちろん大《おお》きかったがそれだけでもなかった。科学《かがく》とか技術《ぎじゅつ》とか学問《がくもん》とか、基本的《きほんてき》によいものだと決《き》めてよいのかということになった。とくに日本《にほん》のある部分《ぶぶん》では、「能力主義《のうりょくしゅぎ》」という言葉《ことば》を、人《ひと》の性能《せいのう》をよくし、わるい部分《ぶぶん》を除《の》けていく行《おこ》ないを批判《ひはん》する言葉《ことば》として使《つか》う人《ひと》たちが現《あらわ》れた。

　そしてこんな時代《じだい》と音楽《おんがく》やなにかも連動《れんどう》していた。すくなくともそのように思《おも》われていた。それらがとくに政治的《せいじてき》な主張《しゅちょう》をしていたとかそういうことでないにしても――そういう歌《うた》を歌《うた》う人《ひと》たちもいたが、その人《ひと》たちが歌《うた》うのはかえって普通《ふつう》のおとなしい歌《うた》だった――そんな気分《きぶん》に合《あ》っていた。音楽《おんがく》の話《はなし》をするときりがないが、中学生《ちゅうがくせい》の時《とき》にＮＨＫで放映《ほうえい》されたのをたまたま見《み》た一九六七年《ねん》の「モンタレー・ポップ・フェスティバル」が強烈《きょうれつ》だった。一九七〇年代《ねんだい》の中盤《ちゅうばん》ともなれば、どんな田舎《いなか》でもＮＨＫの全国放送《ぜんこくほうそう》でそういうものを見《み》ることができたのだ。今調《いましら》べたら、ちゃんとウィキペディアに解説《かいせつ》がある。六七年《ねん》のできごとであったということもそれで、今日初《きょうはじ》めて知《し》った。この年《とし》の六月《がつ》十六日《にち》から十八日《にち》の三日間《みっかかん》、アメリカ合衆国《がっしゅうこく》カリフォルニア州《しゅう》モンタレーで開《ひら》かれた、ロックがメインで行《おこな》われた大規模《だいきぼ》な野外《やがい》コンサートとある（スイスのモントレーで開《ひら》かれるジャズフェスティバルは全然別《ぜんぜんべつ》）。出《で》た人《ひと》たちや曲名《きょくめい》も書《か》いてあって便利《べんり》なものである。ジミ・ヘンドリックスとジャニス・ジョプリンがとにかくとほうもなくよかった。この二人《ふたり》がそれまでさほど知《し》られておらず、このフェスティバルで有名《ゆうめい》になったというのは、やはり今日《きょう》まで知《し》らなかった。その他《ほか》、ご当地系《とうちけい》のいかにもその当時《とうじ》・当地風《とうちふう》のものではジェファーソン・エアプレインとか、グレートフル・デッドとか、ママス＆パパスとか。アマゾンで調《しら》べるとＤＶＤとＣＤがある（二枚組《まいぐみ》のＣＤを今注文《いまちゅうもん》した→届《とど》いた→ジャニス・ジ

ヨプリンの「ボール&チェイン」はやはりすごかったが、他《ほか》は若干《じゃっかん》選曲《せんきょく》に難《なん》あり↓DVDを買《か》うことにした↓買《か》った↓なぜか再生《さいせい》できず↓ユーチューブ↓清志郎《きよしろう》の親戚《しんせき》みたいなオーティス・レディングとジャニス・ジョプリンは別格《べっかく》としてあとはけっこう歌《うた》へたじゃん、とか、でもフーはかっこいいとか、客《きゃく》が白《しろ》い人《ひと》ばっかりとか、様々《さまざま》思《おも》えど略《りゃく》。）。

　とくに田舎《いなか》の学校《がっこう》のばかな音楽教師他《おんがくきょうしほか》がこういうものを否定《ひてい》しているというだけで、私《わたし》（たち）は正《ただ》しく、勝利《しょうり》しており、肯定《こうてい》されてよく、そうした教師《きょうし》たちに代表《だいひょう》されるようなものが間違《まちが》っており、おろかでくだらないことが証明《しょうめい》されていると思《おも》った。それは、○○は××であるというなにかの「命題《めいだい》」を語《かた》っているわけではない。けれどもおおよそどうのこうの世間《せけん》で言《い》われていることはどうでもよいということを確信《かくしん》させるには十分《じゅうぶん》だった。もちろん、文学《ぶんがく》にせよ音楽《おんがく》にせよ、表現《ひょうげん》のうまい下手《へた》はある。それはそうだ。けれど、すくなくともそれが発《はっ》していることは、それがもたらすものは、よいとされているものがたいしたことはないということだったと思《おも》う。それは、その時期《じき》のそういう種類《しゅるい》の音楽《おんがく》や他《ほか》の芸術《げいじゅつ》でなければ表現《ひょうげん》できなかったということはなかったと思《おも》う。ただ、それは強烈《きょうれつ》で直接《ちょくせつ》に、わかりやすく、入《はい》ってきた。

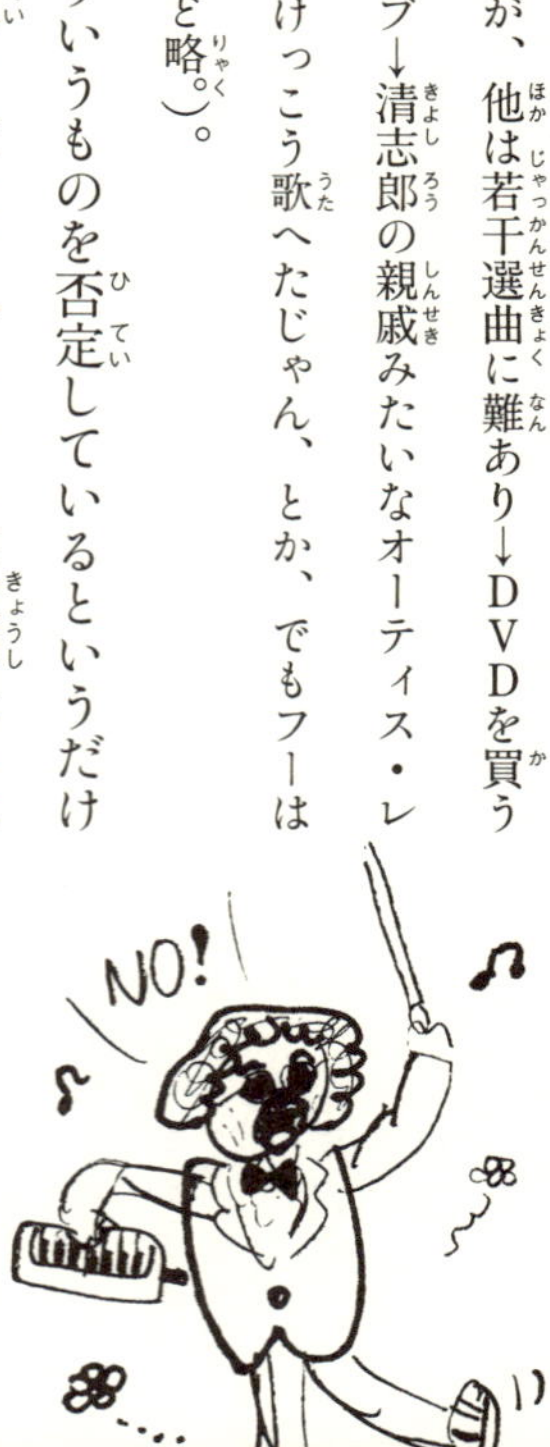

5 「学問《がくもん》」でないものからもらったこと

そんなわけで、まず私《わたし》が恩義《おんぎ》を感《かん》じているのは学問《がくもん》ではない。学問《がくもん》のことも学者《がくしゃ》たちのことも、なにも知《し》らなかった。それは田舎《いなか》の子《こ》どもだったからでもあるだろう。都会《とかい》の進学校出身《しんがっこうしゅっしん》の人《ひと》には「現代思想《げんだいしそう》」をかじってきましたというような人《ひと》たちがときどきいる。あるいは――すでにあまり流行《はや》らなくなっていはしたが――社《しゃ》会主義《かいしゅぎ》や共産主義《きょうさんしゅぎ》の思想《しそう》を学《まな》んできたという人《ひと》もいなくはなかった（ところで社会主《しゃかいしゅ》義《ぎ》や共産主義《きょうさんしゅぎ》の思想《しそう》というものがどういうものであったのか、あるのか、私《わたし》はその後《ご》も含《ふく》めてあまり勉強《べんきょう》したことがないのだが、それでも、そのうちなにか書《か》きたいと思《おも》っている）。しかし私《わたし》は「社会科学《しゃかいかがく》」というものがこの世《よ》にあることも知《し》らなかった。ほぼ小説《しょうせつ》しか読《よ》んだことがなかった。

ただ、そんなやり方《かた》でなにごとかを伝《つた》えることのできる人《ひと》たちはそれでよいと思《おも》ったけれど、自分《じぶん》がそういう方向《ほうこう》でやってもたいしたことができそうにもない、これは確実《かくじつ》だった。文学《ぶんがく》は好《す》きではあったが、フィクションを作《つく》り出《だ》す欲望《よくぼう》は自分《じぶん》にはないようだった。音楽《おんがく》については、なにをかいわんやである。聞《き》くのとするのは違《ちが》う。両方《りょうほう》ができてどちらでもよいと言《い》われたら派手《はで》なところのほうがいいに決《き》まっていると思《おも》うが、結果《けっか》は、こうして毎日《まいにち》椅子《いす》に座《すわ》って字《じ》を書《か》く地味《じみ》な生活《せいかつ》をしている。

つまりどこからやってくるのかわからない才能《さいのう》の問題《もんだい》ということなのだが、それはさておき、音楽《おんがく》や小説《しょうせつ》が与《あた》えてくれるものはたしかにあるとして、この世《よ》はこの世《よ》で回《まわ》ってしまっているのだから、結局《けっきょく》、それはそれとして、この世《よ》がどんな具合《ぐあい》になっていて、どんなふうに変《か》えようがあるのか、とか考《かんが》えて言《い》うことはまた別《べつ》に必要《ひつよう》なのだろうとも思《おも》った。「愛《あい》と平和《へいわ》」を歌《うた》うのはよしとして、そしてそれはただそんな歌《うた》があるというだけのことではないことがあることもまたそのとおりだとして、しかし――もちろんそのことは歌《うた》ったり聞《き》いたりしている人《ひと》たちもわかっていることだが――それはそれとして、他《ほか》に考《かんが》えることも、またすることも、もちろんあるということだ。

では、私《わたし》は、さきほどの、基本的《きほんてき》であるかもしれないが、ひどく抽象的《ちゅうしょうてき》でもある「問題意識《もんだいいしき》」でなにをしようとしていたのか。そうした話《はなし》もまた長《なが》くなってしまうし、その一部《ぶ》については、『そよ風《かぜ》のように街《まち》に出《で》よう』（りぼん社《しゃ》）という雑誌《ざっし》に

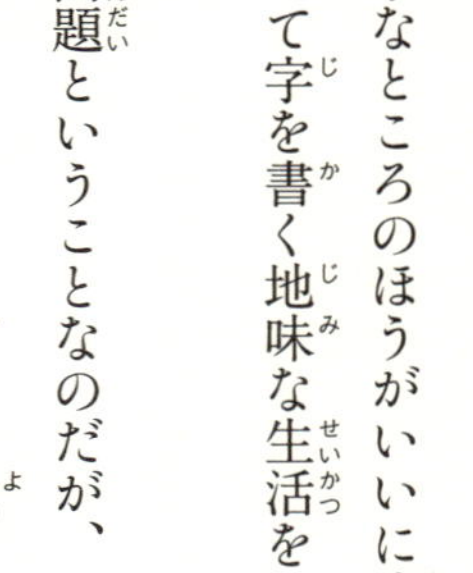

「もらったものについて」という続《つづ》きものを書《か》いている（インターネットで検索《けんさく》すると出《で》てきます http://www.arsvi.com/m/s01.htm）。たいしたことをしていたわけではない。「不正《ふせい》」であると私《わたし》たちが思《おも》ったことのいくつかについて、たいして効《き》き目《め》のないことをしたり言《い》っていたりしただけのことではある。たとえばその一つに、「養護学校《ようごがっこう》義務化反対《ぎむかはんたい》」「障害児《しょうがいじ》を普通学校《ふつうがっこう》・学級《がっきゅう》へ」という「闘争《とうそう》」があった。私《わたし》は大学《だいがく》に入《はい》って初《はじ》めてそんなことが起《お》こっていることを知《し》った――入学《にゅうがく》した一九七九年《ねん》がその「義務化《ぎむか》」の年《とし》だった――のだが、その賛否《さんぴ》が大学《だいがく》の自治会《じちかい》で問《と》われていた。勉強《べんきょう》できなかろうがなんだろうが、そこいらの学校《がっこう》に入《はい》りたいのであれば入《い》れるべきだという人《ひと》たちがいて（そこでは少数派《しょうすうは》だった）、その子《こ》の「発達《はったつ》」のためには特別《とくべつ》の学校《がっこう》（養護学校《ようごがっこう》、いまは特別支援学校《とくべつしえんがっこう》などと言《い》うらしい）に入《い》れるのがよいのだと言《い》う人《ひと》たちがいた。そんなことがなぜ大学《だいがく》の自治会《じちかい》で賛否《さんぴ》の対象《たいしょう》になっていたのかと思《おも》うだろうが、説明《せつめい》は略《りゃく》す（やはり「もらったものについて」に書《か》いている）。とにかく、両方《りょうほう》の言《い》い分《ぶん》を聞《き》いてみて、私《わたし》は前者《ぜんしゃ》の方《ほう》がよいと思《おも》った。そして、そういう傾向《けいこう》の人《ひと》たちが関《かか》わっている「運動《うんどう》」――社会《しゃかい》の変更《へんこう》・変革《へんかく》を目指《めざ》す人々《ひとびと》の活動《かつどう》を指《さ》す「社会運動《しゃかいうんどう》」の略語《りゃくご》かもしれない――のいくつかにほんのすこし関《かか》わったりした。

私《わたし》は、基本《きほん》、今《いま》でもその主張《しゅちょう》が正《ただ》しいと思《おも》っている。ただ、これが「会社《かいしゃ》」だったら、仕事《しごと》ができなくても「雇《やと》え」と言《い》うわけにもいかんだろうなあと、そうするとどういうことになるのだろうか、そんなことは考《かんが》えていたように思《おも》う。「社会《しゃかい》」を、ではどうするのさ、というところがあった。世《よ》の中《なか》はこんなふうにできていて、なかなか頑丈《がんじょう》である。ではそれと違《ちが》って、そうではない社会《しゃかい》というものはどんなものか。おおざっぱにどういうものかを想像《そうぞう》することはできるかもしれないが、いくらかでも具体的《ぐたいてき》に考《かんが》えるとよくはわからない。できる／できないで得《とく》／損《そん》が決《き》まるのがおかしいとして、しかしそれを無視《むし》して人《ひと》を採用《さいよう》したりしなかったりする職場《しょくば》というのはちょっと考《かんが》えつかない。ではどうするのか、とか。あるいは、一つひとつがどうというのではなく、なにか大《おお》きなものが変《か》わらなければならないとしたら、それはさらにやっかいなことのように思《おも》える。こうすればよいとわかったとして、実際《じっさい》にどうするかだ。

今《いま》は「NPO」とかあって――私《わたし》も一つ「ある」というNPO法人《ほうじん》を始《はじ》めてみてはいる――まずは具体的《ぐたいてき》に困《こま》っている人々《ひとびと》に対《たい》する「支援《しえん》」という構《かま》えでいろんな人《ひと》が関《かか》わっているのだろうと思《おも》う。そういうことに関《かか》わっている学生《がくせい》もいくらかいたが、どちらか言《い》うと、こちらはいろいろと反対《はんたい》するといった感《かん》じだった。世《よ》の中《なか》にはいろいろなことが起《お》こっていて、中《なか》には気《き》に入《い》らないこともあるから、いろいろと反対《はんたい》したりする。たとえば、一度《いちど》有罪《ゆうざい》の判決《はんけつ》がでた事件《じけん》の犯人《はんにん》とされた人《ひと》が無《む》罪《ざい》だと主張《しゅちょう》する。というか、そういう主張《しゅちょう》をする人《ひと》たちの味方《みかた》をする。自分《じぶん》たちが住《す》んだり耕《たがや》してきた土地《とち》が飛行場《ひこうじょう》（成田空港《なりたくうこう》）になるのに反対《はんたい》して、その土地《とち》で暮《く》らし続《つづ》けようという人《ひと》たちを支持《しじ》する。しかし多勢《たぜい》に無勢《ぶぜい》ということもある。そもそもそういうところを選《えら》んでいるわけだから、勝率《しょうりつ》はぜんぜんよくない。うまくいったとしてせいぜい現状維持《げんじょういじ》だ。わざわざ、判官贔屓《はんがんびいき》というか、不利《ふり》な立場《たちば》の側《がわ》に加担《かたん》するわけだから、それは仕方《しかた》のないことではあった。そしてだいたいについては間違《まちが》ってもいなかったと思《おも》う。ただ、それに人生《じんせい》かけているというわけでもなかったが、そうそううまくいくものでもなく、むなしいというか、わびしいというか、そんな感《かん》じはあった。これはビラ――「ガリ版《ばん》」というもので製造《せいぞう》されていた時期《じき》があった――を刷《す》ったりまいたりなんかしたことがある人《ひと》ならだいたいわかる感《かん》じだと思《おも》う。

6 私《わたし》の作《つく》ったものが私《わたし》のものであるが正《ただ》しい、理由《りゆう》はない

いろいろと具体的《ぐたいてき》に考《かんが》えていくとやっかいではある。どうしたものか。どうにもなりはしないのだが、私《わたし》は、一九八一年《ねん》に文学部《ぶんがくぶ》の社会学科《しゃかいがくか》というところに行《い》くことになった（その大学《だいがく》は三年生《ねんせい》になる時《とき》に行《い》く学科《がっか》を決《き》める仕組《しく》みになっていた）。文学《ぶんがく》は好《す》きでも文学《ぶんがく》を論《ろん》じる気持《きも》ちはあまりなかった。語学《ごがく》はできなかった。なにかやはり「社会《しゃかい》」に関《かか》わるようなものがよいと思《おも》った。そしてそこで、とりあえず、このきまりＡ（86ページ〜）・価値《かち》Ｂ（87ページ〜）が正《ただ》しい理由《りゆう》があるだろうか。そんなことから点検《てんけん》してもよいと思《おも》ったかもしれない。

どうも私《わたし》にはないように思《おも》えた。よくない理由《りゆう》の方《ほう》が考《かんが》えつきやすいように思《おも》えた。この仕組《しく》みのもとでは明《あき》らかにできない人《ひと》は損《そん》をするのだが、それが正《ただ》しいと言《い》える理由《りゆう》はどこにもないように思《おも》った。むしろよくないことに決《き》まっていると思《おも》える。それなのにこの社会《しゃかい》はそのようにはなっていない。それは正《ただ》しいという方《ほう》が不思議《ふしぎ》だ。なんでそうなっているのだろう。

私《わたし》にはもどうも違《ちが》うはずだと思《おも》えることをよしとする話《はなし》があるのであれば、それを読《よ》んで、その議論《ぎろん》のどこがどうなっているのかを考《かんが》えればよいと思《おも》ったかもしれない。大学《だいがく》の図書館《としょかん》の棚《たな》で『所有的個人主義《しょゆうてきこじんしゅぎ》の政治理論《せいじりろん》』（C・B・マクファーソン／藤野渉他《ふじのわたるほか》・訳《やく》、合同出版《ごうどうしゅっぱん》）という本《ほん》を見《み》つけた。一九八〇年《ねん》に日本語《にほんご》訳《やく》が出《で》たものだ。出《で》てそんなに時間《じかん》が経《た》った本《ほん》ではないことにも気《き》がつかなかった。題名《だいめい》から自分《じぶん》が気《き》になっていることが書《か》いてあるのではと思《おも》ったのだろうと思《おも》う。そこでは、ジョン・ロック（John Locke）という人《ひと》の本《ほん》が検討《けんとう》されていた。

　この人《ひと》は、高校《こうこう》の社会科《しゃかいか》の教科書《きょうかしょ》ぐらいだったら必《かなら》ず出《で》てくる有名《ゆうめい》な人《ひと》である。一六三二年《ねん》に生《う》まれて一七〇四年《ねん》に亡《な》くなったイギリスの人《ひと》だ。亡《な》くなってもう三百年《ねん》も経《た》っている。日本《にほん》では江戸時代《えどじだい》が始《はじ》まってしばらくという時期《じき》、イギリスでは「名誉革命《めいよかくめい》」というのがあったころの人《ひと》で、それに賛成《さんせい》してそれを進《すす》めた側《がわ》の人《ひと》であり、「三権分立《さんけんぶんりつ》」を説《と》いた、とか教科書《きょうかしょ》には書《か》いてあるのではないかと思《おも》う。ただ、ここで気《き》になっているのは、人《ひと》はなにを受《う》け取《と》ってよいかについて、その人《ひと》が言《い》ったことである。

「たとえ地《ち》とすべての下級《かきゅう》の被造物《ひぞうぶつ》が万人《ばんにん》の共有《きょうゆう》のものであっても、しかし人《ひと》は誰《だれ》でも自分自身《じぶんじしん》の一身《いっしん》については所有権《しょゆうけん》をもっている。これには彼以外《かれいがい》の何人《なんびと》も、なんらの権利《けんり》を有《ゆう》しないものである。彼《かれ》の身体《しんたい》の労働《ろうどう》、彼《かれ》の手《て》の動《うご》きは、まさしく彼《かれ》のものであると言《い》ってよい。そこで彼《かれ》が自然《しぜん》が備《そな》えそこにそれを残《のこ》しておいたその状態《じょうたい》から取《と》り出《だ》すものはなんでも、彼《かれ》が自分《じぶん》の労働《ろうどう》を混《まじ》えたのであり、そうして彼自身《かれじしん》のものである何物《なにもの》かをそれらに附加《つけくわ》えたのであって、このようにしてそれは彼《かれ》の所有《しょゆう》となるのである。」（『市民政府論《しみんせいふろん》』鵜飼信成《うかいのぶなり》・訳《やく》、岩波文庫《いわなみぶんこ》、32〜33ページ）

さっと読《よ》むとよくわからないかもしれないが、実際《じっさい》にはそんなに難《むずか》しいことは言《い》われていない。まず「被造物《ひぞうぶつ》」という言葉《ことば》は聞《き》かない言葉《ことば》だが、キリスト教《きょう》の考《かんが》え方《かた》で、神《かみ》さまによって作《つく》られた物《もの》ということ。人間《にんげん》もそうなのだが、人間《にんげん》は被造物《ひぞうぶつ》の中《なか》では「上級《じょうきゅう》」の方《ほう》に入《はい》っていることになっている。だから「下級《かきゅう》の被造物《ひぞうぶつ》」というのは人間以外《にんげんいがい》の生物《せいぶつ》や物《もの》である。それはもともとは誰《だれ》それのものとは決《き》まっていないと言《い》われている。しかし、自分《じぶん》の一身《いっしん》、自分《じぶん》の身体《からだ》は自分《じぶん》のものではないか、

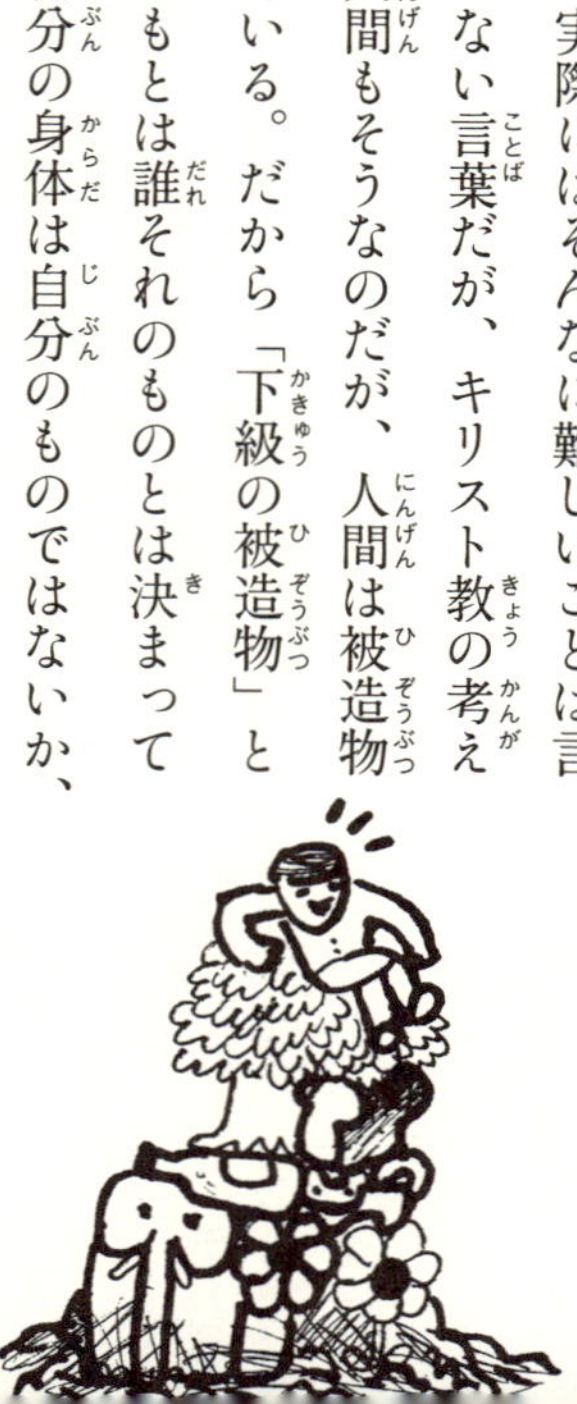

とロックは言《い》う。人《ひと》はその身体《からだ》を使《つか》って働《はたら》いてなにかを作《つく》り出《だ》す、自然《しぜん》から取《と》り出《だ》す。そうして作《つく》り出《だ》されたもの、取《と》り出《だ》されたものはその人《ひと》のものだ。そう言《い》っている。なるほど。さて、この理由《りゆう》の言《い》い方《かた》はうまくいっているだろうか。その人《ひと》は、それが正《ただ》しいことのわけを言《い》っただろうか。

言《い》っていない。私《わたし》がなにかを作《つく》った。それは見《み》ればわかる。そんな事実《じじつ》がある。これは認《みと》めることにしよう。そしてそれを私《わたし》が受《う》け取《と》る。そういうこともあるだろう。

ただし、当《あ》たり前《まえ》のことだが、作《つく》ったということと、それを受《う》け取《と》ることは別《べつ》のことだ。自分《じぶん》が作《つく》った、「から」、それを受《う》け取《と》ってよいという話《はなし》になっているのだが、その「から」がよくわからない。作《つく》った人《ひと》が「なぜ」受《う》け取《と》ってよいのか、それがわからないということである。作《つく》ることと受《う》け取《と》ることは、二つの別《べつ》のことなのだから、その二つがなぜつながるのかの理由《りゆう》を言《い》ってもらわないと困《こま》るのだが、それがどこにも書《か》いてないということである。

とすると、その偉《えら》い人《ひと》が言《い》ったことは、この社会《しゃかい》にあるきまりをそのまま繰《く》り返《かえ》しているだけである。できる人《ひと》は、できてしまう（作《つく》ってしまう）、そしてそれをそのまま、あるいはでき高《だか》に応《おう》じて、受《う》け取《と》ることができることになっているのがこの社会《しゃかい》だ。それでできる人《ひと》は得《とく》をし、できない人《ひと》は損《そん》をする。だから、できるようにならなければ、ということになっている。私《わたし》は、そのきまりがなんでそれでよいのか、正《ただ》しいのか、そしてそのわけはなにかと聞《き》いている。そこで、それを言《い》っているという人《ひと》がいたので、その人《ひと》が書《か》いたものを読《よ》んでみた。だが、それには理由《りゆう》は書《か》いていないようなのだ。

そして、べつにこの人《ひと》だけでなくて、簡単《かんたん》にまとめてしまうと――そのことを私《わたし》がしみじみとわかっていくのはしばらく後《あと》だが――世《よ》の学者《がくしゃ》たちみな、ロックの時《じ》代《だい》から数《かぞ》えてももう三百年《ねん》とか、同《おな》じことを、すこしずつ言《い》い方《かた》は違《ちが》うのだが、しかし大筋《おおすじ》では同《おな》じことを言《い》っていることがわかった。そしてそういう発想《はっそう》は、経済《けいざい》や政治《せいじ》のことを言《い》う場面《ばめん》だけに限《かぎ》らず、いわゆる「生命倫理《せいめいりんり》」について論《ろん》じている人《ひと》たちの中《なか》にもあった。(『私的所有論《してきしょゆうろん》』の第《だい》二章《しょう》に、カントとか、ヘーゲルとか、ずっと後《あと》の人《ひと》だとノージックだとか、ずらずらと名前《なまえ》をあげて、その人《ひと》たちが書《か》いたことを紹介《しょうかい》している。)また、それはより「平等《びょうどう》」志向《しこう》の強《つよ》い理論家《りろんか》の中《なか》にもある。その人《ひと》たちは、普通《ふつう》に考《かんが》えれば、不平等《ふびょうどう》な状態《じょうたい》が生《しょう》じそうなのだが、そこはなにか技《わざ》を使《つか》って――

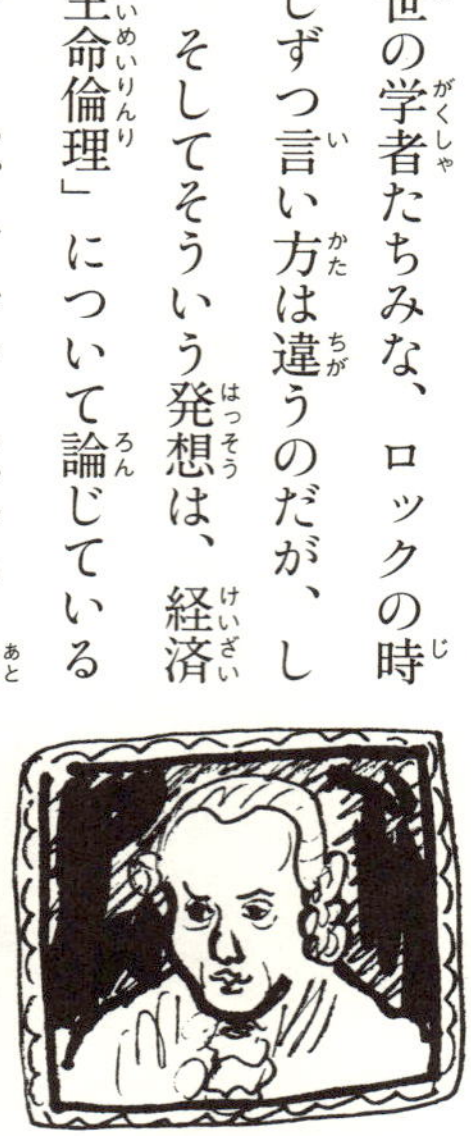
カント

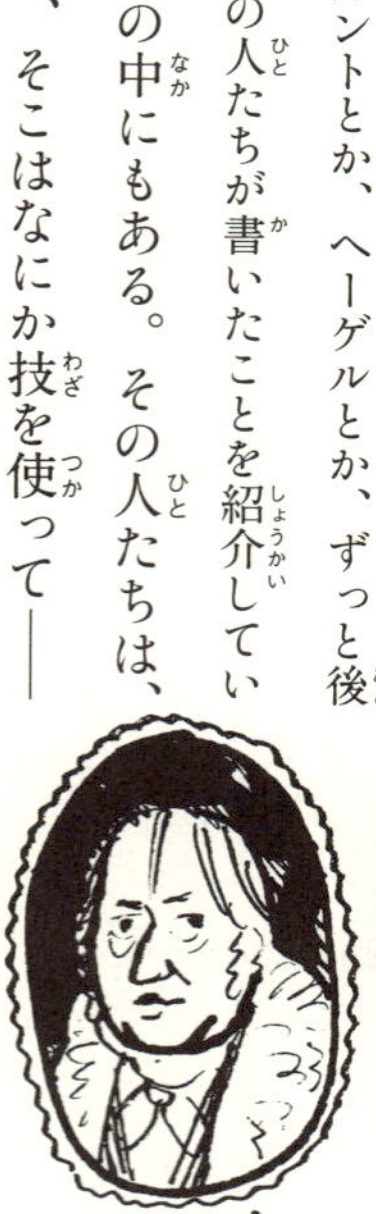
ヘーゲル

たとえば、自分《じぶん》の能力《のうりょく》を自分《じぶん》は知《し》らないことにするといった、私《わたし》が思《おも》うにはかなり無理《むり》のある方法《ほうほう》で――平等《びょうどう》に近《ちか》い状態《じょうたい》を導《みちび》きだそうとしているようだった（『私的所有論《してきしょゆうろん》』にもすこし出《で》てくるロールズという人《ひと》がいて、そのようにも解釈《かいしゃく》できる議論《ぎろん》をしている。その人《ひと》やその後継者《こうけいしゃ》たちの中《なか》のいく人《にん》かは『自由《じゆう》の平等《びょうどう》』にも出《で》てくる）。

だからこれは、西洋《せいよう》の世界《せかい》において、その思想《しそう》の世界《せかい》において、たんに思想《しそう》の世界《せかい》というだけでない社会《しゃかい》において、ほんとうに強《つよ》く長《なが》く存在《そんざい》してきたものなのだ。しかし、それが正《ただ》しいわけは誰《だれ》も言《い》っていない。不思議《ふしぎ》なことだが、そうなのだ。そのことを言《い》うのはそんなに難《むずか》しいことではなかった。

ただ、それはある人々《ひとびと》にとっては信仰《しんこう》のようなものだ。価値《かち》**B**（87ページ～）が骨身《ほねみ》に染《し》みており、きまり**A**（86ページ～）を正《ただ》しいことをあらかじめ信《しん》じてしまっている。そして信《しん》じている人《ひと》には、わけが書《か》いてないと言《い》っても、言葉《ことば》としては理解《りかい》されても、納得《なっとく》はしてくれないということがある。その意味《いみ》では、伝《つた》えられても納得《なっとく》させせることは難《むずか》しい。しかし、理屈《りくつ》としてはそう言《い》うしかない。

IV でも社会《しゃかい》はそうじゃないかという話《はなし》

1　人《ひと》がそうなるならそうなるという話《はなし》

以上《いじょう》は、この体制《たいせい》が「よい」ことを説明《せつめい》しようという議論《ぎろん》である。そしてそれはうまくいっていない。この社会《しゃかい》のあり方《かた》が正《ただ》しいという話《はなし》に対《たい》しては正《ただ》しいと言《い》えるわけがじつは言《い》われていないことは言《い》えるとしよう。根拠《こんきょ》のない信仰《しんこう》の上《うえ》に乗《の》っていることがわかったとしよう。そのことまでは言《い》えたとしよう。

しかしもう一つあるのは、たしかに「正《ただ》しい」理由《りゆう》はないかもしれないとしても、よいもわるいもなくて、そうなってしまう、さらに言《い》えば、できる人《ひと》が得《とく》する仕組《しく》みは社会《しゃかい》を回《まわ》していくためには必要《ひつよう》だという話《はなし》である。

私《わたし》たちは、働《はたら》くか、働《はたら》かないか、どのぐらい働《はたら》くか、実際《じっさい》に出《だ》し惜《お》しみができる。その働《はたら》き・生産《せいさん》を――強制《きょうせい》するとか恐喝《きょうかつ》するとかそういう方法《ほうほう》を使《つか》わずに――引《ひ》き出《だ》そうとすると、そのためにはその人《ひと》にとってよいものを渡《わた》すことになる。すると、人《ひと》がほしいものを多《おお》く提供《ていきょう》できる人《ひと》は多《おお》くを得《え》られることになる。そうでない人《ひと》は、そうではなくなる。そこには差《さ》がでる。格差《かくさ》ができる。

それはどうしたってそうなってしまうのだという話《はなし》でもある。また、人《ひと》を働《はたら》かせて、そして生産《せいさん》を引《ひ》き出《だ》してやっていくためには、差《さ》をつけることは必要《ひつよう》なのだという話《はなし》にもなる。経済学《けいざいがく》では「労働《ろうどう》インセンティブ」という言葉《ことば》が使《つか》われる。人《ひと》を働《はたら》かせるためには「誘因《ゆういん》（インセンティブ）」が必要《ひつよう》だというのである。人《ひと》を働《はたら》く気《き》にさせるには餌《えさ》が必要《ひつよう》だというのである。

誰《だれ》かから聞《き》かないとわからないような話《はなし》ではないのだが、私《わたし》の場合《ばあい》には、たぶん大学《だいがく》の三年生《ねんせい》あたりで、おおまかにはそんなこと——社会《しゃかい》に「階層《かいそう》」ができるのは必然的《ひつぜんてき》で必要《ひつよう》なんだということ——を書《か》いた論文《ろんぶん》を読《よ》んで、さてさてどうしたものかと思《おも》ったのだった。そしてこれはずっと言《い》われ続《つづ》ける話《はなし》である。私《わたし》たちは二〇〇九年《ねん》に『税《ぜい》を直《なお》す』という本《ほん》を、二〇一〇年《ねん》に『ベーシックインカム』という本《ほん》（どちらも303ページ〜参照《さんしょう》）を出《だ》したのだが、税金《ぜいきん》をちゃんととろうという話《はなし》をしても、どんな人《ひと》にも生活《せいかつ》できる金《かね》を配《くば》ればよいではないかという話《はなし》をしても、必《かなら》ず

返《かえ》されるのは、そんなことをすると「労働《ろうどう》インセンティブ」に悪影響《あくえいきょう》を与《あた》えるという話《はなし》である。儲《もう》け（てもとに残《のこ》る収入《しゅうにゅう》）が増《ふ》える度合《どあ》いが低《ひく》くされるとやる気《き》がなくなるとか、働《はたら》かなくても収入《しゅうにゅう》が得《え》られるなら働《はたら》かなくなるとか言《い》うのである。

どう答《こた》えるのか。正《ただ》しいという話《はなし》に対《たい》して正《ただ》しい理由《りゆう》なんかないと言《い》うことは簡《かん》単《たん》にできるのだが、こちらはそうはっきりと明確《めいかく》に反論《はんろん》することはできない。言《い》われれば、自分《じぶん》にだって思《おも》いあたるところがあるからだ。実際《じっさい》、使《つか》えないものを使《つか》わない。自分《じぶん》にいらないものをほしいと思《おも》わない。お金《かね》があったとしても買《か》わない。そのことは否定《ひてい》できないように思《おも》う。他方働《たほうはたら》く側《がわ》としては、自分《じぶん》によいことがあるから働《はたら》く、なにもよいことがないと働《はたら》く気《き》がしない。それはどうもなくせない。なくそうとしても無理《むり》があるように思《おも》える。

それでもそのまま引《ひ》き下《さ》がるのはいやだと思《おも》うとしよう。ならば、なにを言《い》ったらよいだろう。一つは、これが一人《ひとり》ひとりの「気持《きも》ち」の問題《もんだい》だということだ。つまり、気持《きも》ちが変《か》われば変《か》わるだろう。たしかそれはそうだろう。しかし変《か》わるものだろうか。

これは格別《かくべつ》に新《あたら》しい話《はなし》ではない。それは「変革《へんかく》」のことを考《かんが》えると、必《かなら》ず出《で》てく

る話《はなし》だ。つまり、この世は変《か》わった方《ほう》がよいとして、しかし人々《ひとびと》の気持《きも》ちがそんな気持《きも》ちにならなければ、変《か》わらないではないかということになる。そして、その今《いま》のままでよいという気持《きも》ちは、今《いま》の社会《しゃかい》がこうなっているからだとしよう。すると、ますます変《か》わりようがないということになる。きまりA（86ページ～）があって価値《かち》B（87ページ～）がある世界《せかい》では、それでそんなによいことがない人《ひと》も、それで当《あ》たり前《まえ》だと思《おも》う。そう思《おも》うと変《か》わらない。さてどうしようということになる。

2　関係《かんけい》が人《ひと》を決《き》めるという話《はなし》

人々《ひとびと》の「気持《きも》ち」としてこうなっているという話《はなし》をどう考《かんが》えたらよいのか。ここで出《で》てくるのが社会《しゃかい》（関係《かんけい》）が人《ひと》の意識《いしき》を規定《きてい》する、気持《きも》ちを変《か》えるという考《かんが》え方《かた》である。

さきにすこしだけふれた一九七〇年前後《ねんぜんご》の「騒動《そうどう》」の時期《じき》があった。その気分《きぶん》が、学問《がくもん》とか書《か》きものの世界《せかい》にもいくらかは及《およ》んではいた。あるいはいくらかは残《のこ》っていた。もともと社会科学《しゃかいかがく》の半分《はんぶん》――という数字《すうじ》にはなんの根拠《こんきょ》もないが――は

「反体制《はんたいせい》」側《がわ》のものであった。それも一通《ひととお》りしかなかったわけではなく、様々《さまざま》がどのように混《ま》ざったり、ぶつかったり、変《か》わったり、流行《はや》らなくなったりといったことを書《か》いていると、それはまた別《べつ》の本《ほん》になるのだが、前《まえ》からあった社会変革《しゃかいへんかく》の思想《しそう》が、この時期《じき》に、もっと正《ただ》しくはそのかなり前《まえ》から、だんだんと変化《へんか》していく。

このことについてはいろいろな言《い》い方《かた》ができるが、一つに、自分《じぶん》（たち）はこんなに働《はたら》いているのだからもっと寄《よ》こせという――IXの［**2**］「搾取《さくしゅ》？」（212ページ〜）で見《み》る――労働者《ろうどうしゃ》の主張《しゅちょう》を全面的《ぜんめんてき》に否定《ひてい》したわけではないが、労働《ろうどう》とか生産《せいさん》とかそういうものをとにかくよいものだと決《き》めてしまう立場《たちば》からはすこし距離《きょり》を置《お》くようになった。そして、できるのだからもっととれるはずという主張《しゅちょう》とともに以前《いぜん》からじつはあった、できる／できないに関《かか》わらず生《い》きられてよい、人《ひと》の価値《かち》をそういうところに置《お》かないという主張《しゅちょう》の方《ほう》に近《ちか》づくことになる。とくに日本《にほん》では、「能力主義《のうりょくしゅぎ》」という言葉《ことば》が否定的《ひていてき》な意味《いみ》をもつものとして使《つか》われ、また、「優生思想《ゆうせいしそう》」という言葉《ことば》もこの社会《しゃかい》の全体《ぜんたい》を括《くく》って、そして批判《ひはん》する言葉《ことば》として使《つか》われることがあった。それは、できる人《ひと》が増《ふ》え、できない人《ひと》が減《へ》るのがよいという思想《しそう》であり実践《じっせん》だと捉《とら》えられる。そして、そういう発想《はっそう》でなされること全般《ぜんぱん》を批判的《ひはんてき》・否定的《ひていてき》に捉《とら》え

た（このことについては別《べつ》の本《ほん》に書《か》くことにしようと思《おも》うが、とりあえず『私的所有論《してきしょゆうろん》』の第《だい》六章《しょう》 第《だい》三節《せつ》と第《だい》九章《しょう》がある）。そういう気分《きぶん》が「学問《がくもん》」の世界《せかい》にも、あるところにはあった。そしてその中《なか》のあるものは、人《ひと》が今《いま》のような人《ひと》である限《かぎ》りは、結局《けっきょく》、そうして批判《ひはん》し否定《ひてい》したいものはなくならないではないか、しょうがないではないか、そういう疑問《ぎもん》に答《こた》えようとしていた。

私《わたし》は、大学《だいがく》の最初《さいしょ》のころ、思想《しそう》とかそういうものをとにかくなにも知《し》らなかったのだが、誰《だれ》かに教《おし》えられたのだったか、学校《がっこう》の授業《じゅぎょう》ではないゼミだっただろうと思《おも》うのだが、見田《みた》ゼミと呼《よ》ばれていたものがあって、そこに出《で》ることになった。それをやっていたのは、見田宗介《みたむねすけ》さん（もう一つ真木悠介《まきゆうすけ》という名前《なまえ》もある）という社会学《しゃかいがく》者《しゃ》だった。見田《みた》さんはちょうどそのころ——という意識《いしき》も私《わたし》にはなかったのだが——真木《まき》の名前《なまえ》で『現代社会《げんだいしゃかい》の存立構造《そんりつこうぞう》』という本《ほん》を出《だ》していた（筑摩書房《ちくましょぼう》、一九七七年《ねん》）。

それはたしかに、自分《じぶん》の生産物《せいさんぶつ》は自分《じぶん》がとってよいのだというあり方《かた》を批判《ひはん》する立場《たちば》に立《た》った上《うえ》で、それがなぜ当然《とうぜん》のこととされてしまうのかを説明《せつめい》しようとするものだった。つまり、私《わたし》が気《き》になっていることについて書《か》かれた本《ほん》だった。あるいは、そんな本《ほん》を読《よ》んだりして、その説明《せつめい》の仕方《しかた》が気《き》になったということだったのかもしれない。

その本《ほん》で言《い》われていることは、とても簡単《かんたん》に言《い》うと、みんながいっしょに働《はたら》いていて誰《だれ》がなにをするとかはっきり決《き》まっていない関係《かんけい》の中《なか》では、誰《だれ》がどれだけ働《はたら》いてどれだけが自分《じぶん》のとり分《ぶん》なんだなんてことは意識《いしき》されないのだが、誰《だれ》がなにをするのか、という分業《ぶんぎょう》が固定《こてい》されたりすると、「自分《じぶん》が、自分《じぶん》が」みたいな気持《きも》ちが出《で》てきてしまうのだと言《い》う。なるほど。そして、役割《やくわり》とか関係《かんけい》とかその固定化《こていか》といった話《はなし》は、他《ほか》の社会学者《しゃかいがくしゃ》の書《か》きものにもあったりして、学部《がくぶ》の三年生《ねんせい》、四年生《ねんせい》はそんなものを読《よ》んで、卒業論文《そつぎょうろんぶん》というのではそれを下敷《したじ》きに書《か》いてみた。

しかし、社会《しゃかい》や社会的《しゃかいてき》な関係《かんけい》が人《ひと》の意識《いしき》を決《き》めるのだとして、次《つぎ》に意識《いしき》が変《か》わらなければ社会《しゃかい》は変《か》わらないとしたら、結局変《けっきょくか》わらない、ということになるのではないか。堂々巡《どうどうめぐ》りというか、どん詰《づ》まりというか、そんな感《かん》じはやはり残《のこ》った。

3　ならまず社会《しゃかい》を変《か》えてしまえばよいという話《はなし》

もう一人《ひとり》、同《おな》じころ、やはり同《おな》じ大学《だいがく》の教員《きょういん》であったということもあるのか、よく読《よ》んだのは、廣松渉《ひろまつわたる》という哲学者《てつがくしゃ》の書《か》いたものだった。この人《ひと》の書《か》いたたくさんの難《むずか》しい漢字《かんじ》がやたらに多《おお》い本《ほん》の大部分《だいぶぶん》には、どん詰《づ》まりについての話《はなし》は出《で》てこない。ただ、いくつかの本《ほん》に関係《かんけい》のあることが書《か》いてあった（そのことは、『私的所有《してきしょゆう》論《ろん》』の296頁《ページ》と、『自由《じゆう》の平等《びょうどう》』の319頁《ページ》にすこしだけ出《で》てくる）。

そこに書《か》いてあることは、やはりごくおおざっぱに言《い》えば、そんなに社会《しゃかい》に順応《じゅんのう》してしまっている人々《ひとびと》の気持《きも》ちにまかせておいても仕方《しかた》がないから、少数《しょうすう》の人《ひと》たちであっても、こうしたらよいとわかっている自分《じぶん》たちが世《よ》の中《なか》を変《か》えてしまえばよい、そうすれば人々《ひとびと》の気持《きも》ちも変《か》わるだろう。そしたらその後《あと》はうまく行《い》くだろうというのだった。

これは、みんながよいということになったら、なってから、そうしようというのと違《ちが》うことを言《い》っている。つまり「民主主義《みんしゅしゅぎ》」を否定《ひてい》しているのである。そしてこれはこの人《ひと》だけが思《おも》っていったことではない。むしろ、ずっとあった考《かんが》え方《かた》だ。そして、わかっている人《ひと》のことを表《あら》わす言葉《ことば》に「前衛《ぜんえい》」という言葉《ことば》があった。「前衛《ぜんえい》」というのは、スポーツでも使《つか》われるのだと思《おも》うが、もともとは戦争用語《せんそうようご》だと思《おも》う。

前《まえ》に出《で》て戦《たたか》う人《ひと》のことだ。みんながその気《き》になるのを待《ま》っても仕方《しかた》がないから、率《そっ》先《せん》して戦《たたか》って、勝《か》ってしまおうというのである。

そういうのは今《いま》は流行《はや》らないようだ。といっても、なくなったわけではないようでもある。ただ、そういうのはこのごろはたいてい、ちょっと、あるいはとても「おかしな」人《ひと》たちの考《かんが》え方《かた》であるとされる。つまり「テロリスト」や「カルト」が取《と》り上《あ》げられるとき、それはだいたい、世界《せかい》を救《すく》おうなどと信《しん》じているが、すくなくともそんなことを言《い》っているが、しかしとんでもなくひとりよがりのことを考《かんが》えている人《ひと》たちとして描《えが》かれる。さらにドラマや劇画《げきが》では、じつはほんとうはそんなことを考《かんが》えてはおらず、人々《ひとびと》を脅《おど》して金儲《かねもう》けをしようとしているのだといった話《はなし》にされる。

そう非難《ひなん》されてももっともなところはある。けれども、そんなにばかにだけできるだろうか。理屈《りくつ》としては辻褄《つじつま》があっている。しばらくある程度《ていど》まじめに考《かんが》えるとそういう発想《はっそう》になるのはわかると私《わたし》は思《おも》う。

そして、今《いま》どきはともかく、以前《いぜん》にそんなことを言《い》ったその人《ひと》たちは、実際《じっさい》にそんなことがありうると思《おも》っていたようだ。それはだいぶ前《まえ》のこと、二十世紀《せいき》の初《はじ》め

ころからの「革命《かくめい》」のときのことでもあったが、さきに記《しる》した一九七〇年前後《ねんぜんご》にも、私《わたし》はだいぶ——やはり、もっている道具《どうぐ》（武器《ぶき》）にしたって金《かね》にしたって人《ひと》の数《かず》にしたって「体制《たいせい》」側《がわ》にだいぶ差《さ》をつけられているのだから——無理《むり》があったと思《おも》うのだが、そんな状況《じょうきょう》が、つまり多数決《たすうけつ》では負《ま》けるだろう少数《しょうすう》の人《ひと》たちであっても、立《た》ち上《あ》がれば、なんとかなるというふうに思《おも》われたことがあった。いやほんとうに思《おも》われていたのかは定《さだ》かではないが、そういうことが言《い》われたことがあった。

だが、私《わたし》が学生《がくせい》をやっていたころはそれから十年《ねん》ぐらいは経《た》ってもいて、まず、あたりを見回《みまわ》しても、そんな世《よ》の中《なか》がひっくり返《かえ》るようなことが起《お》こるとは、起《お》こることができるとは、思《おも》えなかった。いっとき妙《みょう》に盛《も》り上《あ》がったときにはそんな可能性《かのうせい》もありと思《おも》うのもわからないでもない。しかし、そのときにはほとんど冗談《じょうだん》のようなことに思《おも》えた。現実《げんじつ》にできるとは思《おも》われなかった。

そして次《つぎ》に、仮《かり》にそんなことがあったして、なにをどのように変《か》えるのか、そしてそのことに応《おう》じて人《ひと》の気持《きも》ちがどう変《か》わるのか、それもよくわからなかった。それは、社会《しゃかい》がどんなであるかが人《ひと》の気持《きも》ちに影響《えいきょう》することを基本的《きほんてき》には認《みと》めた上《うえ》でも、具体的《ぐたいてき》によくわからなかった。

みんないっしょに働《はたら》いていても、あるいは一緒《いっしょ》に働《はたら》いているからこそ、この人《ひと》はできるとか、その人《ひと》はできないとかはっきりわかることもあるよな、と思《おも》った。もちろん、そういうわかる／わからないとは別《べつ》に、気持《きも》ちとしていっしょな気持《きも》ち、連帯感《れんたいかん》、そんなものがあるとも思《おも》う。けれども、社会《しゃかい》はやはりだんだんと大《おお》きくなるし、そしてそのこと自体《じたい》はわるいことでもないし、それを止《と》めることもできないだろう。そのころには、美《うつく》しい共同性《きょうどうせい》がだんだんと堕落《だらく》していって、という筋《すじ》の話《はなし》が多《おお》かったと思《おも》う。もちろん、だから過去《かこ》に戻《もど》ろうという話《はなし》にしたとしても、実際《じっさい》には戻《もど》ることはできないし、ただそれを持《も》ち上《あ》げても仕方《しかた》がない。だからすこし利口《りこう》な人《ひと》はそんな単純《たんじゅん》なことは言《い》わない。けれども基本的《きほんてき》にはそんな「反近代《はんきんだい》」のムードがあったと思《おも》う。わかるようにも思《おも》ったが、しかしすこし違《ちが》うのではないかと思《おも》った。

こんなふうに、でもなあと、そんな卒業論文《そつぎょうろんぶん》を書《か》いた後《あと》で、あるいは書《か》いていく過程《かてい》で、思《おも》った。そんな、考《かんが》えても仕方《しかた》がないようなことを考《かんが》えていた。そして、次《つぎ》になにを言《い》ったらよいのだろうと思《おも》った。

4 順番《じゅんばん》に、小分《こわ》けにして、考《かんが》えてみようと思《おも》ったこと

そんなところで詰《つ》まった感《かん》じがした。なにか別《べつ》のことをしようと思《おも》った。そして、それほど積極的《せっきょくてき》な理由《りゆう》からではなく、就職先《しゅうしょくさき》も思《おも》いつかなかったから、大学院《だいがくいん》に進《すす》むことになった。報道《ほうどう》とか出版《しゅっぱん》とかいっしゅん考《かんが》えたかもしれないが、人《ひと》になにかを言《い》ってもらうよりは自分《じぶん》で言《い》うほうがよいと思《おも》った。

とはいえ、どんなふうに次《つぎ》をやっていったらよいのか、よくはわからなかった。ただ、さきに見《み》たようなものの見方《みかた》というのは、ああだったものがこうなってという歴史的《れきしてき》な記述《きじゅつ》のような感《かん》じもありながら、基本的《きほんてき》には論理的《ろんりてき》にああなってそして次《つぎ》にこうなってという、そういう筋道《すじみち》の辿《たど》り方《かた》で――ヘーゲルという哲学者《てつがくしゃ》にそんなところがある――必然的《ひつぜんてき》にああなるこうなるという話《はなし》で、するとなにか抜《ぬ》け道《みち》がないようなことにもなってしまっているのではないか、というようなことを思《おも》ったような気《き》がする。ものごとは人《ひと》の働《はたら》き方《かた》や人々《ひとびと》の関係《かんけい》の仕方《しかた》でみんな決《き》まってしまうのだろうかとも思《おも》った。もうすこしなにか仕掛《しか》けがあるようにも思《おも》った。

そこで、まったくの素人《しろうと》ながら「歴史《れきし》」を見《み》てみようかと思《おも》った。依然《いぜん》として気《き》

になっていたのは同《おな》じことだ。「私《わたし》から出《で》たものが私《わたし》に返《かえ》ってくる（帰《かえ》ってくる）」という、その形《かたち》――「主体《しゅたい》」のあり方《かた》――がどんなふうに社会《しゃかい》に現《あらわ》れてきたのかなどということだ。たとえばなにか、人《ひと》に害《がい》を与《あた》えるようなことがなされるときに、それがなにか天変地異《てんぺんちい》のようなこととしてではなく、人《ひと》の意志《いし》や感情《かんじょう》や罪《つみ》やそんなものから生《しょう》じたことにされ、そして、それがその人《ひと》の「せいにされる」といったことが、私《わたし》が考《かんが》えようと思《おも》うことに関係《かんけい》しているようにも思《おも》われて、刑罰《けいばつ》のことだとか、宗教《しゅうきょう》のことだとか、そんなことについての本《ほん》や論文《ろんぶん》を読《よ》んだりした。

　これはこれでおもしろいことで、勉強《べんきょう》になったし、無駄《むだ》ではなかったと思《おも》う。知《し》っていくと、社会《しゃかい》が人間《にんげん》を扱《あつか》う扱《あつか》い方《かた》にはいろいろなやり方《かた》があって、みなあなたの行《おこ》ないの結果《けっか》なのだからあとはあなた一人《ひとり》でよろしく、といった扱《あつか》い方《かた》だけでなく、良心的《りょうしんてき》でお節介《せっかい》なこと、無遠慮《ぶえんりょ》なこと等々《とうとう》、いろんなことをしてきたことがわかる。一筋縄《ひとすじなわ》ではいかないこと、それらが寄《よ》せ集《あつ》まり組《く》み合《あ》わさって、その全体《ぜんたい》として社会《しゃかい》が成《な》り立《た》っていることがわかる。そうなんだよなと思《おも》って、それがどんな具《ぐ》合《あい》に組《く》み合《あ》わさっているのか、そんなことをまとめようとした（『私的所有論《してきしょゆうろん》』の第《だい》六章《しょう》「個体《こたい》への政治《せいじ》」の4「戦略《せんりゃく》の複綜《ふくそう》」、第《だい》七章《しょう》「代《か》わりの道《みち》と行《ゆ》き止《ど》まり」にまとめられることになった。なお、本書《ほんしょ》にはこれらについてあまり書《か》くことができなかった）。

そうして、「主体《しゅたい》の系譜《けいふ》」という題《だい》の修士論文《しゅうしろんぶん》を書《か》いて出《だ》した。今《いま》でも多《おお》くの大学院《だいがくいん》では修士課程《しゅうしかてい》という二年間《ねんかん》で、修士論文《しゅうしろんぶん》というのを書《か》くことになっている。その後《あと》に博士課程《はくしかてい》というので博士論文《はくしろんぶん》というものを書《か》く、という習慣《しゅうかん》はそのころはまだなくて、そんなこともあって私《わたし》は、博士論文《はくしろんぶん》というものを書《か》いてなくて、博士号《はくしごう》というものももっていない。そしてそのころは、博士論文《はくしろんぶん》の代《か》わりにというか、修士論文《しゅうしろんぶん》というものにけっこう気合《きあ》いを入《い》れるものだということになっていた。ただ私《わたし》の場合《ばあい》、結局時間切《けっきょくじかんぎ》れということもあったのだが、どうもうまいぐあいにいかなかった。

それで、その後《あと》なにをしていたか。これも「もらったものについて」（101ページ〜）の方《ほう》に一部《いちぶ》書《か》いた。偶然《ぐうぜん》のようなことから、一九八五年《ねん》から何年《なんねん》かは、家族《かぞく》に保護《ほご》されて暮《く》らすことをやめ、かといって施設《しせつ》で暮《く》らすことも望《のぞ》まず、「地域《ちいき》」で暮《く》らそうとする重度《じゅうど》の身体障害《しんたいしょうがい》をもつ——他人《たにん》に「やってもらう」ことが必要《ひつよう》な——人《ひと》たちのことを調《しら》べていた。**I**［**6**］（49ページ〜）に出《で》てきた安積遊歩《あさかゆうほ》もそういう人《ひと》たちの一人《ひとり》であり、東京《とうきょう》の国立市《くにたちし》に住《す》んでいた（今《いま》も住《す》んでいる）安積《あさか》にいろんな人《ひと》

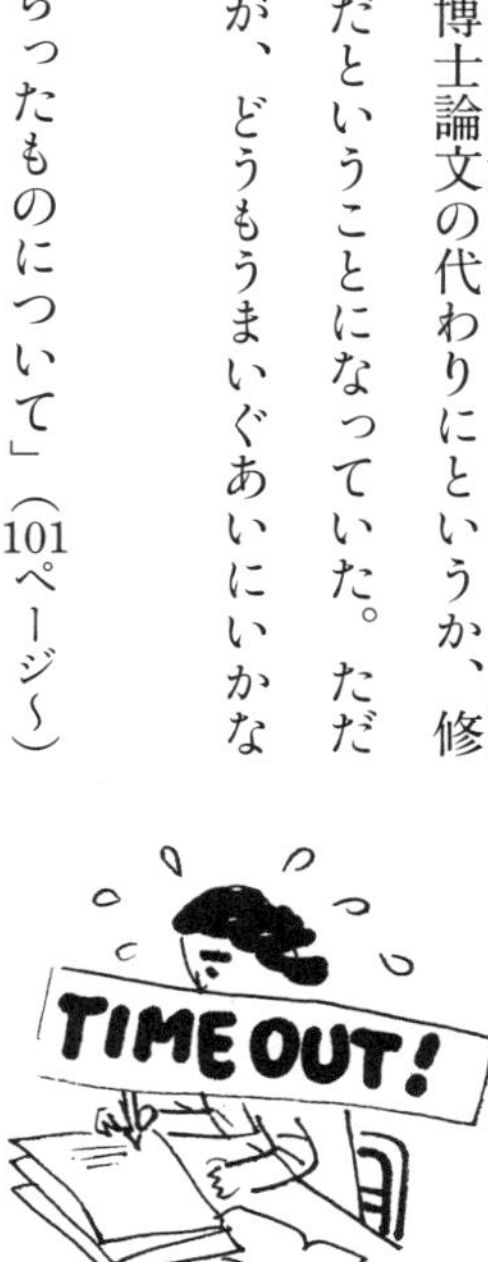

を紹介《しょうかい》してもらって、私《わたし》たちは話《はなし》を聞《き》いた。その後《ご》、そんな動《うご》きに関《かか》わる過去《かこ》の資料《しりょう》を集《あつ》めたりした。そんなことにずいぶんな時間《じかん》がかかった。そして一九九〇年《ねん》に最初《さいしょ》の共著《きょうちょ》の本《ほん》『生《せい》の技法《ぎほう》——家《いえ》と施設《しせつ》を出《で》て暮《く》らす障害者《しょうがいしゃ》の社会学《しゃかいがく》』を出《だ》してもらった（藤原書店刊《ふじはらしょてんかん》）。九五年《ねん》に増補改訂版《ぞうほかいていはん》が出《で》ている（302ページ〜等参照《などさんしょう》）。

そこになにを書《か》いたのかは略《りゃく》す。ただ、社会《しゃかい》といっても、当《あ》たり前《まえ》のことだが、一つの社会《しゃかい》があるわけではなくて、（1）市場《しじょう》があり、（2）政治《せいじ》があり、（3）家族《かぞく》があり、そして（4）それ以外《いがい》のたとえば友人関係《ゆうじんかんけい》といった関係《かんけい》・場《ば》があって、という具合《ぐあい》にいくつかの部分《ぶぶん》・部品《ぶひん》から成《な》り立《た》っていて、それらの間《あいだ》の境目《さかいめ》や関係《かんけい》について考《かんが》えることが大切《たいせつ》であることは思《おも》い知《し》った。

そしてその人《ひと》たちはともかく、もし生《い》きたければ、実際生《じっさいい》きたいのだが、生《い》きていかなければならないのだった。それは、「革命《かくめい》」とか思《おも》って言《い》って、どうもだめみたい、とか思《おも》ったら、普通《ふつう》に就職《しゅうしょく》すればよいというのとは違《ちが》うのだ。世《よ》の中《なか》の全体《ぜんたい》をざっくり捉《とら》えて、捉《とら》えた気《き》になって、そしてだめみたい、とかおおざっぱにのんきに言《い》ってたら死《し》んでしまうのだ。社会《しゃかい》のどの部分《ぶぶん》をどのように動《うご》かせるのか、そうしたらどうなるのか、そんなことを考《かんが》える、考《かんが》えるというか実際《じっさい》にやってみるこ

とになるのだ。これは、とても「社会科学的《しゃかいかがくてき》」にもおもしろい。それは、その人《ひと》たちが好《す》きだとか嫌《きら》いだとかいうのとは別《べつ》のことだ。好《す》きな人《ひと》もいれば好《す》きになれない人《ひと》もいた。とても尊敬《そんけい》してしまう人《ひと》もいれば――私《わたし》は二十世紀《せいき》の「偉人《いじん》」は誰《だれ》かと聞《き》かれたら（聞《き》かれたことはないが）、横塚晃一《よこづかこういち》という人《ひと》と高橋修《たかはしおさむ》という人《ひと》をあげることにしている――引《ひ》けてしまう人《ひと》もいた。それはそれとして、受《う》け取《と》れるもの、受《う》け取《と》るべきものがあると思《おも》った。

たとえばその人《ひと》たちは家族《かぞく》から離《はな》れて暮《く》らそうとするのだが、それはまず（自分《じぶん》で「自活《じかつ》」できないのであれば）家族《かぞく》が面倒《めんどう》を見《み》るべきというきまりに対《たい》する抵抗《ていこう》でもある。とすると、なぜ、第《だい》一に自分《じぶん》が自分《じぶん》を→だめなら、家族《かぞく》が自分《じぶん》を→家族《かぞく》もだめなら仕方《しかた》なく「社会《しゃかい》」が面倒《めんどう》を見《み》る、という順番《じゅんばん》になってしまっているのか、それは正《ただ》しいのか。家族《かぞく》は自発的《じはつてき》に作《つく》られるものであるはずなのに、なんでそこに法律上《ほうりつじょう》の義務《ぎむ》が課《か》せられることになるのか。そんなことを考《かんが》えることになる（そして私《わたし》は、「近代家族《きんだいかぞく》の境界《きょうかい》」という題《だい》の論文《ろんぶん》を、ようやく一九九二年《ねん》に、「学会《がっかい》」の雑誌《ざっし》に投稿《とうこう》して載《の》せてもらうことになった。大学院《だいがくいん》に入《はい》ってもう十年《ねん》も経《た》ったときのことだ。とくに今《いま》どきは、審査員《しんさいん》がいて、いろいろ文句《もんく》も言《い》われて、載《の》せるか載《の》せないか決《き》められる――これはときにかなりいやなものだ——という種類《しゅるい》の雑誌《ざっし》（査《さ》読付学術誌《どくつきがくじゅつし》）に論文《ろんぶん》をどんどん載《の》せなければならないと言《い》われる。比《くら》べてずいぶんのんびりしたことだった。ちなみにそのころ、私《わたし》は、河合塾《かわいじゅく》という予備校《よびこう》の「現代文《げんだいぶん》」の講師《こうし》で金《かね》を稼《かせ》いで暮《く》らしていた）。

また、（1）市場《しじょう》では金《かね》のやりとりがされるが、（3）家族《かぞく》や（4）自発的《じはってき》な人間《にんげん》関係《かんけい》の中《なか》ではそれはなされないことになっていて、そしてそれはよいことであると言《い》われることもある。金《かね》で買《か》ってはならないもの、金《かね》で買《か》えないものがあるとされるのである。そう言《い》われるのももっともだと一方《いっぽう》では思《おも》える。けれども、自分《じぶん》で金《かね》がないから（3）家族《かぞく》に頼《たよ》ったり、（4）ボランティアに頼《たよ》って生《い》きていくのも、しんどい。それは変《へん》だ。となると、お金《かね》を払《はら》ったり払《はら》わなかったりというのは、いったいどういうことなのだろうか。

また、「能力主義《のうりょくしゅぎ》」がおかしいと言《い》うとして、すくなくとも（1）と（2）政治《せいじ》、をうまいこと組《く》み合《あ》わせないと、現実的《げんじつてき》になにかできるようには思《おも》われない。けれども、「分配《ぶんぱい》」はみな政府《せいふ》による税《ぜい》の徴収《ちょうしゅう》と分配《ぶんぱい》にまかせてしまって、市場《しじょう》は市場《しじょう》で勝手《かって》にやっていければよいのか。そうでもないかもしれない。

こうして私《わたし》は、「能力主義《のうりょくしゅぎ》」「業績原理《ぎょうせきげんり》」などというざっくりした社会《しゃかい》の捉《とら》え方《かた》は依然《いぜん》として基本《きほん》に置《お》きながら――実際《じっさい》それが基本《きほん》のところにあるから、私《わたし》たちが調《しら》べて本《ほん》を書《か》いたその人《ひと》たちもおおいに苦労《くろう》しているのだ――社会《しゃかい》の部品《ぶひん》や部品《ぶひん》の組《く》み合《あ》わさり具合《ぐあい》を、一つひとつ、一つひとつはごくごく当《あ》たり前《まえ》に、順番《じゅんばん》に、見《み》ていくということが必要《ひつよう》なのだと思《おも》った。その頃《ころ》、「消費社会《しょうひしゃかい》」がしかじかであるとか、気《き》のきいたことはいろいろと言《い》われていた。だがそうして考《かんが》えみると、意外《いがい》なほどそんなことを考《かんが》えて書《か》いている人《ひと》たちが少《すく》ないと思《おも》った。そしてそれを考《かんが》えていくと、いくらでも考《かんが》えることがあると、いくらでも書《か》くことがあるように思《おも》った。そして実際《じっさい》、私《わたし》は、それからいくらでも考《かんが》えて書《か》くことがあって、まだ書《か》けないことがたくさんある。

　こうして、私《わたし》は、この社会《しゃかい》、この社会《しゃかい》にあるきまりや価値《かち》のすくなくともいくらかはどうでもいいものなんだという「気分《きぶん》」から始《はじ》まって、いろいろと回《まわ》り道《みち》をしながら、「順番《じゅんばん》に考《かんが》える」という当《あ》たり前《まえ》のことをしていけばよい、というところに辿《たど》り着《つ》くことになった。そのころはすでにアメリカなどでは「政治哲学《せいじてつがく》」などと言《い》って、社会《しゃかい》のきまりのよしあしを問題《もんだい》にする学問《がくもん》が一定流行《いっていりゅうこう》していたようだが、私《わたし》はそのことはよく知《し》らなかった。そういうものをすこし知《し》るようになったのはそ

の後《あと》だ。ただ、その前《まえ》に、歴史《れきし》のこと、具体的《ぐたいてき》な細々《こまごま》とした制度《せいど》のこと、人々《ひとびと》の言《こと》葉《ば》や行動《こうどう》について知《し》ることはよかったと思《おも》う。

社会学《しゃかいがく》（をはじめとする社会科学《しゃかいかがく》）には、なにが正《ただ》しいかといったことを言《い》わない、それを遠慮《えんりょ》してしまうという癖《くせ》のようなものがあるようだ。しかしそれはつまらない。他方《たほう》で、哲学《てつがく》・倫理学系《りんりがくけい》の人《ひと》たちは、ことのよしあしを言《い》うのだが、なにかおおざっぱすぎるように思《おも》えることがある。たとえば、お金《かね》で買《か》うこと全般《ぜんぱん》がなにかよろしくないような言《い》われ方《かた》がされることがある。そういうことでもないだろうと思《おも》った。ことのよしあしはそれとして考《かんが》えること、ただそのとき、この世《よ》で学者《がくしゃ》とかそんな人《ひと》でない人《ひと》たちがやってきたり考《かんが》えてきたりしないことを知《し》らないまま、あまりことを単純化《たんじゅんか》することはしないこと、そんなふうに考《かんが》えていけばよいと思《おも》った。

　思《おも》った、というのは、後《あと》でまとめるとそういうことだったということだろうと思《おも》う。そのころは、考《かんが》えることがなんだかたくさんあるぞ、という感《かん》じだった。予備《よび》校《こう》で稼《かせ》いで、非常勤講師《ひじょうきんこうし》をして、『生《せい》の技法《ぎほう》』を行商《ぎょうしょう》して売《う》っていた。非常勤講師《ひじょうきんこうし》をしていた大学《だいがく》の授業《じゅぎょう》では「ＷＯＲＫＳ」という題《だい》の三百ページぐらいある紙《かみ》の束《たば》

（印刷所《いんさつしょ》に印刷《いんさつ》してもらった）を「教材《きょうざい》」として（有料《ゆうりょう》で）配《くば》っていた。一九九二年《ねん》ごろから使《つか》っていたようだ。それまでに書《か》いたものの他《ほか》、「家族《かぞく》／市場《しじょう》／政治《せいじ》・1〜10」「贈与《ぞうよ》の境界《きょうかい》／交換《こうかん》の境界《きょうかい》」「親《おや》とは誰《だれ》のことか」といった草稿《そうこう》が入《はい》っている。なにを書《か》いたかよく覚《おぼ》えていないところもあるのだが、今《いま》につながってはいる。そしてそのかなりの部分《ぶぶん》はまだ本《ほん》になったりはしていない。

ここまで、大人《おとな》が飲《の》み屋《や》で酒《さけ》を飲《の》みながら話《はな》すような話《はなし》を混《ま》ぜながらしてきた。ただ、そんな話《はなし》を素面《しらふ》——酒《さけ》を飲《の》んでない状態《じょうたい》——で、話《はなし》をする、文章《ぶんしょう》にしておくことも大切《たいせつ》だとも思《おも》う。

私《わたし》はこれまでの本《ほん》に、なぜ私《わたし》がそれらの本《ほん》に書《か》いているようなことを書《か》いているのか、そのわけを書《か》いてきたつもりではある。ただ、それらが不親切《ふしんせつ》だと思《おも》われても仕方《しかた》がないようにも思《おも》う。一つ、やはりすこしていねいに書《か》いた方《ほう》がよいとも思《おも》った。それでも、ここまででもまだなにか遠慮《えんりょ》してしまっていることを思《おも》ってしまう。たとえば「騒《さわ》がしい時代《じだい》」と言《い》ったって、なんのことか、わからない人《ひと》にはわからない。廊下《ろうか》で学生《がくせい》ががやがやしているのも騒《さわ》がしい。実際《じっさい》には、大学《だいがく》や空港《くうこう》な

どの建物《たてもの》を壊《こわ》した人《ひと》もいるし、殺《ころ》された人《ひと》もいるし、いろいろだった。けれどやはり、そういうことを語《かた》るのは私《わたし》ではないように思《おも》うから、遠慮《えんりょ》することにする。

もう一つ、私《わたし》より前《まえ》の世代《せだい》の人《ひと》たちから、いろいろともらいものをしながらも、とくに学者《がくしゃ》でない人《ひと》たちからもらいながらも、とくに学者《がくしゃ》たちに、どこで喧嘩《けんか》をしたとか、こんな勇《いさ》ましいことを言《い》ったということでなくて、もっとちゃんと仕事《しごと》を続《つづ》けてほしかったということがあって、私《わたし》は仕事《しごと》をしている。自分《じぶん》の前《まえ》にあるものからなにかを受《う》け取《と》って、それを自分《じぶん》はどうするか、とか、どんなおとしまえをつけるか、そんな仕事《しごと》をしている。そんなことを知《し》ってもらってもよいと思《おも》った。

そして、こんなふうに、行《い》ったり来《き》たりしながら、右往左往《うおうさおう》しながら、よりみちしながら、偶然《ぐうぜん》のようなこともありながら、私《わたし》たちがものを考《かんが》え書《か》いていること、学者《がくしゃ》の仕事《しごと》というのはそんなものでもあることを書《か》いてもよいと思《おも》った。もちろん、もっと勘《かん》が働《はたら》いたり利口《りこう》だったりしてまっすぐに無駄《むだ》なくやってきた人《ひと》たちもたくさんいるから、私《わたし》は、効率的《こうりつてき》でないほうの一つの例《れい》にすぎないのではあるが。

V 人《ひと》は違《ちが》うものを信《しん》じている

1　人《ひと》は違《ちが》うものを信《しん》じている

こんなふうに考《かんが》えていくと、交換《こうかん》したり分配《ぶんぱい》したりしてもよいとされているものと、それはまずい、できない、いけないとされているものがあるという、当《あ》たり前《まえ》と言《い》えば当《あ》たり前《まえ》のことが気《き》になってくる。今《いま》までは動《うご》かせなかったものが動《うご》かせるようになる。たとえば臓器《ぞうき》を――死《し》んだ人《ひと》から生《い》きている人《ひと》、ではなく、生《い》きている人《ひと》から（移植《いしょく》されたら）生《い》きられる人《ひと》へ――移植《いしょく》できるようになる。すると、それをうまく移動《いどう》させた方《ほう》が、より平等《びょうどう》になったり、より幸福《こうふく》になる人《ひと》が多《おお》くなったりするのではないか（一人《ひとり》の人《ひと》からいろいろと取《と》り出《だ》して、多数《たすう》の人《ひと》に分《わ》けたら、一人《ひとり》は死《し》ぬが、多数《たすう》の人《ひと》は生《い》きられるということもある）。けれども、だとしても、その移動《いどう》は認《みと》められないだろう。どうしてか。そんなことを考《かんが》えてみることになった。

するとわかったのは、人々《ひとびと》はじつは、この社会《しゃかい》にあるきまりA（86ページ〜）・価値《かち》B（87ページ〜）と反対《はんたい》のものを信《しん》じているのではないかということだった。それらとまったく別《べつ》のもの、むしろそれらをまったく裏返《うらがえ》しにしたものが、むしろ、基本《きほん》にあると思《おも》った。

言《い》われたのは、自分《じぶん》が作《つく》り、作《つく》るがゆえに自由《じゆう》に処分《しょぶん》してよいものこそがその人《ひと》のものであるということだった。その自分《じぶん》が売買《ばいばい》の対象《たいしょう》にしてよいものは、自分《じぶん》にとっての手段《しゅだん》だろう。その人《ひと》にとって手段《しゅだん》であるものについて、それをその人《ひと》が独《どく》占《せん》してよいという理由《りゆう》がなければ——ない——その人《ひと》だけのものにするべきだという理由《りゆう》はない。すると、それはその人固《ひとこ》有《ゆう》のものではなく、分配《ぶんぱい》の対象《たいしょう》になると言《い》える。つまり、自分《じぶん》にとって手段《しゅだん》でありだからコントロールでき譲渡《じょうと》してもよいと思《おも》うものはその人固《ひとこ》有《ゆう》のものではなく、他人《たにん》たちもまたそれを請求《せいきゅう》してもらってもよいものである。こうなる。

他方《たほう》、その人《ひと》が制御《せいぎょ》し、切《き》り離《はな》し、譲《ゆず》り渡《わた》してしまいたいと思《おも》わないものについては、その人《ひと》の存在《そんざい》を尊重《そんちょう》するべきであるのなら、他人《たにん》もまたその譲渡《じょうと》を要求《ようきゅう》してはならないということになるのではないか。

ようやくパズルがはまったと思《おも》った。そのことを書《か》けばよいのだと思《おも》った。こうして私《わたし》はようやく、一九八五年《ねん》にどうにもまとまらずに終《お》わった修士論文《しゅうしろんぶん》の続《つづ》きというか、ひとまとまりの話《はなし》ができるように思《おも》った。そこで二、三年《ねん》、今《いま》まで書《か》いてきたものをつなぎあわせ、新《あら》たな文章《ぶんしょう》を書《か》いて、一九九七年《ねん》に『私的所有論《してきしょゆうろん》』（302ページ～等参照《などさんしょう》）を出《だ》してもらった。出版社《しゅっぱんしゃ》にお願《ねが》いして出《だ》してもらったもので、書《か》き手《て》（の私《わたし》）が一冊《さつ》あたり千円払《えんはら》っても――「学術書《がくじゅつしょ》」ではそんなことはよくある――六千円《えん》（＋税《ぜい》）もする高《たか》い本《ほん》だったが、意外《いがい》に多《おお》くの人《ひと》に読《よ》んでもらうことができた。一冊《さつ》ずつ著者《ちょしゃ》が支払《しはら》うというのも第《だい》一刷《ずり》――最初《さいしょ》に印刷《いんさつ》するのが第《だい》一刷《ずり》（初刷《しょずり》）、それがなくなると、第《だい》二刷《ずり》、第《だい》三刷《ずり》と増刷《ぞうさつ》されることになる――だけだったから、やがて私《わたし》の赤字《あかじ》も減《へ》っていって、黒字《くろじ》に転《てん》じた。めでたいことだった。

ただとにかく高《たか》い本《ほん》ではあり、担当《たんとう》する科目《かもく》でも使《つか》ったのだが、その受講者《じゅこうしゃ》に「買《か》って」とは言《い》えないところがあった。それで五百円《えん》だったかレンタル料《りょう》をもらってレンタルするといったことをやっていたこともある。カバーが汚《よご》れるから取《と》り替《か》えるとか、そんなこともやっていたことを思《おも》い出《だ》した。やがて私《わたし》は大学院《だいがくいん》だけを担当《たんとう》する教員《きょういん》になったのだが、そう言《い》えば、この本《ほん》を大学院《だいがくいん》では使《つか》っていない。同《おな》

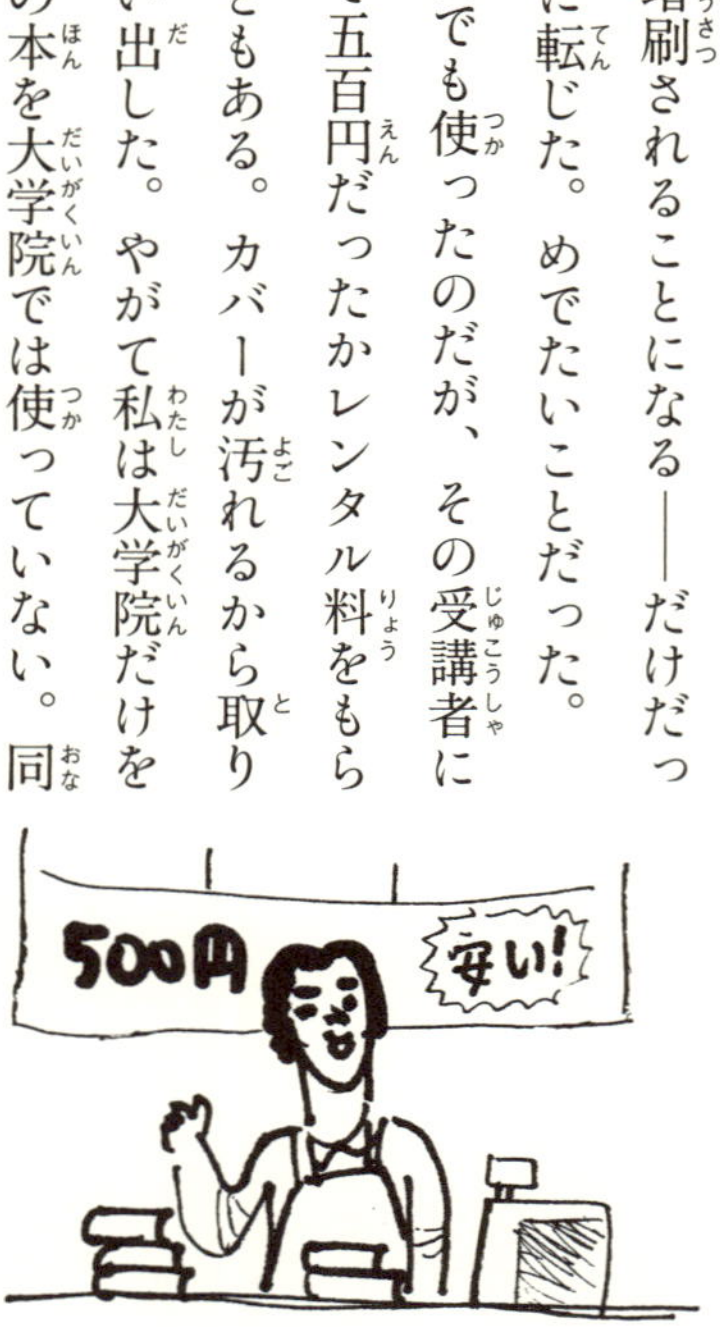

じ話《はなし》をするのにあきたからかもしれないし、カバーをかけ替《か》えるのが面倒《めんどう》だからかもしれない。

2 他者《たしゃ》がいた方《ほう》がよいと思《おも》っている

その本《ほん》の第《だい》四章《しょう》「他者《たしゃ》」からすこし長《なが》く引用《いんよう》する。

「私《わたし》が制御《せいぎょ》できないもの、精確《せいかく》には私《わたし》が制御《せいぎょ》しないものを、「他者《たしゃ》」と言《い》うとしよう。その他者《たしゃ》は私《わたし》との違《ちが》いによって規定《きてい》される存在《そんざい》ではない。それはただ私《わたし》ではないもの、私《わたし》が制御《せいぎょ》しないものとして在《あ》る。私達《わたしたち》はこのような意味《いみ》での他者性《たしゃせい》を奪《うば》ってはならないと考《かんが》えているのではないか。

Aの存在《そんざい》は、Aが作《つく》り出《だ》したものではなく、少《すく》なくとも作《つく》り出《だ》したものだけではなく、Aが身体《しんたい》aのもとにあるということ、等々《とうとう》である。その人《ひと》が作《つく》り出《だ》し制御《せいぎょ》するものではなく、その人《ひと》のもとに在《あ》るもの、その人《ひと》が在《あ》ることを、奪《うば》うことはしない、奪《うば》ってはならないと考《かんが》えているのではないか。他者《たしゃ》が他者《たしゃ》として、つまり自分《じぶん》ではない者《もの》として生《い》きている時《とき》に、その生命《せいめい》、その者《もの》のもとにあるものは尊重《そんちょう》されなければならない。それは、その者《もの》が生命《せいめい》を「持《も》つ」から、生命《せいめい》を意識《いしき》し制御《せいぎょ》するからではない。

もっと積極的《せっきょくてき》に言《い》えば、人《ひと》は、決定《けってい》しないこと、制御《せいぎょ》しないことを肯定《こうてい》したいのだ。人《ひと》は、他者《たしゃ》が存在《そんざい》することを認《みと》めたいのだと、他者《たしゃ》をできる限《かぎ》り決定《けってい》しない方《ほう》が私《わたし》にとってよいのだという感覚《かんかく》を持《も》っているのだと考《かんが》えたらどうか。自己《じこ》が制御《せいぎょ》しないことに積極的《せっきょくてき》な価値《かち》を認《みと》める、あるいは私達《わたしたち》の価値《かち》によって測《はか》ることをしないことに積極的《せっきょくてき》な価値《かち》を認《みと》める、そのような部分《ぶぶん》が私達《わたしたち》にあると思《おも》う。自己《じこ》は結局《けっきょく》のところ自己《じこ》の中《なか》でしか生《い》きていけない。しかし、その自《じ》己《こ》がその自己《じこ》であることを断念《だんねん》する。単《たん》に私《わたし》の及《およ》ぶ範囲《はんい》を断念《だんねん》するのではない。それは別言《べつげん》すれば、他者《たしゃ》を「他者《たしゃ》」として存在《そんざい》させるということである。自己《じこ》によって制御《せいぎょ》不可能《ふかのう》であるゆえに、私達《わたしたち》は世界《せかい》、他者《たしゃ》を享受《きょうじゅ》するのではないか。また、制御《せいぎょ》可能《かのう》であるとしても、制御《せいぎょ》しないことにおいて、他者《たしゃ》は享受《きょうじゅ》される存在《そんざい》として存在《そんざい》するのではないか。私《わたし》に制御《せいぎょ》できないから他者《たしゃ》であるのではない。制御《せいぎょ》できてもなお制御《せいぎょ》しないものとしての他者《たしゃ》がある。世界《せかい》が私《わたし》によって完全《かんぜん》に制御可能《せいぎょかのう》である時《とき》、私《わたし》は私《わたし》を世界全体《せかいぜんたい》へ延長《えんちょう》させていったのであり、世界《せかい》は私《わたし》と等《ひと》しくなる。すべてが私《わたし》の意《い》のままになる。例《たと》えば臓器《ぞうき》を受《う》け取《と》って助《たす》かった者《もの》にとって、具体的《ぐたいてき》に失《うしな》った者《もの》は一人《ひとり》でも、それで済《す》んだのは一人《ひとり》で足《た》りたからであり、可能的《かのうてき》には全《すべ》ての者《もの》が自分《じぶん》の生《せい》のためにある存在《そんざい》である。観念《かんねん》の中《なか》で作為《さくい》された行為《こうい》としての意味《いみ》だけが維持《いじ》され、私《わたし》の欲望《よくぼう》が直接《ちょくせつ》に実現《じつげん》されていくこの過程《かてい》に他者《たしゃ》、他者《たしゃ》による否定《ひてい》の契機《けいき》が弱《よわ》くなる。このような私《わたし》としての世界《せかい》を私達《わたしたち》は好《この》ましいものと思《おも》わないということではないか。

そこでは私《わたし》は私《わたし》にしか会《あ》わない。だからその世界《せかい》は退屈《たいくつ》な世界《せかい》である。私《わたし》の価値《かち》や欲望《よくぼう》はその時々《ときどき》には切実《せつじつ》なものであっても、それなりのものでしかない。そういうものによって世界《せかい》が充満《じゅうまん》しているのだったら、うんざりしてしまう。私《わたし》ではない存在《そんざい》、私《わたし》が制御《せいぎょ》しないものがあることにおいて、私達《わたしたち》は生《せい》を享受《きょうじゅ》しているのだと思《おも》う。そして確《たし》かに欲望《よくぼう》は欲望《よくぼう》としてその存在《そんざい》を認《みと》めながら、どこかにそれを途絶《とぜつ》させる地点《ちてん》を置《お》くこと、そのような選択《せんたく》をすることもできるのだと思《おも》う。私《わたし》によって私《わたし》の周囲《しゅうい》が満《み》たされることはたいしたことではない、私《わたし》（達《たち》）のものなど何《なに》ほどのものか、というだけでなく、私《わたし》（達《たち》）が規定《きてい》しな

い部分《ぶぶん》に存在《そんざい》するものがあるということが、私達《わたしたち》が生《せい》を享受《きょうじゅ》することの、少《すく》なくとも一部《ぶ》をなしているのではないか。これらが自己決定《じこけってい》や制御《せいぎょ》についての疑《ぎ》念《ねん》の核心《かくしん》にあると私《わたし》は考《かんが》える。私《わたし》は（私《わたし》のような、あるいは、私《わたし》のようでない、しかし私《わたし》の意《い》のままにならない）誰《だれ》かがいることによって、生《い》きている。それが私《わたし》の生体《せいたい》としての生存《せいぞん》の必要条件《ひつようじょうけん》であるわけではない。ただ単《たん》に、他者《たしゃ》があること、他者《たしゃ》があることによって生《い》きているという感覚《かんかく》があるのではないだろうか。私《わたし》が作《つく》れないものを失《うしな》う時《とき》に、私達《わたしたち》はその不在《ふざい》を最《もっと》も悲《かな》しむ。私《わたし》はそれが好《す》きだったり嫌《きら》いだったりするのだが、それに近《ちか》づく時《とき》に、そうした属性《ぞくせい》ははぎ取《と》られ、他者《たしゃ》は在《あ》ってしまう。他者《たしゃ》は、私《わたし》が届《とど》かないものとして経験《けいけん》されてしまう。

自分《じぶん》が死《し》ぬか生《い》きるかといった時《とき》に、そんなことを考《かんが》えられるものかどうか。私《わたし》には駄目《だめ》な気《き》がする。ただ、それでも言《い》いうると思《おも》うのは、あの臓器《ぞうき》、つまり生命《せいめい》の移動《いどう》をしないという感覚《かんかく》もまた、事実存在《じじつそんざい》するのなら、それは、決定《けってい》しないことを、他者《たしゃ》があることを、受《う》け入《い》れる、あるいは肯定《こうてい》する感覚《かんかく》の存在《そんざい》を示《しめ》していることであり、それが少《すく》なくともある場面《ばめん》で、制御《せいぎょ》しようとするあり方《かた》を超《こ》えているということである。

だから、私《わたし》の選択《せんたく》と私《わたし》の価値《かち》を信用《しんよう》しない感覚《かんかく》は確《たし》かにあるのだと思《おも》う。私《わたし》がやったことが私《わたし》を指《さ》し示《しめ》し、私《わたし》の価値《かち》を表示《ひょうじ》するという、全《すべ》てが自《みずか》らに還《かえ》ってくるように作《つく》られているこの社会《しゃかい》の仕掛《しか》け［……］を信用《しんよう》しない感覚《かんかく》がある。そして、その人《ひと》が「在《あ》る」ことを受《う》け取《と》る。私《わたし》ではない者《もの》としてその人《ひと》が在《あ》るということ自体《じたい》が、苦痛《くつう》であるとともに、苦痛《くつう》をもたらしながら、快楽《かいらく》なのである。確《たし》かなのは、他者《たしゃ》を意《い》のままにすることを欲望《よくぼう》しながらも、他者性《たしゃせい》の破壊《はかい》を抑制《よくせい》しようとする感覚《かんかく》があることである。この欲望《よくぼう》を消《け》すことは無理《むり》だと思《おも》いながら、しかし抑制《よくせい》しようとする時《とき》、ここに述《の》べたような感覚《かんかく》があり価値《かち》がある。」（『私的所有論《してきしょゆうろん》』105―107ページ）

ほんとかよ、というところはある。しかし、われながらそう思《おも》いながら、しかしやはり確実《かくじつ》にそう言《い》えるだろうと思《おも》って書《か》いたところでもある。

「まず私《わたし》は、私《わたし》が受《う》け取《と》っている世界《せかい》があって、それで生《い》きていたい。その世界《せかい》はたしかに私《わたし》において起《お》こっていることではあるが、しかしそこに存在《そんざい》し

起《お》こっていることの多《おお》くは私《わたし》の意《い》と関《かか》わりなく生《しょう》じて存在《そんざい》している。その中《なか》に他者《たしゃ》もいて、私《わたし》と別《べつ》の存在《そんざい》がいることの快《かい》が、それはもちろん快《かい》であるだけではないが、ある。つまりまず私《わたし》の存在《そんざい》の快《かい》の大《おお》きな部分《ぶぶん》が既《すで》に私《わたし》でないものがあることの快《かい》である。そして、私《わたし》のまわりのすべてのもの、世界全体《せかいぜんたい》が広義《こうぎ》の他者《たしゃ》なのだが、しかし、人《ひと》——だけであるかはともかく——はやはり特別《とくべつ》ではある。それは、その一人一人《ひとりひとり》に世界《せかい》があることに由来《ゆらい》するだろう。快《かい》であるとは、同時《どうじ》に失《うしな》われることへの哀惜《あいせき》でもあり、他者《たしゃ》が失《うしな》われることの切実《せつじつ》さは、そこにおいて世界《せかい》が一つ消《き》えてしまうことの切実《せつじつ》さだろう。その切実《せつじつ》さは、ときには私《わたし》が生《い》きていたいことを凌駕《りょうが》して、その人《ひと》の世界《せかい》が続《つづ》くことの方《ほう》を優先《ゆうせん》することさえある。」（『自由《じゆう》の平等《びょうどう》』135ページ）

難《むずか》しそう、に言《い》っているつもりはない。もっと平《ひら》たく言《い》おうとしても、結局《けっきょく》そう変《か》わらない文章《ぶんしょう》になるのではないかと思《おも》う。

3 たんに私《わたし》は生《い》きたいと思《おも》っている

もう一つ、『自由《じゆう》の平等《びょうどう》』から。

「私《わたし》は、私《わたし》が存在《そんざい》していられることを望《のぞ》んでいる。そして存在《そんざい》のための手段《しゅだん》があるとよいと思《おも》っている。その私《わたし》の望《のぞ》みは、手段《しゅだん》＝能力《のうりょく》を自《みずか》らがどれだけ有《ゆう》しているかに関《かか》わらない。私《わたし》が存在《そんざい》していること、そのように私《わたし》が私《わたし》であることは、私《わたし》が有《ゆう》する様々《さまざま》な属性《ぞくせい》とは別《べつ》のことであり、存在《そんざい》するための手段《しゅだん》＝能力《のうりょく》をその私《わたし》がどれだけ持《も》っているかとは別《べつ》のことである。私《わたし》は、私《わたし》がしかじかのことができ、しかじかの貢献《こうけん》を行《おこな》うことができるから生《い》きていられるのではなく、ただ生《い》きていたいと思《おも》っている。」（『自由《じゆう》の平等《びょうどう》』127―128ページ）

「存在《そんざい》のための手段《しゅだん》によって私《わたし》という存在《そんざい》が規定《きてい》されてはたまらない。それは私《わたし》の存在《そんざい》とその自由《じゆう》自体《じたい》を脅《おびや》かすことになる。そのような社会《しゃかい》に自分《じぶん》はいるのは楽《たの》しくないから、辛《つら》いから、いたいと思《おも》わない。代《か》わりに私《わたし》の存在《そんざい》と存在《そんざい》の

自由《じゆう》が現実《げんじつ》に認《みと》められる機構《きこう》の方《ほう》を支持《しじ》する。必《かなら》ずしも他人《たにん》に対《たい》する同情《どうじょう》や自《じ》分《ぶん》の将来《しょうらい》の現実《げんじつ》の可能性《かのうせい》を言《い》わなくともよい。

これは存在《そんざい》の承認《しょうにん》のあり方《かた》、承認《しょうにん》の請求《せいきゅう》のあり方《かた》のすべてではない。本書《ほんしょ》で考《かんが》えているのは、まったく単純《たんじゅん》な、生存《せいぞん》の手段《しゅだん》の問題《もんだい》ではある。分配可能《ぶんぱいかのう》なものについてだけ述《の》べている。他方《たほう》に、分配《ぶんぱい》できないもの、すべきでないものもある。他《ほか》の人《ひと》ではなく私《わたし》のことを認《みと》めてほしいということ、その人《ひと》にとって他《ほか》の人《ひと》たちと同《おな》じでない特別《とくべつ》の存在《そんざい》として認《みと》められたいということ、その好悪《こうお》のあり方《かた》がその人《ひと》に委《ゆだ》ねられているからこそそれが求《もと》められることもある。分配《ぶんぱい》することの不可能《ふかのう》なものが、ときには不可能《ふかのう》であるゆえに求《もと》められることがたしかにある（序章《じょしょう》三節《せつ》8）。だがもう一方《いっぽう》には、具体的《ぐたいてき》な他者《たしゃ》の存在《そんざい》は意識《いしき》されずただ私《わたし》は生《い》きていたい、それが可能《かのう》ならよい、認《みと》めてほしいということもある。そしてこちらの方《ほう》はたんにものが足《た》りるか足《た》りないかということであって、個別《こべつ》の私《わたし》のありように関《かか》わらないことだと考《かんが》えるなら、それは違《ちが》うだろう。それは存在《そんざい》の基本的《きほんてき》なあり方《かた》に関《かか》わっている。むしろ、それがあって、その上《うえ》で好《す》いたり好《す》かれたりという恣意的《しいてき》な関係《かんけい》があったときに、その関係《かんけい》は、依然《いぜん》として残酷《ざんこく》ではあるだろうが、それなりの軽《かる》さをもった戯《たわむ》れとしてあることができるようになるだろう。」（『自由《じゆう》の平等《びょうどう》』128―129ページ）

「解説《かいせつ》」しようとも思《おも》ったのだが、やはりいらないように思《おも》った。やはりそう面倒《めんどう》なことは書《か》いていない。『私的所有論《してきしょゆうろん》』では「他者《たしゃ》」と言《い》ってみたのだった。けれど、「私《わたし》」の側《がわ》からも同《おな》じことが言《い》えるのではないかという思《おも》いがあって、考《かん》えてみて、その本《ほん》の七年後《ねんご》の本《ほん》で、このように書《か》いたのだった。「利己主義《りこしゅぎ》」といったものは、「生存競争《せいぞんきょうそう》」だとか「淘汰《とうた》」だとか、そんなものを導《みちび》くことになると思《おも》われているのかもしれない。しかしそれは違《ちが》うのではないかということだ。「普通《ふつう》の純粋《じゅんすい》な利己主義《りこしゅぎ》、生《せい》への意志《いし》」（同書《どうしょ》127ページ）からはむしろ、私《わたし》がどんな私《わたし》であっても、在《あ》って生《い》きていられることが支持《しじ》されるはずだ。そう思《おも》った。

これ以上《いじょう》、すぐに言《い》うことがない。質問《しつもん》や批判《ひはん》があったら、別《べつ》の本《ほん》で、できればこんどの本《ほん》で、答《こた》えることにしようと思《おも》う。

4 譲《ゆず》れないもののために分《わ》けられる

私《わたし》は大切《たいせつ》だ、そして少《すこ》し考《かんが》えてみれば他人《たにん》は大切《たいせつ》だ。むろんそんなことは当《あ》たり前《まえ》のことだ。そのわりに妙《みょう》なことが言《い》われていると思《おも》ったから、ここまで引用《いんよう》したような文章《ぶんしょう》をわざわざ書《か》いたのではあるが、しかし当《あ》たり前《まえ》のことだ。その上《うえ》で、この世《よ》にあるものをどうするのか、私《わたし》はあるいは他人《たにん》が大切《たいせつ》なら、その人《ひと》たちの周《まわ》りのあるものをみなそのままその人《ひと》たちのもとに置《お》くのか。そうはならないはずだ。なにが誰《だれ》のものになるのか。ほんとうに考《かんが》えるべきことはそういうことだと思《おも》う。

そのことを書《か》いたその本《ほん》（『私的所有論《してきしょゆうろん》』）の第《だい》四章《しょう》「他者《たしゃ》」の第《だい》二節《せつ》「境界《きょうかい》」は、私《わたし》が思《おも》うには、その本《ほん》の「きも」の部分《ぶぶん》である。ただ、この本《ほん》をいろいろに言《い》ってくださる方《かた》がいてそれはたいがいありがたいのだが、この部分《ぶぶん》に着目《ちゃくもく》されたことはないように思《おも》う。それはすこし残念《ざんねん》なことではある。そこにはへんな図《ず》があったりして、世界《せかい》はじつはこうなんです、と書《か》いてある。よろしかったらご覧《らん》ください。だが、だいたい次《つぎ》のようなことを書《か》いた。

私《わたし》（たち）の考《かんが》えでは、ある人《ひと》が生産《せいさん》したものは、その人《ひと》のものであるとは言《い》え

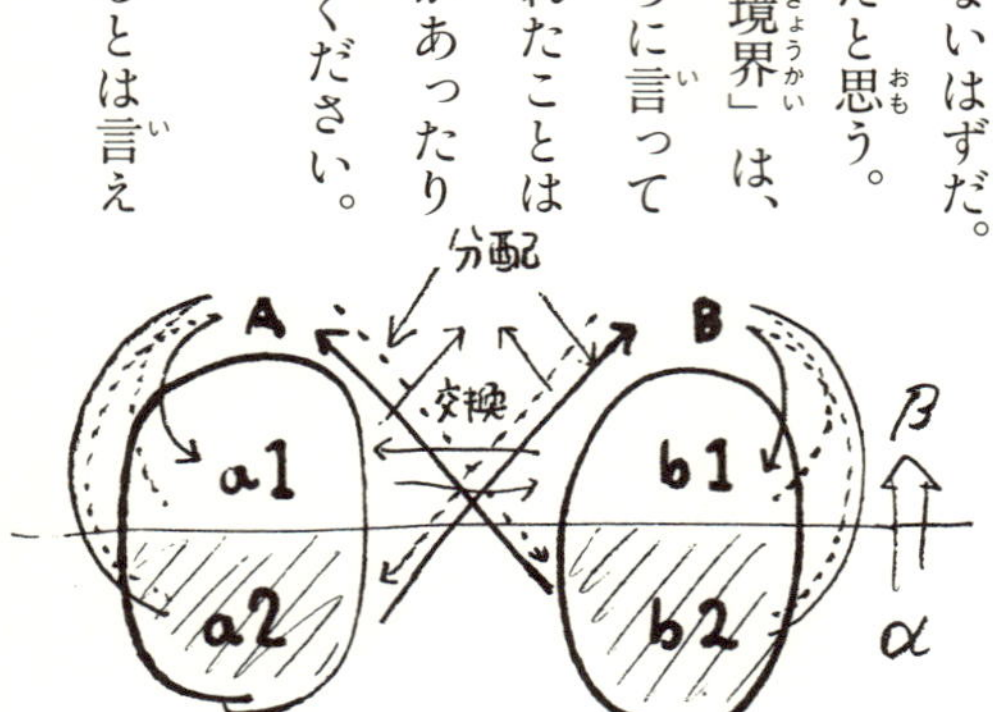

だいたい こーんな図

…らしい

ないということになる。しかし他方《たほう》で、人《ひと》は人《ひと》に対《たい》する「不可侵《ふかしん》」を認《みと》めているし、また認《みと》めるべきであるとも考《かんが》えているだろう。となれば、その自由《じゆう》——他人《たにん》たちが請求《せいきゅう》できるその範囲《はんい》についての自由度《じゆうど》と言《い》ってもよい——の境界《きょうかい》を別《べつ》に引《ひ》き直《なお》す必要《ひつよう》があるということになる。あるいはこの言《い》い方《かた》は正確《せいかく》ではない。実際《じっさい》には別《べつ》のところに境界《きょうかい》は存在《そんざい》するのに、私《わたし》たちの社会《しゃかい》と私《わたし》たちの社会《しゃかい》にある学説《がくせつ》は、間違《まちが》ったところに線《せん》を引《ひ》いてしまった。そこで、もとにある線《せん》を探《さが》して、それを確認《かくにん》する。私《わたし》がしたのはそのような仕事《しごと》だったと思《おも》う。

　自分《じぶん》にとって手段《しゅだん》であり、コントロールでき譲渡《じょうと》してもよいと思《おも》うものは——きまり**A**（86ページ～）・価値《かち》**B**（87ページ～）が言《い》うのと反対《はんたい》に——その人固《ひとこ》有《ゆう》のものではなく、他人《たにん》たちもまたそれを請求《せいきゅう》して受《う》け取《と》ってよいものである。難《むずか》しいことではない。自分《じぶん》が売買《ばいばい》の対象《たいしょう》にしてよいものは自分《じぶん》にとっての手段《しゅだん》であり、譲渡《じょうと》を予定《よてい》しているものであった。そこで生産者《せいさんしゃ》による生産物《せいさんぶつ》の取得《しゅとく》という図式《ずしき》がいったん否定《ひてい》されるなら、その人《ひと》にとって手段《しゅだん》であるものを、その人《ひと》だけのものにするべきだという理由《りゆう》は残《のこ》らない。

　他方《たほう》、その人《ひと》にとってコントロールする対象《たいしょう》でないもの、切《き》り離《はな》し、譲《ゆず》り渡《わた》してしまいたいと思《おも》わないものについては、他人《たにん》もまたその譲渡《じょうと》を要求《ようきゅう》してはならない。もちろん実際《じっさい》には、仕方《しかた》なく、人《ひと》は、生活《せいかつ》のために売《う》りたくないものを売《う》ってしまうことはある。しかし、そうせずにすむなら、つまり手段《しゅだん》がうまく分配《ぶんぱい》されているのなら、そんなこともせずすむ。つまり、自由《じゆう》にならないもの（でその人《ひと》がそこに置《お》こうと思《おも》うもの）についてはその人《ひと》のもとに置《お》かれる、自由《じゆう》にでき譲渡《じょうと》の対象《たいしょう》にしようとするものについては、分配《ぶんぱい》の対象《たいしょう》になる。簡単《かんたん》に言《い》うとそういうことである。

こうして、人々《ひとびと》がほんとうに——とあえて言《い》うが——信《しん》じており支持《しじ》しているものは、きまり**A**は価値《かち》**B**とはまったく別《べつ》のもの、むしろまったく裏返《うらがえ》しになったものだ。

妙《みょう》な話《はなし》だと思《おも》うかもしれない。しかし、よく考《かんが》えていくとこれは理《り》にかなったことであると思《おも》う。そのことは証明《しょうめい》できる。たとえば価値《かち》**B**について。人《ひと》が消費《しょうひ》するための手段《しゅだん》を生産《せいさん》すること、生産《せいさん》できることが、その人《ひと》の価値《かち》を示《しめ》すという考《かんが》えはやはり、おかしい。まず、その理由《りゆう》を聞《き》いたことがない。そして、生存《せいぞん》のための手段《しゅだん》が生存《せいぞん》を超《こ》えてしまい否定《ひてい》してしまうのはやはりおかしい、倒錯《とうさく》している。

また普通《ふつう》に言《い》われるのは、自分《じぶん》が作《つく》り、作《つく》るがゆえに自由《じゆう》に処分《しょぶん》してよいものこ

そがその人《ひと》のものであるということなのだが、私《わたし》は逆《ぎゃく》に、そういうものこそがその人固有《ひとこゆう》のものではなくて、分配《ぶんぱい》の対象《たいしょう》になると言《い》っているのである。手放《てばな》そうとするものは、その人《ひと》においても他《ほか》の人《ひと》に使《つか》われることが予想《よそう》されていたのだから、もしその人《ひと》に独占的《どくせんてき》な権限《けんげん》がないのであれば――ないと言《い》える――それは他《ほか》の人々《ひとびと》に分《わ》けられ使《つか》われてもよいものだというだけのことを言《い》っている。

VI 差《さ》は仕方《しかた》がない、必要《ひつよう》だというお話《はなし》について

1　そうなってしまうというお話《はなし》の繰《く》り返《かえ》し

身体《からだ》が私《わたし》のものだから、その身体《からだ》によって作《つく》られたものは私《わたし》のものだと言《い》った人《ひと》がいたことを紹介《しょうかい》した。しかし、その人《ひと》によって作《つく》られたということと、それをその人《ひと》が受《う》け取《と》ることはもちろん別《べつ》のことであり、作《つく》った「から」受《う》け取《と》ってよいということにはならない、二つの間《あいだ》がつながらないと言《い》った。だから、性能《せいのう》のよい頭《ず》脳《のう》、性能《せいのう》のよい身体《からだ》をもっている人《ひと》が得《とく》をしてよい理由《りゆう》は、ほんとうはない。そのことはIIIの［6］「私《わたし》の作《つく》ったものが私《わたし》のものであるが正《ただ》しい、理由《りゆう》はない」（104ページ〜）で言《い》った。

しかし世《よ》の中《なか》とはそういうものだというふうに言《い》われる。それは単純《たんじゅん》な話《はなし》である。自分《じぶん》の頭《あたま》を動《うご》かし身体《からだ》を動《うご》かすことができるのはとりあえず自分《じぶん》だけだ。そしてそ

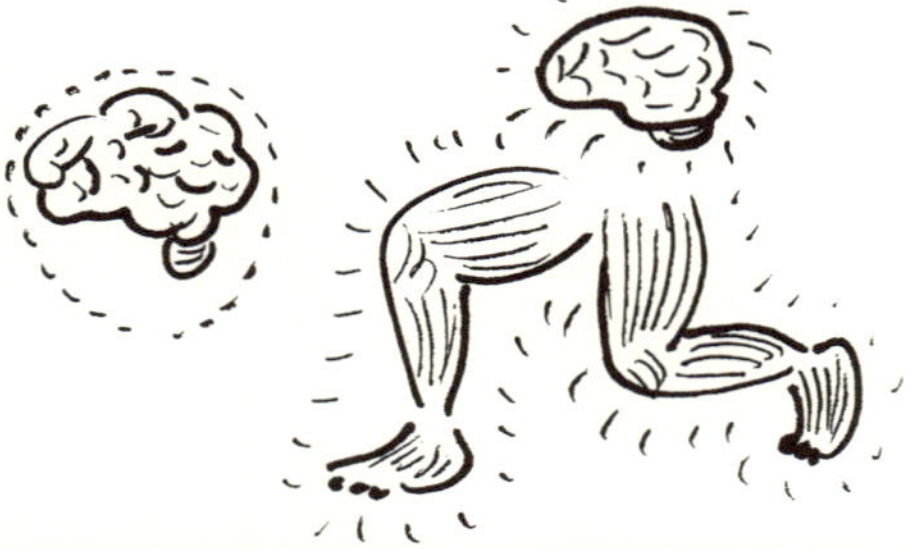

の人《ひと》が自分《じぶん》によいことがないと、褒美《ほうび》をもらわないと、それを動《うご》かさないとしよう。するとその人《ひと》に与《あた》えなければならないことになる。たくさんさせるためにはたくさんあげなければならない。人々《ひとびと》にとって価値《かち》があり、他《ほか》の人《ひと》はあまりもっていない才能《さいのう》があったとして、それを使《つか》ってもらうためには、多《おお》くあげなければならなくなるように思《おも》える。そうすると結果的《けっかてき》に、たくさんできた人《ひと》がたくさんとれる。中《ちゅう》ぐらいにできた人《ひと》は中《ちゅう》ぐらいにとれる。ぜんぜんできなかった人《ひと》はなにもとれない。そういうことになる。できるのに、できたことに応《おう》じて受《う》け取《と》れるというかたちがここにできてしまう。それにほんとうに正《ただ》しい理由《りゆう》はないかもしれないが、消費《しょうひ》のためには生産《せいさん》が必要《ひつよう》で、生産《せいさん》のためにはこういう仕組《しく》みが必要《ひつよう》だとされる。

たしかに、「正《ただ》しいか」とか「ほんとうに正《ただ》しいか」とか言《い》われれば、わからない。しかしそんなことはどうでもよい、と、あまり原則《げんそく》とか気《き》にしない日本人《にほんじん》であるせいかどうなのか、思《おも》う。ほんとうに正《ただ》しくはないのかもしれない。しかし、こうやって世《よ》の中回《なかまわ》していくしかないではないか。そう言《い》われる。

気持《きも》ちが変《か》われば変《か》わる。欲望《よくぼう》が変《か》われば変《か》わる。しかしそのためには社会《しゃかい》が変《か》わらなければならない。ここで堂々巡《どうどうめぐ》りになる。あるいは行《ゆ》き止《ど》まりになる。そんなところからどうやって抜《ぬ》けるのか。こんなことを思《おも》って、私《わたし》も行《ゆ》き止《ど》まりになった。そこにとどまってしまった。そうIV（111ページ〜）に書《か》いた。さてそれにどう答《こた》えたらよいだろう。

2　これできまりという答《こたえ》はない、が

これできまり、これで解決《かいけつ》、という答《こたえ》はない。これが答《こたえ》になる。なんだよ、と思《おも》うかもしれないが、これは大切《たいせつ》なことだ。

まず、人々《ひとびと》の欲望《よくぼう》には、複数《ふくすう》のものが、同時《どうじ》にある。それはよいことでもわるいことでもなくて、それが事実《じじつ》であるということ、この誰《だれ》でも知《し》っている当《あ》たり前《まえ》のことをわかっておくことだ。

次《つぎ》に、自分《じぶん》にとってよいことがあるなら自分《じぶん》はよい。それは否定《ひてい》されるべきものではない。全面的《ぜんめんてき》にひっくり返《かえ》すとかそんなふうに考《かんが》える必要《ひつよう》もない。ただ、その結果《けっか》としてなにが起《お》こるのか、それはきちんと言《い》っておく必要《ひつよう》はあるし、またそれはできる。

そのことと同時《どうじ》に、III（85ページ〜）に述《の》べたような欲望《よくぼう》もまたあるということ。そしてそれは、とくにどんな社会《しゃかい》にいるからなくなるとか、そんなものではないということだ。

とすると、社会《しゃかい》がどちらの方向《ほうこう》に向《む》かうかは、かなり微妙《びみょう》なところで変《か》わってくるはずだ。赤組《あかぐみ》と白組《しろぐみ》と分《わ》かれているとして、それぞれの勢力《せいりょく》は様々《さまざま》によって違《ちが》ってくる。そしてどちらかが完勝《かんしょう》するということにもならないし、またそうでなければならないというものでもない。

そのときには言葉《ことば》にもいくらかの力《ちから》があるはずだ。つまり、できる人《ひと》が得《とく》をする社会《しゃかい》のもとで得《とく》をしようとする気分《きぶん》はまことにもっともなことではあるが、きまりA（86ページ〜）が正義《せいぎ》であるとまで言《い》うなら、価値《かち》B（87ページ〜）が真理《しんり》であるとまで言《い》われたら、それは違《ちが》う。しかし、実際《じっさい》にはそんなふうに言《い》われてしまっている。とすれば、それはおかしい。そのことは最低《さいてい》言えるし、言《い》った方《ほう》がよいということになる。こうして、言葉《ことば》の上《うえ》での、観念《かんねん》についての争《あらそ》いにもそれなりの意味《いみ》がある。ものを考《かんが》えて言《い》うこと、理屈《りくつ》を言《い》うことも無駄《むだ》ではない。同時《どうじ》に、理屈《りくつ》を言《い》うのは面倒《めんどう》だという人《ひと》は、別様《べつよう》の争《あらそ》いへの加《くわ》わり方《かた》もまたある。

他《ほか》にも、次《つぎ》から見《み》るように、様々《さまざま》なことが言《い》われる。この社会《しゃかい》は基本《きほん》このままでよいという人《ひと》の言《い》うことがある。それがおかしなことであれば、面倒《めんどう》くさいことではあるが、それにいちいちつきあって、吟味《ぎんみ》して、ここがおかしいと言《い》うこともすることになる。そして、正《ただ》しいとか当然《とうぜん》だといった話《はなし》を抜《ぬ》いていけば、要《よう》するに、差《さ》をつけることは、目的《もくてき》を達成《たっせい》するための手段《しゅだん》として必要《ひつよう》だということだ。

ならば、どのぐらいの差《さ》をつけることがどれだけの効果《こうか》を与《あた》えるかが当然問題《とうぜんもんだい》になる。そうやって見《み》ていくと、じつは相手方《あいてがた》もそう確《たし》かなことを言《い》っていないことがわかる。差《さ》を少《すく》なくしていったらうまくいかなくなることを、きちんと説明《せつめい》してくれていないこともわかる。まずそんな具合《ぐあい》であることを知《し》ったり、知《し》らせる必要《ひつよう》がある。

これは事実《じじつ》がどうかということである。ただ人間《にんげん》たちの世界《せかい》では、世間《せけん》ではどういうことになっているのか、なにが正《ただ》しいとされているのかという人々《ひとびと》の了解《りょうかい》が、現実《げんじつ》に効果《こうか》を及《およ》ぼすことがある。きまり**A**（86ページ〜）・価値《かち》**B**（87ページ〜）が疑《うたが》いようのないものとされるか、そうでないか、それによって、現実《げんじつ》が変《か》わってくる。差《さ》をつけることを、人《ひと》の働《はたら》きを引《ひ》き出《だ》す手段《しゅだん》だとするなら、「功績《こうせき》」に対《たい》して

褒美《ほうび》が出《で》ることが当然《とうぜん》のこと（→きまりA・価値《かち》B）ではなく例外的《れいがいてき》であることがわかっていた方《ほう》がよい。当然《とうぜん》のことだとなると、同《おな》じだけ働《はたら》いてもたくさん要求《ようきゅう》して当然《とうぜん》だということになって、かえって——労働《ろうどう》・生産《せいさん》を得《え》るための手段《しゅだん》だった——褒美《ほうび》の効果《こうか》が薄《うす》れることがある。だとしたら、やはり、この本《ほん》で行《おこ》なっているようなこと、正《ただ》しいとされていることが正《ただ》しくはない、当然《とうぜん》とされていることが当然《とうぜん》でないことを確認《かくにん》しておくことにやはり意味《いみ》はあるということなのだ。

そして、差《さ》をつけることでかえって目的《もくてき》がうまく達成《たっせい》されないなら、それは考《かんが》えなおした方《ほう》がよい、別《べつ》の方法《ほうほう》をとった方《ほう》がよいということになる。実際《じっさい》そんなことがあることを、VIII［5］「作《つく》り手《て》を限《かぎ》るきまり」（202ページ～）、XII［2］「材料《ざいりょう》（知識《ちしき》含《ふく》む）を分《わ》ける」（278ページ～）でも述《の》べる。消費《しょうひ》のための生産《せいさん》があり、その生産《せいさん》のために技術《ぎじゅつ》があるのだが、技術開発《ぎじゅつかいはつ》を促《うなが》すためとして、生産者《せいさんしゃ》を限《かぎ》ることによって、生産《せいさん》が限《かぎ》られ、消費《しょうひ》の必要《ひつよう》のある人《ひと》が消費《しょうひ》できないようになるのであれば、元《もと》も子《こ》もない、それは変《か》えた方《ほう》がよいということである。

3 自然《しぜん》はそうなっているという話《はなし》

理屈《りくつ》がおかしな理屈《りくつ》だったら、それをつぶしていくこと、それが仕事《しごと》だと言《い》った。その理屈《りくつ》にはいろいろあって、並《なら》べてみると、並《なら》んでいるのが不思議《ふしぎ》、ということもある。

人間《にんげん》が、外界《がいかい》を制御《せいぎょ》しその成果《せいか》を自《みずか》らに取《と》り込《こ》むことは、一つに、「人間的《にんげんてき》」なこととして肯定《こうてい》される。他方《たほう》で「自然《しぜん》」はそうなっていると言《い》われる。だいたい、まず、こういうところがいいかげんだ、二枚舌《にまいじた》だと思《おも》う。けれども、言《い》っている人《ひと》が違《ちが》うと、二枚舌《にまいじた》だという批判《ひはん》は効《き》かない。各々《おのおの》は一枚《まい》の舌《した》で語《かた》っているということになるからである。とすると、面倒《めんどう》だが、一つずつ見《み》ていく必要《ひつよう》があることになる。人間《にんげん》（の中《なか》の各々《おのおの》）は、人間《にんげん》として、世界《せかい》から自分《じぶん》のものをとって来《こ》れるのだという話《はなし》は、IIIの［1］「きまりA：私《わたし》の作《つく》ったものが私《わたし》のもの／価値《かち》B：私《わたし》がすることできることが私《わたし》」（86ページ〜）でもうつきあった。だからここでは「自然《しぜん》」の持《も》ち出《だ》され方《かた》の方《ほう》を見《み》よう。

自然《しぜん》の側《がわ》が言《い》われるときには、次《つぎ》のように言《い》われる。動物《どうぶつ》とかみんなそうしてい

るではないか。自分《じぶん》の餌《えさ》は自分《じぶん》でとってきているとこの世界《せかい》は弱肉強食《じゃくにくきょうしょく》の世界《せかい》である、厳《きび》しい世界《せかい》なのである。そう言《い》われる。他《ほか》に言《い》うことはないのかと思《おも》うのだが、こんなことがよく言《い》われる。そして、NHKであれ民放《みんぽう》であれ、昔《むかし》から親《おや》たちに評判《ひょうばん》のよい動物番組《どうぶつばんぐみ》などでは、そういうナレーションが入《はい》るわけで、なるほど動物《どうぶつ》もなかなか大変《たいへん》だと思《おも》う。「だからあなたもがんばりなさい」、などと子《こ》どもに言《い》う単純素朴《たんじゅんそぼく》な親《おや》がどれほどいるのかわからないけれど、しかし流《なが》れとしては、そのようなつながりになる。動物全般《どうぶつぜんぱん》が〇〇していることがわかったとする。人間《にんげん》は動物《どうぶつ》の一部分《いちぶぶん》だ。だから、人間《にんげん》も〇〇した方《ほう》がよい。こういうお話《はなし》である。

しかしそれはおかしい。そう思《おも》うとしよう。それをどう言《い》うか。一つは、なにかの事実《じじつ》からどうしたらよいかは直接《ちょくせつ》に出《で》てこない、と言《い》うことだ。動物《どうぶつ》が殺《ころ》しあっているという事実《じじつ》があるとして——同《おな》じ種《しゅ》で大々的《だいだいてき》に殺《ころ》し合《あ》っているのは人間《にんげん》ぐらいのものだが——、それがよいことだとはならない。「……である」ことと「……すべき」こととは違《ちが》う、というのは論理《ろんり》の基本《きほん》で、当《あ》たり前《まえ》のことで、たしかにそのとおりではある。

もう一つ、全体《ぜんたい》の中《なか》で自分《じぶん》たちを除《のぞ》いた部分《ぶぶん》がこれこれであるとしても、自分《じぶん》たちがこれこれでないことはある。そして、全体《ぜんたい》の中《なか》で自分《じぶん》たちを除《のぞ》いた部分《ぶぶん》がこれこれであるべきだとしても、自分《じぶん》たちもこれこれであるべきだとはならない。あくまで、全体《ぜんたい》（たとえば動物全体《どうぶつぜんたい》）がこうだと、あるいはこうであるべきだと言《い》えた上《うえ》で、人間《にんげん》も、その全体《ぜんたい》の一部《ぶ》であるから、こうだと、あるいはこうであるべきだと言《い》える。

たとえば、よいたとえではないのだが、人間《にんげん》を全体《ぜんたい》として、その一部《ぶ》（半分《はんぶん》ほど）である女《おんな》がこうだからといって、残《のこ》りの一部《ぶ》（半分《はんぶん》ほど）である男《おとこ》もこうであるとは言《い》えない。女《おんな》がこうあるべきだからといって、男《おとこ》もこうあるべきだとは言《い》えない。人間全体《にんげんぜんたい》がこうあるべきだと言《い》えて、その一部《ぶ》である男《おとこ》も、当然《とうぜん》、こうあるべきだと言《い》える。難《むずか》しいことではない。当《あ》たり前《まえ》のことだ。

以上《いじょう》で終《お》わり。動物《どうぶつ》はこうしている（自然《しぜん》ではこうなっている）、人間《にんげん》も動物《どうぶつ》の（自然《しぜん》の）一部《ぶ》である、だから人間《にんげん》もこうすべきだ、という話《はなし》には、いまの二種類《しゅるい》の混同《こんどう》が両方《りょうほう》とも含《ふく》まれていることがわかるだろう。繰《く》り返《かえ》すと、一つ、現実《げんじつ》がそうだからといって、そうしなければならないわけではない。もう一つ、隣《となり》がそうだからといって、自分《じぶん》もそうしなければならないわけではない。

ただこれだけだといかにも形式的《けいしきてき》な感《かん》じがするかもしれない。しかし基本的《きほんてき》にはそういうことだと思《おも》う。虎《とら》は虎《とら》、虫《むし》は虫《むし》、しかし人間《にんげん》はこうやっていくんだ、文句《もんく》あるか、というのである。ただそれでも、もう少《すこ》し言《い》ってくれないと納得《なっとく》できないと思《おも》うかもしれない。だから、もう少《すこ》し言《い》ってみることにしよう。

4　都合《つごう》よく自然《しぜん》をもってきてしまう

たぶん、人間《にんげん》も動物《どうぶつ》だから○○すべき、と言《い》う人《ひと》は、○○すべきを、なにか道徳《どうとく》原理《げんり》のようなものとしてはあまり考《かんが》えていないと思《おも》う。動物《どうぶつ》はそんなでやってきた。続《つづ》いていた。それで今《いま》までやってこれた以上《いじょう》、これからもやっていくには、動物《どうぶつ》の一員《いちいん》である人間《にんげん》もそれは否定《ひてい》できないのではないか。こんな具合《ぐあい》に思《おも》っているのかもしれない。あるいは否定《ひてい》しようとしても、動物《どうぶつ》としての本能《ほんのう》があって、それはなくせないのだから、それを認《みと》める方向《ほうこう》でやっていくしかないのだ、その方《ほう》がうまくいくのだと思《おも》っているのかもしれない。

こんなふうに言《い》われたらどう答《こた》えようか。まじめにやってるとこれはとても長《なが》い

話《はなし》になると思《おも》う。短《みじか》くしよう。

まず、すこし別口《べつくち》の話《はなし》から。こういう話《はなし》って、ダーウィンがガラパゴス島《とう》でどうとか、DNAがどうだとかいう「新発見《しんはっけん》」とつなげて言《い》われることがよくある。しかしこれはすこし不思議《ふしぎ》な気《き》がする。たしかに、人間《にんげん》が自然界《しぜんかい》でなにか新《あたら》しいことを発見《はっけん》するということはある。たぶんそれはよいことだ。顕微鏡《けんびきょう》でも天体望遠鏡《てんたいぼうえんきょう》でもなんでもよいのだが、なにかを使《つか》ってあるいは使《つか》わないで発見《はっけん》された新事実《しんじじつ》があるとしよう。あるいは大規模《だいきぼ》な実験《じっけん》や複雑《ふくざつ》な計算《けいさん》・演算《えんざん》によって明《あき》らかにされた人間《にんげん》や世界《せかい》のメカニズムがあるとしよう。しかし、それらが新《あら》たに知《し》られたことで、人間《にんげん》はどうしたらよいのかというようなことが初《はじ》めてわかるというようなことがあるのだろうか。あるとしたら、それ以前《いぜん》の人《ひと》はそれを知《し》らないということになる。あるいは、その発見《はっけん》のことを知《し》らない世界《せかい》の人《ひと》たち、たぶんとてもたくさんの人《ひと》たちは、今《いま》でもそれを知《し》らないということになるはずだが、いったいそんなことがあるのだろうか。ないように思《おも》える。新《あたら》しい技術《ぎじゅつ》やなにかは、いろいろと厄介《やっかい》な問題《もんだい》を起《お》こすことはあっても、その答《こたえ》を新《あたら》しく示《しめ》すことがあるようには思《おも》えないのだ。

次《つぎ》。新《あら》たに発見《はっけん》されたと言《い》われることにせよ、前《まえ》から人《ひと》が思《おも》っていることにせよ、自然界《しぜんかい》ではしかじかというのは、ほんとうのことではないかもしれない。自然界《しぜんかい》の動物《どうぶつ》たちは朝《あさ》から晩《ばん》まで働《はたら》いている、生存競争《せいぞんきょうそう》をしているといったイメージがあるのだが、たとえば、働《はたら》き者《もの》の代表《だいひょう》のように言《い》われる蟻《あり》が、じつはけっこうさぼっているといった話《はなし》がある。さぼっているというのは適切《てきせつ》でないのだろうが、ともかく生存《せいぞん》のための食料獲得活動《しょくりょうかくとくかつどう》のために最大限有意義《さいだいげんゆういぎ》な活動《かつどう》を常《つね》にしているようには見《み》えない蟻《あり》がたくさんいるのだそうだ。そうかもしれない。私《わたし》たちはけっこう見《み》たいことを見《み》ることにしているところがある。人《ひと》の世《よ》が騒《さわ》がしくなると、動物《どうぶつ》たちの世界《せかい》も騒《さわ》がしく見《み》えるというように。人間《にんげん》が生存《せいぞん》のために闘《たたか》い、負《ま》けると淘汰《とうた》されるという世《よ》の中《なか》にいたから、生存競争《せいぞんきょうそう》だの適者生存《てきしゃせいぞん》だのいった言葉《ことば》が現《あらわ》れ、そしてあっというまに流行《りゅうこう》したのではないか。だから、確《たし》かでないことは確《たし》かでないと、わからないことはわからないと思《おも》った方《ほう》がよいし、言《い》った方《ほう》がよい。

次《つぎ》。人《ひと》と人《ひと》でない生物《せいぶつ》と、やはり暮《く》らし方《かた》・暮《く》らし向《む》きはずいぶん違《ちが》う。すくなくとももの扱《あつか》いについて、人間《にんげん》は明《あき》らかに他《ほか》の生物《せいぶつ》と別《べつ》のことをしている。自分《じぶん》が生《い》きていく分《ぶん》より、また場合《ばあい》によったら子《こ》とかその仲間《なかま》とかが生《い》きていく分《ぶん》より、ずっと多《おお》くを得《え》ようとする。そして実際《じっさい》に得《え》ることができている。そんな動物《どうぶつ》はい

ないと思《おも》う。人間《にんげん》だって、ちょうど一人《ひとり》ひとりがちょうど自分《じぶん》の分《ぶん》を食《た》べているのなら、それはそれでおしまいであって、加《くわ》えてあまり言《い》うことはない。しかし実際《じっさい》には人間《にんげん》は違《ちが》う。ずっと余計《よけい》なものをもって、一人《ひとり》で抱《かか》えこんだりする。であるのに、それと違《ちが》う生活《せいかつ》をしている動物《どうぶつ》をもってきてもらっても困《こま》る。また、たぶん、小《ちい》さい魚《さかな》が大《おお》きな魚《さかな》に食《く》われるときの気分《きぶん》と、人《ひと》が殺《ころ》されるときの気分《きぶん》というのはやはり、たぶん、かなり違《ちが》うもののはずだ。

そして、今述《いまの》べたことの一部《ぶ》でもあるが、人間《にんげん》はただの動物《どうぶつ》でないとか言《い》いながら、人工物《じんこうぶつ》を作《つく》りそれに囲《かこ》まれて生《い》きていながら、つごうのよいところで動物《どうぶつ》をもってきたり、自然《しぜん》をもってきたりというのはなにかずるくはないだろうか。突然変《とつぜんへん》なことを言《い》うようだが、私《わたし》はこのごろ「自然《しぜん》な死《し》」とかすぐ言《い》う人《ひと》たちが怪《あや》しいと思《おも》っている。すこし怒《おこ》ってもいる。その人《ひと》たちもふだんはぜんぜん自然《しぜん》になんか生《い》きていない。冷蔵庫《れいぞうこ》を使《つか》ったりしている。ところが病気《びょうき》で息《いき》が苦《くる》しくなって、人《じん》工呼吸器《こうこきゅうき》というものがいるようになると、そんなものをつけずに自然《しぜん》に死《し》なせてやれとか言《い》うのである。人工呼吸器《じんこうこきゅうき》って、扇風機《せんぷうき》、というか換気扇《かんきせん》のようなものだ。クーラーよりも原理《げんり》は原始的《げんしてき》なものだ。なのに一方《いっぽう》は使《つか》い、他方《たほう》は使《つか》わないと言《い》う。

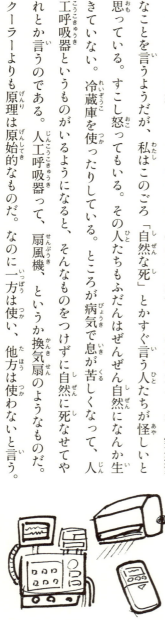

辻褄《つじつま》が合《あ》っていない。そうすると、早目《はやめ》に死《し》んでほしいと思《おも》うときに、「自然《しぜん》に」とか私《わたし》たちは言《い》ってしまうのではないかとも思《おも》えてくる（このことについては『良《よ》い死《し》』の第《だい》二章《しょう》「自然《しぜん》な死《し》、の代《か》わりの自然《しぜん》の受領《じゅりょう》としての生《せい》」）。

最後《さいご》。そうやって違《ちが》っている人間《にんげん》だけれども、その違《ちが》うところも含《ふく》めて、人間《にんげん》や人間《にんげん》のあり方《かた》は常《つね》に自然《しぜん》の中《なか》にあるとも言《い》える。私《わたし》たちは、自然《しぜん》の中《なか》にないものを使《つか》わないでどんなものも作《つく》ることはできない。そして人間《にんげん》は進化《しんか》したのかしないのかそれは知《し》らないけれども、ともかく他《ほか》とは変《か》わって、なにか変《へん》なことができるようになったりしたのだが、それもまた自然界《しぜんかい》の変化《へんか》の中《なか》にある。人《ひと》によってはそれを進化《しんか》の結果《けっか》だと言《い》いたいのだろうし、言《い》ってもらってもよい。すると、人間《にんげん》という自然《しぜん》によって手《て》を加《くわ》えられた自然物《しぜんぶつ》＝人工物《じんこうぶつ》が、他《ほか》のものよりよくない理由《りゆう》はすぐには見《み》つからないはずだ。

VII 「機会《きかい》の平等《びょうどう》」というお話《はなし》がいけてない話《はなし》

これからしばらく書《か》くことは、こんなことを言《い》っていてもだめよ、というか限界《げんかい》はあるよという話《はなし》だから、飛《と》ばしてもらってもかまわない。

1　差《さ》は縮《ちぢ》まるという話《はなし》

私《わたし》は今《いま》書《か》いたように思《おも》って、そして、その続《つづ》きを書《か》いてきた。ただ、世《よ》の中《なか》はそんな具合《ぐあい》に進《すす》んだわけではない。進《すす》んだわけではないから、困《こま》ったものだと思《おも》い、それで書《か》いてきたのでもあるのだが、世《よ》の中《なか》は、ずっと前《まえ》から、中途半端《ちゅうとはんぱ》な道《みち》を行《い》った。

ある人《ひと》たちは大《おお》きな差《さ》がある社会《しゃかい》を否定《ひてい》して、次《つぎ》の、近代《きんだい》の社会《しゃかい》を歓迎《かんげい》した。つまり、この社会《しゃかい》を進《すす》めていけば差《さ》はなくなる、とは言《い》えないとしても小《ちい》さくなっていく、というお話《はなし》があった。それは次《つぎ》のような筋《すじ》のものである。
同《おな》じだけの仕事《しごと》ができれば同《おな》じだけを受《う》け取《と》ることができるのがこの社会《しゃかい》であるとしよう。そしてこのことをここでは否定《ひてい》しないとしよう。次《つぎ》に、人《ひと》は本来《ほんらい》はみなまったく同《おな》じ、ではないにしてもほぼ同《おな》じだけの力《ちから》をもっているのだが、社会的《しゃかいてき》な環境《かんきょう》の違《ちが》いによって、結果《けっか》として力《ちから》に差《さ》がついてしまっているとしよう。次《つぎ》に、ならば、その環境《かんきょう》の差《さ》をなくすれば、人《ひと》の力《ちから》は同《おな》じになり、その人《ひと》たちが同《おな》じだけ働《はたら》けば同《おな》じだけ受《う》け取《と》ることができるようになり、格差《かくさ》は少《すく》なくなる。このように考《かんが》えられたのだった。

　こんな話《はなし》は信《しん》じられない、と私《わたし》は思《おも》ってきた。一つ、よいもわるくもなく、違《ちが》いはある。学校《がっこう》の先生《せんせい》がなんと言《い》おうと、あるものはあるではないか。だから、「機会《きかい》の平等《びょうどう》」を進《すす》めていけば世《よ》の中《なか》はそのうち平等《びょうどう》になるなんていう話《はなし》は信《しん》じられない。そう思《おも》ってきた。

　そして、この主張《しゅちょう》はなんだか中途半端《ちゅうとはんぱ》であり、またずるい、と思《おも》ってもきた。各人《かくじん》の能力《のうりょく》と各人《かくじん》の獲得《かくとく》とが対応《たいおう》するというこの社会《しゃかい》の仕掛《しか》けをそのままにしておいて、受《う》け取《と》りに（あまり）違《ちが》いがないようにしたいとしたら、どうしたらよいか。

みなが同《おな》じくできるようになればよいというのが、ただ一つの答《こたえ》になる。「環境《かんきょう》の整備《せいび》」は必要《ひつよう》だが、それをしさえすれば、それ以外《いがい》の大《おお》きいところには手《て》をつけなくてよいということになる。大《おお》きく仕組《しく》みを変《か》えずに、平等《びょうどう》の方《ほう》に行《い》けたらよいという人《ひと》たちにとってこの路線《ろせん》は都合《つごう》がよい。しかし都合《つごう》がよいものが実現《じつげん》するとは限《かぎ》らない（他方《たほう》、この答《こたえ》でだめなら、仕掛《しか》けを換《か》えなければならないということになる。私《わたし》の答《こたえ》はそちらである）。

同《おな》じものが環境《かんきょう》から与《あた》えられ、同《おな》じだけ働《はたら》けば・努力《どりょく》すれば、同《おな》じだけの成果《せいか》が出《で》る。成果《せいか》に応《おう》じてとれるのであれば、同《おな》じだけとれることになる。

しかし、同《おな》じだけのことをするのに、また同《おな》じだけのことができるようになるのに、別々《べつべつ》の人《ひと》が同《おな》じだけの苦労《くろう》をするわけではない。同《おな》じだけ苦労《くろう》しても、たくさん得《え》られる人《ひと》とそうでない人《ひと》がいる。それは誰《だれ》でも知《し》っていることだ。苦労《くろう》する・しないと、できる・できないことは、無関係《むかんけい》ではないが、それほど強《つよ》い関係《かんけい》がない。こんなことを言《い》うと学校《がっこう》の先生《せんせい》に叱《しか》られるかもしれない。だが、私《わたし》は勉強《べんきょう》すれば勉強《べんきょう》ができるようになることは否定《ひてい》していない。たしかにそんなことはある。思《おも》っていたよりもうまくいくことはある。やり方《かた》しだいかもしれない。努《ど》

力《りょく》しだいだというのも、もっともなところがある。

けれどそれでも、なぜだか知《し》らないが、わりと簡単《かんたん》にできてしまう人《ひと》はいる。そして、たくさんできてたくさんとれる人《ひと》はいる。きっとその人《ひと》はいろいろとがんばったのだろう。しかし人《ひと》の十倍《ばい》とれている人《ひと》が十倍《ばい》がんばった苦労《くろう》したとは、ほとんどの場合《ばあい》、思《おも》えない。こんなことはどう考《かんが》えたって当《あ》たり前《まえ》のことだと思《おも》うのだが、いま一つ、その当《あ》たり前《まえ》の度合《どあ》いほど当《あ》たり前《まえ》だとされていないようにも思《おも》う。

まず、このことでなにかを語《かた》るのは、もちろん学校《がっこう》に限《かぎ》らずどこかで、たしかに努力《どりょく》してきて、今《いま》も精進《しょうじん》している人《ひと》たちである。そして精進《しょうじん》していることが、結果《けっか》につながることが、外《そと》から見《み》てわかりやすい人《ひと》たちである。そして、なにか目立《めだ》ったことをしている人《ひと》なら、努力《どりょく》し精進《しょうじん》しているのは当然《とうぜん》のことではある。だが、例《れい》外的《がいてき》な人《ひと》であるから目立《めだ》っているということがある。他《ほか》にたくさんの人《ひと》たちがいる。誰《だれ》もが、全体《ぜんたい》の中《なか》ではそんな部分《ぶぶん》の方《ほう》が大《おお》きいことを知《し》っているはずなのだが、目《め》立《だ》つのはたしかに努力《どりょく》もしてもおり、それで成果《せいか》もあがっているという人《ひと》なのだ。

そしてもう一つ、どれだけできるようになるか、やってみないとわからないという事情《じじょう》が関係《かんけい》しているようだ。ここがなかなかやっかいはやっかいなところだ。どこまでのことがやればできるようになるのかあらかじめわからないことが、まずはがんばってしまう理由《りゆう》、まずはがんばれと言《い》われて言《い》い返《かえ》せない理由《りゆう》にもなる。また、今《いま》できたりできなかったりするのに、どれだけ自分《じぶん》の努力《どりょく》の部分《ぶぶん》が関《かか》わっているのか、やはりわからない。努力《どりょく》が足《た》りなかったせいだと言《い》われても、そうではないという「証拠《しょうこ》」を示《しめ》すのは、多《おお》くの場合《ばあい》、難《むずか》しい。あなたのせいだ、お前《まえ》の責任《せきにん》だと言《い》われて、言《い》い返《かえ》せないところがある。

すると、仕方《しかた》がないと言《い》って、はっきりわかってもらえるのは、足《あし》がないから足《あし》では動《うご》けないとか、そんな場合《ばあい》に限《かぎ》られてしまうということになる。できるようになる「可能性《かのうせい》」は「ゼロではない」。「ゼロである」ことを証明《しょうめい》するのはたしかに難《むずか》しいところがある。

2　それなりのことはなされ外堀《そとぼり》が埋《う》められる

そして、社会《しゃかい》の方《ほう》もそれなりのことをやっていることになっている。学校《がっこう》が機会《きかい》を与《あた》える。そしてそれは文句《もんく》を言《い》いにくくさせる機能《きのう》をはたしている仕組《しく》みでもある。

猫《ねこ》は子猫《こねこ》を育《そだ》てて様々《さまざま》なことを教《おし》える。人間《にんげん》も教《おし》えることはずっとしてきた。そして学校《がっこう》もあった。日本《にほん》の江戸時代《えどじだい》でも寺子屋《てらこや》というのはずいぶん普及《ふきゅう》していたという。しかし、みなが同《おな》じ制度《せいど》のもとに組《く》み込《こ》まれることはかなり新《あたら》しく起《お》こったことだ。日本《にほん》の場合《ばあい》だと明治維新《めいじいしん》の後《あと》になる。ただ、他《ほか》の先進国《せんしんこく》と言《い》われているところでも、こんな仕組《しく》みができたのは、そう違《ちが》わない時期《じき》、十九世紀《せいき》の終《お》わりごろだという。

明治《めいじ》になっていちおう四民平等《しみんびょうどう》ということになったのだが、一人《ひとり》ひとりが置《お》かれている環境《かんきょう》がまったく違《ちが》っていたら、その差《さ》はやはり、一人《ひとり》ひとりではどうしようもないものによって決《き》まっていると思《おも》える。結局《けっきょく》は前《まえ》の世代《せだい》の地位《ちい》が引《ひ》き継《つ》がれることになったら、前《まえ》の時代《じだい》と違《ちが》いがない。この世《よ》には様々《さまざま》な仕事《しごと》があるが、中《なか》には学校《がっこう》での教育《きょういく》とつながるような仕事《しごと》もある。学校《がっこう》に行《い》くことがどんな仕事《しごと》に就《つ》けるかとか、どれだけの稼《かせ》ぎがあるかにつながるとしたら、そこに行《い》けない人《ひと》は、不利《ふり》になる。また人《ひと》を雇《やと》い使《つか》う側《がわ》にとってももったいない。「埋《う》もれた人材《じんざい》」はきちんと使《つか》えた方《ほう》がよい。

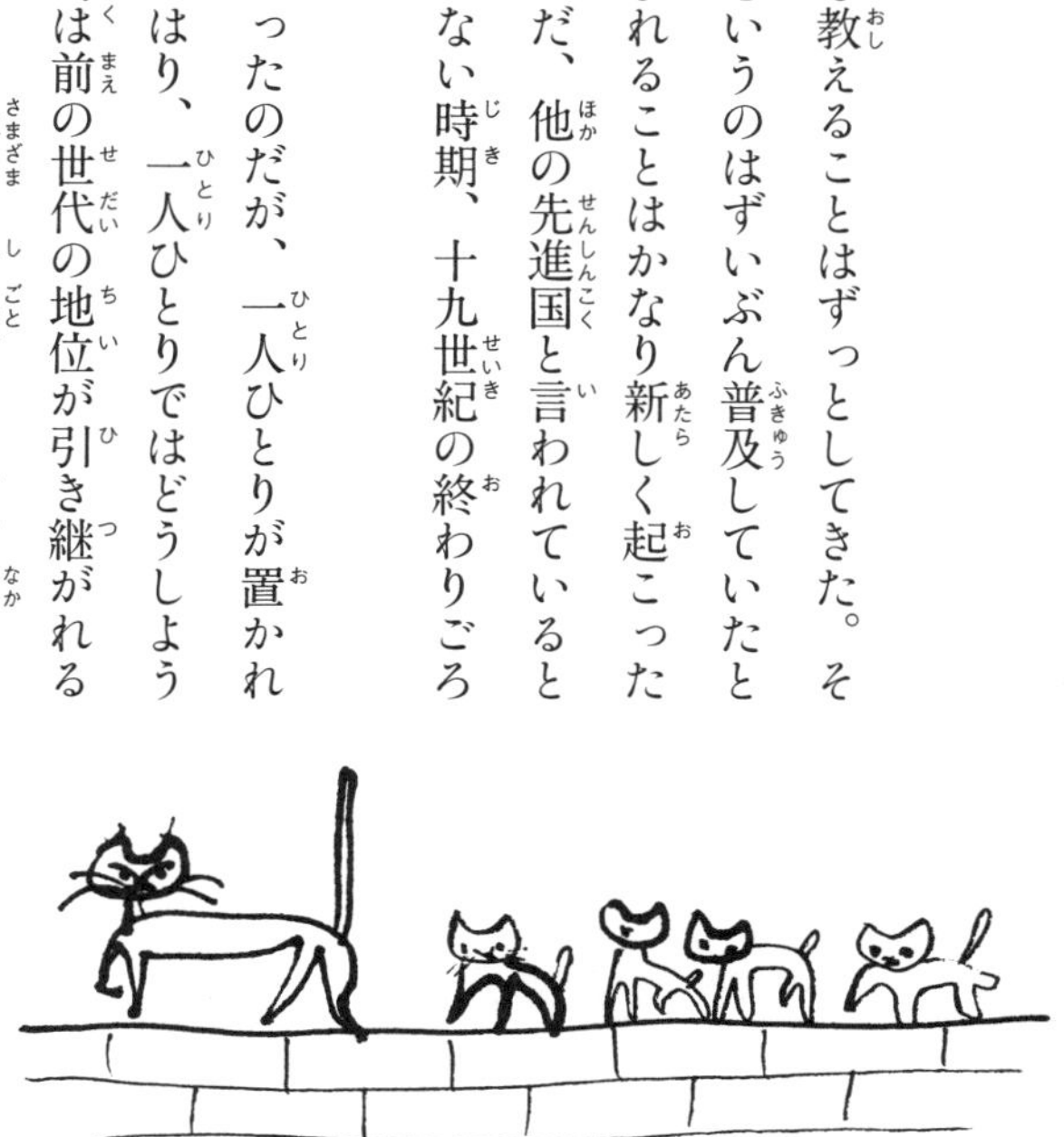

そこで学校《がっこう》の制度《せいど》を整《ととの》える。まずは誰《だれ》でも学校《がっこう》に行《い》けるようにする、行《い》かせるようになる。とにかく皆《みな》が同《おな》じところに行《い》くことになり、同《おな》じことを教《おそ》わることになる。学校《がっこう》は、ある程度《ていど》は、それをほんとうのことにするために、そして社会《しゃかい》の側《がわ》はそういうふうな仕組《しく》みを作《つく》っているんだ、あとはあなたしだいだということを言《い》い、宣伝《せんでん》するものとして現《あらわ》れてきた。スタートラインは同《おな》じにしてあげたんだから、あとはあなたしだいでどうでもなるはずだし、それでも生《しょう》じる結果《けっか》の違《ちが》いはあなた自身《じしん》のせいなんだよ、とされる。もちろんずいぶん長《なが》い間《あいだ》、学校《がっこう》に行《い》こうにも行《い》けない人《ひと》たちはたくさんいたのだが、まがりなりにもみなが行《い》けるようになると、その言《い》い分《ぶん》にそれなりの説得力《せっとくりょく》は出《で》てくる。

3　しかしそれでも

しかしそれでも、やはり、同《おな》じだけ苦労《くろう》しても同《おな》じだけうまくいくことにはならないというのは事実《じじつ》だと言《い》うしかない。たしかにもっとやれるかもしれないし、やれたかもしれない。しかしそれなりにはやった。その結果《けっか》、何倍《なんばい》も差《さ》がついたり、

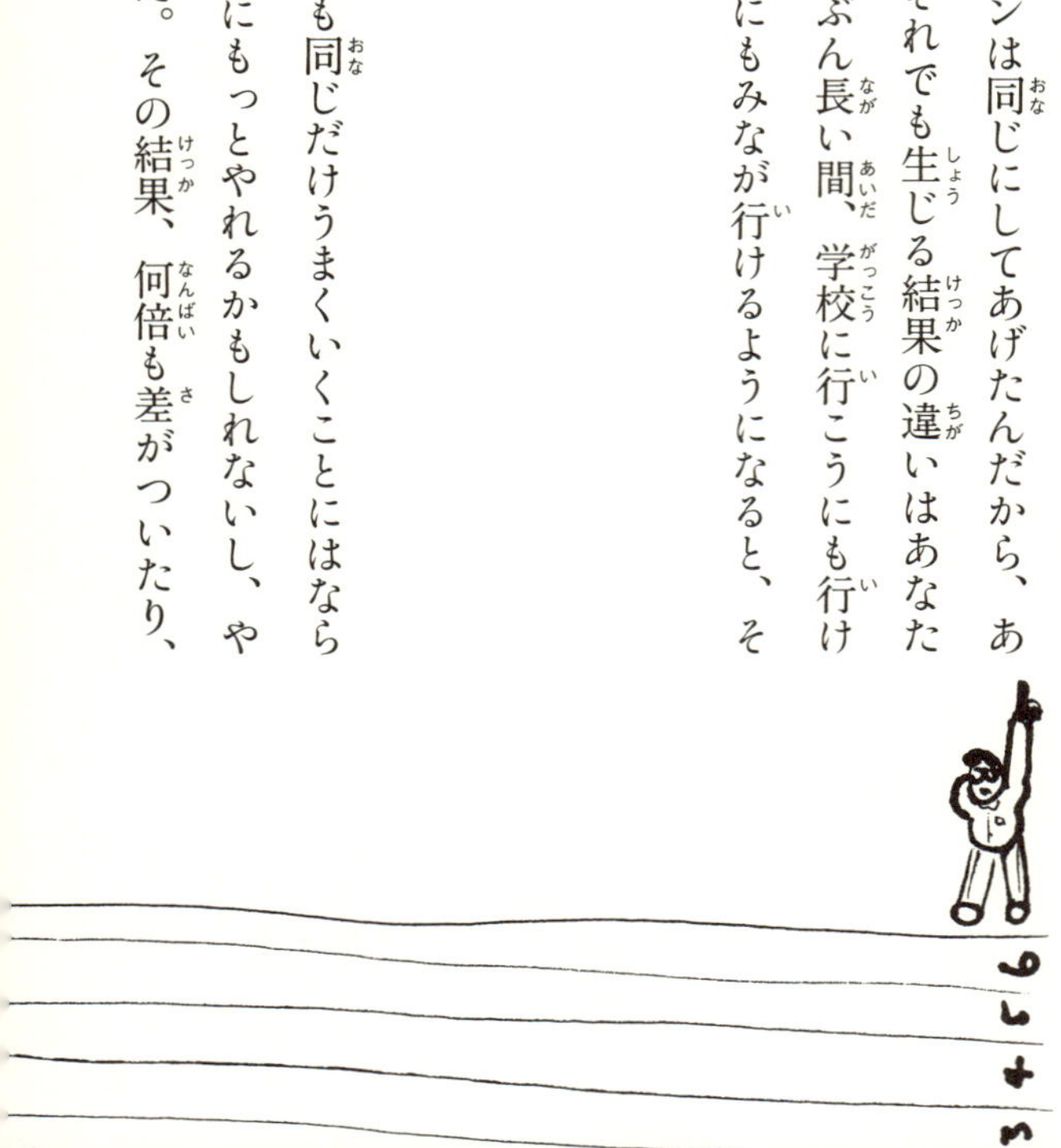

なんにも得《え》られなかったりということがある。そして学校《がっこう》にいる時間《じかん》は長《なが》い、長《なが》すぎるぐらいだと思《おも》うのだが、それでも一時期《いちじき》だ。その後《あと》、人《ひと》は働《はたら》いたり、多《おお》くを稼《かせ》いだり、少《すく》なく稼《かせ》いだり、そして仕事《しごと》がなくて、稼《かせ》ぎがなかったりする。仮《かり》に、学校《がっこう》で勉強《べんきょう》したとかしなかったとか、多少《たしょう》の差《さ》はあったとしよう。しかし、そんなことと別《べつ》に、日々《ひび》の苦労《くろう》はある。そこにそう大《おお》きな差《さ》はない。しかし実際《じっさい》には大《おお》きな差《さ》がついている。むしろ、たくさん苦労《くろう》している人《ひと》の方《ほう》が、得《え》るものが少《すく》ないことが多《おお》い。

だからやはり、努力《どりょく》や苦労《くろう》に応《おう》じて得《え》られるというきまりと、現《げん》に今《いま》の社会《しゃかい》にあるきまりとは別《べつ》のものなのだ。実際《じっさい》、苦労《くろう》の分《ぶん》だけ報《むく》われるということにはなっていない。身分《みぶん》でなんでも決《き》まっている社会《しゃかい》がよくないとしても、だからといって今《いま》の社会《しゃかい》がよいということにはならない。

以上《いじょう》は、この「機会《きかい》の平等《びょうどう》」という路線《ろせん》がまったく有効《ゆうこう》でないとか、やる意味《いみ》がないということを、まったく意味《いみ》しない。たとえば家《いえ》が貧乏《びんぼう》でも学校《がっこう》に行《い》けるようになることはなすべきこと、正《ただ》しいことでもある。そして実際《じっさい》それは、ある程度《ていど》は、有効《ゆうこう》でもあった。そして現在生《げんざいしょう》じている格差《かくさ》には、この部分《ぶぶん》での「後退《こうたい》」が関《かか》わっ

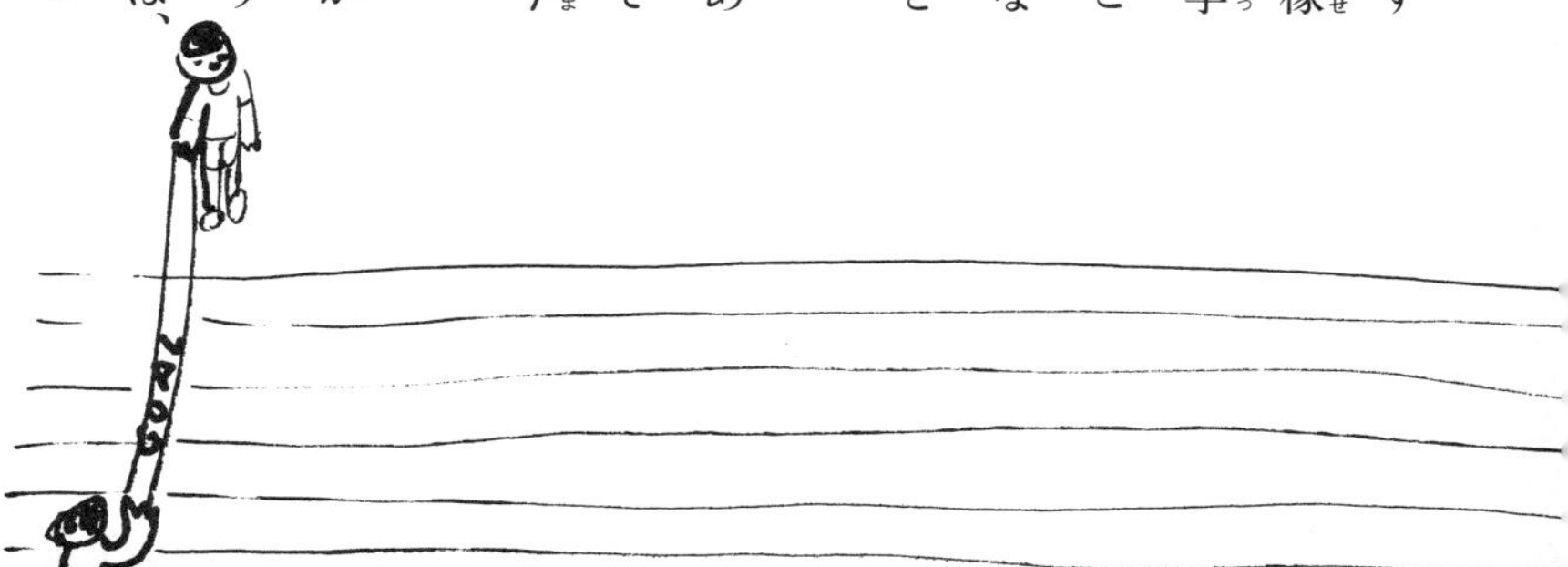

ている。つまり、経済的《けいざいてき》な事情《じじょう》で学校《がっこう》に行《い》けなかったりする人《ひと》が増《ふ》えているという現実《げんじつ》が関《かか》わっている。これまでやってきた程度《ていど》のことさえやっていないということである。

こうして、「機会《きかい》の平等《びょうどう》」は有効《ゆうこう》でありなすべきである。だがまず、この部分《ぶぶん》でやれることはある程度《ていど》すでに行《おこな》われた。そして、この社会《しゃかい》はもともとの小《ちい》さな差《さ》から大《おお》きな差《さ》が生《しょう》ずるようにできていることを［VIII］（187ページ〜）で述《の》べる。すると、機会《きかい》の平等《びょうどう》に向《む》けていろいろとがんばってもたいした効果《こうか》が現《あらわ》れないということになる。

4　学校《がっこう》の話《はなし》・続《ぞく》

「機会《きかい》の平等《びょうどう》」の話《はなし》を続《つづ》けよう。本人《ほんにん》と関係《かんけい》ないことによって本人《ほんにん》の損得《そんとく》が決《き》まるのはよくない、という話《はなし》はわりあい人々《ひとびと》に受《う》け入《い》れられやすい。そんなこともあって、この種《しゅ》の平等《びょうどう》を否定《ひてい》する人《ひと》はあまりいない。そしてこの話《はなし》は多《おお》く、教育《きょういく》の話《はなし》の方《ほう》に滑《すべ》っていく。

教育《きょういく》については親《おや》のもっている金《かね》と関係《かんけい》なく受《う》けられるようにしたらよいではないかということになる。そしてそれは、働《はたら》いてもらう側《がわ》にとってもわるいやり方《かた》ではない。文字《もじ》を使《つか》ったり数字《すうじ》を使《つか》ったりする仕事《しごと》が多《おお》いから、そういう仕事《しごと》をしてもらうためにその力《ちから》がある人《ひと》が多《おお》いと都合《つごう》がよい。

そしてそれは、ある程度《ていど》は実現《じつげん》したところもあるし、そうでもないところもある。なかなかそこまでもいかないのも一方《いっぽう》の現実《げんじつ》だ。テレビを見《み》ていると、アジアやアフリカや中南米《ちゅうなんべい》で、天災《てんさい》や人災《じんさい》で、貧乏《びんぼう》で、学校《がっこう》に行《い》けない子《こ》どもたちが出《で》てくる。学校《がっこう》に行《い》く金《かね》がないとか、金《かね》を稼《かせ》がなければならないとかで学校《がっこう》に行《い》けない。「ほんとうは行《い》きたいんだけど」と、その子《こ》が言《い》う。あるいは、なんとか学校《がっこう》に行《い》けるようになった子《こ》が、「将来《しょうらい》は医者《いしゃ》になって皆《みな》のために働《はたら》きたいんだ」と、「目《め》をきらきら」させて、言《い》う（ところで「きらきら」って、あれはなんだろう。すぐそういうふうに言《い》われるので、きらきらしていないこちら側《がわ》は腹《はら》が立《た》つのだが、しかし実際《じっさい》に「目《め》の輝《かがや》きが違《ちが》う」ということはあるような気《き》がする。どうしてあのようになるだろう。あるいはならないのだろう。つまり「死《し》んだような目《め》」になるのだろう。誰《だれ》か「生理学《せいりがく》的《てき》」に説明《せつめい》してくれたら、と思《おも》う、ことがないでもない。これはどうでもよい話《はなし》）。

しかし実際《じっさい》にはなかなか難《むずか》しいんだろうなというため息《いき》のようなものがある。その子《こ》は、ひょっとしてうまくいくかもしれない。しかし多《おお》くの場合《ばあい》には、語《かた》っているほどにはうまくいかないだろう、楽《たの》しいことはないかもしれない、みたいな感《かん》じがする。上《うえ》の学校《がっこう》までは行《い》けないのだろうな、行《い》けないとしてあるいは行《い》けたとしても、なかなか仕事《しごと》はないんだろうな、いい仕事《しごと》はないだろうな、と思《おも》えてしまう。そして思《おも》えてしまうだけでなく、実際多《じっさいおお》くの場合《ばあい》はそうである。そちらの方《ほう》が重要《じゅうよう》なことだと私《わたし》は思《おも》う。そしてそれは、よその国《くに》のことであるだけではない。金《かね》がなくて学校《がっこう》に行《い》けない人《ひと》はたくさんいるし、むしろ増《ふ》えている。かかっている金《かね》の差《さ》も大《おお》きい。しかしここではまず、そこそこうまくいったとしても、という方《ほう》をとりあげてみよう。でもなんかなあ、という感《かん》じの方《ほう》である。

さっきのテレビを見《み》ていて、日本《にほん》の親《おや》が、「世界《せかい》には学校《がっこう》に行《い》けない子《こ》どももいるんだから」とか、子《こ》どもに言《い》うかもしれないし、いまどきそんなことは言《い》わないかもしれない。言《い》われたとして、それを聞《き》いて子《こ》どもは、むっとするかもしれない。そんなことを言《い》われても、と思《おも》うかもしれない。あるいは、いま「急激《きゅうげき》な経済発《けいざいはっ》展《てん》」を遂《と》げている国《くに》で、「教育熱《きょういくねつ》」が高《たか》まって、というような話《はなし》があると、ごくろうなことだなあ、と思《おも》う。学校《がっこう》に行《い》けないのであれば、それは自分《じぶん》のせいではないから、かえって楽《らく》じゃないかと思《おも》ったりする。しかし、ではそれで貧乏《びんぼう》になっていいかと言《い》われると、そこまでの覚悟《かくご》はなく、言《い》い訳《わけ》っぽい感《かん》じがするから、言《い》わないか、中味《なかみ》はパスして、「うるせっ」と言《い》うぐらいだ。

ただここであまりひるまない方《ほう》がよい。そのむっとした感《かん》じの成分《せいぶん》はいくつかある。「人《ひと》の不幸《ふこう》」を、どうこうするつもりもないのに、持《も》ち出《だ》して、「あなたはよい方《ほう》だ」と言《い》うのは間違《まちが》っているという感《かん》じがある。これは正《ただ》しいと思《おも》う。また、みんなが学校《がっこう》に行《い》けることになったとして、みんながうまくいくわけじゃない、という感《かん》じもある。これも当《あ》たっている。行《い》けない人《ひと》たちだけでなく行《い》ける側《がわ》にも、種《しゅ》類《るい》は違《ちが》うかもしれないが、悩《なや》みはあるんだという感《かん》じもある。みんな当《あ》たっていると思《おも》う。

みんながうまくいくわけではない。なぜか。一つは、違《ちが》いはある、どうしてだか知《し》らないがあるものはある、なくならないということだ。その違《ちが》いに対応《たいおう》して、この社会《しゃかい》では損得《そんとく》が決《き》まってしまう、さらに加《くわ》えて、小《ちい》さな差《さ》、どうでもいいような差《さ》を大《おお》きくしてしまうような仕組《しく》みもある（→VIII、187ページ～）。としたら、この社会《しゃかい》

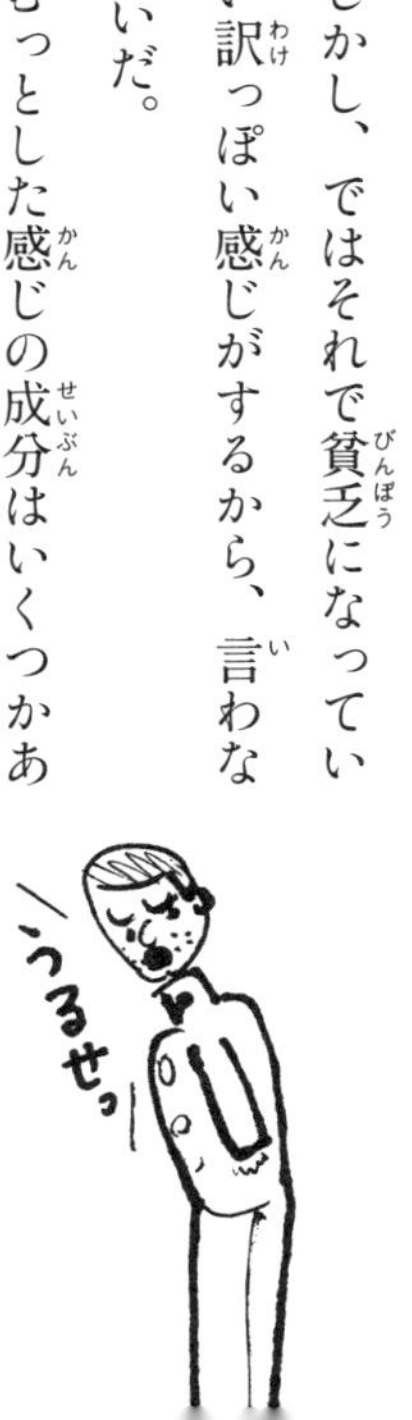

ではやはり損得《そんとく》はある。ここでさらに差《さ》にこだわる人《ひと》たちもいる。私《わたし》はそんなことを考《かんが》える必要《ひつよう》がどこまであるのかと思《おも》うのだが、そういうふうには思《おも》わず、学校《がっこう》に皆《みな》が行《い》くようになったのに、まだどんな差《さ》があるのかと考《かんが》える人《ひと》たちがいるのだ。「遺伝《いでん》」「生《う》まれつき」――もちろんこの二つは別《べつ》のものだ――を言《い》う人《ひと》もいる。今《いま》（に限《かぎ》らず）そこらで使《つか》われている「……の遺伝子《いでんし》」「……のＤＮＡ」はほとんどでたらめなので、そういう人《ひと》たちといっしょにされたくはないが、その話《はなし》のすべてを否定《ひてい》する必要《ひつよう》はないと私《わたし》は思《おも》う。「生《う》まれつきの差《さ》」などと言《い》うこと自体《じたい》が「差別《さべつ》」だとか言《い》う人《ひと》がいるとしたら、それは間違《まちが》っていると思《おも》う。

5　より「深《ふか》い」ところに差《さ》があるという話《はなし》

「社会学《しゃかいがく》」や「教育学《きょういくがく》」をしている人《ひと》たちは別《べつ》のところに目《め》を向《む》ける。生《う》まれつきばかり言《い》っていたら、学校《がっこう》ですることがなくなるではないか、「社会《しゃかい》」の出《で》る幕《まく》がないではないかと思《おも》っているのかもしれない。「環境《かんきょう》」の違《ちが》いを、もう一度《いちど》、今度《こんど》はもっと詳《くわ》しく見《み》ようというのである。

人《ひと》が属《ぞく》している場所《ばしょ》がそれぞれで、それぞれの流儀《りゅうぎ》、習慣《しゅうかん》みたいなものが、家族《かぞく》など人《ひと》が生《う》まれ育《そだ》つ場所《ばしょ》で受《う》け継《つ》がれていくという事実《じじつ》がある。次《つぎ》に、その差《さ》が職《しょく》やその地位《ちい》の差《さ》と結《むす》びつく。そしてその「文化《ぶんか》の差《さ》」は学校《がっこう》にみなが行《い》くようになるぐらいではなくならない。むしろ学校《がっこう》で有利《ゆうり》に働《はたら》く文化《ぶんか》と不利《ふり》な文化《ぶんか》とがあり、前者《ぜんしゃ》の文化《ぶんか》のもとに育《そだ》った人《ひと》は学校《がっこう》でうまくやっていけ、上《うえ》の学校《がっこう》に行《い》け、わりのいい職《しょく》に就《つ》ける。それが世代《せだい》を超《こ》えて続《つづ》いていくというのである。このことは、とくに「階級《かいきゅう》」の差《さ》がはっきりしていると言《い》われるヨーロッパのイギリスだとかフランスだとかの学者《がくしゃ》が調《しら》べて言《い》ったことである。

しかしなぜそんな選別《せんべつ》がなされるのか。それはたんに今有利《いまゆうり》な場所《ばしょ》にいる人《ひと》たちが、自分《じぶん》たち以外《いがい》の人《ひと》たちを排除《はいじょ》したいのだという説明《せつめい》もある。しかし、企業《きぎょう》も役所《やくしょ》も仕事《しごと》ができさえすればよいのだから、文化《ぶんか》だの趣味《しゅみ》だのの違《ちが》いは関係《かんけい》ないではないかとも思《おも》える。しかし関係《かんけい》がある場合《ばあい》もあるかもしれない。よく「暗記力《あんきりょく》」だけではだめで、「思考力《しこうりょく》」や「表現力《ひょうげんりょく》」が大切《たいせつ》だと言《い》われる。私《わたし》もそう思《おも》う。けれども、そういう、より「高級《こうきゅう》」な能力《のうりょく》は、ただみなが学校《がっこう》に行《い》けるようになるぐらいでは同《おな》じように身《み》につくことにはならないなら、どうなるだろう。わざわざそん

なことを調《しら》べて書《か》いた学者《がくしゃ》もいる。「筋道立《すじみちた》った話《はなし》」をすることに重《おも》きを置《お》く人《ひと》たちと、そんなことはあまり気《き》にしない（別《べつ》のことを気《き》にする）人《ひと》たちがいる。その違《ちが》いが子《こ》の世代《せだい》に伝《つた》わる。すると、そういうものを評価《ひょうか》するような試験《しけん》で後者《こうしゃ》の人《ひと》たちはよい成績《せいせき》をとれない。そしてこの能力《のうりょく》は、趣味《しゅみ》のようなものでしかないような気《き》もするが、ある種《しゅ》の仕事《しごと》には求《もと》められているかもしれない。するとその人《ひと》たちがその仕事《しごと》に就《つ》き、そしてその仕事《しごと》は有利《ゆうり》な仕事《しごと》で、有利《ゆうり》な人《ひと》は有利《ゆうり》なまま、不利《ふり》な人《ひと》たちは不利《ふり》なまま、というのである（だから、もしこのように差《さ》が固定《こてい》されるのはよくないと思《おも》うなら、かえって、「ガリ勉《べん》」――という言葉《ことば》がむかしあった――して暗記《あんき》して、という試験《しけん》の方《ほう》がよいという立場《たちば》もありうるのである）。

そんなことがあるかもしれない。すると、有利《ゆうり》な状態《じょうたい》を維持《いじ》したい人《ひと》たち、そしてそれが可能《かのう》な人《ひと》たちはますますまじめにそれをやるかもしれない。また他方《たほう》、無《む》理《り》して、「中流《ちゅうりゅう》」以上《いじょう》の「ライフ・スタイル」をまねして、それで追《お》いつこう、という人《ひと》も出《で》てくるかもしれない。しかしそれはなかなか難《むずか》しいかもしれない。つまり、うまくいっている人《ひと》たちのまねをしようというのだが、まねはまねだから、まねされる側《がわ》の方《ほう》が板《いた》についているはずだ。結局《けっきょく》あまり差《さ》は縮《ちぢ》まらないということが

ある。またまねすることのかっこ悪《わる》さがあるし、まねだからさまにならないというかっこ悪《わる》さがある。

それよりは、すっきり、あんたたちとは同《おな》じ道《みち》は行《い》かない、わが道《みち》を行《い》くという方《ほう》がいいさぎよい。この方《ほう》が得《とく》だとされる道《みち》を行《い》った方《ほう》が得《とく》だろうにわざわざそうしないのは無《む》茶《ちゃ》なように思《おも》うが、そんなことはない。それは「合理的《ごうりてき》」な行動《こうどう》でもある。こうしてたとえば学校的《がっこうてき》な文化《ぶんか》ではない文化《ぶんか》が作《つく》られ、受《う》け継《つ》がれる。

学者《がくしゃ》たちは、根《ね》掘《ほ》り葉《は》掘《ほ》り調《しら》べて、だいたいそんなことを言《い》ってきた。そして日本《にほん》の場合《ばあい》は、「階級《かいきゅう》の違《ちが》い」はそんなにはっきりとしていない、とか、いやそうでもないといった議論《ぎろん》があった。比《くら》べてどうかは別《べつ》として、ある程度《ていど》はある、というのが答《こたえ》ということになるだろう。

6　で、どうするのか？

学校《がっこう》に行《い》けない人《ひと》がいる。それが機会《きかい》の不平等《ふびょうどう》で、だからみなが学校《がっこう》に行《い》けるようにする。そういうことだったのだが、それだけで同《おな》じにはならない。その差異《さい》を解消《かいしょう》することは難《むずか》しい。さてさて、現実《げんじつ》はそうなっているとして、で、どうするの、と思《おも》う。

以上《いじょう》のような話《はなし》が「それはあなたのせいではないよ」ということを言《い》えた部分《ぶぶん》はたしかにあった。「機会《きかい》は平等《びょうどう》だ、あとはあなたのせいだ」と言《い》われるのに対《たい》して、そんなことはない、やはり自分《じぶん》のせいではないと思《おも》え、すこしは気《き》が楽《らく》になる、かもしれない。しかし、だから現実《げんじつ》にどこがどうなるというわけでもない。このあたりで止《と》まってしまうのだ。それが気《き》になってきた。ここで話《はなし》が止《と》まってるな、その次《つぎ》をどうしたらよいのか。それで私《わたし》は考《かんが》えてきたところがある。

まず、「文化《ぶんか》の違《ちが》い」があるとして、それをなくせというのだろうか、それはかなわん、という気《き》がする。ゆるい感《かん》じの家族《かぞく》であれば、子《こ》もゆるめになる、かもしれない。自分《じぶん》が学校《がっこう》でいい思《おも》いをしなかったこともあって、それで、学校《がっこう》なんかどうでもいいという感《かん》じの親《おや》だと、子《こ》どももそういう感《かん》じになる、かもしれない。それで、この社会《しゃかい》では、その子《こ》は損《そん》をすることになるかもしれない。こうして損得《そんとく》が代々《だいだい》引《ひ》き継《つ》がれる、というわけだが、だから親《おや》に「もっとしゃっきりしろ」などと言《い》うのかである。

それは余計《よけい》なお世話《せわ》だと思《おも》う。ではそう思《おも》うのは、親《おや》の「権限《けんげん》」を否定《ひてい》している

からだろうか。私《わたし》は、親《おや》が子《こ》のことをなんでも決《き》められるとはぜんぜん思《おも》わないが、親《おや》のあり方《かた》は様々《さまざま》であった方《ほう》がよいとも思《おも》うから、そういう理由《りゆう》もある。けれどさらに、たんにおせっかいだというだけではなくて、そういうおせっかいはわるいおせっかいだと思《おも》う。するべきこと、言《い》うべきことが違《ちが》っていると思《おも》う。

代《か》わりに言《い》うべきことは、これまで述《の》べてきたことだ。まず、学校《がっこう》は、詳《くわ》しくは次《つぎ》の本《ほん》で書《か》こうと思《おも》うが、誰《だれ》をどんな職《しょく》に就《つ》けるかの選抜《せんばつ》の仕組《しく》みとしては上手《じょうず》な仕組《しく》みではなく、その役割《やくわり》を減《へ》らすことはできるし、減《へ》らした方《ほう》がよい。ただまったくなくすこともできない。その程度《ていど》の仕組《しく》みである。その程度《ていど》の仕組《しく》みではあるが、それが生活《せいかつ》を左右《さゆう》するとなると、なかなかわずらわしい。そこで、本来《ほんらい》するべきことは、学校《がっこう》や教育《きょういく》や育児《いくじ》や文化《ぶんか》をどうかすることではなく、できること・することと、得《え》ることとは比例《ひれい》しなくてもよい、できるできないと別《べつ》に、生活《せいかつ》のために必要《ひつよう》なものを得《え》られるようにすることだ。それを基本的《きほんてき》なあり方《かた》として認《みと》めた上《うえ》で、一つ、苦労《くろう》に対応《たいおう》して褒美《ほうび》を出《だ》すのはよいだろう。一つ、褒美《ほうび》を出《だ》さないと人《ひと》が働《はたら》かないのであればある程度《ていど》の褒美《ほうび》に差《さ》をつけることも仕方《しかた》がないだろう。これが基本《きほん》で、実際《じっさい》にそのようにしてしまえばよい（↓**X**、227ページ〜）。そうすると、どうしても気《き》にしなければならないほどの差《さ》はなくなる。とすると、どこの学校《がっこう》に行《い》くとか行《い》かないとかは趣味《しゅみ》の差《さ》ぐらいのことになる。親《おや》が、「この世《よ》でやっていくためには」と言《い》い、「本人《ほんにん》のために」と言《い》う。そしてこれは間違《まちが》っていない。しかし、「この世《よ》」が間違《まちが》っている、変《か》えてしまえばよい、ということだ。すると、そんなことはできないと返《かえ》されるのだろうが、そんなことはないと私《わたし》は思《おも》う。そのことは後《あと》で述《の》べる。ただ今《いま》はそうなっていないというのはそのとおりだ。だからここでも、さきほどと同《おな》じで、結局《けっきょく》は、そこで止《と》まってしまうという感《かん》じがするかもしれない。しかし、そうでもない。「私《わたし》のせいではない」ことを言《い》うだけよりは意味《いみ》がある。まず、今《いま》のが当《あ》たり前《まえ》だと思《おも》っているなら、思《おも》わない方《ほう》がよい。すると、それでうまくいかなかったのは自分《じぶん》のせいだ、とか、さらに、誰《だれ》のせいか知《し》らないが自分《じぶん》の今《いま》の状態《じょうたい》はそれで仕方《しかた》がない、とか思《おも》わないですむ。また当《あ》たり前《まえ》だとなれば、もっとできる人《ひと》はもっと得《え》ても当然《とうぜん》ということになり、差《さ》はもっと大《おお》きくなる。当《あ》たり前《まえ》でないということになれば、差《さ》は大《おお》きくならない。だからわかることは「現実《げんじつ》」に対《たい》して意味《いみ》がないわけではない。そして、当《あ》たり前《まえ》だと思《おも》わないなら、この世《よ》を現実《げんじつ》に別《べつ》の方角《ほうがく》に向《む》けていくことができる。

VIII

むしろ差《さ》は大《おお》きくなる

1　差《さ》は大《おお》きくなる

みなが同《おな》じようにできるようになれば、同《おな》じだけ得《え》られるようになる、だからみなできるようになろうと言《い》う。そのために社会《しゃかい》はできることをすると言《い》う。そんなことが起《お》こったこともある。たしかにこの国《くに》にも学校《がっこう》に行《い》けない人《ひと》たちはたくさんいた。それで、学校《がっこう》と仕事《しごと》がつながっているなら、どんな仕事《しごと》に就《つ》くかが限定《げんてい》されていたのが、行《い》ける人《ひと》が増《ふ》えて、「機会《きかい》の平等《びょうどう》」に近《ちか》づいたと、ある程度《ていど》、言《い》える。では、ある程度《ていど》実現《じつげん》して、その後《ご》どうなったか。差《さ》がなくなったわけではない。

なぜか。同《おな》じになどならなかったからだ、なるはずがないからだ、というのが一つの答《こた》えである。基本的《きほんてき》にはこれで正解《せいかい》だと私《わたし》は思《おも》う。人《ひと》の働《はたら》きの差《さ》、そのもととされる能力《のうりょく》の差《さ》に応《おう》じて人《ひと》は得《え》られることになっていて、そして人《ひと》には実際《じっさい》に差《さ》があるからだ、というのが一つの答《こたえ》で、そして、それはよくないことだというのが私《わたし》が言《い》いたいことだ。しかしそれにしても、人《ひと》と人《ひと》との間《あいだ》に違《ちが》いがあるといっても、勉強《べんきょう》しても努力《どりょく》しても違《ちが》いは残《のこ》るとはいっても、たいていの場合《ばあい》、人《ひと》ができる度合《どあ》いはそう大《おお》きくは違《ちが》わないはずだ。それなのに結果《けっか》としてずいぶん大《おお》きな差《さ》があるように思《おも》う。だとしたらそれはなぜか。なぜ大《おお》きな差《さ》ができてしまうのか。このことを考《かんが》えてみている。

あらかじめ言《い》っておくと、正解《せいかい》はいくつもある。ただその答《こたえ》をたくさん並《なら》べるのはどこか別《べつ》の大《おお》きな本《ほん》でにしよう。ここではその中《なか》から少《すこ》しを選《えら》んで書《か》く。「格差社会《かくさしゃかい》」といった言葉《ことば》がこのごろよく使《つか》われる。ほんとうはそんなことを気《き》にしていなさそうな人《ひと》まで、「対策《たいさく》」とか言《い》ってみたりする。そして言《い》われることは、職業訓練《しょくぎょうくんれん》などして、できるようになろうという、もうさんざん使《つか》われてきた手《て》でしかなかったりする。

現実《げんじつ》に差《さ》は大《おお》きくなっているのか、そうでもないのか。いろいろな説《せつ》がある。ここではこのことには立《た》ち入《い》らないことにするが、以前《いぜん》と比《くら》べてどうかはともかく、とにかく差《さ》は大《おお》きいと私《わたし》は思《おも》う。そして普通《ふつう》に考《かんが》えていくと、差《さ》が大《おお》きくなる理由《りゆう》

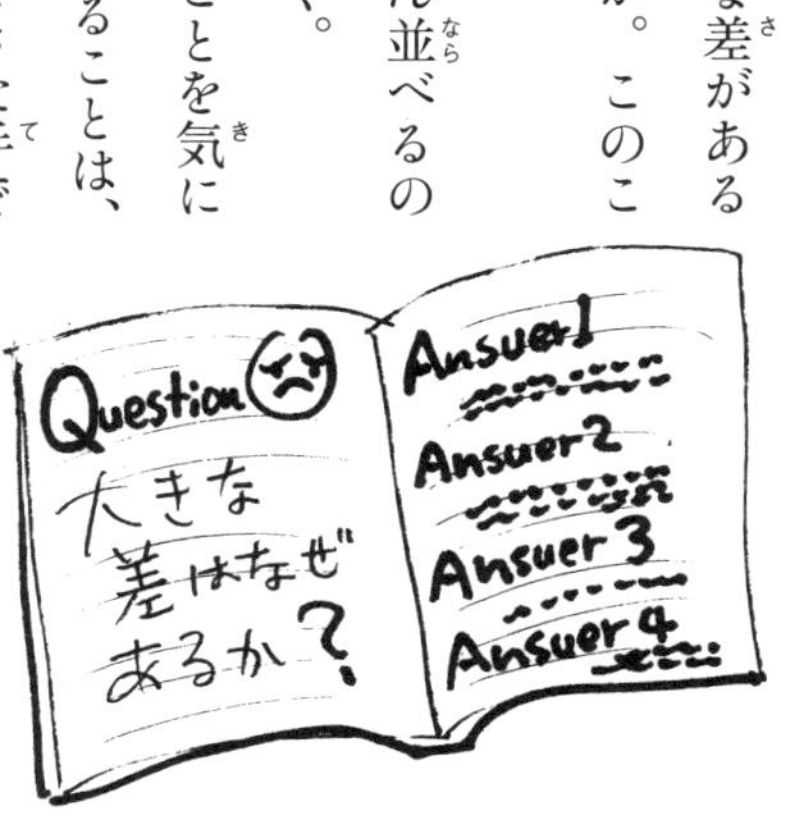

がこの社会《しゃかい》にはある。そしてその理由《りゆう》は、人《ひと》と人《ひと》の間《あいだ》の差《さ》より実際《じっさい》の差《さ》が大《おお》きく思《おも》える理由《りゆう》と同《おな》じはずだと思《おも》う。

その理由《りゆう》は一つではなく、いくつかあるはずだと述《の》べたが、中《なか》でも大《おお》きな一つは、これはかなり以前《いぜん》からのことだが、人《ひと》が人《ひと》を雇《やと》うということが起《お》こったこと、自分《じぶん》では働《はたら》かずに金《かね》を増《ふ》やす増《ふ》やし方《かた》を人《ひと》がするようになったことである。これは誰《だれ》でも知《し》っていることだし、以前《いぜん》から言《い》われてきたことだが、やはり大切《たいせつ》なポイントだ。多《おお》くの人《ひと》を雇《やと》って、その人《ひと》たちが働《はたら》いて生産《せいさん》したものからすこしずつでも自分《じぶん》のところにとっておいたら、その人《ひと》はたくさんを得《え》ることができる。それってどうなのだろう。そのことを人々《ひとびと》は考《かんが》えてきて、それはいけないのではないかとも言《い》ってきた。また一つ（すこし広《ひろ》い意味《いみ》での）相続《そうぞく》ということがある。差異《さい》が世代《せだい》を超《こ》えて引《ひ》き継《つ》がれ、大《おお》きくなっていく。**VII**［**5**］「より「深《ふか》い」ところに差《さ》があるという話《はなし》」（180ページ〜）も、世襲《せしゅう》という現象《げんしょう》の一部《ぶ》ではある。ただもっと、普通《ふつう》に財産《ざいさん》は親《おや》の世代《せだい》から子《こ》の世代《せだい》に受《う》け継《つ》がれていく。このことは、別《べつ》の本《ほん》ですこし考《かんが》えてみることにしよう。ここでは、その他《ほか》について見《み》ておこう。その前《まえ》に、このごろ起《お》こったことについて。

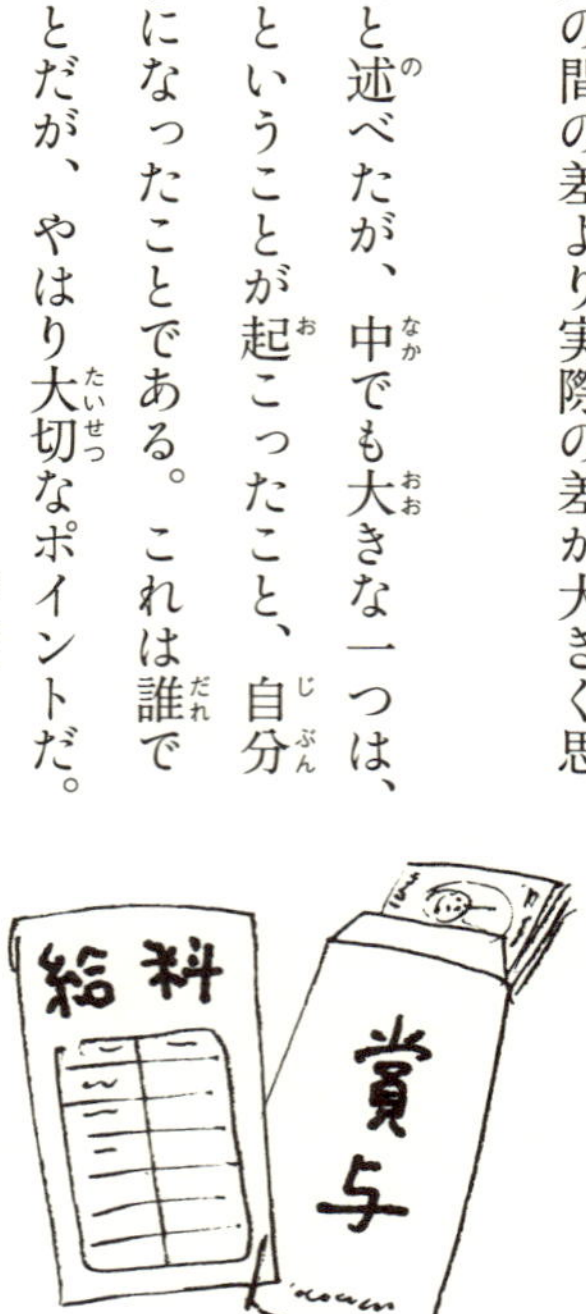

2 「貧困《ひんこん》」の再浮上《さいふじょう》

貧困《ひんこん》のことが語《かた》られることが以前《いぜん》に比《くら》べたら多《おお》くなった。それは実際《じっさい》に増《ふ》えているということなのか、その現象《げんしょう》が注目《ちゅうもく》されるようになって、流行《りゅうこう》のようになっているからなのか。ある現象《げんしょう》が注目《ちゅうもく》されるようになると表《おもて》に現《あらわ》れる数《かず》が多《おお》くなるということはある。ただ、この場合《ばあい》については、様々《さまざま》な以前《いぜん》からの調査《ちょうさ》・統計《とうけい》の類《たぐい》があって、実際《じっさい》に増《ふ》えていると言《い》える部分《ぶぶん》がある。そして次《つぎ》に、そのことは、もちろん、貧乏《びんぼう》がしばらく前《まえ》にはなかったということではぜんぜんない。だが、あまり注目《ちゅうもく》されず、それについてどうこう言《い》うことがあまり流行《はや》らなかったということはあった。

これはずっと以前《いぜん》からのことではない。「社会科学《しゃかいかがく》」のかなりの部分《ぶぶん》は貧困《ひんこん》に取《と》り組《く》んできた。どこまで本気《ほんき》だったかはともかく、すくなくとも調《しら》べたり書《か》いたりしてきた。ただしばらくそれが、すくなくともこの日本《にほん》という国《くに》では、すこし後《うし》ろの方《ほう》に引《ひ》き下《した》がってしまったようなのだ。全体《ぜんたい》として豊《ゆた》かになったということはやはりあるだろう。また、そのこととも関係《かんけい》はして、それを問題《もんだい》とし、だから社会《しゃかい》を変《か》えようという主張《しゅちょう》の力《ちから》が弱《よわ》くなったという事情《じじょう》がある。そしてむしろ「豊《ゆた》かさ」とか、それがもたらす「病理《びょうり》」とか、そんなことを言《い》うのが流行《はや》りになった。「生《せい》産《さん》」とか「労働《ろうどう》」よりも「消費《しょうひ》」についてなにか言《い》うのが流行《はや》りになった。

私《わたし》はそのころ学生《がくせい》をしていたり、大学院生《だいがくいんせい》だったり、予備校《よびこう》で稼《かせ》いだりしていたのだが、そういう種類《しゅるい》の本《ほん》をざっとみて、「もういいかな」と思《おも》ったところがあり、すくなくとも自分自身《じぶんじしん》では、そんなことをとくに考《かんが》えたり書《か》いたりすることがなかった。「豊《ゆた》かさ」を言《い》うことが間違《まちが》っていたとは思《おも》わない。むしろそのとおりだと思《おも》っていたし、今《いま》でも思《おも》っている。そこに(も)「問題《もんだい》」が起《お》こることもそのとおりだと思《おも》う。ただまず、そのような現象《げんしょう》を取《と》り上《あ》げ、解説《かいせつ》する人《ひと》はたくさんいたし、その人《ひと》たちにわざわざ加《くわ》わることもないだろうと思《おも》っていた。また、それほどつけ足《た》すこともないように見《み》えた。

そして、そのような人《ひと》たちは「若者《わかもの》」についてなにか言《い》うことが多《おお》かったのだが、私《わたし》は、若者《わかもの》にあまり関心《かんしん》がない。そのときの私自身《わたしじしん》も含《ふく》め、その人《ひと》たちがとりたてて「興味深《きょうみぶか》い」人《ひと》たちだとも思《おも》わないし、「近《ちか》ごろの若《わか》い者《もの》は」と怒《おこ》りたい気《き》もしない。そんな人間《にんげん》が「よりみちパン!セ」シリーズの本《ほん》なんか書《か》いてよいのかとも思《おも》うのだが、まあそれはよいとしよう。私《わたし》は、とても大《おお》きく括《くく》ってしまうと、この時代《じだい》は「近代《きんだい》」という時代《じだい》なのであって、その中《なか》ではあまり大《おお》きな変化《へんか》はないと思《おも》っているところがある。「若者《わかもの》」についても、私《わたし》が見聞《みき》きしてきた限《かぎ》られた範囲《はんい》での実感《じっかん》という部分《ぶぶん》も含《ふく》め、そう大《おお》きな変化《へんか》があるとは思《おも》っていない。むしろ、もっと変《か》わってよいのに変《か》わらないことに驚《おどろ》いているぐらいだ。たとえば、その世代向《せだいむ》けに作《つく》られる歌《うた》や、それらが流《なが》れたり投稿《とうこう》が読《よ》まれたりする番組《ばんぐみ》を見聞《みき》きするとそう思《おも》う。こんなにこの人《ひと》たちは純情《じゅんじょう》でよいのだろうかと思《おも》ったりする。小学校《しょうがっこう》や中《ちゅう》学校《がっこう》や高校《こうこう》にしても、崩壊《ほうかい》だとかなんとか言《い》われるけれど、このぐらいなら前《まえ》から壊《こわ》れていたと、この仕組《しく》みも意外《いがい》と長持《ながも》ちするのだと思《おも》わされる。

ただ、なにか新《あたら》しいことが起《お》こっている、と言《い》われると、人《ひと》はそれを聞《き》く気《き》になりやすい。また「学問《がくもん》」というものは、常《つね》に、大《おお》きくても小《ちい》さくても、これまで言《い》われてきたこととまるで同《おな》じことを言《い》うのではなく、なにかを加《くわ》えるとか、なにか違《ちが》ったことを言《い》うとか、そんなことをすることだということになっている。そんなこともあって――それだけが理由《りゆう》だと言《い》っているのではない――「ポストモダン」（近代《きんだい》の後《あと》）とか、「〇〇の終焉《しゅうえん》」（終《お》わり）とか、そんな話《はなし》が多《おお》くなる。

そこには「そのとおり」と思《おも》うこともあるのだが、「そうかなあ」と思《おも》うこともあった。たとえば「消費社会論《しょうひしゃかいろん》」というのが流行《はや》ったことがあって、いろいろなことを言《い》った。どんな商品《しょうひん》がどんなふうに企画《きかく》され消費《しょうひ》されているのかといった個々《ここ》の話《はなし》はまずまずおもしろかったのだが、せんじつめると、それが言《い》っていることは、（かつてと違《ちが》って、今《いま》の）人《ひと》は記号《きごう》を消費《しょうひ》しているとか、差異《さい》を消費《しょうひ》しているとかいうことだった。だが、「そんなの当《あ》たり前《まえ》じゃない（昔《むかし》も今《いま》もこれからもそうだよ）」、というぐらいの感想《かんそう》しか抱《いだ》けず、あまり新《あたら》しい感《かん》じはしなかった。人《ひと》は昔《むかし》も今《いま》も、かっこつけたくて、目立《めだ》ちたがって、趣味《しゅみ》がいいと思《おも》われたくて、服《ふく》を買《か》ったり着《き》たりしている。それはそうだろう、だからどうしたと――これはずいぶん乱暴《らんぼう》なまとめ方《かた》だが――思《おも》った。

なので私《わたし》は別《べつ》のことを考《かんが》えてきたのだが、それはともかく、その時期《じき》、とくに新《あたら》しいものをなにか言《い》おうみたいなときに、「貧困《ひんこん》」という言葉《ことば》はあまり出《で》てこなかった。存在《そんざい》しないとは誰《だれ》も思《おも》わなかったにしても、そこからなにか気《き》の利《き》いたことが言《い》えると思《おも》わなかったり、依然《いぜん》として存在《そんざい》はするにしても増《ふ》えてはいない、目立《めだ》たない、そんな受《う》け止《と》め方《かた》だったと思《おも》う。

もちろんそんな時代《じだい》にも、きちんと調査《ちょうさ》したり研究《けんきゅう》をする人《ひと》はいたのではある。こないだもそういう研究者《けんきゅうしゃ》の先輩《せんぱい》にあった。その人《ひと》は、流行《はや》っていないことを自覚《じかく》しつつ、しかしある種《しゅ》の使命感《しめいかん》もあったと思《おも》う、ずっと地道《じみち》にやってきた。それが、昨今《さっこん》、貧困《ひんこん》が流行《はや》りで、原稿《げんこう》の依頼《いらい》とかたくさん来《き》て、びっくりしていると言《い》っていた。「ワーキングプア」とか、そんな題《だい》の本《ほん》がとてもたくさん出《で》ている。ちかごろは、私《わたし》の勤《つと》め先《さき》で研究員《けんきゅういん》をしている人《ひと》が「高学歴《こうがくれき》ワーキングプア」、具体的《ぐたいてき》には大学院生《だいがくいんせい》――私《わたし》の勤《つと》め先《さき》は大学院《だいがくいん》だから、そこのお客《きゃく》さんたちである――が終《お》わっても、「博士号《はくしごう》」なんかとっても、職《しょく》がない、稼《かせ》ぎが少《すく》ない人《ひと》たちについての本《ほん》を書《か》いて出《だ》して、それも売《う》れているようで、それで話題《わだい》になって、書《か》いた本人《ほんにん》がびっくりしていた。

たしかに貧困《ひんこん》が目立《めだ》つようになるのにはそのときどきの要因《よういん》がある。ただそれはそうだとしても、差《さ》がつく、それが大《おお》きくなる要因《よういん》はこの社会《しゃかい》に常《つね》にあったし、常《つね》にある。

3 多《おお》くの人《ひと》を相手《あいて》にできる商売《しょうばい》

多《おお》くの人《ひと》が買《か》ってくれるものを一度《いちど》に作《つく》れ、売《う》ることができる商売《しょうばい》と、そうでない商売《しょうばい》がある。そして前者《ぜんしゃ》の仕事《しごと》の方《ほう》が増《ふ》えていて、その規模《きぼ》が大《おお》きくなって、儲《もう》かる人《ひと》たちの儲《もう》かる度合《どあ》いは大《おお》きくなっている。ただ同時《どうじ》に、もちろん後者《こうしゃ》の仕事《しごと》も残《のこ》る。その間《あいだ》の差《さ》が大《おお》きくなっている。それがいま起《お》こっていることの一つである。そしてこれも、言《い》われれば誰《だれ》もが知《し》っていることである。

ある製品《せいひん》の場合《ばあい》、それをたくさん作《つく》るにはたくさん働《はたら》かねばならない。たいていの場合《ばあい》、多《おお》く作《つく》るほど効率《こうりつ》は上《あ》がるから、二倍作《ばいつく》るために二倍働《ばいはたら》かなければならないことにはならないが、それでもたくさん働《はたら》かなければならない。蕎麦《そば》を一人前出《いちにんまえだ》すのと二人前出《ににんまえだ》すのと、二倍《ばい》まで手間《てま》はかからないかもしれないが仕事《しごと》は増《ふ》える。アイロンをかけたりする仕事《しごと》だったら、一枚《まい》でなく二枚《まい》をかけるなら、ほぼちょうど二倍《ばい》の時間《じかん》がかかる。そして蕎麦屋《そばや》でもクリーニング屋《や》でも、その店《みせ》を一人《ひとり》でやっているとしたら、一日《にち》にできる仕事《しごと》に上限《じょうげん》はある。だから一日《にち》に出《だ》せる蕎麦《そば》や、アイロンをかけて仕上《しあ》げるシャツの数《かず》には限《かぎ》りがある。こういう仕事《しごと》が一方《いっぽう》にある。

　他方《たほう》でそうでない仕事《しごと》がある。たとえば、この世界《せかい》で儲《もう》かっている人《ひと》として知《し》られているのは、コンピュータのソフトを売《う》っているマイクロソフトという会社《かいしゃ》の人《ひと》だ。彼《かれ》があれを作《つく》ったのかというとそんなことはなくて、最初《さいしょ》のアイディアもじつは誰《だれ》それのだったといった裏話《うらばなし》がたくさんあるらしいが、それはこの際《さい》おいておこう。その会社《かいしゃ》は、みなが知《し》っていて多《おお》くの人《ひと》が使《つか》っているウィンドウズという基本《きほん》ソフトや、ワードと呼《よ》ばれるワープロソフトその他《ほか》を売《う》っている。コンピュータはソフトが入《はい》ってなければ動《うご》かないから機械《きかい》に最初《さいしょ》から入《はい》っている。それの一つ一つから収入《しゅうにゅう》が得《え》られる。その他《ほか》、CDで売《う》ってもいるが、ネットからダウンロードすれば、物体《ぶったい》としてはほとんどなにもないようなものだ。けれどもそれにああいう値段《ねだん》をつけて、それであれだけ売《う》れれば、それは儲《もう》かって当《あ》たり前《まえ》だと思《おも》う。使い勝手《がって》がよくないと思《おも》うので私《わたし》はワードというソフトは使《つか》わず、ただに近《ちか》いソフト（エディタと呼《よ》ばれるものの一つ）を普段《ふだん》は使《つか》っているのだが、その私《わたし》でも、人《ひと》から送《おく》られてきた添付《てんぷ》ファイルを読《よ》むためには、そのソフトが必要《ひつよう》になる。

　つまりまず、たくさんを手間《てま》をかけずに売《う》ることができるなら、そして実際《じっさい》に売《う》れるなら、儲《もう》かるということだ。もちろんこのようなことは、工場《こうじょう》で大量生産《たいりょうせいさん》が可能《かのう》になってから、だんだん拡大《かくだい》されてきたことなのだが、とくに、「物《もの》」が（あまり）いらない情報産業《じょうほうさんぎょう》の場合《ばあい》にはこの度合《どあ》いは大《おお》きくなる。

すると、一見対極的《いっけんたいきょくてき》に見《み》えるかもしれないプロ・スポーツの世界《せかい》でも、またいくつか芸能系《げいのうけい》の世界《せかい》でも、同様《どうよう》なことが起《お》こっていることがわかる。もちろんここでもお客《きゃく》はいなければならない。野球《やきゅう》やサッカー（を見《み》るの）が好《す》きな人《ひと》がいなければならない。そういう人《ひと》は、どうしてだか、たくさんいる。そしてここで大切《たいせつ》なことは、それが、第三次産業《だいさんじさんぎょう》、サービス業《ぎょう》の中《なか》でも、介護《かいご》の仕事《しごと》のような一人《ひとり》に対《たい》して仕事《しごと》をする仕事《しごと》とは違《ちが》って、多《おお》くの人《ひと》を相手《あいて》にする仕事《しごと》だということである。大《おお》きなスタジアムなどで一度《いちど》に多《おお》くの人《ひと》が見《み》られる。そしてテレビ中継《ちゅうけい》などがなされて、一度《いちど》に何億人《なんおくにん》という人《ひと》が見《み》られる。すると、一人《ひとり》ひとりはあまりたいしたお金《かね》を払《はら》わなくても、それを集《あつ》めるとずいぶんな額《がく》になる。もちろん多《おお》くを得《え》るのは一《ひと》握《にぎ》りの人《ひと》たちである。現役《げんえき》で働《はたら》ける期間《きかん》はそうでもないから、一生《いっしょう》でならしてみると、そう儲《もう》かる人《ひと》は多《おお》くないという話《はなし》もある。そして結局《けっきょく》、選手個人《せんしゅこじん》が、というより各種企業《かくしゅきぎょう》が儲《もう》けているという。それらはそのとおりなのだろう、それでもずいぶん稼《かせ》ぐ人《ひと》がいることも確《たし》かだ。経営側《けいえいがわ》も、この人《ひと》たちにまじめにストライキされる

とどうにもならないから、それなりの条件《じょうけん》を受《う》け入《い》れることになる。

さて、その人《ひと》(たち)が大《おお》きく儲《もう》かるには、もう一つの要因《よういん》がある。他《ほか》の人《ひと》(たち)がそれを提供《ていきょう》できないということだ。野球《やきゅう》やサッカーの場合《ばあい》は、なぜだか、球《たま》を奇跡《きせき》のように扱《あつか》うことができる人《ひと》たちがいて、その代《か》わりになれる人《ひと》はいない。あるいはほとんどいない。そうすると、その人《ひと》(たち)だけが儲《もう》かることになる。コンピュータのソフトの場合《ばあい》にはどうか。似《に》ているところと違《ちが》うところがある。それはどんなところか。

4　身体系《しんたいけい》の商売《しょうばい》の一部《ぶ》

すこしスポーツ系《けい》、というか身体系《しんたいけい》の話《はなし》を続《つづ》けよう。本筋《ほんすじ》から離《はな》れるが、短《みじか》く、ならばよいだろう。また実際《じっさい》、けっこうまじめな本《ほん》の中《なか》で、こういうスポーツ選手《せんしゅ》を引《ひ》き合《あ》いに出《だ》して、稼《かせ》ぐ方《ほう》も払《はら》う方《ほう》も誰《だれ》も困《こま》っていないじゃないか、だから「市場《しじょう》」で起《お》こっていることにはなにも問題《もんだい》はないのだと言《い》う人《ひと》もいる。なるほど、という気《き》もする。これにまともに、基本的《きほんてき》に、答《こた》えようとすると、[III](85ページ

〜）に書《か》いたことを繰《く》り返《かえ》すしかないのだが、ここでそれはやめておこう。

まあいいかなと思《おも》えてしまう理由《りゆう》はいくつもあると思《おも》う。まず、仕事《しごと》そっちのけで追《お》っかけをやってしまって家庭崩壊《かていほうかい》といった場合《ばあい》もあるにはあるのだが、多《おお》くは一人《ひとり》ひとりの負担《ふたん》は大《おお》きくない。テレビで見《み》ている分《ぶん》には、CMを提供《ていきょう》している会社《かいしゃ》がお金《かね》をもってくれて（みかけ上《じょう》）ただ、ということもある。

そしてそれは、音楽《おんがく》などにもそんなところがあるが、そもそもなにか特別《とくべつ》なことが起《お》こっている場所《ばしょ》、起《お》こっていてほしいとみなが思《おも》っている場所《ばしょ》である。だからその報酬《ほうしゅう》も特別《とくべつ》であってよいと思《おも》っているところがあるかもしれない。

そしてそれは身体《からだ》が働《はたら》く場所《ばしょ》である。この社会《しゃかい》で幅《はば》を利《き》かせているのは「頭脳《ずのう》系《けい》」の仕事《しごと》だが、スポーツは違《ちが》う。芸能《げいのう》も違《ちが》う（もちろんその身体《からだ》が特別《とくべつ》なのは、頭脳《ずのう》と頭脳以外《ずのういがい》の身体《からだ》とが奇跡的《きせきてき》にうまくつながっていて動《うご》いているということであり、実際《じっさい》にはその仕事《しごと》はとても知的《ちてき》な仕事《しごと》なのだが、そんなことはみなわかっているだろう）。その仕事《しごと》は、冷《つめ》たい、固《かた》い、エリートっぽい、あるいは会社員的《かいしゃいんてき》あるいは公務員的《こうむいんてき》な仕事《しごと》ではない。あるいは、投資《とうし》だとか企業買収《きぎょうばいしゅう》だとか、どういうからくりで儲《もう》かっているのかわからない、怪《あや》しげな仕事《しごと》ではない。自《みずか》らの身体《からだ》一つが元手《もとで》であり、身体《からだ》を動《うご》かし

て球《たま》を蹴《け》っている、あるいは声《こえ》を出《だ》しているのは明《あき》らかだ。「努力《どりょく》」というお話《はなし》が好《す》きな人《ひと》はそういうストーリーをそこにつけ加《くわ》えることもできるだろうし、そんな話《はなし》を信《しん》じていない人《ひと》はそんなことを気《き》にしないこともできる。あるいはなにも考《かんが》えず、ただそこに起《お》こっている出来事《できごと》に感心《かんしん》している人《ひと》もいるだろう。

それは、他《ほか》に儲《もう》かる仕事《しごと》に就《つ》ける可能性《かのうせい》がありそうもない場合《ばあい》、そして身体《からだ》がうまく動《うご》きそうな子《こ》たちにとっては夢《ゆめ》でもある。もちろんその夢《ゆめ》はほとんどの場合《ばあい》かなえられることはないのだが、それはそれで仕方《しかた》がなく、その分《ぶん》を別《べつ》の誰《だれ》かに託《たく》するということも起《お》こっている。金《かね》がないなどで通常《つうじょう》あるルートに乗《の》れない自分《じぶん》、乗《の》ってもあまりよい目《め》を見《み》そうにない自分《じぶん》のことを思《おも》って、自《みずか》らそちらの道《みち》を志《こころざ》す、ということもあるだろうが、自分《じぶん》はできなくても、とにかく普通《ふつう》に人《ひと》がこの社会《しゃかい》で得《とく》をする仕方《しかた》と違《ちが》う仕方《しかた》でのし上《あ》がる人間《にんげん》がいるというのは気持《きも》ちがよいということもある。とくにこの社会《しゃかい》での普通《ふつう》の金《かね》の儲《もう》け方《かた》や、そういう儲《もう》け方《かた》をしている人《にん》間《げん》や、そういう人間《にんげん》を儲《もう》けさせている社会《しゃかい》が気《き》にくわない人《ひと》にとっては、これは気持《きも》ちのよいことかもしれない。

それであの人《ひと》たちぐらいは儲《もう》かってもいいじゃないかということにもなる。そして、さきに述《の》べたように、儲《もう》かる期間《きかん》は限《かぎ》られていて、収入《しゅうにゅう》が多《おお》いと税金《ぜいきん》の率《りつ》も高《たか》くなるからその分《ぶん》たくさん払《はら》うことになり、生涯《しょうがい》にわたって平均的《へいきんてき》に稼《かせ》いでいる人《ひと》たちより不利《ふり》だ、それはよくないということになったりする。それで、そんなことを言《い》うことになる人《ひと》たちは、結果《けっか》として、あまり好《す》きでなかったはずの今普通《いまふつう》に儲《もう》かっている人《ひと》たちの味方《みかた》をしてしまうことになったりする。世《よ》の中《なか》なかなか複雑《ふくざつ》なのである。

さてよりみちはこのぐらいにして、話《はなし》をもとに戻《もど》す。大量生産《たいりょうせいさん》、複製《ふくせい》、情報《じょうほう》の生産《せいさん》・消費《しょうひ》……がキーになっていることはわかった。しかし、誰《だれ》もがそれを作《つく》れるなら、実際《じっさい》に作《つく》って売《う》るなら、競走《きょうそう》も働《はたら》くし、少数《しょうすう》の人《ひと》たちが儲《もう》けることにはならないはずではないか。スポーツの場合《ばあい》は、競走《きょうそう》が働《はたら》いた上《うえ》でのことだが、客《きゃく》が求《もと》めているものを提供《ていきょう》できる人《ひと》は限《かぎ》られている。その身体《からだ》を複製《ふくせい》することは、すくなくとも今《いま》のところは、できない。では、コンピュータのソフトの場合《ばあい》はどうか。

5 作《つく》り手《て》を限《かぎ》るきまり

〔3〕（196ページ～）に書《か》いたのは、同《おな》じものをたくさんの人《ひと》に売《う》れるなら儲《もう》かるだろう、そうでない場合《ばあい》には、普通《ふつう》は、そうでもないだろうということだった。しかし、買《か》い手《て》がたくさんいたとして、だれでもそれを作《つく》れるなら、お客《きゃく》は分散《ぶんさん》するかもしれないし、値段《ねだん》での競争《きょうそう》が起《お》こるから、そう儲《もう》かりはしない。通信技術《つうしんぎじゅつ》の進歩《しんぽ》などが一つの売《う》り手《て》が相手《あいて》にするお客《きゃく》を増《ふ》やすことを可能《かのう》にしたのはたしかだが、それは可能《かのう》にしたということであって、実際《じっさい》にそうなるかどうかはわからないのだ。

もともとその人《ひと》しか作《つく》れないということは、そう多《おお》くはないが、ある。〔4〕（199ページ～）でプロスポーツ選手《せんしゅ》のことで述《の》べたのは、お客《きゃく》さんはたくさんいるが、お客《きゃく》さんに受《う》ける人《ひと》は少《すく》ない、極端《きょくたん》な場合《ばあい》には一人《ひとり》だけといった場合《ばあい》だった。これなら儲《もう》かるはずだ。また実際《じっさい》に買《か》う人《ひと》は一人《ひとり》だけでも、買《か》いたい人《ひと》がたくさんいて、その商品《しょうひん》は一つしかないといった場合《ばあい》にも値段《ねだん》は高《たか》くなるだろう。こうして絵画《かいが》などに高《たか》い値段《ねだん》がつくことがある。もっとも――ゴッホの絵《え》は生《い》きている間《あいだ》に一枚《まい》も売《う》れなかったという話《はなし》がある――描《か》いたその人自身《ひとじしん》は残念《ざんねん》ながらたいがい生《い》きている間《あいだ》に儲《もう》かったりはしないのだが。

しかし、かなり多《おお》くの場合《ばあい》にはまねができてしまう。まねがしにくいのは、まず

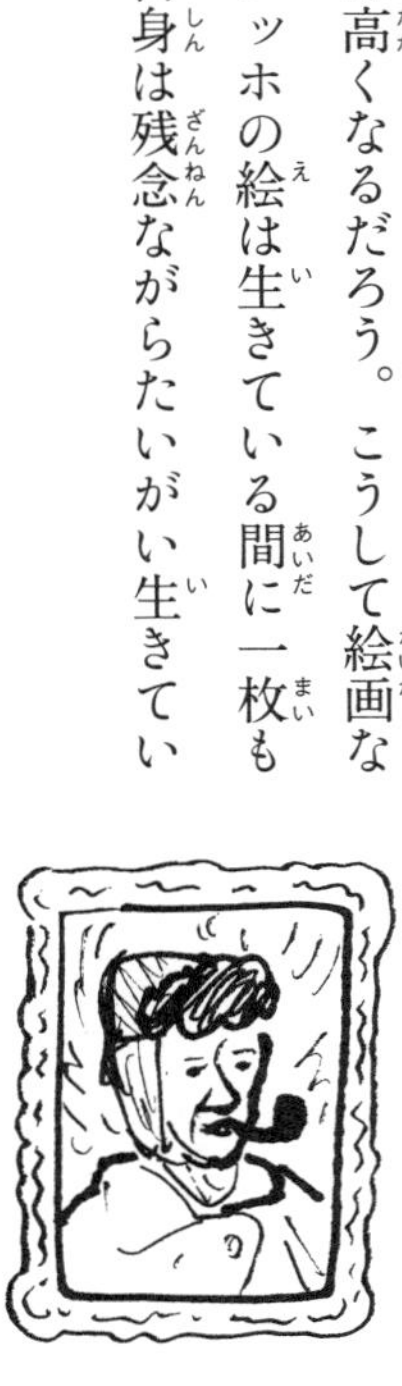

今《いま》述《の》べたような頭脳《ずのう》も含《ふく》む身体《からだ》の性能《せいのう》である。しかしそうではないものもたくさんある。違《ちが》いはあるが、たいがいの仕事《しごと》については、そこそこできる人《ひと》はたくさんいる。どのようなものを作《つく》り提供《ていきょう》できるかはあらかじめ人《ひと》に備《そな》わったものの違《ちが》いだけではない。人為的《じんいてき》・社会的《しゃかいてき》に決《き》まる場合《ばあい》がある。作《つく》るための道具《どうぐ》、場所《ばしょ》があるか。たとえば工場《こうじょう》があるか、工場《こうじょう》を作《つく》ることができるかどうかで変《か》わってくる。

できることはできるのだが、きまりで、特定《とくてい》の作《つく》り手《て》しか作《つく》ってはならないことにされていることがある。社会科《しゃかいか》の教科書《きょうかしょ》に書《か》いてあるように、それは独占《どくせん》といって、反則《はんそく》になっていることではないか、競争《きょうそう》はよいが、独占《どくせん》は競争《きょうそう》をさせないようにすることだからよくないことではないのか。そのとおりである。たしかに完全《かんぜん》な独占《どくせん》となると、それが人《ひと》がほしいものであれば、好《す》きなだけ高《たか》く値《ね》をつけることも可能《かのう》になる。それは、そうやって儲《もう》かる人以外《ひといがい》にとってはよくないことだから、制《せい》限《げん》はされる。マイクロソフト社《しゃ》のコンピュータ・ソフトの場合《ばあい》には、独占《どくせん》しすぎだということになって、いろいろと争《あらそ》いが起《お》こって、マイクロソフトの方《ほう》もすこし譲《じょう》歩《ほ》したりといったことがあった。しかし、基本的《きほんてき》には、この社会《しゃかい》では、作《つく》り方《かた》を最《さい》初《しょ》に考《かんが》えついたところだけがその作《つく》り方《かた》でものを作《つく》ってよいことになっている。独《どく》

占禁止《せんきんし》法《ほう》でやってはならないことになっている独占《どくせん》と、法律《ほうりつ》で認《みと》められていることとまったく別《べつ》のことかと言《い》えばそんなこともない。両者《りょうしゃ》の間《あいだ》にはっきりとした境《さかい》があるわけではない。

そして、きまりA「私《わたし》の作《つく》ったものが私《わたし》のもの」（86ページ〜）がそれでよいとする。実際《じっさい》にその人《ひと》が作《つく》ったと言《い》えるものがどれだけあるのか、それはたいへん怪《あや》しい。ただ、新《あたら》しい技術《ぎじゅつ》については、たしかにそれは誰《だれ》か（あるいはある組織《そしき》）が発《はっ》明《めい》・開発《かいはつ》したのだとは言《い》えるかもしれない。とするとそれはその人《ひと》（組織《そしき》）のものだとなる。

XII［2］「材料《ざいりょう》（知《ち》識《しき》含《ふく》む）を分《わ》ける」（278ページ〜）でも言《い》うように、特許《とっきょ》という制度《せいど》は、一面《めん》では、一定《いってい》の時間《じかん》が過《す》ぎたらもう誰《だれ》が使《つか》ってもよいことにしようというきまりだとも言《い》える。だから、とくに特許《とっきょ》をやり玉《たま》にあげたいわけではない。ただこういうきまりがあって、作《つく》って売《う》れる人《ひと》が限《かぎ》られてそれでとても困《こま》ったことが起《お》こることは、実際《じっさい》にある。突然《とつぜん》、深刻《しんこく》な話《はなし》になるが、そしてこの同《おな》じ話《はなし》を私《わたし》はもう十回《かい》、までは行《い》っていないけれど、書《か》いているのだが、アフリカ、とくにサハラ砂漠《さばく》より南《みなみ》のアフリカで、エイズになって亡《な》くなる人《ひと》がとてもたくさんいる。正確《せいかく》な数《かず》などわからないのだが、年《ねん》に約《やく》三百万の人《ひと》が亡《な》くなっていると言《い》われる。何年《なんねん》か前《まえ》の九月《がつ》にニューヨークのビルが崩《くず》れ落《お》ちて亡《な》くなった人《ひと》たちの倍《ばい》の数《かず》の人《ひと》たちが、毎日亡《まいにちな》くなっている。しかしエイズなら仕方《しかた》がない、かかったら死《し》んでしまう病気《びょうき》なのだから、ということではない。HIV／エイズは、かかったらなおりきることはないのだが、うまく薬《くすり》を組《く》み合《あ》わせて使《つか》えば発症《はっしょう》や症状《しょうじょう》の進行《しんこう》をおさえることができるようになっている。しかし、その薬《くすり》の値段《ねだん》が高《たか》くて使《つか》えず、亡《な》くなっている。

いつもこういう話《はなし》は、アフリカは貧《まず》しいから、で片《かた》づけられる。その事実認識《じじつにんしき》そのものは間違《まちが》ってはいない。ただとりあえず薬《くすり》だけの問題《もんだい》に限《かぎ》れば、もっと多《おお》くのところで作《つく》って売《う》ってよいようになれば、値段《ねだん》は安《やす》くなり、今《いま》のように多《おお》くの人《ひと》が死《し》ぬことはない。そうすればよいはずだ。この話《はなし》は**XII**［**2**］（278ページ〜）で続《つづ》ける。

IX 文《もん》句《く》の言《い》い方《かた》

1 このままでよい・対《たい》・いやよくない

「よりみちパン！セ」という場《ば》だからそんな話《はなし》もできるのだが、大《おお》きな話《はなし》を、とてもおおざっぱに、している。つまり、この世《よ》の「経済《けいざい》」の仕組《しく》みについて、「市場《しじょう》経済《けいざい》」について、考《かんが》えている。そんなことになってしまっている。そういうことについて私《わたし》にわかるように書《か》いたものがないか、このごろ探《さが》しているのだが、意外《いがい》にない。だから書《か》いてしまっているところもある。

そして、私《わたし》でも知《し》っているようなことを知《し》らない人《ひと》たちもまた多《おお》くなっているような気《き》がする。それで、すこし以前《いぜん》にあった話《はなし》も含《ふく》めて話《はなし》をするのもよいのかなと思《おも》った。そこで、すこし以前《いぜん》の話《はなし》を含《ふく》め、大《おお》きな話《はなし》を、おおざっぱに、することになる。『現代思想《げんだいしそう》』（青土社《せいどしゃ》）という雑誌《ざっし》で二〇〇五年《ねん》から連載《れんさい》している話《はなし》もそんな感《かん》じになっている。

　さて、経済《けいざい》、市場経済《しじょうけいざい》だが、この調子《ちょうし》でやっていけばよいというのと、いやそれでは困《こま》るというのと、大《おお》きく二つあった。いや過去形《かこけい》ではまずく、二つある。で、私《わたし》の意見《いけん》は、二つめの方《ほう》なのだが、この二つについて、とくにこれまで言《い》われてきた言《い》われ方《かた》について、すこし説明《せつめい》した方《ほう》がよいと思《おも》ったので、する。それらは、もちろんもっと難《むずか》しい話《はなし》なのだが、これから書《か》くように簡単《かんたん》にしても、大間違《おおまちが》いというほどではないと思《おも》う。

　このままでよい、よくなるという人《ひと》が言《い》うのは、一番簡単《ばんかんたん》に言《い》うと、ものを売《う》り買《か》いする人《ひと》は、自分《じぶん》が得《とく》をするから売《う》ったり買《か》ったりするはずだということだ。売《う》り買《か》いは強制《きょうせい》されていないのだから、得《とく》をしないと思《おも》う人《ひと》、損《そん》をすると思《おも》う人《ひと》は、しないはずだ。とすると、市場《しじょう》でなにかする人《ひと》はみな得《とく》をしている。とすると市場《しじょう》では人々《ひとびと》にとって得《とく》なことしか起《お》こっていない。すくなくとも損《そん》なことは起《お》こっていない。だからそれはよい。このように言《い》う。

　もちろん、その人《ひと》たちだって、見込《みこ》み違《ちが》いをしたり、嘘《うそ》を教《おし》えられて、結果《けっか》として損《そん》をする人《ひと》がいることは認《みと》める。そして、見込《みこ》み違《ちが》いを完全《かんぜん》になくすことはでき

ないとしても、すくなくとも嘘《うそ》を教《おし》えて損《そん》をさせるのはよくないから、それは取《と》り締《し》まった方《ほう》がよいと言《い》う（嘘《うそ》をついて商売《しょうばい》していたら、やがてばれて、その会社《かいしゃ》はつぶれるのだから、ほっとけばよいという考《かんが》え方《かた》もある。ただ、つぶれる前《まえ》に、変《へん》なものを食《た》べて死《し》ぬ人《ひと》もいるのだから、なにか「消費者保護《しょうひしゃほご》」の対策《たいさく》が必要《ひつよう》だということはたいていの人《ひと》が認《みと》める）。それ以外《いがい》は問題《もんだい》ない、と、このままでよい、そのうちよくなると言《い》う人《ひと》は言《い》うのである。

そして「格差《かくさ》」についてはこんなことを言《い》うだろう。値段《ねだん》はどうやって決《き》まるのかというと、需要《じゅよう》と供給《きょうきゅう》で決《き》まる。安《やす》く買《か》いたい人《ひと》と高《たか》く売《う》りたい人《ひと》がいて、そして買《か》いたい人《ひと》がどれだけいて、売《う》りものがどれだけあるとか、そんなことで決《き》まるという。それで、たしかに、高《たか》い値段《ねだん》のつく仕事《しごと》とそうでない仕事《しごと》があるとして、高《たか》い値段《ねだん》のつく仕事《しごと》には、多《おお》くの人《ひと》が集《あつ》まるだろう。また低《ひく》い値段《ねだん》の仕事《しごと》には人《ひと》は集《あつ》まらないだろう。すると高《たか》い値《ね》のつく仕事《しごと》は安《やす》くなるだろう。低《ひく》い値《ね》しかつかない仕事《しごと》は高《たか》くなるだろう。こうして差《さ》がだんだんとならされていく。そんなことを言《い》う。

こういうものの言《い》い方《かた》に対《たい》して、現実《げんじつ》はすこしもそんなふうになってないじゃな

いか、だからそんな話《はなし》は聞《き》かない、終《お》わり、というのもありかもしれない。リアリティのない話《はなし》につきあう暇《ひま》はない、というわけだ。ただ、私《わたし》は考《かんが》えてみてもよいと思《おも》う。言《い》われたことはそれなりにもっともな話《はなし》でもあると思《おも》う。得《とく》する（と思《おも》う）から交換《こうかん》する、と言《い》われる。そうかもしれない、と思《おも》う。では文句《もんく》はないはずだと言《い》われる。いや文句《もんく》は言《い》いたい。ならどう言《い》うかである。現実《げんじつ》にはそうおめでたいことにはなっていないのはなぜか。そんなことを考《かんが》えてもよいだろう。

そして今《いま》まで私《わたし》が書《か》いてきたことも、それに対《たい》する答《こたえ》の一部《ぶ》ではあったのだ。それは二つめの主張《しゅちょう》に関《かん》するものだった。同《おな》じ値段《ねだん》のつくもの（能力《のうりょく》、等《とう》）をみながもっていれば、皆《みな》が同《おな》じだけを得《え》られるだろう。しかし、そんなことはないし、そうはならない。その他《ほか》にもいくつかのことを書《か》いてきた。その続《つづ》きがまだまだあって、続《つづ》きを書《か》くことになる。そして、一つめの問《と》い、つまり、（私《わたし》が言《い》うように）差《さ》はなくならないとしても、市場《しじょう》ではみな得《とく》になることをしているのだから、だんだんよくなる、それならいいじゃないかという主張《しゅちょう》にどう答《こた》えるかである。このことについては、稲葉振一郎《いなばしんいちろう》さんとの対談《たいだん》を本《ほん》にした『所有《しょゆう》と国家《こっか》のゆくえ』（ＮＨＫブックス、二〇〇六年《ねん》、303ページ～参照《さんしょう》）でもすこし話《はな》してはいるのだが、みなさんもよろしかったら、考《かんが》えてみてください。と、もったいぶるほどのことでなく、そこに書《か》いたのは、ものすごく単純《たんじゅん》なことで、一つには、人《ひと》はものを消費《しょうひ》して生《い》きていることを忘《わす》れないようにしましょうというただそれだけのことだ（同書《どうしょ》、244ページ）。生産《せいさん》して、交換《こうかん》しても、そこから利《り》を得《え》ても、それより消費《しょうひ》しなければならないものが多《おお》かったら、だんだん減《へ》っていく、そして生《い》きていけなくなるという単純《たんじゅん》なことだ。

2　搾取《さくしゅ》？

だから私《わたし》は文句《もんく》を言《い》う人《ひと》の方《ほう》がもっともだと思《おも》ってきた。ではこの世《よ》に文句《もんく》を言《い》ってきた側《がわ》がどんなことを言《い》ってきたのか。その一つを見《み》ておく。ただ私《わたし》はその「理論《りろん》」を勉強《べんきょう》したわけではない。というか、すこしは勉強《べんきょう》しようと思《おも》ったのだが、よくわからず、投《な》げ出《だ》してしまった。ただ、一番単純《いちばんたんじゅん》には、その文句《もんく》の言《い》い方《かた》は「ぴんはね」ということだろうかと思《おも》った。漢字《かんじ》だと「搾取《さくしゅ》」という言葉《ことば》になる。私《わたし》（たち）は働《はたら》いている。それでものが作《つく》られている。そしてそれが売《う》れる。しかしその売《う》り上《あ》げを働《はたら》いていない人《ひと》がもっていってしまう。もちろん賃金《ちんぎん》は払《はら》われるのだが、それは原料代《げんりょうだい》とかそんなものを引《ひ》いた残《のこ》りの全部《ぜんぶ》ではない。資本家《しほんか》がもっていってしまっている部分《ぶぶん》がある。全体《ぜんたい》を資本家《しほんか》が牛耳《ぎゅうじ》っていて、労働者《ろうどうしゃ》にはその一部《ぶ》が渡《わた》されるだけだ。難《むずか》しい部分《ぶぶん》を全部《ぜんぶ》省《はぶ》いてしまえば、このように言《い》われた。

そして、こういう文句《もんく》の言《い》い方《かた》はかなり受《う》けた。まずそれは実感《じっかん》に合《あ》っていたということがあると思《おも》う。まず、こんなに働《はたら》いているのになんでこんなに手取《てど》りが少《すく》ないんだという実感《じっかん》がある。他方《たほう》に、働《はたら》きもせずに儲《もう》かっている人《ひと》たちがいる。これも事実《じじつ》だ。これはなんだ、というわけだ。それで、仕事《しごと》で汚《よご》れた作業服《さぎょうふく》を着《き》た、からだは頑丈《がんじょう》な人《ひと》たちが握《にぎ》りこぶしを振《ふ》り上《あ》げて、団結《だんけつ》して、闘《たたか》うぞ、みたいなの、対《たい》、太《ふと》い腹《はら》に白《しろ》いシャツに黒《くろ》い上着《うわぎ》で、葉巻《はまき》をくわえていて、札束数《さつたばかぞ》えてほくそえんでいたり、悪《わる》だくみをしている資本家《しほんか》、という絵《え》が描《えが》かれる。描《えが》かれるだけでなくて、実際《じっさい》かなりそんな具合《ぐあい》になっている。次《つぎ》に、前者《ぜんしゃ》の方《ほう》がいろいろとがんばって天下《てんか》をとれば、この世《よ》はよくなる。ではがんばろう。こういうことになる。

で、私《わたし》は、だいたいそういうことなのだろうなと思《おも》いつつ、すこし違《ちが》うんではないかなとも思《おも》い、それでこの線《せん》でものを考《かんが》えないできたのだ。不当《ふとう》に儲《もう》けている人《ひと》

がいることについては異論《いろん》がないのだが、それを言《い》う言《い》い方《かた》として、このような言《い》い方《かた》がよいのだろうかと思《おも》ったのだ。ここでも疑問《ぎもん》は、われながらワンパターンだと思《おも》うが、働《はたら》いている「から」とる、というのがよいのかなということだった。たいして働《はたら》けない人《ひと》もいるし、ぜんぜん働《はたら》けない人《ひと》もいるじゃないかということだ。もちろんそのことを言《い》うと、その人《ひと》たちもそのことはわかっている、それはそれとしてなんとかするべきだと考《かんが》えている、と言《い》うだろう。その人《ひと》たちがまじめにそう考《かんが》えていることを疑《うたが》わない。けれども、なにかそれはつけ足《た》しのように言《い》われる。それでよいのだろうか、である。

ただ、私《わたし》のそういう疑問《ぎもん》とは別《べつ》に、世《よ》の中全般《なかぜんぱん》として、このような話《はなし》があまりされなくなった。いま書《か》いたような「通俗的《つうぞくてき》」なレベルの話《はなし》としても、あまり聞《き》かなくなった。なぜか。一つに言《い》われていることは、ソビエト連邦《れんぽう》の崩壊《ほうかい》であるとか、そんなことを持《も》ち出《だ》して、プロレタリアートだとか、革命《かくめい》だとか、そういう図式《ずしき》で考《かんが》えて、世直《よなお》ししようとした人《ひと》たちがやったことがうまくいかなかったではないかということである。うまくいかなかったにもいろいろあるだろうが、一つには、うまいぐあいにものを作《つく》って人々《ひとびと》に行《ゆ》き渡《わた》らせることができなかったではないかということ。一つには、労働者《ろうどうしゃ》の天下《てんか》になったのなら労働者《ろうどうしゃ》はもっと楽《たの》しいはずだが、どうもそうでもないようだということ。偉《えら》くていばっている人《ひと》はやはり出《で》てきて、むしろ管理《かんり》と抑圧《よくあつ》がきつくなってしまったではないかというのである。実際《じっさい》はどうだったのか、もうすこしていねいに見《み》た方《ほう》がよい部分《ぶぶん》もあるだろうが、だいたいはそのとおりなのだろう。

それから、違《ちが》いと対立《たいりつ》とがそうはっきりしたものでもなくなったようにも見《み》えたということだ。絵《え》に描《か》いたような労働者《ろうどうしゃ》と資本家《しほんか》、というものが消《き》えてなくなったわけではないにしても、間《あいだ》がすこしぼんやりしてくる。株式会社《かぶしきがいしゃ》なら株式《かぶしき》をもっている人《ひと》が資本家《しほんか》だということになるのだが、ほんのわずかなら、普通《ふつう》の給料取《きゅうりょうと》りも株《かぶ》を買《か》ってもっていることもできる。となるとその人《ひと》は労働者兼資本家《ろうどうしゃけんしほんか》ということになる。もちろん、もっているものの規模《きぼ》がまるで違《ちが》うわけで、これはたんなる量《りょう》の差《さ》ではないほどの違《ちが》いではあるだろう。それにしても、いくらか違《ちが》いは小《ちい》さくなるように見《み》える。そして、資本家《しほんか》にむしりとられてだんだんと貧乏《びんぼう》になっていく、それで怒《いか》りが溜《た》まっていって、ついに爆発《ばくはつ》、世直《よなお》し、という話《はなし》もあったのだが、そのようにならないこともけっこうあった。そこそこにではあるにしても、収入《しゅうにゅう》も増《ふ》

えたりしてきた。そうなると、怒《いか》りも中途半端《ちゅうとはんぱ》になり、あまり盛《も》り上《あ》がらないというわけだ。

それでこういう話《はなし》が流行《はや》らなくなったというのが一般《いっぱん》に言《い》われていることである。おおまかに言《い》えば間違《まちが》っていないだろうと思《おも》う。そうなってとてもがっかりした人《ひと》たちもいるようだ。私《わたし》は最初《さいしょ》からこの筋《すじ》の話《はなし》にそういれあげていたわけでもないからそれほどでもない。というより、一九七〇年代《ねんだい》ごろになれば、世《よ》の中《なか》はすでにぼんやりした感《かん》じになっていたから、口《くち》では威勢《いせい》のよいことを言《い》う人《ひと》も、そんなに本気《ほんき》でその威勢《いせい》のよいことを信《しん》じているわけでもないようだった。こうして「搾《さく》取《しゅ》」をめぐる話《はなし》がなんとなく衰滅《すいめつ》していったようだ。

だからそのままにしておけばよいか。よいように思《おも》わないでもない。ただ、ではどう考《かんが》えるのか、はっきりさせてもよいようにも思《おも》う。それで考《かんが》えるに、やはり「搾取《さくしゅ》」という話《はなし》はあまりうまくいかないようだ。それは生産《せいさん》に対《たい》する「貢献《こうけん》」を基準《きじゅん》にしている。私《わたし》たち労働者《ろうどうしゃ》はこんなに貢献《こうけん》しているのに、というのである。それに対《たい》して私《わたし》は、労働者《ろうどうしゃ》もいろいろだろうと思《おも》ったり、労働者《ろうどうしゃ》にならない（なれない）人《ひと》もいるだろうと思《おも》ったのだが、もうすこし広《ひろ》げて、その資本家《しほんか》のことを考《かんが》えたらどうだろう。ものを作《つく》るのに労働《ろうどう》がいるのは事実《じじつ》として、土地《とち》や資材《しざい》やそんなものもいる。それを買《か》うための資金《しきん》を提供《ていきょう》したとしたら、それは生産《せいさん》に貢献《こうけん》しているということにならないか。なるだろう。となると、労働《ろうどう》と資材《しざい》を買《か》うための資金《しきん》の提供《ていきょう》と、どちらがどれほど貢献《こうけん》したのか、それを計算《けいさん》する方法《ほうほう》など思《おも》いつかないのだが、ともかく両方《りょうほう》ともが貢献《こうけん》していることになる。あるいは経営者《けいえいしゃ》のことを考《かんが》えてみる。たいていの会社《かいしゃ》では経営者《けいえいしゃ》も雇《やと》われ経営者《けいえいしゃ》ではあるが、創業者《そうぎょうしゃ》であれ雇《やと》われであれ、その経営方針《けいえいほうしん》その他《ほか》がその企業《きぎょう》の経営《けいえい》を大《おお》きく左右《さゆう》することはありそうだ。それで社長《しゃちょう》が変《か》わって収益《しゅうえき》が倍増《ばいぞう》したとしよう。だとしたら、その人《ひと》の貢献《こうけん》はどれだけということになるだろう。私《わたし》にそんな智恵《ちえ》はないとして、私《わたし》が金《かね》を出《だ》してその人《ひと》を雇《やと》ったらどうなるだろう。そうして雇《やと》ったお金《かね》が儲《もう》けを生《う》み出《だ》したとも言《い》えるかもしれない。こうして、「我々労働者《われわれろうどうしゃ》にすべてを！」とは、自分《じぶん》たちが採用《さいよう》している主張《しゅちょう》そのものからして、言《い》えない、ということになる。

それでは困《こま》ると思《おも》うとしたら、働《はたら》いて作《つく》り出《だ》しているのにその上前《うわまえ》をはねられている、その分《ぶん》「搾取《さくしゅ》」されているという話《はなし》は、やはりうまくない。かつてのように、また今《いま》でも多《おお》くの場《ば》ではそうであるように、汗水《あせみず》たらしてものを作《つく》ってという場《ば》で

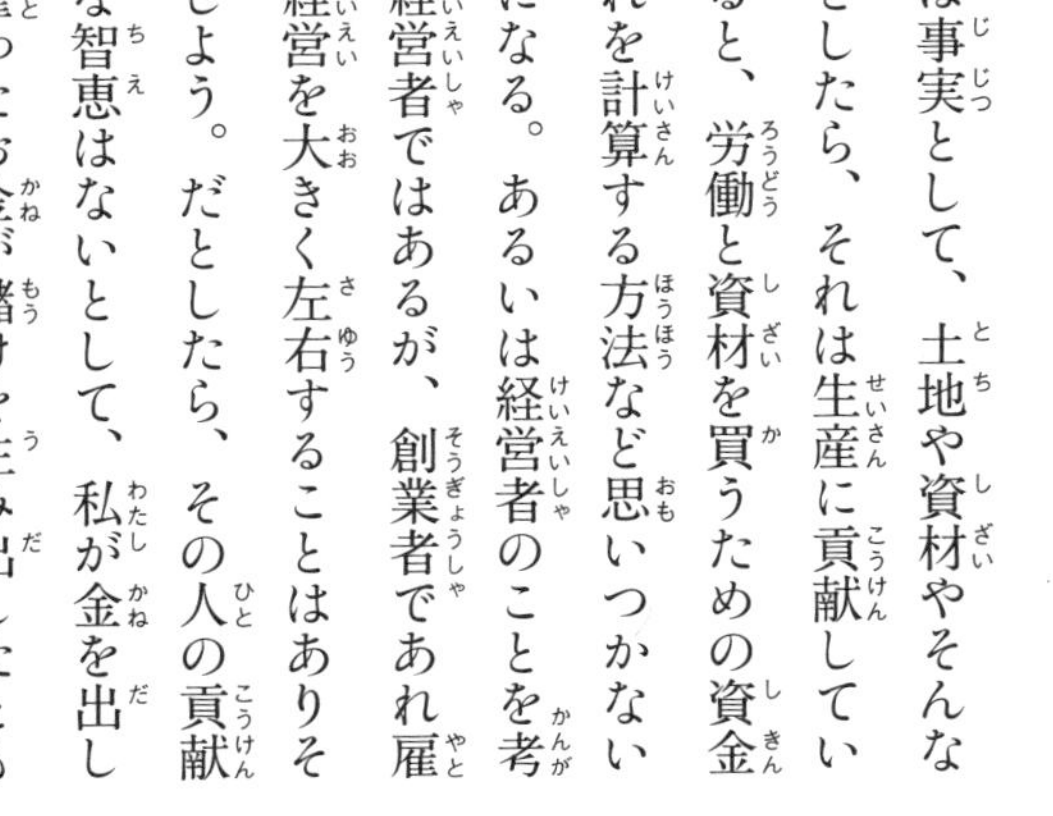

は、まだうまくいくような気《き》がするが、以前《いぜん》にあげた、労少《ろうすく》なくしても同《おな》じものを多《おお》くの人《ひと》に一度《いちど》に届《とど》けられてしまうといった生産《せいさん》の場《ば》については、うまくいかない。となると考《かんが》えなおさなければならないということだ。

ではどのように考《かんが》えたらよいのだろう。そのために、なぜ、とてもたくさんの人《ひと》たちがすくなくとも一時期《いちじき》、「搾取《さくしゅ》」の話《はなし》に説得力《せっとくりょく》を感《かん》じたのかを考《かんが》えてみるとよい。そこにはこちちは汗水《あせみず》たらして苦労《くろう》しているのだ、なのに……、というところがあったはずだ。そしてその感覚《かんかく》はもっともだと思《おも》う。つまり、苦労《くろう》は報《むく》われてよい、ということだ。このことは忘《わす》れないことにしよう。**II**「ならどうならよいか・1」(77ページ〜)でもそれは認《みと》めてよいと述《の》べた。また**X**［**4**］「苦労《くろう》した分余《ぶんよ》計《けい》に受《う》けとるという案《あん》」(239ページ〜)でもこのことを含《ふく》めて分《わ》け方《かた》を決《き》めようと言《い》うつもりだ。

3 「最低限《さいていげん》」を保障《ほしょう》でよくはないか、について

この世《よ》に文句《もんく》を言《い》うのに「搾取《さくしゅ》」という話《はなし》ではあまりうまくいかないところがあ

ることを述《の》べた。だから、ではないと思《おも》うが、このような文句《もんく》の言《い》い方《かた》があまり流《は》行《や》らなくなって、その代《か》わりに、そのままでよい、よいかどうかわらないが仕《し》方《かた》がないという人《ひと》たちが増《ふ》えてきた。私《わたし》はそうは言《い》いたくない。よくないと思《おも》う。とすると、どんなことを言《い》えばよいのか。

「健康《けんこう》で文化《ぶんか》的《てき》な最低限《さいていげん》の生活《せいかつ》」は保障《ほしょう》されるという考《かんが》え方《かた》がある。これは日《に》本《ほん》の憲法《けんぽう》では第《だい》二十五条《じょう》に書《か》いてあって、それは、その憲法《けんぽう》の中《なか》でも立派《りっぱ》なところだとされている。たとえばアメリカ合衆国《がっしゅうこく》の憲法《けんぽう》にはそんなことは書《か》いてない。私《わたし》も、まあよいものではあると思《おも》っていて、その意見《いけん》に結局《けっきょく》は反対《はんたい》ではない。それをとても大切《たいせつ》なものと考《かんが》える人《ひと》はたくさんいるし、私《わたし》もその一人《ひとり》に加《くわ》えてもらってもよい。実際《じっさい》に憲法《けんぽう》に書《か》いてあるとおりになってないじゃないか、だから書《か》いてあるとおりのことをしようというのがよいと思《おも》う。けれども、その前《まえ》に、なんで「最低限《さいていげん》」と書《か》かなければならないのだろうと思《おも》ったことはないだろうか。私《わたし》は思《おも》ったことがある。

そこをあまり考《かんが》えないで、とにかく「最低限《さいていげん》」ということだとしたとしよう。すると、今度《こんど》はどれだけが「最低限《さいていげん》」なのかという問題《もんだい》が現《あらわ》れることになる。すると

その話《はなし》はどうしてもせこい話《はなし》になってしまう。食費《しょくひ》がいくらとか、衣料費《いりょうひ》がいくらとか、家賃《やちん》がいくらとか。実際《じっさい》、とても安《やす》く済《す》ませている人《ひと》もいる。それでも楽《たの》しそうな人《ひと》もいる。それは珍《めずら》しかったり、その工夫《くふう》の仕方《しかた》がおもしろかったりするから、テレビの番組《ばんぐみ》になったりする。

もちろん、一月《ひとつき》一万円生活《まんえんせいかつ》といった番組《ばんぐみ》で、一万円《まんえん》の中《なか》から家賃《やちん》を払《はら》っている人《ひと》はいないし、服《ふく》を買《か》ったのも見《み》たことはない。食費《しょくひ》にしても、自分《じぶん》で海《うみ》に入《はい》ってタコをとってきて食《た》べたりする特別《とくべつ》な場合《ばあい》だからということにはなって、「最低限《さいていげん》」はもっと上《うえ》のところにしようということにはなるだろう。それでも、これだけ安《やす》くてやっている人《ひと》もいるという事実《じじつ》はあるということになる。低《ひく》め低《ひく》めでいろいろ足《た》していくことになる。それに対《たい》して「文化的《ぶんかてき》」というところがポイントだと言《い》って、やはりこのぐらいはいるでしょうと反論《はんろん》する人《ひと》たちもいる。しかし、これだけでも文化的《ぶんかてき》にやっていけるでしょと言《い》い返《かえ》されたりする。すると、これだけないとこんなに困《こま》るんです、みたいなことを言《い》わねばならなくなる。そしてその人《ひと》は実際《じっさい》に生活保護《せいかつほご》を受《う》けている人《ひと》だったりするから、自分《じぶん》の生活《せいかつ》はこんなに大変《たいへん》なのだと、自分《じぶん》の生活《せいかつ》の苦《くる》しさを公《おおや》けにし、自分《じぶん》の大変《たいへん》さを訴《うった》える。実際《じっさい》、エアコンを買《か》えな

くて暑《あつ》くて体《からだ》の調子《ちょうし》がおかしくなって病気《びょうき》になったとか死《し》んでしまったとか。するとそれはたしかにかわいそうだということになる、こともある。それほどでもないのではないかと疑《うたが》われたり、言《い》われたりすることもある。話《はなし》がしめっぽくなったり、疑《うたぐ》り深《ぶか》くなったりする。

こんなやりとりをしなくてはならないのがなんだか悲《かな》しいではないか。なぜ最低《さいてい》限《げん》にこだわらなければならないのか、どれだけが最低限《さいていげん》なのかについてああでもないこうでもないと議論《ぎろん》しなければならないのだろうか。

4　貧乏《びんぼう》の証明問題《しょうめいもんだい》

たとえばいま「生活保護《せいかつほご》」をどうするかといった話《はなし》が持《も》ち上《あ》がってしまっている。一方《いっぽう》に今《いま》の金額《きんがく》は高《たか》すぎるというようなことを言《い》う人《ひと》たち（以下《いか》「先方《せんぽう》」とする）がいて、だから引《ひ》き下《さ》げようと言《い》う。するともちろん他方《たほう》（以下《いか》「こちら」とする）は、そんなのとんでもないと言《い》うことになる。

すくなくともこちらはそんな議論《ぎろん》をしたくないと思《おも》っている。だが、先方《せんぽう》がそんな話《はなし》を持《も》ち出《だ》してくるので、仕方《しかた》なくそれに応《おう》じざるをえず、反論《はんろん》することになる。そして、先方《せんぽう》は、そんなことを決《き》めたりするのが仕事《しごと》でそれで月給《げっきゅう》やら審議会《しんぎかい》の謝礼《しゃれい》やら——いくらか知《し》らないが——もらっているのだが、こちらはただ暮《く》らしているだけだから、そんなことは困《こま》ると文句《もんく》を言《い》いに行《い》ったりしても、街《まち》でビラをまいたりしても、それで給料《きゅうりょう》がもらえるわけでもない。そしてさらに面倒《めんどう》なことがある。

つまり、こちらは、生活保護《せいかつほご》の金額《きんがく》が引《ひ》き下《さ》げられてしまったら（あるいは今《いま》のままでも）憲法《けんぽう》が保障《ほしょう》する「健康《けんこう》で文化的《ぶんかてき》な最低限度《さいていげんど》」の生活《せいかつ》が維持《いじ》できないのだという話《はなし》をしなければならなくなってしまうということだ。すると、こうなるとこのぐらい大変《たいへん》なのだとか、今《いま》すでにこんなに困《こま》っているのだと言《い》うことになる。そんな生活実態《せいかつじったい》を調査《ちょうさ》して、それを集《あつ》めて、報告《ほうこく》したりすることになる。

私《わたし》はそれらのすべてが大切《たいせつ》なことであると思《おも》う。実際《じっさい》、そんな研究《けんきゅう》をすることを勧《すす》めたりもする。さっきあげた長《なが》いこと貧困《ひんこん》の研究《けんきゅう》をしてきた人《ひと》も、「貧困《ひんこん》」と「不平等《ふびょうどう》」とは違《ちが》うのだと本《ほん》などで言《い》う。不平等《ふびょうどう》はある人《ひと》よりある人《ひと》の方《ほう》が暮《く》らし向《む》きがよいとかわるいとか、そういうことだが、つまり相対的《そうたいてき》な違《ちが》いの問題《もんだい》だが、貧困《ひんこん》の方《ほう》は絶対的《ぜったいてき》に困《こま》ったことでありよくないことだと、だからなんとかすべきなのだと言《い》う。

その気持《きも》ちはわかるし、言《い》うことすることももっともだと思《おも》う。けれども、である。先方《せんぽう》は、あの人《ひと》たちは金額《きんがく》を上《あ》げたい人《ひと》たちであり下《さ》げられたくない人《ひと》たちなのだから、その主張《しゅちょう》はそのためになされるだろう、事実《じじつ》を曲《ま》げているとまでは言《い》わないとしても、困《こま》っているというその主張《しゅちょう》はすこしおおげさだろうと、おおげさに言《い》う傾向《けいこう》があるだろうと、これは割《わ》り引《び》いて考《かんが》えようと思《おも》ったりする。あるいは、同《おな》じデータ、同《おな》じ生活実態《せいかつじったい》について書《か》いてある文章《ぶんしょう》を読《よ》んで、このぐらいならそんなに困《こま》った状態《じょうたい》、悲惨《ひさん》な状態《じょうたい》ではないじゃないかと思《おも》い、そのように応《おう》じることになる。するとこちちは、いやそうじゃない、こんなに困《こま》っているのだと言《い》うことになる。そんなことが繰《く》り返《かえ》される。まあ仕方《しかた》がない、こういう押《お》し問答《もんどう》はここでは宿命《しゅくめい》みたいなものだからするしかないのだろうとも思《おも》うが、人《ひと》によったら、だんだん自分《じぶん》がみじめになったり、疲《つか》れてしまったりするかもしれない。

「私《わたし》はこんなに悲惨《ひさん》なんだ」、とこちらが言《い》う。「それほどでもないでしょ」、と先方《せんぽう》が言《い》う。こんな具合《ぐあい》になっている。どうしたものか。だからこそ、「健康《けんこう》で文《ぶん》

化的《かてき》な最低限度《さいていげんど》」を、きちんと「理論的《りろんてき》に」示《しめ》すという道《みち》を行《い》けばよいのだろうか。ただ、そうやってがんばっても、結局《けっきょく》その議論《ぎろん》は同《おな》じところに戻《もど》されてしまう、「貧乏臭《びんぼうくさ》い」ものになってしまうのではないかと思《おも》うのだ。こちらが、「この程度《ていど》でないと〈健康《けんこう》で文化《ぶんか》的《てき》〉とは言《い》えない」と、かなりがんばって主張《しゅちょう》しても、先方《せんぽう》は「いやそうとも言《い》えんでしょ」と言《い》うことになり、そしてその言《い》い分《ぶん》にももっともなところはあるようにも思《おも》える。そしてそれを気《き》にするから、というのでないにしても、やはり、こちら側《がわ》の「言《い》い値《ね》」自体《じたい》が控《ひか》え目《め》なものになってしまう。

さてそれでどう考《かんが》えるのかである。私《わたし》の考《かんが》えからいっても、結局《けっきょく》は「最低《さいてい》」どのぐらいになるかは事実上《じじつじょう》は定《さだ》まることにはなる。どうしてか。まず、働《はたら》くと、その苦労《くろう》・労苦《ろうく》に応《おう》じていくらか上乗《うわの》せはすると**X**（227ページ～）で述《の》べる。とすると、上乗《うわの》せの「もと」を決《き》めておかねばならないということになる、そしてそれより下《した》はなく、あとは上乗《うわの》せされるわけだから、それが「最低限《さいていげん》」ということにはなる。しかし、その基準《きじゅん》は、基本的《きほんてき》には、食費《しょくひ》にいくら、家賃《やちん》にいくら、と積《つ》み上《あ》げたりして決《き》めなければならないものではない。私《わたし》（たち）の場合《ばあい》にはそう考《かんが》えることになる。ほんとうは、全体《ぜんたい》をおおむね人数分《にんずうぶん》で割《わ》ってしまったってかまわない。それが基本《きほん》だと、基準《きじゅん》といえば基準《きじゅん》だと言《い》ってみる。しかし、そうすると、苦労《くろう》したことに対《たい》する褒美《ほうび》の部分《ぶぶん》、働《はたら》かせるための餌《えさ》の部分《ぶぶん》がなくなることになる。それはよくない、いくらかの傾斜《けいしゃ》はつけざるをえないし、またつけた方《ほう》がよい。その分基準《ぶんきじゅん》は低《ひく》くなることになる。

　ではそれはいくらか。日本《にほん》に限《かぎ》って考《かんが》えるとして、GNPの総額《そうがく》は出《で》ているし、人数《にんずう》もわかっているわけだから、割《わ》り算《ざん》などして、いろいろと試算《しさん》はできるだろう。そして、（税《ぜい》を引《ひ》いた後《あと》の）収入《しゅうにゅう》の傾斜《けいしゃ》のつけ方《かた》はいろいろだから、それによって額《がく》もまた変《か》わってくる。「労働《ろうどう》」のことを考《かんが》えていくと、この「ベース」の部分《ぶぶん》は結《けっ》局《きょく》そう高《たか》くはならない可能性《かのうせい》はある。ただ、それでも、これ以下《いか》だと困《こま》ってしまうという線《せん》を考《かんが》えようとして、「いやこれだと多《おお》すぎる、ぜいたくだ」と言《い》われ、「いやそれだと困《こま》る、大変《たいへん》だ」と言《い》い返《かえ》さなければならないことはない、ということである。そのような態度《たいど》で考《かんが》えて言《い》えばよい。考《かんが》えていくとそうなる。このことを述《の》べてきたつもりだ。

　むろん、だからといって、いま霞《かすみ》ヶ関《せき》（日本《にほん》の国《くに》の役所《やくしょ》が集《あつ》まっているあたり）近辺《きんぺん》で起《お》こっている厄介《やっかい》ごとはなくならない。ただそれでも、事態《じたい》に対《たい》する態度《たいど》として、

本来《ほんらい》はこう考《かんが》えればよいのだと思《おも》うことはできる。先方《せんぽう》が困《こま》った人《ひと》たちなので、自分《じぶん》の悲惨《ひさん》を言《い》い、自分《じぶん》の貧乏《びんぼう》を証明《しょうめい》しなければならないことになってしまっているが、本来《ほんらい》はそんなことをする必要《ひつよう》はない。そう思《おも》って厄介《やっかい》ごとに対《たい》するなら、すこしは憂鬱《ゆううつ》な感《かん》じが減《へ》る、かもしれない。

※　この話《はなし》はここ何年《なんねん》か、幾度《いくど》もしている。たとえば、二〇一〇年《ねん》にトマス・ポッゲという人《ひと》の本《ほん》の翻訳《ほんやく》にすこし関《かか》わった。『なぜ遠《とお》くの貧《まず》しい人《ひと》への義務《ぎむ》があるのか――世界的貧困《せかいてきひんこん》と人権《じんけん》』（生活書院《せいかつしょいん》）という本《ほん》だ。世界《せかい》にこんなに「最低限《さいていげん》」を下回《したまわ》る「悲惨《ひさん》」な人《ひと》たちがこんなにたくさんいて、それをそのままにしておくのは正義《せいぎ》にもとるから、しかじかしなければならない。そしてそれはそんなに難《むずか》しくなくできることだ。そういうことが具体的《ぐたいてき》に示《しめ》されているよい本《ほん》だ。すこし難《むずか》しいところも（前半《ぜんはん》にはかなり）あるが、読《よ》んでもらえたらと思《おも》う。そこで私《わたし》は監訳者《かんやくしゃ》――自分《じぶん》で翻訳《ほんやく》したりせず、人《ひと》にまかせているくせに、訳者《やくしゃ》たちの先頭《せんとう》に大《おお》きめの字《じ》で記《しる》されている人《ひと》のことをそう呼《よ》ぶことがある――の「あとがき」のようなものを書《か》いた。そこに、やはり、このことを書《か》いている（本書《ほんしょ》では〔補《ほ》・3〕383ページ～）。

X 世界《せかい》の分《わ》け方《かた》

1　世界《せかい》を分《わ》ける

以前《いぜん》にくらべて、「ワーキングプア」だとか、貧乏《びんぼう》のことが言《い》われるようになった。そしてそれはなんとかした方《ほう》がよいと多《おお》くの人《ひと》は言《い》う。それはそのとおりだとして、ではどうするのか。いろんな利害《りがい》が絡《から》まりあうから、さしあたりたいしたことはできないだろう。私《わたし》もそう思《おも》う。けれども、すくなくとも考《かんが》えるだけなら、中途半端《ちゅうとはんぱ》でなく考《かんが》えておくことはできるし、そうした方《ほう》がよいと私《わたし》は思《おも》う。ではどうするか。みながどれだけの暮《く》らしをすることにするか。これは、じつは、とか言《い》わなくとも感《かん》じてくれるかもしれないのだが、なかなか「理論的《りろんてき》」に難《むずか》しい問題《もんだい》である。しかし、まず簡単《かんたん》に言《い》ってみることはできると思《おも》う。そこで言《い》ってみる。

このままでよいという人《ひと》の言《い》うことについては書《か》いた。まず、「貢献《こうけん》」した人《ひと》がその分《ぶん》をとれるというきまりが正《ただ》しい、とはいえないと書《か》いた（じつは「搾取《さくしゅ》」はよくないという人《ひと》も同《おな》じ主張《しゅちょう》をしていた。基本《きほん》は同《おな》じで、貢献《こうけん》の度合《どあ》い↓取《と》り分《ぶん》についての見解《けんかい》が違《ちが》っていたのだ）。また、大丈夫《だいじょうぶ》だと、人《ひと》は本来《ほんらい》は同《おな》じぐらいの力《ちから》をもっているのだから、教育《きょういく》などきちんとすれば、同《おな》じになるから、同《おな》じだけ受《う》け取《と》れるようになるという話《はなし》についても、それは違《ちが》うだろうと述《の》べた（↓**VII**「「機会《きかい》の平等《びょうどう》」という話《はなし》がいけてない話《はなし》」（167ページ～））。人《ひと》は違《ちが》うし、違《ちが》ってかまわない。そして小《ちい》さな違《ちが》いを大《おお》きな結果《けっか》の違《ちが》いにしてしまう仕組《しく》みもある（↓**VIII**「むしろ差《さ》は大《おお》きくなる」（187ページ～））。その仕組《しく》みを変《か》えるというのは一案《いちあん》だが、いずれにしても違《ちが》いは残《のこ》る。では代《か》わりになにを言《い》えばよいのか。私《わたし》（たち）はほんとうはこんなに役《やく》に立《た》っているのだから、ちゃんと評価《ひょうか》してくれという代《か》わりになにを言《い》ったらよいのか。

ものを分《わ》ける場合《ばあい》、じつは「ほしいだけ」でもかまわないことがあるはずだ。このことは、**XI**の［**4**］「「ほしいだけ」はなしか」（260ページ～）から［**6**］「ありなこともある」（266ページ～）で述《の》べる。ただもちろんこの世《よ》にあるものはそういうものだけではない。たとえばお金《かね》だったらいくらでもほしいという人《ひと》はたくさんいるだろう。そんな場合《ばあい》には「だいたい同《おな》じ」にするという手《て》がある。それが当《あ》たり前《まえ》

と思《おも》う人《ひと》もいるが、とんでもないと思《おも》う人《ひと》もいる。とんでもないと思《おも》う人《ひと》の中《なか》には、そうしたら働《はたら》かない方《ほう》が得《とく》だということになるではないか、人々《ひとびと》は働《はたら》かなくなるではないかと思《おも》う人《ひと》がいる。そのように思《おも》うことにはなかなかもっともなところがある。つまり、一つに、「苦労《くろう》には報《むく》いる」というのはよいと思《おも》う。またもう一つ、「餌《えさ》で釣《つ》る」というやり方《かた》をとらざるをえないところもある。いま鍵《かぎ》かっこをつけたいくつかを組《く》み合《あ》わせるとどうなるのか。そんなことをこれから考《かんが》えていこうと思《おも》う。「平等《びょうどう》」という言《い》い方《かた》がどのぐらい使《つか》えるのか、すこし考《かんが》えてみよう。

2　人数《にんずう》で割《わ》ってしまえ、という案《あん》

以前《いぜん》、誰《だれ》かから、もう誰《だれ》だったか忘《わす》れたが、そしてほんとうにそう言《い》われたのかどうかも定《さだ》かではないのだが、「障害者福祉《しょうがいしゃふくし》」の制度《せいど》を使《つか》っている人《ひと》から聞《き》いた話《はなし》がある。だいたい次《つぎ》のような話《はなし》だ。

もちろん、どんな社会《しゃかい》でも「困《こま》った人《ひと》たち」のためにいろいろなことをしているのだが、私《わたし》たちの社会《しゃかい》のそのやり方《かた》はなんだかすっきりしないように思《おも》う。どういう困《こま》った人《ひと》にはいくら、どういう困《こま》った人《ひと》にはなにを、というぐあいに細々《こまごま》と決《き》まっていて、窓口《まどぐち》の人《ひと》にいろいろ言《い》われたりする。そして使《つか》い勝手《がって》のわるいものを渡《わた》される。自分《じぶん》で選《えら》べない。そしてたぶん、そんなことをするためにずいぶん手間《てま》がかかっている。そんな仕事《しごと》のための人《ひと》が雇《やと》われていて、その人《ひと》たちを管理《かんり》する仕事《しごと》をする人《ひと》たちがいて、そういう部分《ぶぶん》にお金《かね》のかなりの部分《ぶぶん》が使《つか》われているのではないか。代《か》わりに、どうのこうの言《い》わないで、税金《ぜいきん》を人数《にんずう》で割《わ》って、そのままくれたらその方《ほう》がよっぽどすっきりする。

　こんな話《はなし》を聞《き》いて、なるほどそうかもしれないと思《おも》った。実際《じっさい》にはそれではやはりうまくいかないところが出《で》てくるのではあるが、基本的《きほんてき》な考《かんが》え方《かた》としてはよいと思《おも》った。たとえば、教育《きょういく》に関《かか》わる予算《よさん》というものがあって、いろんなところに使《つか》われているらしいのだが、なんだかよくわからない。だったら教育《きょういく》を受《う》ける側《がわ》の人《ひと》たちに、その人数《にんずう》で教育関係《きょういくかんけい》の予算《よさん》を割《わ》って、一人《ひとり》ひとりに直接渡《ちょくせつわた》すというのはどうだろう。たとえばその人《ひと》たちは、今《いま》までの学校《がっこう》がつまらなかったら、お金《かね》を出《だ》し合《あ》って自分《じぶん》たちで学校《がっこう》を作《つく》るかもしれない。この案《あん》は、実際《じっさい》にはいろいろと難点《なんてん》はあるのだが、すくなくともすっきりはしているし、自由《じゆう》な感《かん》じがする。

そして以上《いじょう》は福祉《ふくし》とか教育《きょういく》とか分野《ぶんや》別《べつ》の税金《ぜいきん》の使《つか》い方《かた》のことだったのだが、分野《ぶんや》別《べつ》の総額《そうがく》を人数分《にんずうぶん》で割《わ》りましょうということだったのだが、もっと単純《たんじゅん》に、世《よ》の中《なか》にあるものを人数分《にんずうぶん》で割《わ》るというのはよくないのか。そういう意味《いみ》での「平等《びょうどう》」ではいけないのか。

もちろん平等《びょうどう》とはなにかという話《はなし》がある。そんなことを考《かんが》えていたら二冊《さつ》でも三冊《さつ》でも本《ほん》が書《か》けるのだが、まず、さっきのはお金《かね》で同《おな》じにするというのだった。これは割《わ》り算《ざん》さえできればよいのだから、とても簡単《かんたん》である。私《わたし》はそれでだいたいよいのではないかと思《おも》う。

ただ、同《おな》じお金《かね》があっても、それを使《つか》ってできることが人《ひと》と人《ひと》とで違《ちが》う場合《ばあい》がある。駅《えき》まで歩《ある》いていける人《ひと》と、電動車椅子《でんどうくるまいす》がいる人《ひと》がいる。後者《こうしゃ》の人《ひと》たちの方《ほう》がお金《かね》がかかる。同《おな》じお金《かね》だったら、駅《えき》まで行《い》けない人《ひと》たちがいる。お金《かね》はなんのためにあるかといえば、したいことをするためにある。ということは、したいことができることの方《ほう》が大切《たいせつ》であるということだ。だから、どのぐらいのことができるかという基準《きじゅん》で、ほんとうは考《かんが》えなければならないということになる。このことは**XI**【**3**】「必要《ひつよう》なものが違《ちが》うとき」（257ページ〜）からすこし考《かんが》えてみるとしよう。

次《つぎ》に、なぜなにかをするのかと考《かんが》えたら、なにかすることが自分《じぶん》にとってよいことだから、だろう。ここには質《しつ》の問題《もんだい》がある。まずいものを食《た》べるのとおいしいものを食《た》べるのは同《おな》じではない。やはり満足《まんぞく》は大切《たいせつ》だ。

しかし、私《わたし》とあなたと、どちらが満足《まんぞく》したのかどうやって調《しら》べられるだろうか。それはたぶん無理《むり》だ。ではそれはまったく無意味《むいみ》だろうか。たとえば、経済学《けいざいがく》という学問《がくもん》は、あっさり、比《くら》べられないから比《くら》べないことにしましょうと言《い》うことがある。経済学《けいざいがく》に限《かぎ》らない。人《ひと》の価値《かち》はそれぞれで比《くら》べようがないから、それは一人《ひと》ひとりにまかせましょうというのが流行《はや》りである。だが、今日《きょう》一日水《にちみず》を飲《の》んでいなかった人《ひと》にとっての水《みず》の価値《かち》と、そうでない人《ひと》にとっての水《みず》の価値《かち》と、比《くら》べなくてもよいだろうか。満足度《まんぞくど》という言葉《ことば》ではよくないのかもしれないのだが、比《くら》べられると思《おも》うだろう。また比《くら》べるべきだとも思《おも》うだろう。

けれども、どれよりどれがよいか、それを決《き》めてまわるというのもまたなんだか息苦《いきぐる》しいことのようにも思《おも》える。なら本人《ほんにん》に言《い》ってもらえばよいのか。満足《まんぞく》していないと言《い》う方《ほう》が得《とく》なのであれば、満足《まんぞく》していても満足《まんぞく》していないと言《い》うかもしれない。そして満足《まんぞく》してなさ度《ど》を競争《きょうそう》したりするかもしれない。それもよくないことだと思《おも》える。このように考《かんが》えると、なかなか面倒《めんどう》なことであるのはたしかだ。

しかし、考《かんが》えてみると面倒《めんどう》であることがわかった上《うえ》で、きちんとした基準《きじゅん》など決《き》めることができないことがわかった上《うえ》で、まずこのぐらいでやってみるというのが大切《たいせつ》なことなのだ。というのも、一方《いっぽう》では、正確《せいかく》に決《き》められないからそんなことはやめてしまうというのでは元《もと》も子《こ》もないということになる。他方《たほう》で、やってみることにしたとして、仕方《しかた》なく決《き》めた基準《きじゅん》でやっていることを忘《わす》れてしまうと、この基《き》準《じゅん》に決《き》まっているのだから文句《もんく》を言《い》うなみたいなことになる。どちらもよくない。

するとどんなところが「落《お》としどころ」ということになるだろうか。人《ひと》がほしいものは人《ひと》によっていろいろと違《ちが》うだろうが、あるものがたくさんほしい人《ひと》は別《べつ》のものを節約《せつやく》すればよいだろう。また、もちろん予算《よさん》の制約《せいやく》はあるが、その中《なか》では自分《じぶん》にとって満足《まんぞく》できる方《ほう》を選《えら》んで買《か》うだろう。そういう意味《いみ》ではお金《かね》は便利《べんり》なものだから、ざっくり、基本《きほん》はお金《かね》で同《おな》じだけということでいく。そのうえで、人《ひと》の身体《からだ》の状態《じょうたい》などの関係《かんけい》で余計《よけい》にかかる分《ぶん》、たとえば医療《いりょう》だとか介護《かいご》だとかについては、その利用《りよう》に応《おう》じて出《だ》すようにする。それでだいたいよくはないか。こんなことを言《い》ってみる。

3　A：苦労《くろう》には報《むく》いる＋人数割《にんずうわ》り～同《おな》じだけ働《はたら》いて同《おな》じだけ受《う》け取《と》るという案《あん》

「最低限《さいていげん》」は保障《ほしょう》しようという考《かんが》え方《かた》もある。それもよいが、そうへりくだることもないだろうとIX「文句《もんく》の言《い》い方《かた》」（207ページ～）に述《の》べた。どれだけが「最低限《さいていげん》」なのかで争《あらそ》っていると、だんだんせこい話《はなし》になってきて悲《かな》しくなってくる。むしろ、「本人《ほんにん》がいると思《おも》うだけ」というやり方《かた》をとってもかまわない「場合《ばあい》」もあることを、あとで、XI［4］「「ほしいだけ」はなしか」（260ページ～）から述《の》べる。とはいえ、すべてについてそうするのは難《むずか》しいようでもある。たとえばお金《かね》なら、いくらあってもよいという人《ひと》はいるだろう。すると、基本的《きほんてき》には、世界《せかい》にあるものを人数分《にんずうぶん》で割《わ》るというのでよくはないか。ただ、身体《からだ》の具合《ぐあい》などで同《おな》じだけの暮《く》らしをするとしても必要《ひつよう》なものが多《おお》くなる場合《ばあい》はあるだろう。結局《けっきょく》、どんな暮《く》らしができるのかが大切《たいせつ》なのだから、その多《おお》くなる分《ぶん》は多《おお》くすることを当然認《とうぜんみと》めることにしよう。

ただそうした上《うえ》で、働《はたら》かなくてもよいことにするなら、つまり働《はたら》かなくても同《おな》じだけ得《え》られるとなると、働《はたら》かない、かもしれない。一方《いっぽう》に働《はたら》いて苦労《くろう》している人《ひと》が

（世界にあるもの－必要なものが多くなる分）÷人数分

いるのに、他方《たほう》で働《はたら》けるのに働《はたら》かない人《ひと》がいて楽《らく》をしているとしよう。それはよくないのではないか。ではどうしようか。

仕事《しごと》の種類《しゅるい》は違《ちが》ってもよいから、仕事《しごと》できる人《ひと》は、だいたい同《おな》じだけ、たとえば同《おな》じだけの時間《じかん》、仕事《しごと》するようにしたらどうだろう。もちろん、仕事《しごと》にもいろいろあって、辛《つら》い仕事《しごと》もあれば楽《らく》な仕事《しごと》もあるだろう。単純《たんじゅん》に同《おな》じにしたらかえってよくないのではないか。ならば、どうやってその違《ちが》いを測《はか》るのか難《むずか》しいが、だいたいのところで、辛《つら》い仕事《しごと》の人《ひと》は少《すく》なめにするとか、そういうやり方《かた》もありそうだ。こうしてみながだいたい同《おな》じだけ働《はたら》いてだいたい同《おな》じだけ受《う》け取《と》る。

さて、ここで「同《おな》じだけ受《う》け取《と》る」と書《か》いた。働《はたら》くとか、できるとかの話《はなし》をしているのに、そんなことを言《い》っただろうか。直接《ちょくせつ》には言《い》っていない。けれども、ここでの話《はなし》は「苦労《くろう》」と「楽《らく》」を合《あ》わせて、それがだいたい「公平《こうへい》」であるのが望《のぞ》ましいという話《はなし》だった。だから、私《わたし》の話《はなし》では「さぼる」人《ひと》を持《も》ち上《あ》げることになるんじゃないかとしかられることにもなったはずだ。さてその苦労《くろう》と楽《らく》、しんどいこととよいことを合《あ》わせての公平《こうへい》というところから考《かんが》えてみよう。暮《く》らすためのものを受《う》け取《と》ってそして暮《く》らせることはよいことの方《ほう》である。だから、働《はたら》いて汗《あせ》かいてとい

う方《ほう》と総合《そうごう》して同《おな》じぐらいというのでよいではないか。まずはそういう単純《たんじゅん》なことである。

その方法《ほうほう》の一つとして、みなが一人《ひとり》ひとり自分《じぶん》の分《ぶん》をやる（働《はたら》いて・受《う》けとる）というのが一つあったのだが、今書《いまか》いたのが、同《おな》じだけやって、同《おな》じだけ受《う》け取《と》るという案《あん》だった。これが一つ。ここでは、仕事《しごと》の違《ちが》いがあるので、「同《おな》じだけやって」というところがすこし難《むずか》しくなるのだが、そこは「だいたい」というところで収《おさ》めてもらった。

「だいたい」っていい加減《かげん》じゃないか、と思《おも》われるかもしれない。私《わたし》もそう思《おも》う。ただ、これは仕方《しかた》がない。同《おな》じものを受《う》け取《と》っても、それが人《ひと》によってとてもうれしいものであったり、そうでもないものであったりすることがある。同《おな》じ仕事《しごと》でも、人《ひと》によってはどうということでないことが、別《べつ》の人《ひと》にとっては重荷《おもに》だったりすることがある。それは仕方《しかた》のないことだし、またそれ自体《じたい》はわるいことでもない。人《ひと》それぞれの感《かん》じ方《かた》があることの方《ほう》が当然《とうぜん》だ。

ただその一人《ひとり》ひとり違《ちが》うことを捉《とら》え、そうすると「同《おな》じ」ということが正確《せいかく》に決《き》められないから、同《おな》じとか言《い》うのをやめようという人《ひと》がいる。学者《がくしゃ》にもいる。というか、むしろ学者《がくしゃ》にたくさんいる。しかしこれはおかしいと思《おも》う。正確《せいかく》に決《き》められないのはそのとおりだ。けれども、それはおおまかでよいから同《おな》じぐらいがよいということを否定《ひてい》するものではない。正確《せいかく》に測《はか》れなくても、とてもたくさん差《さ》があるのとそうでもないのと、その差《さ》はわかる。そして「公平《こうへい》」の方《ほう》がよいという見方《みかた》からすれば、後者《こうしゃ》の方《ほう》がよいということになる。結局《けっきょく》、正確《せいかく》に公平《こうへい》な状態《じょうたい》にはならないだろう。しかしそれは仕方《しかた》がないし、それでも明《あき》らかに公平《こうへい》でない状態《じょうたい》よりもだいたい公平《こうへい》な状態《じょうたい》がよいというだけのことである。

　とすると、みなが同《おな》じぐらい働《はたら》くようにするという案《あん》が一つある。これもわるくない。しかし働《はたら》けない人《ひと》はどうするか。働《はたら》けなくて働《はたら》かない人《ひと》と働《はたら》けるが働《はたら》かない人《ひと》を区別《くべつ》して、後者《こうしゃ》の人《ひと》たちには働《はたら》いてもらうようにするという案《あん》もあるが、前者《ぜんしゃ》と後者《こうしゃ》の区別《くべつ》は実際《じっさい》にはなかなか難《むずか》しいかもしれない。また、働《はたら》けるけれども働《はたら》かないのか働《はたら》くことができないのか、理由《りゆう》はともあれ、働《はたら》かないよりも働《はたら》くことの方《ほう》が苦労《くろう》は多《おお》いものだとしよう。すると、その分《ぶん》ぐらいはその苦労《くろう》の報《むく》いとして余計《よけい》に受《う》け取《と》ってもよいのではないか。

4 苦労《くろう》した分余計《ぶんよけい》に受《う》け取《と》るという案《あん》

そこで次《つぎ》に、もう一つの案《あん》がある。これは同《おな》じだけ働《はたら》き同《おな》じだけ受《う》け取《と》るというのではなく、たくさん働《はたら》いたらそれだけよいことがあるようにするという案《あん》である。事情《じじょう》があって、あるいは理由《りゆう》はわからないが、多《おお》く働《はたら》く人《ひと》もいるし、そうでない人《ひと》もいる。それはそれで認《みと》めよう、しかし、多《おお》く働《はたら》く人《ひと》はそれだけ多《おお》めに苦労《くろう》もしているのだから、多《おお》くもらってもよいのではないかというのである。それもよいと思《おも》う。

ここでも、どれだけ働《はたら》くことに対《たい》してどれだけの受《う》け取《と》りを与《あた》えるのかといったいくらか面倒《めんどう》な問題《もんだい》は出《で》てくる。そして、「働《はたら》けない人《ひと》」についてはどうなのかということも気《き》になるだろう。ただ、基本的《きほんてき》には、だいたい、こんなところでよくはないだろうか。

すると、だいたい同《おな》じぐらいの暮《く》らしができるように、この世《よ》にあるものを割《わ》り振《ふ》る、一つひとつ割《わ》り振《ふ》るのも面倒《めんどう》だから、ここはざっくりお金《かね》を割《わ》り振《ふ》ることにする。その上《うえ》で、働《はたら》いたらその人《ひと》はその分《ぶん》いくらか多《おお》く受《う》け取《と》れるようにする、多《おお》く働《はたら》いたらより多《おお》く受《う》け取《と》れるようにする。すると、この「おまけ」を付《つ》けることにした前《まえ》と後《あと》と、もし分《わ》けるもとの全体《ぜんたい》が同《おな》じなら、全体《ぜんたい》から「おまけ」の分《ぶん》を引《ひ》いただけを人数《にんずう》で割《わ》ることになるから、「おまけ」を受《う》け取《と》らない人《ひと》の受《う》け取《と》りは、全体《ぜんたい》をただ割《わ》ったよりは少《すく》なくなる。

すると具体的《ぐたいてき》にどうなるのか。いくらになるのか。それは「いくらか多《おお》く」とか「より多《おお》く」と言《い》った部分《ぶぶん》をどれだけに計算《けいさん》するのか等《など》によって変《か》わってくる。それでは具体的《ぐたいてき》ではないと思《おも》うかもしれない。たしかにそのとおりだ。けれども、それでも、こんな調子《ちょうし》で考《かんが》えたら、今現在《いまげんざい》はどう見《み》えるかは見《み》えてくる。ずいぶんな差《さ》がある。だからそれを少《すく》なくしてもよいということになる。それがわかればよい。

それでも「試算《しさん》」してみようか。お金《かね》で計算《けいさん》というやり方《かた》をとると、私《わたし》たちはとてもたくさんのことを間違《まちが》えてしまうのだが、それでもここではお金《かね》で計算《けいさん》するとしよう。そして国別《くにべつ》に計算《けいさん》するのもほんとうは違《ちが》うはずだ。それでも国《くに》という単位《たんい》をここではとることにしよう。

たとえば四百兆円《ひゃくちょうえん》のGNPだかGDPがあって、一億人《おくにん》の人《ひと》がいる国《くに》があるとしよう。単純《たんじゅん》に年齢《ねんれい》とか考《かんが》えず人数分《にんずうぶん》で割《わ》れば一人《ひとり》四百万円《ひゃくまんえん》だ。この一億人《おくにん》のうち、

六千万人《まんにん》の人《ひと》が年《ねん》に平均《へいきん》二千時間《せんじかん》働《はたら》いているとしよう。そしてここでは面倒《めんどう》くさいことは言《い》わず、働《はたら》く時間《じかん》あたりの「おまけ」は同《おな》じ割合《わりあい》、たとえば一時間《じかん》二千円《せんえん》とするとしよう。すると、掛《か》け算《ざん》すると、その「おまけ」の分《ぶん》が二四〇兆円《ちょうえん》になる。残《のこ》るのは一六〇兆円《ちょうえん》になる。そしてさらに面倒《めんどう》くさいこと——人《ひと》の身体《からだ》の状態《じょうたい》や調《ちょう》子《し》の違《ちが》いに応《おう》じてどう違《ちが》いをつけるか、このことを考《かんが》えることはとても大切《たいせつ》なのだが、ここでは——考《かんが》えずに、それをただ一億人《おくにん》で割《わ》るとしよう。すると一六〇万円《まんえん》になる。二千時間《せんじかん》働《はたら》いた人《ひと》は四百万円《ひゃくまんえん》上乗《うわの》せがあるから、五六〇万円《まんえん》になる。

あるいは、「おまけ」の分《ぶん》を一時間《じかん》千円《せんえん》にするとしよう。それで計算《けいさん》すると、今《こん》度《ど》は、人数割《にんずうわ》り部分《ぶぶん》が、二八〇万円《まんえん》となる。二千時間《せんじかん》働《はたら》いた人《ひと》は二百万円《まんえん》上乗《うわの》せがあるので、四八〇万円《まんえん》になる。意外《いがい》とたいしたことない、と思《おも》う人《ひと》はいるだろう。私《わたし》も今《いま》、紙《かみ》に書《か》いて計算《けいさん》してみて、そう思《おも》った。ただこれは、「サラリーマン一世《せ》帯《たい》あたり」とかの値《あたい》ではなくて、年齢関係《ねんれいかんけい》なく一人《ひとり》ひとりの分《ぶん》ということになる。

まずは冗談《じょうだん》のようなものだと受《う》け取《と》ってもらってもよい。そして今《いま》の値《あたい》はこの国《くに》の実際《じっさい》の値《あたい》とは異《こと》なる（人数《にんずう》をきりのよい数《かず》にしたので実際《じっさい》よりは少《すく》ないし、四百兆円《ひゃくちょうえん》というのも実際《じっさい》よりは少《すく》ない）。ただそれでもこういう数字《すうじ》の遊《あそ》びをしてみて、現状《げんじょう》と比《くら》べてみてもよいということだ（齊藤拓《さいとうたく》との共著《きょうちょ》『ベーシックインカム――分配《ぶんぱい》する最小国家《さいしょうこっか》の可能性《かのうせい》』の第《だい》1章《しょう》「此《こ》の世《よ》の分《わ》け方《かた》」の2「此《こ》の世《よ》の分《わ》け方《かた》についての案《あん》」でも、似《に》たような、ただすこし違《ちが》うところもある試算《しさん》をしてみている）。

5 なかなかそうもいかない→B

ただもう一つ、働《はたら》く気《き》になってもらうために支払《しはら》うというやり方《かた》をとらざるをえないかもしれない。

働《はたら》いて苦労《くろう》したその苦労《くろう》に報《むく》いるというのと、働《はたら》いてもらうために代価《だいか》を払《はら》うのと、この二つは似《に》ているようだが、違《ちが》う。前者《ぜんしゃ》の場合《ばあい》には、苦労《くろう》の度合《どあ》いが基準《きじゅん》になる。それはきっと正確《せいかく》に測《はか》ることはできないだろうが、たとえば働《はたら》いた時間《じかん》と、仕事《しごと》のきつさにいくつか段階《だんかい》をつけて、それを計算《けいさん》するといった方法《ほうほう》をとることはできなくはない。

後者《こうしゃ》の場合《ばあい》にはどうなるか。人々《ひとびと》がもっている才能《さいのう》は、なぜだか、違《ちが》う。たしかにそれは苦労《くろう》・努力《どりょく》にも関係《かんけい》はあるだろう。しかし、学校《がっこう》の先生《せんせい》がどう言《い》おうと、

それだけで決《き》まったりはしない。大切《たいせつ》な仕事《しごと》ではあるが、たくさんの人《ひと》ができることがある。他方《たほう》、なぜだか少《すく》ない人《ひと》しかできないこと、すくなくともうまくはできないことがある。そしてそれを、その人《ひと》は交渉《こうしょう》の材料《ざいりょう》に使《つか》うことができる。すると、その少《すく》ない人《ひと》の方《ほう》はたくさん受《う》け取《と》ることができる。多《おお》くの人《ひと》がほしがる少《すく》ないものには高《たか》い値《ね》がつくというのと同《おな》じことである。

このようにして市場《しじょう》では値段《ねだん》が決《き》まっていることになっている。「ことになっている」と言《い》うのは、実際《じっさい》にはそんなことばかりで人々《ひとびと》の受《う》け取《と》りが決《き》まっているわけではないからだ。力《ちから》——その仕事《しごと》をする上《うえ》での「能力《のうりょく》」ではない力《ちから》——の強《つよ》い側《がわ》が自分《じぶん》に得《とく》をするように値段《ねだん》を決《き》めることもある。ただそういう部分《ぶぶん》を差《さ》し引《ひ》いていって「実力《じつりょく》」だけが評価《ひょうか》されるようになったとしても、そして、人々《ひとびと》の働《はたら》く上《うえ》での力《ちから》——「実力《じつりょく》」——を等《ひと》しくしようといろいろがんばったとしても、その実力《じつりょく》の差《さ》は残《のこ》るし、その差《さ》を利用《りよう》しようと人々《ひとびと》がふるまう限《かぎ》り、受《う》け取《と》るものの差《さ》も残《のこ》る。つまり、さっきのように、働《はたら》いた時間《じかん》（等《など》）による違《ちが》いはつけるとしても、それ以外《いがい》ではあまり変《か》わらないという分《わ》け方《かた》ではなく、その「価値《かち》」によって受《う》け取《と》りが違《ちが》ってくることになる。

それでよいのだ、と言《い》う人《ひと》たちがいるのだが、それがよいという理由《りゆう》などないのだと私《わたし》は言《い》った。能力《のうりょく》に応《おう》じて得《え》るのは当然《とうぜん》だと言《い》う人《ひと》がいるが、それが当然《とうぜん》のように言《い》われる社会《しゃかい》がこの社会《しゃかい》だが、それが当然《とうぜん》であるという理由《りゆう》はない。このことを言《い》った。人々《ひとびと》が自分《じぶん》の力《ちから》を交渉材料《こうしょうざいりょう》として使《つか》うことがあるなら、人《ひと》を働《はたら》かせるにあたって、たくさん払《はら》わざるをえないことはある。ただ、それはせいぜい仕方《しかた》のないことであって、正《ただ》しいことではない。このことは押《お》さえておこうというのだった。

このように言《い》っていくと、それは悲観的《ひかんてき》だと言《い》い返《かえ》す人《ひと》がいる。「やればできる」ことを過小評価《かしょうひょうか》しているというのだ。しかし私《わたし》は、悲観的《ひかんてき》でも楽観的《らっかんてき》でもない。やればできることがあることを否定《ひてい》しない。前《まえ》も書《か》いたけれども、みなが「やる」ことができるための条件《じょうけん》の差《さ》を小《ちい》さくすることもよいことだと思《おも》う。たとえば親《おや》に金《かね》があるかないかで学校《がっこう》に行《い》けたり行《い》けなかったり、そんな差《さ》があるのはよくないと考《かんが》える。けれども、その上《うえ》で、差《さ》は残《のこ》るだろうし、それはよくもないがわるいことでもない、ただそのことを言《い》っているだけだ。そしてそのことはじつは誰《だれ》でも知《し》っていることだ。私《わたし》が言《い》っているのは、その誰《だれ》でも知《し》っていることを、事実《じじつ》として認《みと》めようということ、そして、その差《さ》が人々《ひとびと》の暮《く》らし向《む》きを左右《さゆう》してよい理由《りゆう》がない

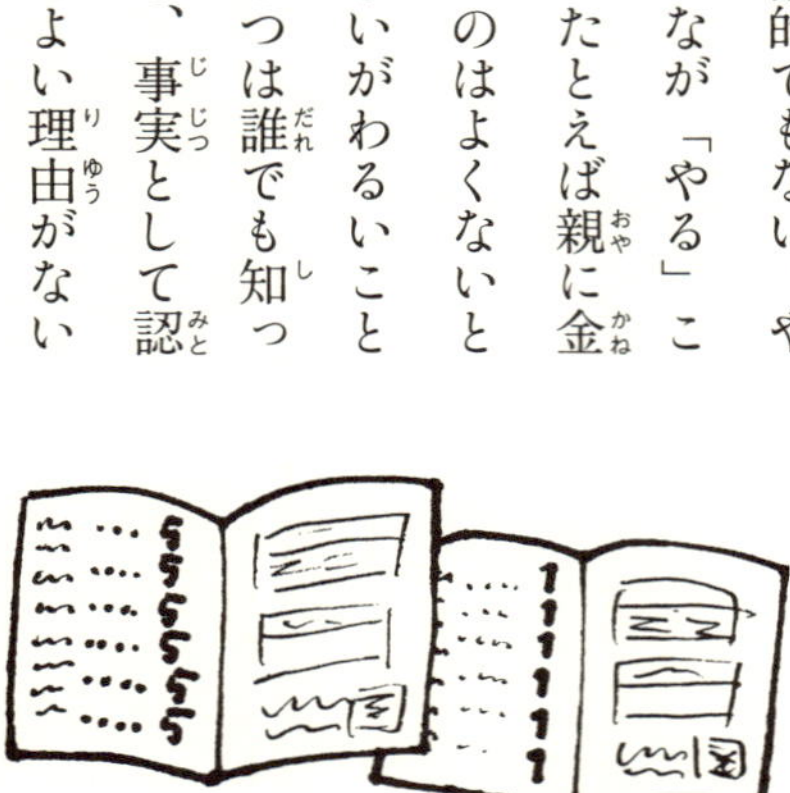

こと、それはよくないことであること、このことを認《みと》めようということだった。そして、「市場《しじょう》」という場所《ばしょ》で、つまりいろいろなものが売《う》り買《か》いされる場《ば》で労働《ろうどう》もまた売《う》り買《か》いされるなら、そのよくないことが起《お》こってしまうのだから、なにか別《べつ》のことを考《かんが》えようということだった。

6　税《ぜい》を使《つか》ってBをAに近《ちか》づけるという方法《ほうほう》

それで、それをどのように行《おこ》なうことにしようか。いろいろな案《あん》がある。さきにあげた人々《ひとびと》がどれだけ受《う》け取《と》れるかと別《べつ》に、働《はたら》ける人《ひと》には同《おな》じぐらいに働《はたら》いてもらおうというのもその一つである。ただ、こういう手段《しゅだん》をとれず、あるいはとらず、そして人《ひと》が自《じ》分《ぶん》の力《ちから》を出《だ》し惜《お》しみできるなら、これはなかなか難《むずか》しい。そこでいったんあきらめて、仕事《しごと》の値段《ねだん》の決定《けってい》を市場《しじょう》にまずはまかせるとしよう。すると、まず一つ、もうやっているといえばもうやっていると言《い》えなくもない当《あ》たり前《まえ》のやり方《かた》だが、税金《ぜいきん》をとって、B（242ページ～）をA（235ページ～）の方《ほう》に近《ちか》づけるという案《あん》がある。「累進課税《るいしんかぜい》」という方法《ほうほう》をとることになる。つまり、市場《しじょう》でたくさん稼《かせ》いだ人《ひと》からはたくさんの割合《わりあい》で税《ぜい》をとることになる。ただ普通《ふつう》は労働時間《ろうどうじかん》など計算《けいさん》して税金《ぜいきん》の額《がく》を決《き》めたりはしないから、ぴったりとAに対応《たいおう》するようなかたちはとれない。しかし近《ちか》づけることはできる。

するとすぐ反論《はんろん》がある。自分《じぶん》を高《たか》く売《う》ろうという人《ひと》がいて、それでも仕事《しごと》をさせるためにその人《ひと》の要求《ようきゅう》に応《おう》じざるをえないから高《たか》い値段《ねだん》をつけていたのに、税金《ぜいきん》をとるというかたちで値引《ねび》きしてしまったら、その人《ひと》はその仕事《しごと》を引《ひ》き受《う》けなくなるのではないか、その結果《けっか》、社会全体《しゃかいぜんたい》の生産《せいさん》がうまくいかなくなり、人々《ひとびと》が受《う》け取《と》れる分《ぶん》も少《すく》なくなってしまうと言《い》うのだ（もう一つ、外国《がいこく》に金持《かねも》ちが逃《に》げていくとか、そういう種類《しゅるい》の言《い》い分《ぶん》があるのだが、このことについて考《かんが》えるのはまた別《べつ》の機会《きかい》にということにしよう）。

この反論《はんろん》はいちおう筋《すじ》が通《とお》っている。私《わたし》もそんなことがありうることを否定《ひてい》しない。しかし、同時《どうじ》に、まずは直感的《ちょっかんてき》に「どうかな」、と思《おも》う。私《わたし》は、あるいはあなたは、どうして「どうかな」と思《おも》うのだろうか。

まず、そんな反論《はんろん》をする人《ひと》はたいてい、税金《ぜいきん》が多《おお》くなったら損《そん》をする人《ひと》たちで、結局《けっきょく》は自分《じぶん》の損得《そんとく》でものを言《い》っているのではないか。そんな疑《うたが》いをもってしまう。

すると反論《はんろん》する人《ひと》は、そんなことはないと返《かえ》すかもしれない。すると決着《けっちゃく》がつかないかもしれない。

それでも実際《じっさい》にやってみればよいではないか、やってみて、どうにもうまくいかなくなりそうなら、その手前《てまえ》で止《や》めればよいではないか。すると、そんな乱暴《らんぼう》なことを、と言《い》われるかもしれない。だが、こちらも言《い》うことはある。もちろんどこまでやるかという程度《ていど》の問題《もんだい》でもあるのだが、きちんと税金《ぜいきん》をとっている国《くに》で経済《けいざい》がうまくいっていないという証拠《しょうこ》はなく、むしろかなりうまくいっているところがたくさんあるではないかと返《かえ》すのである。

そしてそれ以前《いぜん》に、統計《とうけい》をどう読《よ》むかとか、税率《ぜいりつ》と成長率《せいちょうりつ》との相関関係《そうかんかんけい》だとか、そんなことの前《まえ》に、いったい、今儲《いまもう》かっている仕事《しごと》が（税《ぜい》を引《ひ》いた後《あと》）それほど儲《もう》からなくなるとして、その仕事《しごと》に就《つ》こうという人《ひと》がほんとうに少《すく》なくなるんだろうかという気《き》がする。「いい仕事《しごと》」と思《おも》われている仕事《しごと》は、稼《かせ》ぎ以外《いがい》にもいろいろとよいことがあってそれで人気《にんき》があるのではないか。とすると、やはり、やってみてどうなるか見《み》てみてもよいのではないか。考《かんが》えてみれば、他《ほか》に魅力《みりょく》がある仕事《しごと》なら、それに惹《ひ》かれる人《ひと》が多《おお》いはずだから、「市場《しじょう》の原理《げんり》」から言《い》っても、給料《きゅうりょう》を安《やす》くしても人《ひと》は足《た》りるはずではないか。にも関《かか》わらずそうなっていないとすれば、「需給《じゅきゅう》関係《かんけい》」だけでない要因《よういん》が関係《かんけい》しているということではないか。とすれば、課税《かぜい》によってても需給関係《じゅきゅうかんけい》にそれほどの影響《えいきょう》を与《あた》えないということだってありそうなものではないか。

そんなわけでこの方法《ほうほう》はわるくない。そしてさっきもうやっていることだとも言《い》えると述《の》べたのだが、実際《じっさい》には、たいしたことはやっていない。むしろ日本《にほん》という国《くに》は、一時期《いちじき》より、多《おお》くあるところから多《おお》くとってくるというやり方《かた》の度合《どあ》いを少《すく》なくしてそのままにしてしまっている国《くに》なのだ。そんな国《くに》は「先進国《せんしんこく》」ではアメリカ合衆国《がっしゅうこく》と日本《にほん》ぐらいのものだ。多《おお》くの人《ひと》が忘《わす》れているか知《し》らないことなのだが、かつては日本《にほん》でも、たくさんお金《かね》がある人《ひと》からたくさん税金《ぜいきん》をというその度合《どあ》いが強《つよ》かったのだ。そのときのやり方《かた》に戻《もど》すぐらいのことはすぐできるはずだ。

とはいえ、これにも不都合《ふつごう》なところはある。その一つは、いったん自分《じぶん》の口座《こうざ》に振《ふ》り込《こ》まれるお金《かね》、あるいは（「源泉徴収《げんせんちょうしゅう》」というのが一般的《いっぱんてき》な日本《にほん》では）給料明細《きゅうりょうめいさい》に書《か》いてある金額《きんがく》はわかるわけで、やはりそれは「自分《じぶん》のもの」だと思《おも》ってしまい「とられている」と思《おも》うということだ。とくに税《ぜい》の額《がく》が大《おお》きい人《ひと》はその仕組《しく》みに恨《うら》みをもつことになる。そう思《おも》われてしまうのは仕方《しかた》がないと割《わ》り切《き》るのも一つの手《て》ではあるが、なにかするとしたら、どうしたらよいか。簡単《かんたん》なことが一つある。最初《さいしょ》のところで、つまり市場《しじょう》で得《え》る収入《しゅうにゅう》の差《さ》もあまり大《おお》きくないようにすればよい。しかしそれが難《むずか》しいから、ということではなかったか。さてどうしたものか、とさらに考《かんが》えてみよう。

XI 違《ちが》いへの応《おう》じ方《かた》

1　同《おな》じから始《はじ》めることについての復習《ふくしゅう》

ここまで次《つぎ》のようなことを書《か》いた。

全部《ぜんぶ》を人《ひと》の数《かず》で割《わ》り算《ざん》というのはすっきりしている。それではだめだろうか。基《き》本《ほん》はそれでよいのではないかと考《かんが》えてみよう。すると、みんなが同《おな》じにもらえるなら働《はたら》かなくなるではないかと言《い》われることがある。いやそんなことはないと言《い》う人《ひと》もいるのだが、私《わたし》は、私自身《わたしじしん》を振《ふ》り返《かえ》ってみると、働《はたら》かないかもしれない。このことについてはⅣ「でも社会《しゃかい》はそうじゃないかという話《はなし》」の［1］「人《ひと》がそうなるならそうなるという話《はなし》」（112ページ〜）に書《か》いた。この説《せつ》にももっとなところはある。同《おな》じだけもらえるのであれば働《はたら》くのは面倒《めんどう》だ。よいことがあるから勉強《べんきょう》したり練習《れんしゅう》したりして励《はげ》む、そんなことはある。よい結果《けっか》が出《で》て、それで人《ひと》に自慢《じまん》できたり、達成感《たっせいかん》が得《え》られたりすればそれで十分《じゅうぶん》なのかもしれないが、それでは足《た》りない、足《た》りないから働《はたら》かないということはあるかもしれない。それで褒美《ほうび》を出《だ》すことになる。

また、これはⅡの［2］「苦楽《くらく》の公平《こうへい》はありだと人《ひと》は思《おも》っている」（81ページ〜）、Ⅹの［4］「苦労《くろう》した分余計《ぶんよけい》に受《う》け取《と》るという案《あん》」（239ページ〜）で述《の》べたことだが、苦労《くろう》に報《むく》いるということもある。それもあってよいとしよう。ただ、人《ひと》が生《い》きていく上《うえ》での苦労《くろう》は様々《さまざま》だという問題《もんだい》はここにもある。働《はたら》いている時間《じかん》の長《なが》さは一つの目安《めやす》にはなりそうだが、楽《らく》な仕事《しごと》もあるしそうでない仕事《しごと》もある。また生《い》きているだけで苦労《くろう》している人《ひと》もいる。汗《あせ》の量《りょう》、にしても、汗《あせ》かきの人《ひと》とそうでない人《ひと》がいるだろう。結局《けっきょく》、苦労《くろう》・労苦《ろうく》の度合《どあ》いをきちんと測《はか》ることはできない。ただ、さっきの働《はたら》いてもらうために出《だ》す褒美《ほうび》は、苦労《くろう》して働《はたら》いているその度合《どあ》いに、比例《ひれい》はしないとしてもおおまかに対応《たいおう》はするだろう。あるいは対応《たいおう》させるようにすることはできなくはない。いくらかは働《はたら》く人《ひと》は、働《はたら》かないあるいは働《はたら》けない人《ひと》よりは必《かなら》ずより多《おお》くを得《え》られることになる。すると結果《けっか》として、働《はたら》けないあるいは働《はたら》かない人《ひと》の取《と》り分《ぶん》は、比《くら》べて必《かなら》ず少《すく》なくなる。その意味《いみ》で「最低《さいてい》」にはなる。ただ、それは仕《し》方《かた》がないからそうするしかないということだ。また苦労《くろう》に報《むく》いて褒美《ほうび》を出《だ》しましょ

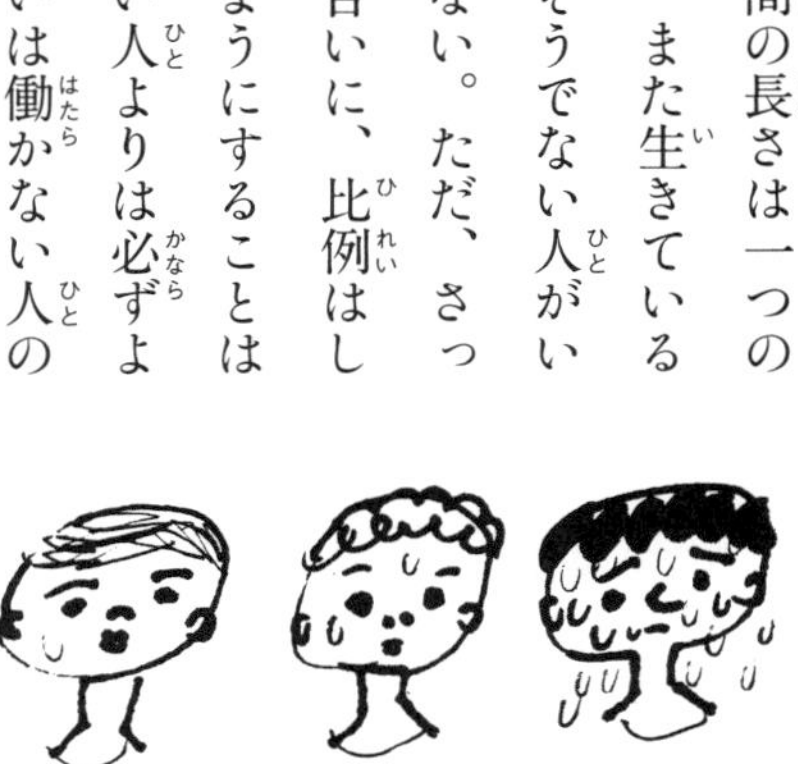

うということだ。そして、それはまず「同《おな》じ」にしたうえで、働《はたら》きに応《おう》じて「餌《えさ》」にあたる部分《ぶぶん》を、必要《ひつよう》な限《かぎ》りにおいて積《つ》み増《ま》していくということだから、またいくらか苦労《くろう》に報《むく》いましょうということだから、人《ひと》は生《い》きていくのにいったいどれだけが必要《ひつよう》なのかを計算《けいさん》してみて出《だ》した、あるいは計算《けいさん》したことにして出《だ》した「最低《さいてい》限《げん》」とは違《ちが》う。

「同《おな》じ」を基準《きじゅん》にしたうえで、苦労《くろう》に報《むく》いた分《ぶん》、また苦労《くろう》してもらうために出《だ》す分《ぶん》を調整《ちょうせい》した結果《けっか》人々《ひとびと》が得《え》られる額《がく》が、いろいろを積《つ》み立《た》てて出《だ》された「最低限《さいていげん》」と比《くら》べてどうなのか。いつも前者《ぜんしゃ》の方《ほう》が後者《こうしゃ》より多《おお》くなるか。これは場合《ばあい》による。そしてどちらにしてもはっきりした確実《かくじつ》な基準《きじゅん》は出《だ》せない。けれども、前者《ぜんしゃ》の方《ほう》の方《ほう》がすっきりしている。その分《ぶん》よいように思《おも》う。というか、なぜそれではいけないのかと考《かんが》えてみることに意味《いみ》があると思《おも》う。

同《おな》じだと人《ひと》は働《はたら》かないとか、同《おな》じだと苦労《くろう》した人《ひと》が損《そん》をするという話《はなし》については、それは両方《りょうほう》とももっともだからそれは勘案《かんあん》しましょうと、今答《いまこた》えた。それ以外《いがい》にあるだろうか。そもそもできる人《ひと》は得《え》る権利《けんり》があるのだという主張《しゅちょう》に対《たい》しては、いやそんなことはないと答《こた》えた（→**III**「しかしこの世《よ》の仕組《しく》み――私《わたし》たちの社会《しゃかい》は変《へん》だ」、85ページ〜）。「同《おな》じ」の基準《きじゅん》が決《き》まらないではないかという疑問《ぎもん》に対《たい》しては、それはそのとおりだが、だから基本《きほん》は同《おな》じでいこうというやり方《かた》が間違《まちが》っているとは言《い》えないと述《の》べた。同《おな》じがよい、同《おな》じでよいということと、同《おな》じを決《き》められないということ、そしてときには——人々《ひとびと》のあれこれを詮索《せんさく》したり、嘘《うそ》を言《い》うことの方《ほう》が有利《ゆうり》になったりする状態《じょうたい》がよくないと考《かんが》えるなら——決《き》めない方《ほう》がよいということとは矛盾《むじゅん》しないのである。

2　違《ちが》うからこそまず「総額《そうがく》」を同《おな》じにすること

同《おな》じだけ分《わ》けると言《い》った。だが人々《ひとびと》には様々《さまざま》な差異《さい》があるではないか。ではそれについてはどう考《かんが》えるか。

まず、「総額《そうがく》」で同《おな》じというやり方自《かたじ》体《たい》が、人々《ひとびと》がほしいものの違《ちが》いを認《みと》めた上《うえ》でそこに一定《いってい》の限界《げんかい》を設《もう》ける方法《ほうほう》でもある。このことを説明《せつめい》しよう。

各自《かくじ》は分配《ぶんぱい》されたものを使《つか》って暮《く》らすのだが、そのお金《かね》の使《つか》い道《みち》はとくに制約《せいやく》されていない。食費《しょくひ》に金《かね》をかける人《ひと》もいれば、その金《かね》を削《けず》って、別《べつ》のことにかける人《ひと》

もいる。様々《さまざま》な好《この》みの人《ひと》がいて、その人《ひと》にとって大切《たいせつ》なものが様々《さまざま》あって、中《なか》には金《かね》のかかる趣味《しゅみ》をもっている人《ひと》もいる。それはわるいことではない。ただ、余計《よけい》にかかるその分《ぶん》については、他《ほか》を減《へ》らしてもらうということになる。それでよいと思《おも》われるなら、それはなぜか。

払《はら》うということは人《ひと》の労働《ろうどう》の成果《せいか》を得《え》ることである。もちろんその労働《ろうどう》にどのような支払《しはら》いがなされているかにおおいに左右《さゆう》されるのだが、おおむね――とくに私《わたし》（たち）が基本的《きほんてき》にはよいとする払《はら》い方《かた》では――多《おお》くを払《はら》うものには多《おお》くの手間《てま》がかかっている。一人《ひとり》ひとりが受《う》け取《と》るものは、その手間《てま》のかけさせ方《かた》の総量《そうりょう》としておおむね同《おな》じぐらいでよい。だからこの場面《ばめん》では総額《そうがく》は等《ひと》しくよい。そのように考《かんが》えられていると見《み》ることができる。つまり、人《ひと》はそれぞれ好《す》きなように生《い》きるのがよいとして、しかしそのためには他《ほか》の人《ひと》の労働《ろうどう》を引《ひ》き出《だ》すことにもなるのだから、その両者《りょうしゃ》の間《あいだ》のバランス、公平《こうへい》が必要《ひつよう》であるということになる。そして各自《かくじ》が受《う》け取《と》る総額《そうがく》が等《ひと》しいということは――現実《げんじつ》には大《おお》きくずれているのだが――おおむね等《ひと》しいだけの労働《ろうどう》・労苦《ろうく》を引《ひ》き出《だ》していると言《い》える。そして、その内訳《うちわけ》を各自《かくじ》が変えて使《つか》うことは基本的《きほんてき》に認《みと》められる。そのように考《かんが》えてよいと思《おも》う。

すると各自《かくじ》は、様々《さまざま》を消費《しょうひ》し、その個々《ここ》についてとやかく言《い》われることはないのだが、ある部分《ぶぶん》について多《おお》くを消費《しょうひ》する人《ひと》は、その分他《ぶんほか》を制約《せいやく》される。それでよいということになる。

3　必要《ひつよう》なものが違《ちが》うとき

次《つぎ》に、人《ひと》と人《ひと》との間《あいだ》にある差異《さい》に対《たい》する対応《たいおう》について考《かんが》えてみよう。とくに身体《からだ》に差異《さい》があって、それは様々《さまざま》なかたちで人《ひと》の生活《せいかつ》に関《かか》わる。それによって起《お》こるできごとは様々《さまざま》である。それらにどのように応《おう》ずるか。

大《おお》きいものは身体《からだ》、身体《からだ》の作動《さどう》――もちろんここには知的能力《ちてきのうりょく》も含《ふく》まれる――に関《かか》わる「不便《ふべん》」である。それはまず様々《さまざま》な事情《じじょう》・状況《じょうきょう》が関係《かんけい》しつつ、労働《ろうどう》とそしてこの社会《しゃかい》においては収入《しゅうにゅう》に影響《えいきょう》するのだが、この部分《ぶぶん》についてはすでに所得《しょとく》の分配《ぶんぱい》によって対応《たいおう》はなされたということになっている。するとそれ以外《いがい》、生活上《せいかつじょう》の必要《ひつよう》の差《さ》への対応《たいおう》が残《のこ》る。

今《いま》の社会《しゃかい》で不便《ふべん》な人《ひと》たちはその部分《ぶぶん》を「補《おぎな》う」こと、そのことに関《かか》わる不便《ふべん》な部《ぶ》分《ぶん》に対応《たいおう》することを求《もと》めてきた。そして補《おぎな》うことの全部《ぜんぶ》を否定《ひてい》する人《ひと》はあまりいないはずである。問題《もんだい》はどの程度《ていど》それを補《おぎな》うのかである。要求《ようきゅう》してきた人《ひと》たちは「普通《ふつう》」「人並《ひとな》み」を求《もと》めてきた。他《ほか》の人々《ひとびと》と同《おな》じことを行《おこ》なう場合《ばあい》に余計《よけい》にかかる部分《ぶぶん》については分配《ぶんぱい》されてよいということである。ではここで「人並《ひとな》み」とはなにか。

一つ前《まえ》に見《み》た「同《おな》じ」の場面《ばめん》に戻《もど》ろう。そこには制約《せいやく》がたしかにあった。その総《そう》額《がく》の範囲内《はんいない》でなにに使《つか》うかを決定《けってい》することになる。誰《だれ》もがいくらでもしたいことを行《おこ》なうことができるわけではない。その上《うえ》で、あるものに多《おお》く使《つか》うこと、その総額《そうがく》をどのように使《つか》うかは各自《かくじ》に委《ゆだ》ねられていたのだった。そしてそれでよいとされた。たとえば、そう頻繁《ひんぱん》に海外旅行《かいがいりょこう》に行《い》くことはできない。ある程度《ていど》の制約《せいやく》はあるのだった。

基本的《きほんてき》にはこれと同《おな》じように考《かんが》えればよい。総額《そうがく》をどのように使《つか》うかは一般《いっぱん》に自由《じゆう》だった。その中《なか》でなにについて消費《しょうひ》するかを各自《かくじ》は決《き》める。総額《そうがく》の制約内《せいやくない》で、年《ねん》に二度《ど》海外旅行《かいがいりょこう》に行《い》く人《ひと》もいるし、一度《いちど》の人《ひと》もいるし、行《い》かない人《ひと》もいる。それと同《おな》じことをここでも認《みと》める。すると、二度《ど》行《い》く人《ひと》にはそのことに関《かか》わる追加分《ついかぶん》の費用《ひよう》、一度《いちど》の人《ひと》には一度分《いちどぶん》の費用《ひよう》が払《はら》われるようにすればよい。

もちろんそれは個人《こじん》への支給《しきゅう》である必要《ひつよう》は必《かなら》ずしもない。車椅子《くるまいす》や人工呼吸器《じんこうこきゅうき》等々《とうとう》を使《つか》う人《ひと》でも飛行機《ひこうき》に乗《の》れるようにすることを航空会社《こうくうがいしゃ》に義務《ぎむ》づけ、その費用《ひよう》を負担《ふたん》させるということもある。全体《ぜんたい》に義務《ぎむ》づけるのであれば企業《きぎょう》の競争力《きょうそうりょく》に差《さ》は出《で》ない。そしてそれは結局《けっきょく》、利用者全体《りようしゃぜんたい》がその自《みずか》らの利用《りよう》に応《おう》じて費用《ひよう》を支払《しはら》うということにもなる。あるいは税《ぜい》を使《つか》ってその環境《かんきょう》を整《ととの》える場合《ばあい》もある。他方《たほう》に個人《こじん》に出《だ》すのが適切《てきせつ》な場合《ばあい》もある。介助《かいじょ》する人《ひと》が必要《ひつよう》なのであれば、その利用《りよう》に対《たい》して支払《しはら》いがなされる。

このようにして、同《おな》じことをするのに、今《いま》ある社会《しゃかい》のもとでは、費用《ひよう》が余計《よけい》にかかることがあり、そこでその部分《ぶぶん》を補塡《ほてん》するということである。するとその追加《ついか》費用《ひよう》を得《え》ていない人《ひと》と同《おな》じ結果《けっか》、結果《けっか》というよりは結果《けっか》のための手段《しゅだん》が得《え》られることになる。ここで他《ほか》の人々《ひとびと》に認《みと》められている以上《いじょう》のことはなされていない。これでよいのではないか。とすれば、普通《ふつう》の、望《のぞ》ましい水準《すいじゅん》に設定《せってい》された収入《しゅうにゅう》によって人々《ひとびと》が行《おこ》なう範囲《はんい》について、そのために——多数派用《たすうはよう》にしつらえられたこの社会《しゃかい》において——余計《よけい》にかかる部分《ぶぶん》が支出《ししゅつ》されればよいということになる。こんなところ

でよいのではないか。

＊今書《いまか》いたことは、『現代思想《げんだいしそう》』の連載《れんさい》には書《か》いたのだが（二〇一〇年《ねん》四月号《がつごう》）、まだ本《ほん》にはっきりと書《か》いたことはない。そして他《ほか》の研究者《けんきゅうしゃ》たちも、このテーマは難《むずか》しい難《むずか》しいと言《い》ってはきたが、このようには言《い》ってこなかったと思《おも》う。そういう意味《いみ》では「オリジナル」な案《あん》と言《い》えるかもしれない。けれども、「介助《かいじょ》（介護《かいご》）」を必要《ひつよう》としそのための費用《ひよう》を出《だ》してくれと政府《せいふ》に要求《ようきゅう》してきた人《ひと》たちの主張《しゅちょう》にいくらか言葉《ことば》を補《おぎな》えば、こうなるはずである。難《むずか》しいことだと私《わたし》は思《おも》わない。理論家《りろんか》たちも人々《ひとびと》の要求《ようきゅう》をきちんと聞《き》けばよいと思《おも》う（二〇一〇年《ねん》『差異《さい》と平等《びょうどう》』で論《ろん》じた）。

4 「ほしいだけ」はなしか

他《ほか》に一つ、ほしい人《ひと》がほしいだけとる、必要《ひつよう》な人《ひと》が必要《ひつよう》なだけとる、というやり方《かた》がある。「ほしい」と「必要《ひつよう》」は違《ちが》うかもしれない。後者《こうしゃ》の方《ほう》が受《う》け取《と》る分《ぶん》は少《すく》なくなるような気《き》がする。ただ、必要《ひつよう》を本人《ほんにん》が決《き》める、必要《ひつよう》とは本人《ほんにん》が必要《ひつよう》と言《い》うものだということになれば、両方《りょうほう》はそう違《ちが》わない。ここはじつはけっこう大《おお》きな問題《もんだい》なのだが、ここでは「ほしいだけ」の方《ほう》で考《かんが》えてみることにしよう。「ほしいだけ」と言《い》うと、多《おお》くの人《ひと》たちはかなり瞬間的《しゅんかんてき》に「とんでもない」と思《おも》うだろう。しかしなぜそう思《おも》うのだろう。

答《こたえ》はとりあえず簡単《かんたん》だ。みんながすきなだけとれることになったら、みなたくさんとろうとして、それでやっていけなくなるにちがいないというのだ。私《わたし》も、そう思《おも》うのはもっともだと思《おも》う。全部《ぜんぶ》が同《おな》じだとすると、たくさんとる人《ひと》がいたら、他《ほか》の人《ひと》の分《ぶん》が減《へ》る。増《ふ》えるなら、増《ふ》える分《ぶん》だけ働《はたら》かなければならない。

けれどもこれは考《かんが》えておいてよい。実際《じっさい》には実現《じつげん》しそうにないことでも、考《かんが》えるだけなら考《かんが》えることはできる。そしてこれは、平等《びょうどう》なんていうことを考《かんが》えることと別《べつ》のことというより、それとかなりつながっていることでもあるのだ。だからよりみちのようでそうではない。どういうことか。

「等《ひと》しい」のがよいとしよう。すくなくともそれが「落《お》としどころ」だとしよう。するとなにが等《ひと》しいのがよいということになるだろう。たとえば同《おな》じお金《かね》があったとしても、結果《けっか》としてそれが同《おな》じ暮《く》らし向《む》きをもたらすことにはならないことがわかる。たとえば病気《びょうき》をする。するとお金《かね》がかかる。するとその人《ひと》は他《ほか》の出費《しゅっぴ》を少《すく》な

くしなければならなくなる。ときにはまったく暮《く》らせないことがある。これはよくないと思《おも》う。すると、そこのところをどうしようかということになる。どのような基準《きじゅん》があるだろうかということになる。

ここでは暮《く》らしのために必要《ひつよう》なもののことを考《かんが》えている。まずはお金《かね》で買《か》えるもの、買《か》ってよいものと考《かんが》えてもらってもよい。さて、私《わたし》たちはなぜそうしてものを消費《しょうひ》したり、お金《かね》を使《つか》ったりするのか。それを使《つか》って、消費《しょうひ》したら、そうでないときよりもよいことがあるからだ。もしそんなことがまったくないのであれば、それを使《つか》う必要《ひつよう》はない。満足《まんぞく》できるかどうかが問題《もんだい》だ。

こうして普通《ふつう》に考《かんが》えていくと、同《おな》じということでよしとするとしたら、それは、みなが同《おな》じぐらいに満足《まんぞく》できるようなぐらいにものが得《え》られるということである。こうなる。

さてそうすると、そんなことどうやってわかるのか、と思《おも》う。わからなさそうに思《おも》える。それは、苦労《くろう》したらその分報《ぶんむく》われてよいというときに、苦労《くろう》の度合《どあ》いなんてそうわかるかと考《かんが》えていくと、わからなそうに思《おも》えるのに似《に》ている。難《むずか》しそうだ。けれど、難《むずか》しそうだからだめだ、とはすぐにはならない。なんとかならんかと考《かんが》えてみることにしよう。

人々《ひとびと》がそれでよいというぐらいは得《え》られるようにしたらどうだろう。この場合《ばあい》には基準《きじゅん》というものをあらかじめ決《き》める必要《ひつよう》はない。みながこれがよいと思《おも》っているのであれば、そのようにみなが思《おも》っているという点《てん》で、平等《びょうどう》が実現《じつげん》されているとも言《い》える。すると、さきの「ほしいだけ」という話《はなし》は、どのようにして平等《びょうどう》にするのかという問題《もんだい》への、すくなくとも理屈《りくつ》としては、辻褄《つじつま》の合《あ》った答《こたえ》ということになる。とすると、平等《びょうどう》について考《かんが》えるなら、この「満足度《まんぞくど》」という問題《もんだい》をほおっておけないということでもある。

5　経済学《けいざいがく》が言《い》うこととは似《に》ているようで全然違《ぜんぜんちが》う

経済学《けいざいがく》という学問《がくもん》がある。それはこの問題《もんだい》についてどんなことを言《い》っているのか。私《わたし》はその学問《がくもん》を知《し》らないのだが、だいたい次《つぎ》のようなことになっているようだ。「効用《こうよう》」というものが大切《たいせつ》だ（その効用《こうよう》というのはその人《ひと》にとってのよさだから、さきの満足《まんぞく》（度《ど》）というのとそう変《か》わらないものだ）。次《つぎ》に、私《わたし》にとっての効用《こうよう》と、あなたにと

っての効用《こうよう》は、比較《ひかく》できない。すべきでない。それでどうするか。標準的《ひょうじゅんてき》な経済学《けいざいがく》はそんな具合《ぐあい》に考《かんが》える。

市場《しじょう》での交換《こうかん》、お金《かね》を使《つか》ってのやりとりのことを考《かんが》えてみよう。そこでは、誰《だれ》もが、買《か》わないより買《か》った方《ほう》がよいと思《おも》うから（その人《ひと》にとっての効用《こうよう》が高《たか》まるから）それを買《か》う。そう思《おも》わない人《ひと》はなにもしない。すると市場《しじょう》では、あらゆる人《ひと》が効用《こうよう》を高《たか》めることをしている。すべての人《ひと》の満足度《まんぞくど》が高《たか》まっている。もっと正確《せいかく》には、なにもしない人《ひと》はそのままで高《たか》まっておらず同《おな》じだから、みながよりよくなっているかあるいは同《おな》じということになる。これはよいではないか。だから、これでよい、これでいこう。

煎《せん》じ詰《つ》めるとこのようになっている。これから後《あと》は、様々《さまざま》に複雑《ふくざつ》なことを言《い》うが、根《ね》っこはこうなっている。そしてこの筋《すじ》の話《はなし》に例外《れいがい》があることなども認《みと》める。つまり、買《か》ってみたがかえって損《そん》したと思《おも》うことは実際《じっさい》にはよくあることだ。それは、その商品《しょうひん》についてちゃんとした情報《じょうほう》が提供《ていきょう》されていないのだなどと言《い》って、ではどうしたらよいかといった話《はなし》もする。

このように話《はなし》が進《すす》む。それでよいではないか、と言《い》われるとそんな気《き》もする。誰《だれ》もが損《そん》していない。だからよい。そうか。でもなんだかおかしいような気《き》がする。どこがおかしいのだろう。

いくつか答《こたえ》があるのだが、その一つは簡単《かんたん》な答《こたえ》だ。その人《ひと》がなにかと交換《こうかん》するためにもっているものは、そもそもどのようにして決《き》まるのかである。みんなが満足《まんぞく》するように、すくなくともみんなから文句《もんく》がでないようにというやり方《かた》で決《き》まったのか。そんなことはない。もう何度《なんど》も書《か》いたことだが、人《ひと》のできるできないに応《おう》じて受《う》け取《と》りが決《き》まるという方法《ほうほう》がとられてしまうなら、できない人《ひと》は困《こま》るから、その方法《ほうほう》には賛成《さんせい》しないだろう。しかし、実際《じっさい》にはそのきまりが使《つか》われている。そのきまりの上《うえ》で、その後《あと》で、人々《ひとびと》は自分《じぶん》に得《とく》になることをしているのは事実《じじつ》だとしても、そのきまりそのものが誰《だれ》からも文句《もんく》がでない誰《だれ》もが損《そん》しないきまりであるなどとはけっして言《い》えないのである。ところが、この世《よ》で起《お》こっていることはよいことであると思《おも》っている人《ひと》たちは、それがきまりであることに気《き》がつかないで、その後《あと》に起《お》こることを見《み》て、誰《だれ》もが「自発的《じはってき》」に、自分《じぶん》が得《とく》をすると思《おも》って、同意《どうい》の上《うえ》で、売《う》り買《か》いをしているのだから、この世《よ》で起《お》こっていることはよいことだと言《い》うのである。

ではどのように考《かんが》えなおしたらよいのだろうか。これも答《こたえ》は簡単《かんたん》だ。そもそも人《ひと》がどれだけを得《え》て暮《く》らしていくのかという最初《さいしょ》のところから考《かんが》えましょうということだ。すると、みながよいというあたりがよいという答《こたえ》がある。また、みなが同意《どうい》するあたりがよいという答《こたえ》もある。二つは似《に》ているが、すこし違《ちが》う。このことも後《あと》まわしにして、みながよいというあたりがよいというやり方《かた》について考《かんが》えてみよう。

6　ありなこともある

「その人《ひと》がほしいだけ」のなにが難《むずか》しいか。難《むずか》しいように思《おも》えるのだろうか。これも答《こたえ》は簡単《かんたん》だった。それではほしいという人《ひと》がたくさん受《う》けとることになってしまって、足《た》りなくなるというのである。

この心配《しんぱい》はもっともであるように思《おも》える。そのことを「ほしいだけ」を主張《しゅちょう》する人《ひと》はどのように考《かんが》えているのか。

一つは、この世《よ》にはもうたくさんのものがあるからだいじょうぶだという答《こたえ》である。あるいは今《いま》はまだだいじょうぶでなくてもそのうちそうなるだろうというのである。ならば誰《だれ》にどれだけとかいう面倒《めんどう》なことをあまり考《かんが》えなくてすむではないかというのである。それは楽観的《らっかんてき》すぎる、そんなことはないだろう、と思《おも》って相手《あいて》にしなければよいか。しかしこれもけっこうまともに考《かんが》えてもよいことだと私《わたし》は思《おも》う。私《わたし》たちは足《た》りない足《た》りないとすぐ言《い》うのだが、どういう意味《いみ》で足《た》りないのか、多《おお》くの場合《ばあい》、あまりわかって言《い》っているわけでもないのだ。**XII**［**3**］（284ページ〜）で「人《ひと》は余《あま》る、それはわるいことではない」と書《か》いている。人《ひと》が足《た》りないとか、足《た》りなくなるという話《はなし》をそのまま信《しん》じることはない。そして他《ほか》に足《た》りないものはなにか、それはどのように足《た》りないのか、と考《かんが》えてみる必要《ひつよう》がある。ただ、絶対的《ぜったいてき》に足《た》りないというのでないにしても、消費《しょうひ》するものは生産《せいさん》しなければならず、生産《せいさん》するためには働《はたら》くのは面倒《めんどう》だという事情《じじょう》は残《のこ》るだろう。それに対《たい》しても、今《いま》は（あるいはこれからは）人《ひと》でなくて機械《きかい》が作《つく》るものが多《おお》いからだいじょうぶだ、と楽観的《らっかんてき》な人《ひと》は言《い》うだろう。こうして押《お》し問答《もんどう》は続《つづ》いていく。ただ、人《ひと》が求《もと》めるものが多《おお》くなりすぎたら困《こま》ることになりうるということは、現実《げんじつ》がどうなっているのかとはべつに、言《い》えるだろう。ここではこのぐらいにしておこう。

もう一つの答《こたえ》は、いるだけ受《う》け取《と》れることになっても、人《ひと》はあまりほしがらない

のではないかという答《こたえ》だ。そんなことはないだろう、と思《おも》う。だが、場合《ばあい》によったらだが、そうでもない。このことを説明《せつめい》しよう。

　まず医療《いりょう》のことを考《かんが》えてみよう。この国《くに》では、医療《いりょう》はだいたい公的《こうてき》な医療保険制《いりょうほけんせい》度《ど》というものでお金《かね》の方《ほう》はまかなわれている。細《こま》かく説明《せつめい》するととても複雑《ふくざつ》な制度《せいど》だが、基本《きほん》は簡単《かんたん》で、みなが保険料《ほけんりょう》を払《はら》って、そのお金《かね》を使《つか》って、医療《いりょう》についてのお金《かね》をまかなっている。ただ実際《じっさい》には、そしてとくにこのごろは、二割《わり》とか三割《わり》とか、「自己負担《じこふたん》」があるようになった。だが、仮《かり》にその負担《ふたん》がないかわずかだとしよう。そして、どんな場合《ばあい》にはどれだけしか使《つか》ってならないと決《き》まっていないとしよう。すると、それは、すきなだけ使《つか》えるという仕組《しく》みだということにならないか。実際《じっさい》、日本《にほん》も、一時期《いちじき》はだいたいそんな感《かん》じでやってきて、まずまずやれてきた。そうであるなら――いやそうではない、うまくいってなかったと言《い》う人《ひと》もいるのだが――、それは「ほしいだけ」でやっていける（ことがある）ことを示《しめ》していることになる。

　だとしてそれはなぜか。一番単純《ばんたんじゅん》な理由《りゆう》が、医療《いりょう》はあればあるだけよいというものではないという理由《りゆう》だ。注射《ちゅうしゃ》をいくらでも打《う》ってほしいと思《おも》う人《ひと》は、それを趣味《しゅみ》にしている人《ひと》を別《べつ》にすれば、まあいない。薬《くすり》にしても注射《ちゅうしゃ》にしても、多《おお》く使《つか》えば使《つか》うほどよい結果《けっか》になるわけではなく、そして注射《ちゅうしゃ》は痛《いた》い。さらに、かえってそれでは自分《じぶん》の健康《けんこう》が危《あやう》いこともある。病院《びょういん》にずっといたいわけでもない。

そうすると、たしかそんなこともあるが、それは特別《とくべつ》な場合《ばあい》に限《かぎ》られるだろうと言《い》われるだろう。しかし他《ほか》にもそんなものがないわけではない。

たとえば「介護《かいご》」とか「介助《かいじょ》」というものがある。これもある程度《ていど》税金《ぜいきん》や保険料《ほけんりょう》を使《つか》って行《おこ》なわれている。だが、公的介護《こうてきかいご》保険《ほけん》という仕組《しく》みでは、医療《いりょう》と違《ちが》って、あなたの使《つか》えるのはどれだけと査定《さてい》される。「要介護認定《ようかいごにんてい》」というものである。多《おお》くの人《ひと》が、基準《きじゅん》が厳《きび》しすぎるとか思《おも》うことはあっても、基準《きじゅん》があることは当《あ》たり前《まえ》だと思《おも》っている。医療《いりょう》にはその認定《にんてい》にあたるものがないということも思《おも》いつかない。だが、どうしても必要《ひつよう》なものか。医療《いりょう》の場合《ばあい》と大《おお》きく違《ちが》うところがあるだろうか。

まず、一日《にち》は二十四時間《じかん》でそれ以上長《いじょうなが》くなることはない。そして多《おお》くの場合《ばあい》、その仕事《しごと》は一人《ひとり》について一人《ひとり》で足《た》りる。すると上限《じょうげん》が自然《しぜん》に決《き》まっているということだ。次《つぎ》にやはりここでも人《ひと》はそう多《おお》くをほしがらないかもしれない。このことをよく言《い》うのは、『当事者主権《とうじしゃしゅけん》』という本《ほん》（岩波新書《いわなみしんしょ》、二〇〇三年《ねん》）の著者《ちょしゃ》の一人《ひとり》でもあ

る中西正司《なかにししょうじ》さんという人《ひと》だ。介護《かいご》・介助《かいじょ》というのはずいぶんと人《ひと》の身体《からだ》や暮《く》らしに近《ちか》いところでなされる仕事《しごと》だ。それは必要不可欠《ひつようふかけつ》なことではあるものの、それ自体《じたい》はうれしいことではない。むしろわずらわしい。必要《ひつよう》でないとき以外《いがい》には人《ひと》にいてほしくはない。だから、その人《ひと》が「ほしいだけ」というきまりにしても、そう増《ふ》えることにはならないはずだと言《い》うのだ。そして基本的《きほんてき》に高齢者《こうれいしゃ》向けの公的介護保険《こうてきかいごほけん》には認定《にんてい》・判定《はんてい》があるが、そんなものがない障害者《しょうがいしゃ》を対象《たいしょう》とした制度《せいど》だって実際《じっさい》にはあって、それでこれまでもそこそこうまくいっているのだ、判定《はんてい》だのなんだのする手間《てま》もかかるわけだし、そんなものはなくてよいのだ。こんな主張《しゅちょう》をする。

この主張《しゅちょう》には一理《いちり》あると思《おも》う。たしかにたくさんあればあるほどよいというものではない。そして、あなたにはどれだけと決《き》められるのは当人《とうにん》にとってはいやなことだ。これこれの状況《じょうきょう》のあなたの場合《ばあい》にあなたに認《みと》められるのはどれだけと決《き》められる。介護《かいご》・介助《かいじょ》は生活全般《せいかつぜんぱん》に関係《かんけい》することだから、生活《せいかつ》の全体《ぜんたい》が査定《さてい》されるのに近《ちか》い。それはうれしくない。

このように言《い》う。すると、しかし、たくさん使《つか》ってしまう人《ひと》が実際《じっさい》にいるではないかと返《かえ》される。だがそれはどんな場合《ばあい》だろう。たとえば心配《しんぱい》な人《ひと》である。何《なに》が心《しん》配《ばい》なのか。そのうちサービスを減《へ》らされるのではないかという心配《しんぱい》があるかもしれない。そこで、とれるときにとっておこうとする。しかしこの理由《りゆう》ならばなんとかなる。自分《じぶん》の希望《きぼう》で減《へ》らしても増《ふ》やしたいときにはまた増《ふ》やせるようにしておけば、今《いま》の自分《じぶん》に必要《ひつよう》なだけでよいということになりそうだ。

次《つぎ》に、いつも人《ひと》がいないと不安《ふあん》な人《ひと》がいる。また人《ひと》がいないとつまらないという人《ひと》もいる。一時《いちじ》、病院《びょういん》、というかその待合室《まちあいしつ》が世間話《せけんばなし》をしにくる高齢者《こうれいしゃ》のたまり場《ば》になっていると、ずいぶん非難《ひなん》されたことがあった。ほんとうは病院《びょういん》に来《く》る必要《ひつよう》がない人《ひと》が来《き》ている、医療費《いりょうひ》の無駄使《むだづか》いだというのだ。さらに保険《ほけん》からでなく本人《ほんにん》が払《はら》う部分《ぶぶん》を作《つく》ったり、その部分《ぶぶん》を大《おお》きくしたら、自分《じぶん》の金《かね》を出《だ》すのはもったいないだろうから来《こ》なくなってよいとも言《い》われた。それに対《たい》して、いやそんなことはない、あまり病気《びょうき》が深刻《しんこく》にならない前《まえ》に気軽《きがる》に来《こ》れた方《ほう》が早《はや》くなおることが多《おお》いのだから、健康《けんこう》を維持《いじ》するのは容易《ようい》なのだから、むしろ、簡単《かんたん》に来《こ》れるようにした方《ほう》がお金《かね》はかからないのだという反論《はんろん》もされた。反論《はんろん》の方《ほう》もなかなかもっともだと私《わたし》は思《おも》うが、ここではどちらの方《ほう》がお金《かね》がかからないという話《はなし》には立《た》ち入《い》らないとしよう。そして、用《よう》のない人《ひと》が病院《びょういん》を使《つか》うという事実《じじつ》もあることを認《みと》めるとしよう。そしてそれ

と似《に》たことは介護《かいご》の場合《ばあい》にもあることを認《みと》めよう。他《ほか》に人《ひと》が誰《だれ》も訪《おとず》れてこない人《ひと》は、一人《ひとり》だけ訪《たず》ねてくるヘルパーにずっといてほしいと思《おも》うかもしれない。ただ、人《ひと》づきあいが他《ほか》の場所《ばしょ》にあれば、わざわざ病院《びょういん》に来《こ》なくてもよいし、介護《かいご》する人《ひと》にそういうものを求《もと》めることもないだろう、少《すく》なくなるだろうということはできる。人《ひと》が実際《じっさい》にいないと取《と》り除《のぞ》けないような心配《しんぱい》、不安《ふあん》もあるが、そうでないものもある。それがうまいぐあいに取《と》り除《のぞ》かれれば、そう多《おお》くはいらないということになる。

それでも、やはりこれら——あればあるほどよいとは言《い》えないもの——は特別《とくべつ》なものだろうと言《い》われるかもしれない。それは認《みと》めよう。とくに、たしかに、お金《かね》となると、やっかいだ。お金《かね》はなににでも使《つか》える。そしてかなり多《おお》くの人《ひと》が、「ほしいだけ」もらえるとなったら、「ではもっと」、ということになりそうだ。

ただまず、今《いま》まで、どんなものでも「ほしいだけ」なんてありえないと思《おも》われていたとすれば、すくなくともある部分《ぶぶん》についてはそんなこともありうることを知《し》ることには意味《いみ》がある。そして、そのように（すくなくとも以前《いぜん》は）実際《じっさい》になされていたことがあることを知《し》ることにも意味《いみ》があるし、今《いま》はそうなっていないものについ

てもその可能性《かのうせい》があることを知《し》っておくことにも意味《いみ》がある。

私《わたし》たちはすぐ、「最低限度《さいていげんど》」とか、「基準《きじゅん》」を決《き》めたがる。決《き》めないとやっていけないと思《おも》っている。しかしいつもそうか。そのことを考《かんが》えておいた方《ほう》がよい。

XII 材料《ざいりょう》も仕事《しごと》も分《わ》ける

1　お金《かね》を分《わ》けるだけでよいか

市場《しじょう》で労働《ろうどう》が売《う》り買《か》いされれば、どうしたって受《う》け取《と》りに差《さ》は生《しょう》じる。ならばこれはこれでそのままにしておいて、税《ぜい》をとって集《あつ》めてそれを分《わ》けるところで調整《ちょうせい》したらよいという考《かんが》え方《かた》が一つある。これはこれですっきりしている。その手前《てまえ》のところに手《て》をつけると、かえって複雑《ふくざつ》なことになって、面倒《めんどう》なことになる。これももっともな考《かんが》えではある。

けれども、「再分配《さいぶんぱい》」と呼《よ》ばれるこのやり方《かた》だけではなかなかうまくいかないかもしれない。その一つのわけをさきに述《の》べた。つまり、市場《しじょう》でたくさんを得《え》た人《ひと》は、そのたくさんのものが本来《ほんらい》は自分《じぶん》のものだと思《おも》ってしまうかもしれない。またそんなことまで考《かんが》えないとしても、「もっていかれる」ことに対《たい》する抵抗感《ていこうかん》はあるだろ

う。

それでも、そんなことは気《き》にしないという手《て》はある。気《き》にしなくてもたくさん得《え》た人《ひと》からたくさん税《ぜい》をとることが実際《じっさい》にできるなら、それでもよいのかもしれない。だが、それがなかなか難《むずか》しいとしたら、大《おお》きな差《さ》がつくその手前《てまえ》のことを考《かんが》えておいた方《ほう》がよいかもしれない。

そしてもう一つ、みながきちんと得《え》られるようにするとは言《い》っても、やはりその「所得保障《しょとくほしょう》」の部分《ぶぶん》だけを受《う》け取《と》る人《ひと》の受《う》け取《と》りは最低《さいてい》にはなる。というのも、働《はたら》くことも大変《たいへん》は大変《たいへん》なことだから、その苦労《くろう》に応《おう》じた上積《うわづ》みはよいことにしたのだったから、働《はたら》かない人《ひと》は、その上積《うわづ》みがある人《ひと》よりは必《かなら》ず受《う》け取《と》りは少《すく》なくなることになるからだ。それでもよいという人《ひと》もいるだろう。だが、いや、ほんとはもっとほしいのだが、仕事《しごと》がなくてそれでそうなってしまっている、ほんとうはもっとほしい、という人《ひと》もいるだろう。

それからもう一つ、お金《かね》が得《え》られる、生活《せいかつ》ができるということも大切《たいせつ》なことなのだが、自分自身《じぶんじしん》がものを作《つく》ったりすることに関《かか》わりたいという気持《きも》ちも、けっこう多《おお》くの人《ひと》にはある。働《はたら》かずにすむなら働《はたら》かずにいたいと思《おも》うのも人間《にんげん》なのだが、なにか、自分《じぶん》のためや人《ひと》のためにしたいとも思《おも》うのも人間《にんげん》だ。

このようことを考《かんが》えると、みなが市場《しじょう》から受《う》け取《と》ったお金《かね》の一部《ぶ》を集《あつ》めて分《わ》けてというやり方以外《かたいがい》のやり方《かた》も使《つか》った方《ほう》がよいのでは、ということになる。どんな方法《ほうほう》があるだろうか。

2　材料《ざいりょう》（知識《ちしき》含《ふく》む）を分《わ》ける

できる人《ひと》しかできないのは仕方《しかた》のないことがある。しかし**VIII**の〔**5**〕「作《つく》り手《て》を限《かぎ》るきまり」（202ページ～）で見《み》たような場合《ばあい》は、社会《しゃかい》のきまりによって、作《つく》って売《う》ることができる人《ひと》が限《かぎ》られている。材料《ざいりょう》があって、それを使《つか》って労働《ろうどう》を加《くわ》えて、そしてものができる。なおここで材料《ざいりょう》という言葉《ことば》はとても広《ひろ》い意味《いみ》で使《つか》っている。土地《とち》も材料《ざいりょう》だし、石油《せきゆ》や鉄《てつ》などの天然資源《てんねんしげん》も材料《ざいりょう》だし、また知識《ちしき》や技術《ぎじゅつ》も材料《ざいりょう》だ。その材料《ざいりょう》を使《つか》ってよい人《ひと》が限《かぎ》られてしまっている。だから、そのきまりの方《ほう》を変《か》えればよいのではないか。変《か》えればよいのである。**III**〔**1**〕（86ページ～）で紹介《しょうかい》した「私《わたし》の作《つく》ったものが私《わたし》のもの」という考《かんが》えによってこのきまりが正当化《せいとうか》される。しかし、まず土地《とち》はどうか。誰《だれ》のものでもなかった、しかし「原住民《げんじゅうみん》」たちが使《つか》っていた土地《とち》を、最初《さいしょ》に柵《さく》で囲《かこ》った人《ひと》がいると、それが「労働《ろうどう》」「生産《せいさん》」だと、よって囲《かこ》われたその土地《とち》はその人《ひと》のものだといった理屈《りくつ》もある。ただこれは屁理屈《へりくつ》だとみな思《おも》うだろう。そして過去《かこ》から引《ひ》き継《つ》がれている多《おお》くのものは、個人《こじん》の間《あいだ》のまた集団《しゅうだん》や国家《こっか》の間《あいだ》の様々《さまざま》な争《あらそ》いだとか、略奪《りゃくだつ》だとか、世代間《せだいかん》の相続《そうぞく》だとか、そんなことによって今《いま》のような具合《ぐあい》になっている。これは「私《わたし》の作《つく》ったものが私《わたし》のもの」主義者《しゅぎしゃ》からさえも批判《ひはん》されるだろう。

材料《ざいりょう》もあるし、人《ひと》もいるし、やる気《き》もあるというところで、働《はたら》いて稼《かせ》げる人《ひと》が少《すく》なく（失業率《しつぎょうりつ》が高《たか》く）、貧乏《びんぼう》な人《ひと》が多《おお》いのは、基本的《きほんてき》にはこんなところに問題《もんだい》がある。「生産財《せいさんざい》」――ここで言《い》っている「材料《ざいりょう》」とほぼ同《おな》じ――の所有《しょゆう》のかたちを変《か》えるべきだという前《まえ》からある主張《しゅちょう》は今《いま》も正《ただ》しい。このことについて、もっと具体的《ぐたいてき》には、また別《べつ》のところに書《か》くとしよう。ここでは、このようなことを言《い》うとまた繰《く》り返《かえ》される心配《しんぱい》について。

その心配《しんぱい》する人《ひと》たちは、きまりを変《か》えて誰《だれ》でも作《つく》ってよいことにしたら、最初《さいしょ》に発明《はつめい》する人《ひと》がいなくなるのではないかと言《い》う。

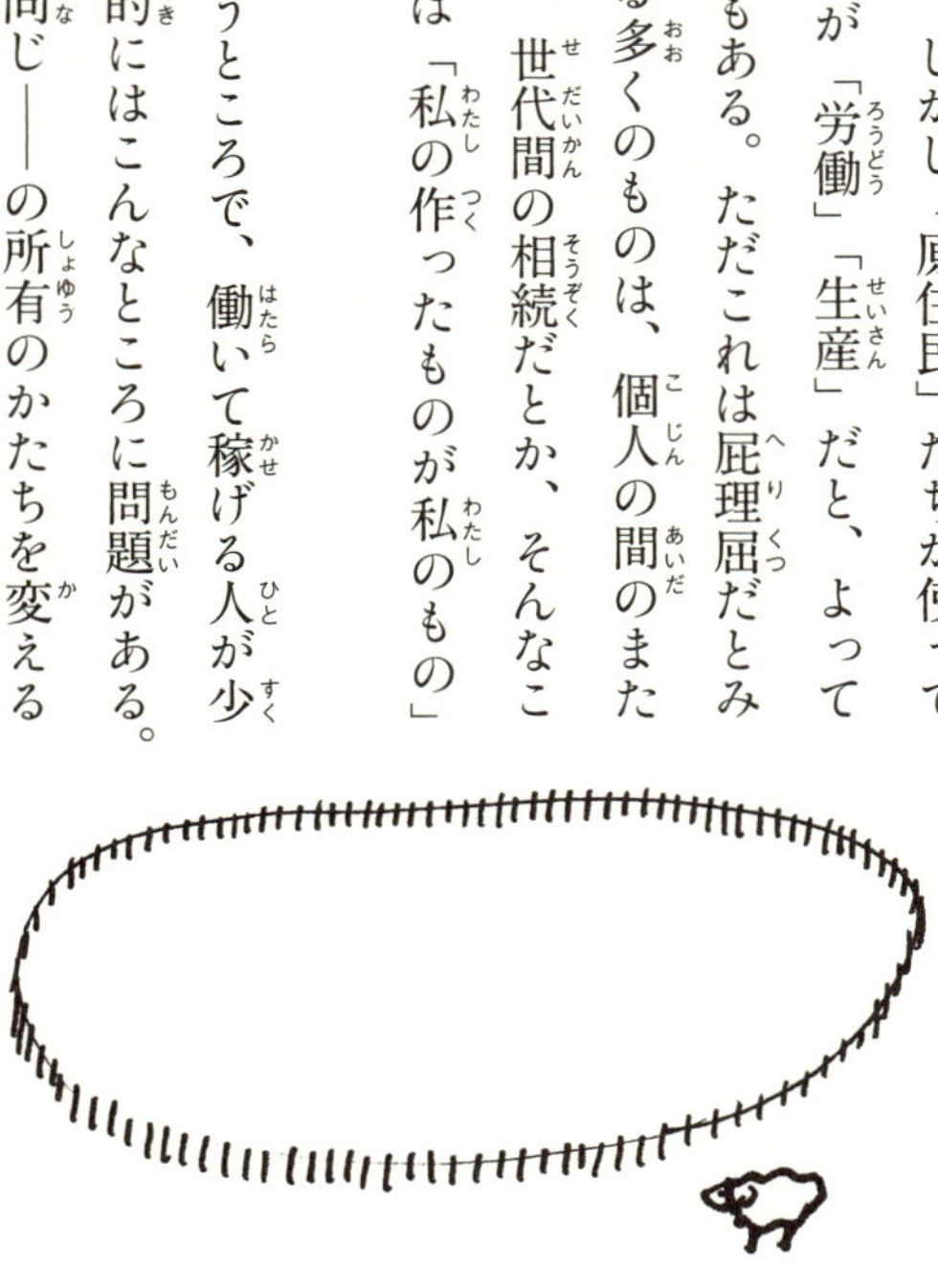

後《あと》でよいことがあると思《おも》うから、企業《きぎょう》は技術開発《ぎじゅつかいはつ》をする。出《で》てきたものをみながまねしてよいとなったら、誰《だれ》も多額《たがく》の費用《ひよう》がかかる技術開発《ぎじゅつかいはつ》などしなくなるだろうというのだ。その心配《しんぱい》にはもっともなところがある。だから、私《わたし》も、はじめに作《つく》ったところが得《とく》する仕掛《しか》けはあってよいと思《おも》う。結果《けっか》として、人《ひと》と人《ひと》の間《あいだ》には差《さ》はつけられることになる。同《おな》じだったらやる気《き》にならないから、差《さ》をつけて、それでやる気《き》にさせようという話《はなし》なのだから、差《さ》はつけられてしまう。効《き》く薬《くすり》は早《はや》くできてほしいから早《はや》く作《つく》った人《ひと》や組織《そしき》にはよいことがあるようにしようというのである。

しかし、その結果《けっか》、その薬《くすり》が行《ゆ》き渡《わた》らないようなことになったら、これはまったく本末転倒《ほんまつてんとう》ということになる。そこを間違《まちが》えるとよくない。つまり、それが当然《とうぜん》のこと、正《ただ》しいことということである。たとえば、青《あお》い色《いろ》でもどんな色《いろ》でも、なにか珍《めずら》しい色《いろ》の発光体《はっこうたい》を作《つく》ることができたとして、そしてそれはなにか役《やく》に立《た》つものであるとしよう。それを最初《さいしょ》に作《つく》った人《ひと》が、そこからの利益《りえき》を独占《どくせん》することは当然《とうぜん》だとなったら、次《つぎ》は、その当然《とうぜん》の水準《すいじゅん》よりもっともらわないとやる気《き》にならないということにもなる。やる気《き》を引《ひ》き出《だ》すために差《さ》をつけてあげようというのだが、その差《さ》が当《あ》たり前《まえ》だとなったら、やる気《き》を引《ひ》き出《だ》すためにも使《つか》えないということだ。だから、差《さ》をつけないのを当然《とうぜん》としたうえで、しかし人間《にんげん》はほっとくとさぼるところがあるから、また餌《えさ》につられるということはあるから、さぼらないように、いいことをしたら褒美《ほうび》を与《あた》えることにしているというこ とをわかっていた方《ほう》が、褒美《ほうび》も有効《ゆうこう》に働《はたら》くはずなのである。

そして、たしかに薬《くすり》を開発《かいはつ》したりすることは大切《たいせつ》なことであるとして、それはどのようにしたらうまくいくのかを冷静《れいせい》に考《かんが》えてみることだ。すくなくとも個人《こじん》のレベルだったら、なにか新《あたら》しくて役《やく》に立《た》つものを作《つく》ることができたら、それだけでけっこう人《ひと》は気持《きも》ちがよくなるだろうと思《おも》う。私《わたし》は自然科学《しぜんかがく》の研究者《けんきゅうしゃ》ではないけれども、その気持《きも》ちはわかる気《き》がする。それに加《くわ》えて、一年《ねん》ぐらい休暇《きゅうか》がとれるといった褒美《ほうび》がもらえたら、もう十分《じゅうぶん》ではないか。もっともそういう人《ひと》はたいがい仕事中毒《しごとちゅうどく》だから休暇《きゅうか》などいらないかもしれない。だったら、ボーナスに給料《きゅうりょう》一年《ねん》分《ぶん》ぐらい上乗《うわの》せしてもらうとか。他方《たほう》、あまり強力《きょうりょく》に新《あたら》しいものを求《もと》められたりすると、とんでもない実験《じっけん》をしてしまうとか、データを改竄《かいざん》するとかといったことが起《お》こる。そして、みなが互《たが》いの手《て》の内《うち》を隠《かく》して独立《どくりつ》に開発《かいはつ》するのが能率的《のうりつてき》であるかどうかもいちがいには言《い》えない。いっしょにやるとか、公開《こうかい》しながらやっていく方《ほう》

がうまく早《はや》くいくこともあるはずなのだ。だから、餌《えさ》で釣《つ》った方《ほう》が世《よ》の中《なか》うまくいくのだという話《はなし》もみな信《しん》じる必要《ひつよう》はない。たんに儲《もう》かるところがもっと儲《もう》けたいから言《い》っているかもしれないと疑《うたが》ってみてもよいのである。

もとのところでは、特許《とっきょ》の期間《きかん》は限定《げんてい》されているとはいえ、かなり長《なが》い間《あいだ》、技術《ぎじゅつ》を発明《はつめい》・開発《かいはつ》したところしか、あるいはその技術《ぎじゅつ》を買《か》ったところしか生産《せいさん》し販売《はんばい》することができないという基本《きほん》は変《か》わっていない。こんなふうにして、儲《もう》かるところは儲《もう》かる。そして、技術《ぎじゅつ》を開発《かいはつ》したり、その技術《ぎじゅつ》を買《か》ったりするのは、金《かね》のあるところだ。それで金《かね》のあるところがもっと儲《もう》けることができるようになる。他《ほか》の人《ひと》たちは作《つく》れない、あるいは、使《つか》えない。こうやって、もともとあった差《さ》がさらに大《おお》きくなることがある。だが、その特許《とっきょ》という制度《せいど》を認《みと》めたままでも、その加減《かげん》を変えることだけでも、できることはある。

VIIIの［5］「作《つく》り手《て》を限《かぎ》るきまり」（202ページ〜）で見《み》た薬《くすり》の例《れい》は、あまりにはっきりしている例《れい》だ。多《おお》くの人《ひと》も、「命《いのち》がかかわる話《はなし》ならね」、とは思《おも》ってくれるかもしれない。これはたしかに極端《きょくたん》な例《れい》ではあるだろう。しかし極端《きょくたん》な例《れい》でもなんでも、そんなこともあることをわかってくれれば、まずはよい。薬《くすり》の原料《げんりょう》がこの世《よ》にないわけではなく、絶対的《ぜったいてき》に不足《ふそく》しているわけではない。工場《こうじょう》で働《はたら》いたり製品《せいひん》を運《はこ》んだりする人《ひと》がいないわけではない。人《ひと》はたくさんいる。また工場《こうじょう》も作《つく》れる。あるいは自分《じぶん》のところでなくても、たとえばインドの会社《かいしゃ》で作《つく》れる設備《せつび》をもっているし作《つく》りたいところがある。しかし作《つく》り方《かた》をまねしてはならないというきまりがあるために、作《つく》れない。そういう技術《ぎじゅつ》を開発《かいはつ》したアメリカやヨーロッパの会社《かいしゃ》が作《つく》った薬《くすり》は高《たか》くて買《か》えない。それでは困《こま》るから、多《おお》くの人《ひと》たちがいろいろな手《て》を使《つか》って、いろいろな場《ば》を使《つか》って、厳《きび》しいきまりをゆるめるように、薬《くすり》の値段《ねだん》を安《やす》くするように、また薬《くすり》を変《か》える金《かね》をまわすように主張《しゅちょう》して、ここ数年《すうねん》、薬《くすり》の生産《せいさん》と供給《きょうきゅう》だけをみると少《すこ》し事態《じたい》はよくなりかけているというのが、ここしばらくの間《あいだ》に起《お》こったことだ。

そして実際《じっさい》には、命《いのち》に関《かか》わることではあっても、これはどうにもならないように受《う》け止《と》められてきた。「知的所有権《ちてきしょゆうけん》」の保護《ほご》という路線《ろせん》はもう決《き》まっていることになっていて、強《つよ》い力《ちから》をもっているアメリカ合衆国《がっしゅうこく》が中心《ちゅうしん》になって、日本《にほん》も賛成《さんせい》して、いったん作《つく》られてしまった国《くに》と国《くに》の間《あいだ》の約束《やくそく》を変《か》えることは不可能《ふかのう》なように思《おも》われていたのだ。だが、それでもいくらかずつ現実《げんじつ》は変《か》わってきた。私《わたし》は、少《すこ》しアフリカの音楽《おんがく》をCDで聞《き》くぐらいで、アフリカのことはなにも知《し》らないし、行《い》ってみた

いとは思《おも》うが行《い》ったこともない。ただ知《し》っている人《ひと》の一人《ひとり》が「アフリカ日本協議《にほんきょうぎ》会《かい》」というNGO（非政府組織《ひせいふそしき》）で働《はたら》いていて、何年《なんねん》か前《まえ》にそこの会員《かいいん》になって、それでいろいろ教《おし》えてもらってすこし知《し》るようになった。たとえば南《みなみ》アフリカ共和《きょうわ》国《こく》のザッキー・アハマットという男《おとこ》は、政府《せいふ》の方針《ほうしん》を変《か》えさせるために、変《か》えるまで自分《じぶん》は薬《くすり》を飲《の》まないというハンスト——「ハンガー・ストライキ」の略《りゃく》、食物《しょくもつ》をとらないことによって抗議《こうぎ》し主張《しゅちょう》する行動《こうどう》——を行《おこ》なって、自分《じぶん》たちの要求《ようきゅう》を通《とお》させたといったことがあった。このあたりのことは、まず、アフリカ日本協議会《にほんきょうぎかい》の代《だい》表《ひょう》をしている林達雄《はやしたつお》さんが書《か》いた『エイズとの闘《たたか》い——世界《せかい》を変《か》えた人々《ひとびと》の声《こえ》』（岩波《いわなみ》ブックレット、二〇〇五年《ねん》、五〇四円《えん》）にわかりやすく紹介《しょうかい》されているから、読《よ》んでもらうとよい。そして私《わたし》たちはもっと詳《くわ》しい本《ほん》も出《だ》そう（出《だ》してもらおう）と思《おも》っている。

そんなことも起《お》こっているから、私《わたし》は希望《きぼう》があると思《おも》う。

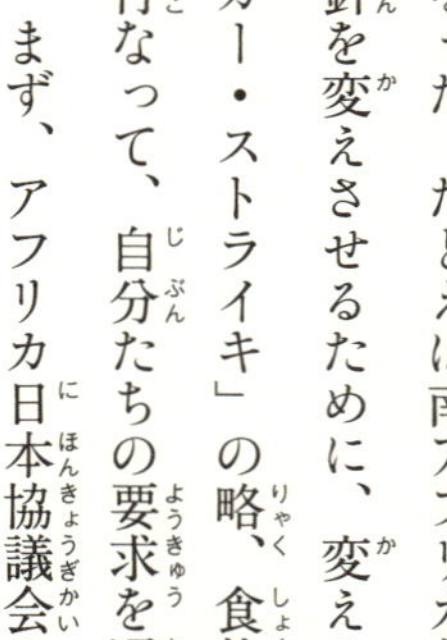

3 人《ひと》は余《あま》る、それはわるいことではない

この社会《しゃかい》では、同《おな》じにできるなら同《おな》じだけ受《う》け取《と》れることになっている。しかし、人《ひと》は同《おな》じくできるようになると、学校《がっこう》の先生《せんせい》は言《い》うが——もうそんなことは言《い》わないのかもしれないけれど——、そんなことはない。人《ひと》は同《おな》じでない。ならば暮《く》らし向《む》きやなにかが違《ちが》って当《あ》たり前《まえ》か。そうは考《かんが》えられない。このことを書《か》いた。しかしそれにしても、この社会《しゃかい》のやり方《かた》のとおりにするなら違《ちが》ってくるとしても、違《ちが》いすぎはしないか。一人《ひとり》ひとりの仕事《しごと》のでき方《かた》が違《ちが》っても、その違《ちが》いは多《おお》くの場合《ばあい》にそう大《おお》きくはない。しかし稼《かせ》ぎにしてもなににしてもずいぶん違《ちが》う。それはなぜだろう。そんなことについて書《か》いている。

一つ、仕事《しごと》がある人《ひと》とない人《ひと》がいるという違《ちが》いがある。そしてこの社会《しゃかい》では仕事《しごと》をしないと金《かね》は稼《かせ》げないということになっているから、収入《しゅうにゅう》がある人《ひと》とぜんぜんない人《ひと》がいるということになる。仕事《しごと》にありついた人《ひと》が、そうでない人《ひと》に比《くら》べ、仕事《しごと》が無限大《むげんだい》にできるということはまずないから、この差《さ》は仕事《しごと》ができる差《さ》よりも大《おお》きい。だから失業《しつぎょう》があると格差《かくさ》が大《おお》きくなる。さて、その失業《しつぎょう》というのはどうして起《お》こるのだろう。これはたぶん、なかなか難《むずか》しい問題《もんだい》だ。いや難《むずか》しくない、仕事《しごと》がないからだと言《い》うかもしれない。仕事《しごと》がないのはそのとおりなのだが、それはどうしてなのだろうということなのだ。そしてここでは、その人《ひと》は仕事《しごと》ができないわけではないとしよう。

第一《だいいち》に、暮《く》らしていくのに足《た》りないものがあるとしよう。だったら、それを作《つく》ればよいではないか。そして、そのための土地《とち》や原料《げんりょう》もないことはないとしよう。しかし実際《じっさい》には、暮《く》らしに足《た》りないものはある。このように、仕事《しごと》はできる、暮《く》らしのために足《た》りないものがあり仕事《しごと》をすればそれは得《え》られる、さらに仕事《しごと》するための原料《げんりょう》はある、しかし、仕事《しごと》はない、という現実《げんじつ》もある。世界中《せかいじゅう》にはよくある。そして困《こま》っている人《ひと》はたくさんいる。その人《ひと》たちにとってそのことはとても深刻《しんこく》なことだ。だったらそのわけを知《し》りたい。そう私《わたし》は思《おも》う。けれど、意外《いがい》と教科書《きょうかしょ》でもなんでも書《か》いてない。ごく基本的《きほんてき》なことはこの本《ほん》に書《か》いたけれど、もっと詳《くわ》しく書《か》なければならないと思《おも》う。

ただ第二《だい》に、もう一つの場合《ばあい》がある。つまり、一つひとつのものについては足《た》りないものもあり、足《た》りていない人《ひと》もいるけれど、ある範囲《はんい》、たとえば日本《にほん》という国《くに》の範囲《はんい》では、だいたい、ものはたくさんあって、余《あま》っているようにさえ思《おも》えるものもある。そこに失業《しつぎょう》がある。

ものはある。仕事《しごと》をしない人《ひと》がいる。そしてそれはよくないことだろうか。全員《ぜんいん》が生《い》きるために、全員《ぜんいん》より少《すく》ない人《ひと》が働《はたら》くだけですむ。これはよいことに決《き》まっている。まず、このことをわかっておこう。そしてこれだけの意味《いみ》でだったら、だいたいはものが足《た》りている社会《しゃかい》に失業者《しつぎょうしゃ》がいるということもよいことだということになる。

もちろん、困《こま》るのは、仕事《しごと》をしないと稼《かせ》げないことである。だから、稼《かせ》げない人《ひと》にとっては、失業《しつぎょう》があるのはよいことだなどというのはとんでもない。けれども、そのことはわかった上《うえ》でも、みなが暮《く》らすためには全員《ぜんいん》が全力《ぜんりょく》でがんばらなくてもだいじょうぶだということがよいことであることは、やはり言《い》える。今《いま》よりもがんばらないといけないみたいなことが言《い》われて、言《い》われるとそうなのかと思《おも》ってしまったりするのだが、すこしでも落《お》ち着《つ》いて考《かんが》えてみると、そんなことではない。

4 生産《せいさん》を増《ふ》やすという方法《ほうほう》はあまりうまくいかない

話《はなし》を戻《もど》す。仕事《しごと》がある人《ひと》とない人《ひと》がいる。仕事《しごと》のない人《ひと》もそう変《か》わりはなく働《はたら》け

る。しかし、働《はたら》いて稼《かせ》いでお金《かね》を得《え》る社会《しゃかい》では、仕事《しごと》がない人《ひと》は稼《かせ》ぎがゼロになってしまう。これは大《おお》きな違《ちが》いになる。どうしてそうなるのかということだった。まず、少《すこ》しは違《ちが》いはあるかもしれない。となると一人《ひとり》しか雇《やと》わなくてよい場合《ばあい》には、いくらかでもその仕事《しごと》ができそうな人《ひと》を雇《やと》うことになる。もちろん、実際《じっさい》には、どちらがどうなのか、ほんとうに違《ちが》いはあるのか、よくはわからないのだが、とにかく一人《ひとり》しか採用《さいよう》できないなら仕方《しかた》がない。最後《さいご》は採用《さいよう》する人《ひと》の「勘《かん》」でもなんでも、選《えら》んでしまう。こうして一人《ひとり》は仕事《しごと》に就《つ》けない。こんなことになる。

一人《ひとり》でよいというのがさきほど言《い》ったことだ。人々《ひとびと》がほしい分《ぶん》だけものを作《つく》るためには二人《ふたり》でなくて一人《ひとり》でよいということである。さてどうしたものか。二とおりある。二人《ふたり》が働《はたら》けるように人々《ひとびと》がほしいもの、買《か》うものが増《ふ》えればよいではないかというのが一つ。二人《ふたり》で一人分《ひとりぶん》働《はたら》くようにするというのが一つ。

まず一番目《ばんめ》の方《ほう》について。これがだいたい人々《ひとびと》が期待《きたい》してきたことだった。またはこの社会《しゃかい》の作戦《さくせん》だった。景気《けいき》がわるいから就職《しゅうしょく》がよくない。だから景気《けいき》がよくなればよい。そんな話《はなし》である。実際《じっさい》、これは教科書《きょうかしょ》にも書《か》いてあることだが、この社《しゃ》会《かい》では、ものが売《う》れなくなる時期《じき》と、売《う》れる時期《じき》とが交替《こうたい》でやってくる。「景気循《けいきじゅん》

環《かん》」などと言《い》う。ものが売《う》れると思《おも》ってたくさん作《つく》る。するとやがて余《あま》ってしまう。するとと売《う》れなくなって、人《ひと》を雇《やと》えなくなる。雇《やと》われなくなった人《ひと》はものが買《か》えないからものを買《か》わない。給料《きゅうりょう》が下《さ》がった人《ひと》も給料《きゅうりょう》の範囲《はんい》でしかものを買《か》わない。するともっと売《う》れなくなる。景気《けいき》がわるくなる。しかしそのうち在庫《ざいこ》がなくなりものが足《た》りなくなって、生産《せいさん》が回復《かいふく》する。人《ひと》が雇《やと》われる。給料《きゅうりょう》が上《あ》がる。ものが売《う》れるようになる。するともっと作《つく》ろうということになる。しかし、そのうち余《あま》ってしまう。後《あと》は繰《く》り返《かえ》し。こんなお話《はなし》である。なるほど。

そしてあまりこの波《なみ》が激《はげ》しいと困《こま》る人《ひと》も多《おお》いから、政府《せいふ》がいろいろ技《わざ》を使《つか》って、それを調節《ちょうせつ》しようということになる。その技《わざ》にどんなものがあるのかというようなことも高校《こうこう》ぐらいの教科書《きょうかしょ》には書《か》いてあるはずだ。どこまでそれがうまくいくのか、どの技《わざ》よりどの技《わざ》の方《ほう》がよいのか、いろいろな考《かんが》え方《かた》があるが、それはここでは省《しょう》略《りゃく》しよう。ただ、この作戦《さくせん》はそれなりに使《つか》えるし、使《つか》った方《ほう》がよいのだろう。

ただ、結局《けっきょく》、この波《なみ》がなくなることはない。そして、もとに戻《もど》れば、もっと売《う》れるはずだからという見込《みこ》みで人《ひと》をたくさん雇《やと》う景気《けいき》のよいときでさえも、この社会《しゃかい》にいる働《はたら》ける人《ひと》の数《かず》より、実際《じっさい》に雇《やと》われる人《ひと》の方《ほう》が少《すく》ない（テレビなどで言《い》っている

「失業率《しつぎょうりつ》」だと、たまにこの率《りつ》がゼロに近《ちか》くなくことがあるけれども、それは失業者《しつぎょうしゃ》の意味《いみ》をとても狭《せま》く見《み》ていて、その結果《けっか》数《かず》が少《すく》なくされるためである）。

とすると、ただ波《なみ》を調整《ちょうせい》すればよいというのではだめだということになる。生産《せいさん》され消費《しょうひ》されるものが増《ふ》えていって、それによって仕事《しごと》につけない人《ひと》が少《すく》なくなるようにならないといけない。「経済成長《けいざいせいちょう》」すればよい、それが必要《ひつよう》だ、そういう話《はなし》になる。

たしかに、人《ひと》はほしいものはほしい。そのためにはお金《かね》が必要《ひつよう》で、お金《かね》のためには働《はたら》かなければならないとしても、それよりほしいものがほしいなら、働《はたら》くかもしれない。その他《ほか》いくつかの条件《じょうけん》があれば、消費《しょうひ》は増《ふ》えて生産《せいさん》は増《ふ》えていく。どんどん増《ふ》えていくこともある。日本《にほん》にもそんな時期《じき》があったし、いま、東《ひがし》アジアのいくつかの国《くに》など、ちょうどそんな感《かん》じで、そういうところでは全体《ぜんたい》としては——人《ひと》にもより、地域《ちいき》にもより、かえってきつくなっているところもあるが——盛《も》り上《あ》がっているところもある。

けれど、まず第《だい》一に、そうやって盛《も》り上《あ》がっていく過程《かてい》で、技術《ぎじゅつ》が進《すす》みそれが普《ふ》及《きゅう》して、かえって働《はたら》く人《ひと》を少《すく》なくできるようになることがある。農業《のうぎょう》にしてもそうだし、工業《こうぎょう》にしてもそうだ。もちろん代《か》わりに新《あたら》しい産業《さんぎょう》も生《う》まれるだろう。けれども、そういう新《あたら》しいものの多《おお》くも、コンピュータだとかそんなものを駆使《くし》してしまうから、そうたくさん人《ひと》は必要《ひつよう》としなかったりする。

そして、生産《せいさん》が増《ふ》えていくといっても、そうそうは増《ふ》えないことにやがてなっていく。これも、細《こま》かに見《み》れば足《た》りないものはいろいろあるとしても、おおむね足《た》りたということなのだから、よいことである。それでも、ものを作《つく》る側《がわ》、ものを売《う》る側《がわ》はもっと売《う》れたらよいと思《おも》う。だから、次《つぎ》から次《つぎ》へといろいろなことを考《かんが》え新《あたら》しいものを作《つく》り、広告《こうこく》したりして、売《う》ろうとする。私《わたし》たちもけっこうそれを受《う》け入《い》れる。しかしただならいくらでもほしいということはあるかもしれないが、お金《かね》はいるし、そのためには働《はたら》かなければならないし、そうどこまでもということにはならない。

さてそれでも、仕事《しごと》がない人《ひと》があまりいないように、経済《けいざい》を成長《せいちょう》させられるだろうか。ほんとうに失業者《しつぎょうしゃ》のことを考《かんが》えたためかどうかは怪《あや》しいのだが、そんな理由《りゆう》も持《も》ち出《だ》して、こんどは、政府《せいふ》が出《で》てくる。売《う》り手《て》と買《か》い手《て》のやりとりだけにまかせておいても限界《げんかい》がありそうだから、「政策《せいさく》」でいきましょうということになる。

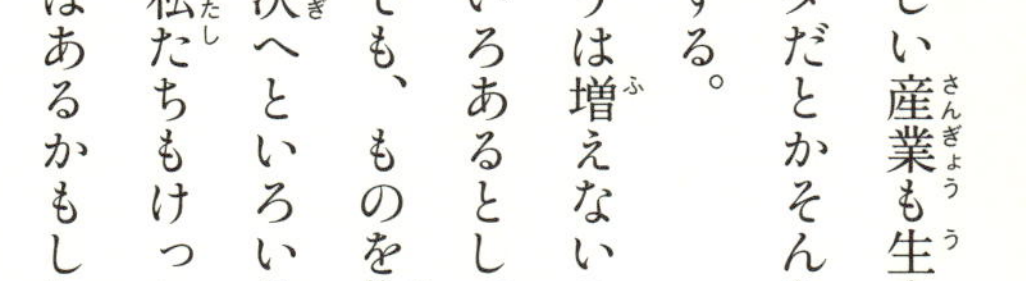

ただたんに景気《けいき》の波《なみ》を調整《ちょうせい》するというだけでなく、経済《けいざい》を成長《せいちょう》させるため、成長《せいちょう》を維持《いじ》させるための政策《せいさく》を行《おこ》ないますということになる。

それはうまくいくか。すでに、あんなにものを売《う》りがっている人《ひと》たちがあんなに日夜《にちや》努力《どりょく》してきたのである。もともと商売《しょうばい》をやってきたわけではない人《ひと》たちがなにか考《かんが》えて、やって、うまくいくだろうか。それにその元手《もとで》は税金《ぜいきん》だ。すると政府《せいふ》の人《ひと》たちはそのお金《かね》のことを、商売《しょうばい》している人《ひと》たちのようには、気《き》にしないかもしれない。どんぶり勘定《かんじょう》で使《つか》ってしまうかもしれない。どうもあまりうまくいくと思《おも》えないところがある。

それでも、もちろん、やり方《かた》にはよるだろう。直接《ちょくせつ》に商売《しょうばい》に関《かか》わるようなことに手《て》を出《だ》してもだめそうな気《き》はするが、そうでないやり方《かた》なら、けっこううまくいく場合《ばあい》もあるかもしれない。しかしやはり限界《げんかい》はありそうだ。そして税金《ぜいきん》を払《はら》う側《がわ》の人《ひと》たちのこともある。たとえば私《わたし》は、自然《しぜん》に生産《せいさん》と消費《しょうひ》が増《ふ》えるなら、経済《けいざい》が成長《せいちょう》するなら、それはそれでよいとしても、それ以上《いじょう》のことはもうよいと思《おも》っている。そう思《おも》っているのだが、それは聞《き》いてもらえない。税金《ぜいきん》は別《べつ》のことに使《つか》ってほしいと思《おも》うのだが、それは聞《き》いてもらえない。これはよくないことではないか。

こんなふうに考《かんが》えると、このやり方《かた》はうまくいかない、あるいはよくない。そしてうまくいったとして、働《はたら》く人《ひと》が増《ふ》えて、お金《かね》が入《はい》って、格差《かくさ》が縮《ちぢ》まることにすぐつながりそうにも思《おも》えない。とすると、やはり儲《もう》からない人《ひと》は残《のこ》る、あるいは増《ふ》えるということになりそうだ。

5　再《ふたた》び、人《ひと》は足《た》りないのか多《た》いのか

どのようにしてものが作《つく》られるかを考《かんが》えてみたらよい。材料《ざいりょう》がある。そしてそれを使《つか》って、人《ひと》が働《はたら》いて、ものが作《つく》られる（そしてさらに、この社会《しゃかい》では、そのものを売《う》って、それでお金《かね》を得《え》て……、ということになっている）。とすると、そのものがどんなものになるか（そしていくらで売《う》れるものになるか）は、材料《ざいりょう》の具合《ぐあい》と、人《ひと》の働《はたら》きの具合《ぐあい》とによるということになる。じつは、材料《ざいりょう》と労働《ろうどう》とはそうそう簡単《かんたん》に分《わ》けられるものではないのだが、労働《ろうどう》の方《ほう》から考《かんが》えてみる。

これまで幾度《いくど》か繰《く》り返《かえ》してきたのは、どうしたって人《ひと》が同《おな》じだけ勉強《べんきょう》できるようになって同《おな》じだけ働《はたら》けるようになんかなりはしないのだから、そういう道筋《みちすじ》で差《さ》を

小《ちい》さくしようといったって限界《げんかい》はあるということだった。だが、働《はたら》くことに関《かか》わってできることはこのことだけではない。

この社会《しゃかい》では、半分《はんぶん》できる人《ひと》が半分働《はんぶんはたら》くというふうにはなっていない。そうなることもあるが、そうならないこともある。片方《かたほう》の人《ひと》には職《しょく》があり、片方《かたほう》の人《ひと》にはまったくないということがある。すると、そのままだったら、給料《きゅうりょう》を得《え》る人《ひと》とゼロの人《ひと》がいるということになる。

ある仕事《しごと》をする人《ひと》がいる、他方《たほう》にしない人《ひと》がいるというだけであれば、それでよい、あるいはそれで仕方《しかた》がないという場合《ばあい》もあるだろう。たとえばプロスポーツの場合《ばあい》にはそんなことでよさそうだ。中《なか》でもうまい人《ひと》、試合《しあい》で勝《か》てそうな人《ひと》だけを使《つか》う。客《きゃく》はそれを見《み》て楽《たの》しむ。そういうものだということになっている。

他《ほか》の仕事《しごと》にもそんなところはある。だから、この社会《しゃかい》はこのままでよいのだという人《ひと》はよく野球《やきゅう》の例《れい》をもってくる。全員試合《ぜんいんじあい》に出《だ》すなんてことはしないだろうというのだ。この業界《ぎょうかい》や芸能界《げいのうかい》で、「日《ひ》の目《め》」を見《み》る見《み》ないの差《さ》が大《おお》きく、そしてそのことに世間《せけん》はわりあい「甘《あま》い」のはなぜかについては、VIII［4］「身体系《しんたいけい》の商売《しょうばい》の一部《ぶ》」（199ページ〜）に書《か》いた。そして私《わたし》も、こういうものはうまい人《ひと》だけでやってくれればよいと思《おも》うから、すこし説得《せっとく》されそうになる。けれど、違《ちが》う話《はなし》をいっしょにしない方《ほう》がよい。まず、この仕事《しごと》で芽《め》が出《で》なくても、他《ほか》の仕事《しごと》があってその他《ほか》の仕事《しごと》に移《うつ》ることができるならそれはそれでよいし、その方《ほう》がよさそうだ。だが、全体《ぜんたい》として、仕事《しごと》をしたい人《ひと》に仕事《しごと》がないということになると、どこからもあぶれる人《ひと》がいるということになる。

そして実際《じっさい》そうなっている。失業者《しつぎょうしゃ》がいる。［3］に書《か》いた（284ページ～）。ときによって変《か》わるが、5パーセントぐらいはいる。そしてこれは政府《せいふ》の統計《とうけい》で、働《はたら》けるし働《はたら》いてもよいと思《おも》っているが働《はたら》いてない人《ひと》はそれよりも多《おお》い。もっと時間的《じかんてき》には余裕《よゆう》があるのだが、働《はたら》きに出《で》る時間《じかん》を短《みじか》い時間《じかん》にしている人《ひと》、させられている人《ひと》もいる。そして「先進国《せんしんこく》」なら失業《しつぎょう》が少《すく》ないかと言《い》うとそんなこともない。ヨーロッパでも10パーセントぐらいのところがある。

でも他方《たほう》では、人手不足《ひとでぶそく》が言《い》われる。どうして話《はなし》が食《く》い違《ちが》うのか。今《いま》の話《はなし》をしている人《ひと》と未来《みらい》の話《はなし》をしている人《ひと》とがいて、双方《そうほう》が見《み》ているものが違《ちが》うということか。そんなところもある。たしかに、このごろは小学生《しょうがくせい》でもその言葉《ことば》を知《し》っているように、「少子高齢化《しょうしこうれいか》」、なのである。これからが大変《たいへん》だと言《い》われる。

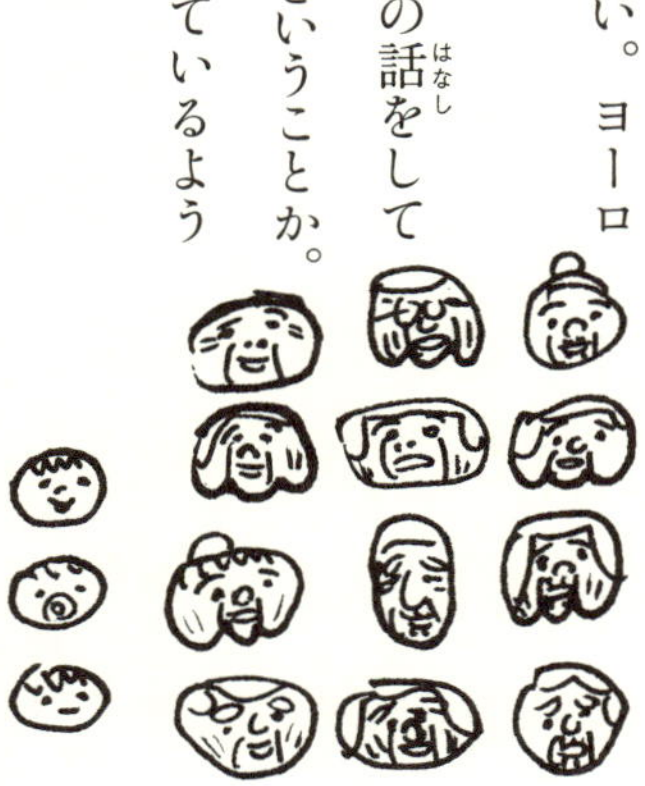

なるほど。しかしまず今《いま》の話《はなし》をしよう。今《いま》は余《あま》っている。さきのことはその後《あと》考《かんが》えるとして、今《いま》はそうだ。そしてそれは最近《さいきん》のことでなく、かなり長《なが》いことそうなのかもしれない。政府《せいふ》の統計《とうけい》に出《で》てくる失業者《しつぎょうしゃ》の割合《わりあい》を見《み》るだけだとぴんとこないかもしれないが、たとえば四人《にん》の家族《かぞく》がいて、それが一人《ひとり》の給料《きゅうりょう》で暮《く》らせていけていることがあるということって、考《かんが》えてみたらすごいことではないだろうか。

もちろん稼《かせ》ぎ手《て》一人《ひとり》だけが働《はたら》いているわけではない。たくさん家事《かじ》をしている人《ひと》もいるし、パートタイムの仕事《しごと》をしている人《ひと》もいる。子育《こそだ》ての忙《いそが》しいときには会社《かいしゃ》勤《づと》めの人《ひと》より忙《いそが》しいこともあるだろう。しかし、それにしても、平均《へいきん》したら、時間《じかん》に余裕《よゆう》はある。「専業主婦《せんぎょうしゅふ》」という人《ひと》たちは今《いま》では多《おお》くはないけれども、今《いま》でもいるし、もっといた時代《じだい》があった。それは、男《おとこ》たちをたくさん働《はたら》かせるための仕組《しく》みなのだという説《せつ》もある。外《はず》れ、というわけではないと思《おも》う。けれど人《ひと》をめいっぱい働《はたら》かせるつもりなら、保育所《ほいくじょ》とか整備《せいび》して、男《おとこ》も女《おんな》も外《そと》に出《で》て働《はたら》かせた方《ほう》がよいはずではないか。

とすると、こういう家族《かぞく》の形態《けいたい》というのも、全体《ぜんたい》としては余《あま》っている労働力《ろうどうりょく》を、飢《う》えてしまったりする人《ひと》があまり出《で》ないようにしながら、調整《ちょうせい》する仕組《しく》みなのだと

見《み》えなくはない（このことは何年《なんねん》かさきに出《で》るはずの本《ほん》に書《か》くつもりだ）。そしてそれでみなが満足《まんぞく》しているなら、そのままでもよいのかもしれない。しかしこれはあまりよくない仕掛《しか》けだから、すくなくともそれではいやな人《ひと》は別《べつ》の仕方《しかた》で人生《じんせい》をやっていけた方《ほう》がよい、と私《わたし》は思《おも》う。そのことを説明《せつめい》し出《だ》すとまた別《べつ》の話《はなし》になってしまうのでここまでにするとして、ともかく、今《いま》の話《はなし》に当《あ》たっているところがあると思《おも》ったなら、その人《ひと》は、人《ひと》は余《あま》っている、余裕《よゆう》があるという説《せつ》を受《う》け入《い》れているということになる。

そして、人手《ひとで》を国内《こくない》に限《かぎ》って考《かんが》えたとしても――というのは、世界全体《せかいぜんたい》を見《み》たらさらに人《ひと》はとてもたくさんいるからだ――将来《しょうらい》もそう大変《たいへん》なことにはならないはずである。年《とし》とった人《ひと》の世話《せわ》をする仕事《しごと》が増《ふ》えて、その仕事《しごと》をする人《ひと》が増《ふ》えるという。それはそのとおりだし、その方《ほう》がよい。ではその結果《けっか》、人《ひと》は足《た》りなくなるのだろうか。その仕事《しごと》に就《つ》く人《ひと》の数《かず》として増《ふ》えるのは百万人《まんにん》だろうか二百万人《まんにん》だろうか。しかし百万人《まんにん》はいるし、二百万人《まんにん》もいる。

とすると今度《こんど》は、その人《ひと》たちに払《はら》うお金《かね》がないと言《い》われる。まず、それはお金《かね》がないということであって、人《ひと》がいないということではない。そしてお金《かね》というのはまずは尺度《しゃくど》だ。なにが足《た》りなくなるというのか。食料等々《しょくりょうとうとう》だろう。ただ、その人《ひと》たちは、払《はら》われる前《まえ》にも生《い》きてはいたのだから——細《こま》かい説明《せつめい》は略《りゃく》すが——新《あら》たに払《はら》われるのは、その以前《いぜん》の生活《せいかつ》で得《え》ていたものより増《ふ》える分《ぶん》だ。そうして、その人《ひと》たちに新《あら》たに渡《わた》す分《ぶん》、渡《わた》す側《がわ》の人《ひと》が使《つか》える（消費《しょうひ》できる）ものが少《すく》なくなる。ただそれと同《おな》じ分《ぶん》を、渡《わた》された側《がわ》は使《つか》えることになる。そして渡《わた》す側《がわ》は、少《すく》なくなってしまったのでもっとほしいともし思《おも》うなら、その分余計《ぶんよけい》に働《はたら》けばよいということになる。すこしややこしいと思《おも》うかもしれないが、難《むずか》しい話《はなし》ではない。そしてここに損《そん》したり得《とく》したりする人《ひと》はたしかにいるが、人《ひと》が足《た》りないとかそういうことではないことはわかってもらえるだろうと思《おも》う。

　こうして、足《た》りなくなるという話《はなし》は怪《あや》しい。そしてすくなくとも現状《げんじょう》では余《あま》っている。それでも、この社会《しゃかい》の仕組《しく》み、とくに家族《かぞく》の仕組《しく》みのもとで、それなりにうまくいっていて文句《もんく》はないという人《ひと》もいるが、すこしもうまくいかない人《ひと》もたくさんいる。仕事《しごと》がないから、収入《しゅうにゅう》がない、から、困《こま》る。そのために、ここは別《わか》れるべきタイミングなのだが、稼《かせ》ぎ手《て》である相手《あいて》から別《わか》れることができない、などということにもなる。

6 仕事《しごと》を分《わ》ける

そこで一つが、稼《かせ》ぎをもたらす仕事《しごと》に就《つ》く就《つ》かないと別《べつ》に、暮《く》らせるだけあるという仕組《しく》みにすることである。これがX（227ページ～）に述《の》べたことだった。ただそれだけだと、税《ぜい》を払《はら》う側《がわ》がなかなか承知《しょうち》しないかもしれないし、また受《う》け取《と》る側《がわ》にしても、もっとほしいという人《ひと》もいるだろうし、稼《かせ》ぎもあってやりがいもある仕事《しごと》をしたいという人《ひと》もいるだろう。それを［1］（276ページ～）に述《の》べた。とすると、仕事《しごと》を分《わ》けるというやり方《かた》もよい。お金《かね》（資産《しさん》や所得《しょとく》）を分《わ》ける、生産《せいさん》のための材料《ざいりょう》を分《わ》ける（共有《きょうゆう》する）というやり方《かた》に、これを足《た》すことができる。つまり、一人分《ひとりぶん》の仕事量《しごとりょう》を減《へ》らして（その分給料《ぶんきゅうりょう》も減《へ》るが）、多《おお》くの人《ひと》に仕事《しごと》を分《わ》けるのだ。英語《えいご》で言《い》うと「ワークシェアリング」ということになる。

他《ほか》の人《ひと》ではだめでその人《ひと》でないとまかせられないという仕事《しごと》もたまにはあるだろう（ただ、その人《ひと》がそう思《おも》いたがっているのかもしれず、実際《じっさい》には代《か》わりはいるのかもしれないのだが）。ただ、多《おお》くの仕事《しごと》の場合《ばあい》、また多《おお》くの人《ひと》にとっては、このやり方《かた》はよいやり方《かた》である。たとえば、今《いま》のように一人《ひとり》の人《ひと》がたくさん（お金《かね》のための仕事《しごと》で）働《はたら》かなければならないとなると、一つの世帯《せたい》の中《なか》で二人《ふたり》が働《はたら》くのは難《むずか》しい。その時間《じかん》が少《すく》なくなれば二人稼《ふたりかせ》げるし、その方《ほう》が人《ひと》をうまく使《つか》えるだろう。これから人手《ひとで》が足《た》りないというのなら、今働《いまはたら》きたくて働《はたら》けない人《ひと》に働《はたら》いてもらった方《ほう》が賢《かしこ》い。

とか、いろいろなことを考《かんが》えることができる。考《かんが》えられるだけでなく、実際《じっさい》にできるし、やっているところもある。この本《ほん》では、ごく当《あ》たり前《まえ》の基本的《きほんてき》なことだけを書《か》いた。続《つづ》きはまた別《べつ》に、またの機会《きかい》に。

補《ほ》

［補《ほ》・1］教科書《きょうかしょ》に書《か》いたこと

清水書院《しみずしょいん》の『高等学校《こうとうがっこう》　新現代社会改訂版《しんげんだいしゃかいかいていばん》』（二〇〇七年《ねん》）という教科書《きょうかしょ》に私《わたし》も書《か》かせてもらっている。といって知《し》らないことは書《か》けないので、以下《いか》四つのコラムを書《か》かせてもらっているだけなのだが。『高等学校《こうとうがっこう》　新現代社会改訂版《しんげんだいしゃかいかいていばん》　教師用指導書《きょうしようしどうしょ》』というものに書《か》いた「解説《かいせつ》」も当方《とうほう》のＨＰ http://www.arsvi.com/a/d2007.htm に掲載《けいさい》してあるのでご覧《らん》ください。

少子高齢化《しょうしこうれいか》は「大変《たいへん》」か

出生率《しゅっせいりつ》が低下《ていか》して大変《たいへん》だ、高齢化《こうれいか》が進《すす》んで大変《たいへん》だ、だから出生率《しゅっせいりつ》を上《あ》げなければとよく言《い》われる。第《だい》一に、大変《たいへん》だというのはほんとうか。第《だい》二に、このことで騒《さわ》ぐのはよいことか。

第《だい》二点《てん》から。子《こ》どもを育《そだ》てるのは楽《たの》しいことだが大変《たいへん》なことでもある。そこを社《しゃ》会《かい》が手伝《てつだ》って親《おや》の負担《ふたん》を減《へ》らすのはよいことだ。けれど、それが人間《にんげん》の数《かず》を増《ふ》やすためということになると、畜産《ちくさん》の話《はなし》でもしているのかと思《おも》えてしまう。そして、ここでは要《よう》するに働《はたら》き手《て》を増《ふ》やすことがめざされているのだが、生《う》まれる人《ひと》みなが働《はたら》き手《て》になるわけではない。その人《ひと》たちは居《い》づらいと思《おも》う。また働《はたら》くのをもう終《お》えた人《ひと》も居《い》づらいことになる。また、子《こ》どもをもちたくない人《ひと》もいるし、もてない人《ひと》もいる。そうした人《ひと》も居心地《いごこち》がわるくなる。こうしたことを考《かんが》えると、人《ひと》がいないか

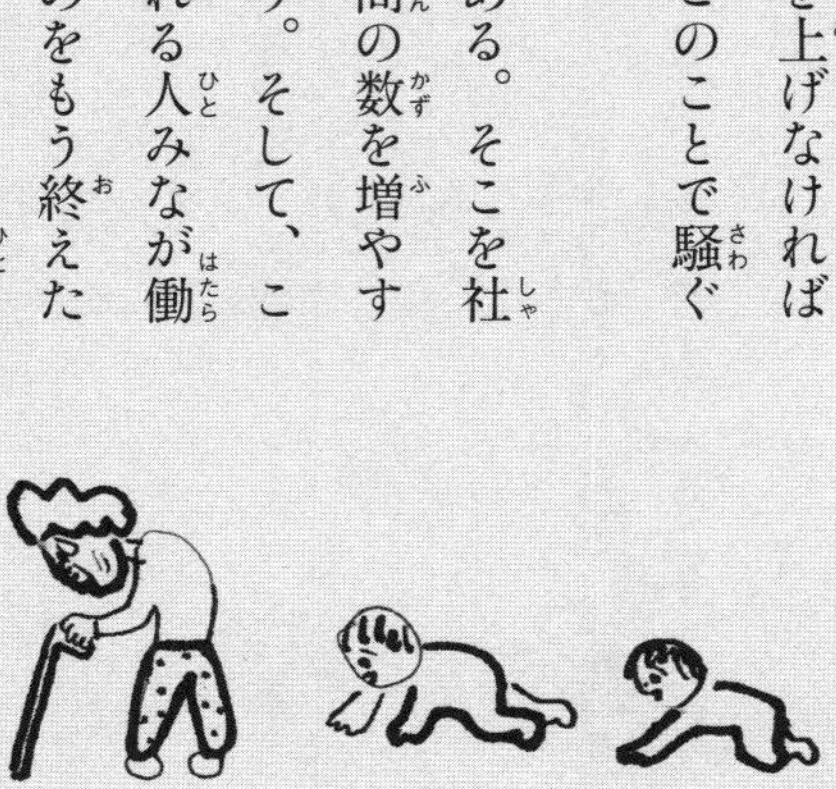

ら人《ひと》を増《ふ》やせという言《い》い方《かた》は上品《じょうひん》ではない。

しかし第《だい》一点《てん》がある。つまり実際《じっさい》に大変《たいへん》なら、下品《げひん》になるのも仕方《しかた》がないかもしれない。では、実際《じっさい》に大変《たいへん》なのか。まず、地球的《ちきゅうてき》な規模《きぼ》ではむしろ人口《じんこう》の増加《ぞうか》の方《ほう》が心配《しんぱい》されている。他方《たほう》、この日本《にほん》という国《くに》には人口《じんこう》の減少《げんしょう》を心配《しんぱい》する人《ひと》がいるのだ。まず、この両者《りょうしゃ》は辻褄《つじつま》が合《あ》わないのではないか。人口《じんこう》の増加《ぞうか》は「途上国《とじょうこく》」の問《もん》題《だい》で、日本《にほん》は別《べつ》だろうか。だが、もし環境《かんきょう》のことが問題《もんだい》であるのなら、「先進国《せんしんこく》」日本《にほん》の国民《こくみん》の一人当《ひとりあた》り消費量《しょうひりょう》・排出量《はいしゅつりょう》は少《すく》ない国《くに》の人《ひと》に比《くら》べると何《なん》十倍《ばい》にもなる。また、人口密度《じんこうみつど》の高《たか》い日本《にほん》でも過密《かみつ》な地域《ちいき》に限《かぎ》ったことだとはいえ、土地《とち》の価格《かかく》の高《たか》さ、住宅《じゅうたく》の狭《せま》さ、一人当《ひとりあた》りの公園等《こうえんとう》の面積《めんせき》の狭《せま》さ、交通渋滞《こうつうじゅうたい》、通勤地獄《つうきんじごく》、等々《とうとう》の難《むずか》しい問題《もんだい》の多《おお》くは人間《にんげん》の数《かず》に関《かか》わる。もちろんわざと人《ひと》の数《かず》を減《へ》らす必要《ひつよう》はないし、子《こ》どもがたくさんほしい人《ひと》はそうしたらよいだろう。しかし少《すく》ないなら少《すく》ないなりによいこともある。

高齢者《こうれいしゃ》の割合《わりあい》が高《たか》くなっているのは事実《じじつ》で、これからもっと高《たか》くなるのも確実《かくじつ》ではある。けれども、これから高齢者《こうれいしゃ》の割合《わりあい》がずっと高《たか》くなっていくというのは誤解《ごかい》だ。第《だい》二次世界大戦終戦《じせかいたいせんしゅうせん》の一九四五年以降《ねんいこう》、一九五〇年代初《ねんだいはじ》めまでに生《う》まれたいわ

ゆる「団塊《だんかい》の世代《せだい》」、「ベビーブーム」のときに生《う》まれた人《ひと》たちは数《かず》が多《おお》く、その後《ご》は高齢者《こうれいしゃ》になる人自体《ひとじたい》が減《へ》っていって、高齢者《こうれいしゃ》の割合《わりあい》はほぼ一定《いってい》の値《あたい》に落《お》ち着《つ》く。今《いま》の高齢化《こうれいか》は歴史上《れきしじょう》ただ一回《かい》だけ起《お》こることなのだ。だから、これから五十年《ねん》くらいの間《あいだ》をなんとか乗《の》り切《き》って、うまいやり方《かた》を見《み》つけてしまえば後《あと》はなんとでもなるはずなのである。

たしかに人々《ひとびと》が暮《く》らすためには働《はたら》かなければならないし、その人手《ひとで》は必要《ひつよう》である。それについてはまず、高齢者《こうれいしゃ》すなわち働《はたら》かない人《ひと》、助《たす》けを必要《ひつよう》とする人《ひと》ではない、という反論《はんろん》がある。この反論《はんろん》は正《ただ》しい。しかしみながみないつまでも働《はたら》き続《つづ》けようという社会《しゃかい》もすこし窮屈《きゅうくつ》だ。そして年齢《ねんれい》が高《たか》くなれば、介護《かいご》などを必要《ひつよう》とする人《ひと》の割合《わりあい》が増《ふ》えるのも当然《とうぜん》だ。だからたしかに、高齢者《こうれいしゃ》でない人《ひと》たちが高齢者《こうれいしゃ》を含《ふく》めた社会《しゃかい》を支《ささ》えなければならない。このことは認《みと》めよう。だがそれがそんなに大変《たいへん》なことなのか。それに平然《へいぜん》と対処《たいしょ》できる社会《しゃかい》を作《つく》れないほどに私達《わたしたち》は愚《おろ》かなのか。

生産性《せいさんせい》が低《ひく》い時代《じだい》に人《ひと》を支《ささ》える負担《ふたん》とそうでない時代《じだい》の負担《ふたん》とは同《おな》じでない。以前《いぜん》なら何人分《なんにんぶん》もの労働《ろうどう》で生産《せいさん》されていたものが、いまは一人《ひとり》ですんでしまい、むしろ人《ひと》が余《あま》ってしまっているのが現実《げんじつ》である。失業《しつぎょう》は景気《けいき》がよくても生《しょう》ずる。もちろんその人《ひと》のやる気《き》の問題《もんだい》でもない。そして専業主婦《せんぎょうしゅふ》など、失業者《しつぎょうしゃ》として計算《けいさん》されない人《ひと》にも、外《そと》で働《はたら》ける人《ひと》がたくさんいる。働《はたら》けて働《はたら》きたい人《ひと》を十分《じゅうぶん》にこの社会《しゃかい》は活用《かつ よう》していない。だから、働《はたら》く人《ひと》が足《た》りない、これから足《た》りなくなるというなどという話《はなし》の方《ほう》を、ほんとうなのかと疑《うたが》ったらよい。税金《ぜいきん》が増《ふ》えることを心配《しんぱい》する人《ひと》もいる。しかし、たとえば介護《かいご》という今《いま》までただでなされていた仕事《しごと》はそのままで、それに税金《ぜいきん》を使《つか》ってお金《かね》を出《だ》すことにしても、払《はら》う人《ひと》もいるが受《う》け取《と》る人《ひと》もいるというだけで、全体《ぜんたい》としての損失《そんしつ》はない。するとなぜ少子高齢化《しょうしこうれいか》で騒《さわ》いでいるのかの方《ほう》が不思議《ふしぎ》に思《おも》えてくる。

政治《せいじ》はなにをやるべきか

大人《おとな》たちから、若者《わかもの》は政治《せいじ》関心《かんしん》がない困《こま》ったものだと、いつの時代《じだい》も、言《い》われてきた。しかしどうだろう。政治《せいじ》が好《す》きな人《ひと》には攻撃的《こうげきてき》な人《ひと》が多《おお》いかもしれない。また、自《みずか》らの利益《りえき》を増《ふ》やすために政治《せいじ》に関《かか》わる人《ひと》もたくさんいそうだ。それらはよいことではないかもしれない。また緊急《きんきゅう》に対応《たいおう》しなければならない出来事《できごと》や、「強《つよ》い指《し》導力《どうりょく》」が必要《ひつよう》な事態《じたい》もない方《ほう》がよいように思《おも》える。本来《ほんらい》なら政治《せいじ》がすることが少《すく》なく、政治《せいじ》に無関心《むかんしん》であれた方《ほう》が望《のぞ》ましいかもしれないのだ。

しかし、いろいろなことが起《お》こってしまうこの社会《しゃかい》では、多《おお》くの人《ひと》が無関心《むかんしん》だと、困《こま》ったふうに政治《せいじ》に関心《かんしん》をもつ人《ひと》たちばかりが政治《せいじ》を動《うご》かすことになってしまい、結果《けっか》として望《のぞ》ましい方向《ほうこう》に行《い》かない。とすると、そんなに気力《きりょく》もないのに、仕方《しかた》なく政治《せいじ》に関心《かんしん》をもたないとまずい。そこが難《むずか》しいところだ。

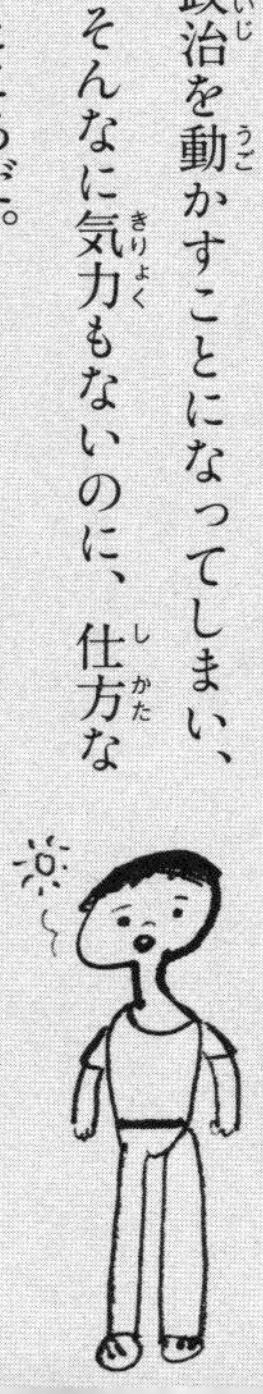

ただ、政治《せいじ》好《ず》きな人々《ひとびと》たちとは別《べつ》に、さめたところから、政治《せいじ》について考《かんが》えることは、仕方《しかた》なく必要《ひつよう》というだけでなくおもしろいことでもあると思《おも》う。教科書《きょうかしょ》には政府《せいふ》が行《おこ》なっていること、行《おこ》なうことになっていることがたくさん書《か》かれているが、それはそれとして、政治《せいじ》はなにをし、なにをしないのがよいのか、考《かんが》えてみたらよい。なんでも民間《みんかん》でと言《い》う人《ひと》たちが刑罰《けいばつ》は厳《きび》しくするのには賛成《さんせい》だったり、自由《じゆう》貿易《ぼうえき》に賛成《さんせい》な人《ひと》たちが人《ひと》が国境《こっきょう》を越《こ》えてやって来《く》ることには反対《はんたい》だったりする。わけがわからないから、考《かんが》えてみるのである。

経済学《けいざいがく》では、市場経済《しじょうけいざい》がうまくいかないところ、市場《しじょう》にまかせない方《ほう》がよい場合《ばあい》に政治《せいじ》が登場《とうじょう》するというふうに言《い》う。そのような筋《すじ》で考《かんが》えてもわるくはないのだが、もっと単純《たんじゅん》に考《かんが》えてみてもよい。政治《せいじ》が決《き》めることがそれ以外《いがい》で決《き》まることと違《ちが》う一番大《ばんおお》きなことは、政治《せいじ》には強制《きょうせい》があるということだろう。税金《ぜいきん》は払《はら》いたくなくても払《はら》うものだ。払《はら》わなければ脱税《だつぜい》で罰《ばっ》せられる。だから、私《わたし》たちは政府《せいふ》になにをさせるかを考《かんが》えるなら、人《ひと》を強制《きょうせい》してでもすべきことはなにかと考《かんが》えた方《ほう》がよい。たとえば税金《ぜいきん》で様々《さまざま》な施設《しせつ》を作《つく》っている。それはたぶんわるいことではないが、ほかに比《くら》べてよいかどうかはわからない。また道路《どうろ》も、かつてほんとうに道《みち》がなかった

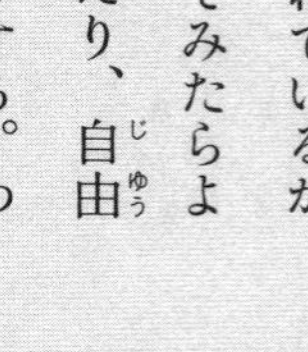

ころはともかく今《いま》どきの道路《どうろ》はどうしてもいるというようなものではない。反対《はんたい》というほどではないにしても、賛成《さんせい》でないのに使《つか》われるのはよくないというのも、もっともな考《かんが》えかもしれない。むしろ、ほしい人《ひと》たちがみなでお金《かね》を集《あつ》めて作《つく》ったり維持《いじ》したらどうだろう。

しかしそれでは、お金《かね》のない人《ひと》はお金《かね》を出《だ》せないし、使《つか》えないではないか。この指摘《してき》は一理《いちり》ある。これは大切《たいせつ》なところだ。一人《ひとり》ひとりが暮《く》らせるための条件《じょうけん》を社会《しゃかい》は用意《ようい》するべきだとしよう。それは善意《ぜんい》によって用意《ようい》されるのでなく、義務《ぎむ》としてなされるべきことだとしよう。つまり、負担《ふたん》したくない人《ひと》も負担《ふたん》すべきこと、強制《きょうせい》されてよいことだとしよう。するとそれは政治《せいじ》がきちんとやるべきことだということになる。

そうすることにして、その結果《けっか》、一人《ひとり》ひとりはだいたい同《おな》じだけのお金《かね》をもっているとしよう。さらにもっときちんと筋《すじ》の通《とお》った案《あん》を考《かんが》えるなら、身体等《しんたいとう》の状態《じょうたい》のために他《ほか》の人《ひと》より余計《よけい》にかかってしまう部分《ぶぶん》はそれに合《あ》わせて増《ふ》やし、ほぼ同《おな》じ程度《ていど》の暮《く》らしが可能《かのう》になるだけもっているとしよう。すると、格差《かくさ》の問題《もんだい》はなくなったので、今度《こんど》は各自《かくじ》がそのお金《かね》を持《も》ち寄《よ》って、なにかを作《つく》りたい人《ひと》は作《つく》ればよい、ということですむように思《おも》える。道路《どうろ》のように一人《ひと》ひとりから料金《りょうきん》をとるのが難《むずか》しいものは政府《せいふ》でという考《かんが》え方《かた》もあるが、技術《ぎじゅつ》も発達《はったつ》しているし、お金《かね》の個別《こべつ》の徴《ちょう》収《しゅう》も可能《かのう》な場合《ばあい》もあるかもしれない。

このように考《かんが》えれば、政府《せいふ》はお金《かね》を分《わ》けることに徹《てっ》するというやり方《かた》もありそうだ。大《おお》きな政府《せいふ》は効率《こうりつ》がわるいといってよく批判《ひはん》されるが、この案《あん》では政府《せいふ》という組織自体《そしきじたい》はあまり大《おお》きくならないから、その批判《ひはん》は効《き》かない。たしかにこれは極端《きょくたん》な案《あん》だ。しかし案《あん》としてはありうる。次《つぎ》にその弱点《じゃくてん》を考《かんが》えればよい。むろん他《ほか》の考《かんが》え方《かた》もあるだろうから、それを考《かんが》えたらよい。

なにを、どう配分《はいぶん》するか

教科書《きょうかしょ》には覚《おぼ》えきれないほどたくさんのことが書《か》いてある。書《か》いてあることをみな知《し》っているのは社会科《しゃかいか》の先生《せんせい》ぐらいだ。そして、教科書《きょうかしょ》を書《か》く人《ひと》も、教《おし》える人《ひと》も、試験《しけん》をする側《がわ》も、議員《ぎいん》の定数《ていすう》だとか法律《ほうりつ》の正式名称《せいしきめいしょう》だとか、すべてを記憶《きおく》する必要《ひつよう》がないことはわかっている（もしかすると知《し》らないのかもしれない。それはさすがにまずいから、わかってもらう必要《ひつよう》はある）。

けれども覚《おぼ》えさせられる。試験《しけん》に出《で》るからだ。なぜ出《で》るのか、出《だ》さなければよいのではないか。そのとおりだ。だが代《か》わりにどうしたらよいのだろう。これがけっこう難《むずか》しい。たとえば大学入試《だいがくにゅうし》は人物《じんぶつ》で選《えら》んでほしいと言《い》う人《ひと》もいる。しかし立派《りっぱ》な人物《じんぶつ》でなければ大学《だいがく》に入《はい》れないというのもおかしな話《はなし》ではないか。もっと論理力《ろんりりょく》などを試《ため》すような問題《もんだい》がよい。これは正《ただ》しい。しかしなかなか難《むずか》しい。問題《もんだい》を作《つく》る

側《がわ》にも論理力《ろんりりょく》がなければならない。こうして選《えら》ぶ方《ほう》もなかなか難《むずか》しいのである。

さて次《つぎ》に、なぜ学校《がっこう》に行《い》くかと言《い》えば、勉強《べんきょう》がしたいというよりは、仕事《しごと》に就《つ》くのに有利《ゆうり》だと思《おも》っているからだ。しかし「実社会《じっしゃかい》」では役《やく》に立《た》たない知識《ちしき》の有無《うむ》で人《ひと》を選《えら》ぶというのも不思議《ふしぎ》なことではないか。今度《こんど》も選《えら》ぶ側《がわ》に立《た》って考《かんが》えてみよう。なにを基準《きじゅん》にして選《えら》んでよいか、じつはその人《ひと》たちもわからない。しかし無理《むり》しても選《えら》ばなければならないとき、他《ほか》に手《て》がかりがなにもなく、また学力《がくりょく》が仕事《しごと》の能力《のうりょく》とまったく無関係《むかんけい》でないとすると、他《ほか》にないからこれを使《つか》うことになる。

これらはみなよい方法《ほうほう》ではないが、使《つか》ってしまう。すると私《わたし》たちの社会《しゃかい》のようになる。いろいろ細《こま》かに改善《かいぜん》のしようはあるはずだが、なかなか難《むずか》しい。むしろ、もっと基本的《きほんてき》なところを考《かんが》え直《なお》した方《ほう》がよいのではないか。もとにあるのはなにか。できないと損《そん》をする、できると得《とく》をする。こういう仕組《しく》みが基本《きほん》にある。できて、その能力《のうりょく》でなにかをした人《ひと》が、その結果《けっか》をとれる。そんなきまりがこの社会《しゃかい》にはある。それは当《あ》たり前《まえ》ではないか。しかし、自然《しぜん》なことのように思《おも》えるかもしれないが、考《かんが》えてみると、そうではない。ずっとそんなきまりで社会《しゃかい》をやっているから、それで当然《とうぜん》だと思《おも》われている。それは正《ただ》しいのか、と考《かんが》えると、意外《いがい》にその理由《りゆう》が

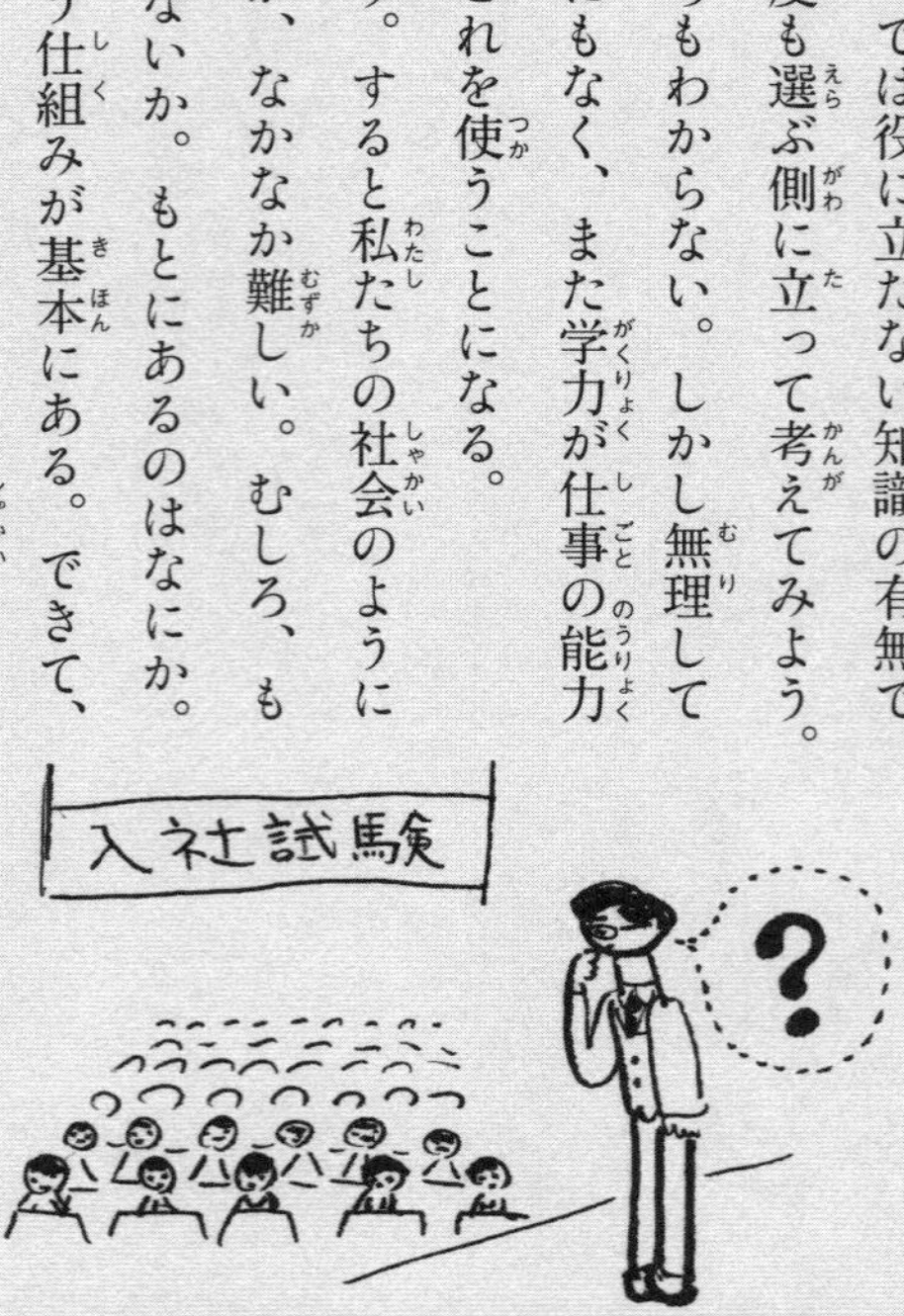

見《み》つからないがことがわかる。身分《みぶん》による差別《さべつ》はよくない、とみな思《おも》う。しかし能力《のうりょく》による差別《さべつ》はよいか、と考《かんが》えるとそれがよい理由《りゆう》も、じつはないのではないか。

そんなことはない、苦労《くろう》したら報《むく》われるのはよいことではないか。しかし、苦労《くろう》する・しないとできる・できないとは、無関係《むかんけい》ではないが、それほど強《つよ》い関係《かんけい》もない。同《おな》じだけ苦労《くろう》してもうまくいく人《ひと》とそうでない人《ひと》はいる。このことは認《みと》めざるをえない。努力《どりょく》や苦労《くろう》に応《おう》じて得《え》られるというきまりと、現《げん》に今《いま》の社会《しゃかい》にあるきまりとは別《べつ》のものなのだ。苦労《くろう》には報《むく》いてもよいだろう。また、人《ひと》はより多《おお》くもらえないとより多《おお》く働《はたら》かないということもあるかもしれない。とすると、ある程度《ていど》は働《はたら》きに応《おう》じてたくさんあげることは認《みと》めてもよいが、今《いま》よりずっと生《い》きていく上《うえ》での有利不利《ゆうりふり》の差《さ》を少《すく》なくしてもよいのではないか。

できるようになれば働《はたら》き口《ぐち》があると言《い》われる。しかし定員《ていいん》が決《き》まっていて、それより人《ひと》が多《おお》いなら、定員外《ていいんがい》になる人《ひと》は必《かなら》ずいる。当《あ》たり前《まえ》だ。するとどうするか。職《しょく》がなくとも暮《く》らしていけるようにするというのが一案《いちあん》。これでもよいはずだと述《の》べた。もう一つ、一人当《ひとりあ》たりの仕事《しごと》を少《すく》なくして、仕事《しごと》をする人《ひと》を多《おお》くする。この二つは同時《どうじ》に両方使《りょうほうつか》える。

それでは社会《しゃかい》の発展《はってん》がなくなるという人《ひと》もいる。しかし新《あたら》しいものはその社会《しゃかい》でも生《う》まれるだろう。また、ただの量《りょう》としての発展《はってん》・成長《せいちょう》なら、もうかなりのところまでいっている、少《すく》なくとも無理《むり》してまですることではないと言《い》えるだろう。その方《ほう》が、もっと落《お》ち着《つ》いて考《かんが》えたり、勉強《べんきょう》したり、暮《く》らしたりすることができるようになるだろう。しかし国際競争《こくさいきょうそう》があると言《い》う。そのとおり、たしかにある。ならば次《つぎ》に、仕方《しかた》がないと考《かんが》えるか、それともそこをなんとかする方法《ほうほう》はないかと考《かんが》えるかである。

世界《せかい》は世界《せかい》を救《すく》えるか

世界《せかい》に大《おお》きな格差《かくさ》があって、広《ひろ》がっている。そのままでよいと言《い》う人《ひと》はそうはいない。援助《えんじょ》などした方《ほう》がよい。たぶんそうだ。それで募金《ぼきん》をしましょうということになったりする。もちろん募金《ぼきん》はよいことだ。しかし募金《ぼきん》は、したくない人《ひと》はしなくてよいものである。それでよいのだろうか。

国《くに》の内部《ないぶ》では、いちおう、みなが暮《く》らせるような状態《じょうたい》にすることは義務《ぎむ》だということになっている。そのための負担《ふたん》をしたくない人《ひと》もしなければならないことになっている。とすると、今度《こんど》は、なぜそれを国家《こっか》の内部《ないぶ》に限《かぎ》ることができるかが問題《もんだい》になる。こうして考《かんが》えると、なかなかもっともな理由《りゆう》は見《み》つからない。たとえば、愛国心《あいこくしん》が大切《たいせつ》だと言《い》う人《ひと》は、その国《くに》の人《ひと》たちを大切《たいせつ》にすべきだと熱心《ねっしん》に主張《しゅちょう》しているのだと思《おも》う。しかし、大切《たいせつ》にする相手《あいて》を国《くに》の内部《ないぶ》に限《かぎ》る理由《りゆう》はあるだろうか。

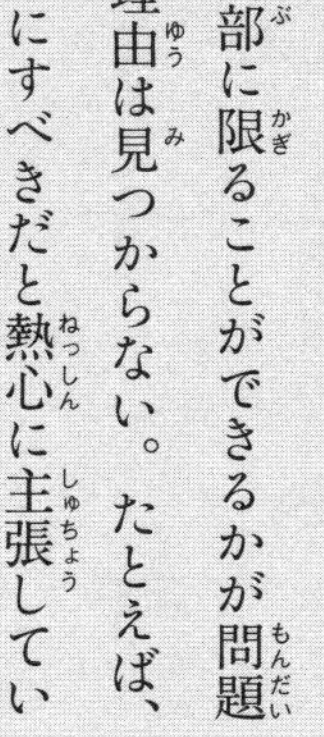

理由《りゆう》がないなら、他人《たにん》を大切《たいせつ》にというその人《ひと》たちほど熱心《ねっしん》に世界全体《せかいぜんたい》に義務《ぎむ》があると言《い》わねばならないことになる。

すると、「現実《げんじつ》」が持《も》ち出《だ》されるかもしれない。理想《りそう》はともかく、現実《げんじつ》に国々《くにぐに》はすでに分《わ》かれてしまっている。それを前提《ぜんてい》に動《うご》かざるをえない、甘《あま》いことは言《い》っていられないというのだ。これはなかなか否定《ひてい》できない。ある国《くに》が人《ひと》を差別《さべつ》しないで受《う》け入《い》れると、差別《さべつ》されたくない人《ひと》、生活《せいかつ》に困《こま》った人《ひと》たちがどんどん入《はい》ってくるかもしれない。他方《たほう》で、それでは損《そん》をするお金《かね》持《も》ちや企業《きぎょう》は出《で》ていってしまい、その結果《けっか》、厳《きび》しい状態《じょうたい》になるかもしれない。また現《げん》に競争《きょうそう》が国家単位《こっかたんい》でなされているとき、その競争《きょうそう》に参加《さんか》しないとその国家《こっか》、国家《こっか》の成員《せいいん》が不利益《ふりえき》を被《こうむ》る。だから外《そと》から守《まも》り、内部《ないぶ》の力《ちから》を高《たか》め、そのために内部《ないぶ》の結束《けっそく》を強《つよ》めるべきだという話《はなし》はまったくの嘘《うそ》ではない。ただその結果《けっか》、世界《せかい》の多《おお》くの人《ひと》は不利《ふり》を挽回《ばんかい》できず生《い》きにくくなる。競争《きょうそう》で優位《ゆうい》な国家《こっか》の内部《ないぶ》でも、役《やく》に立《た》たない部分《ぶぶん》が切《き》り捨《す》てられることがある。優位《ゆうい》な位置《いち》にいる人《ひと》も競争《きょうそう》に追《お》い立《た》てられる。たしかに競争《きょうそう》は有用《ゆうよう》なものを早《はや》く産《う》み出《だ》すことがあるが、ここでは、格差《かくさ》やせわしさなどその弱点《じゃくてん》の方《ほう》が強《つよ》く現《あらわ》れる。この状態《じょうたい》はよくない。けれども問題《もんだい》は、単独《たんどく》で好《この》ましい方向《ほうこう》に行《い》こうとすることが難《むずか》しいことである。自分《じぶん》だけよいことをしようとすると結果《けっか》として自分《じぶん》が背負《せお》いこむことになり、自分《じぶん》がわりをくうはめになる。

こうした事態《じたい》の解決法《かいけつほう》は、世界全体《せかいぜんたい》で現在《げんざい》の状態《じょうたい》を解消《かいしょう》しようとすることだ。つまり世界中《せかいじゅう》が、世界中《せかいじゅう》に対《たい》して、義務《ぎむ》を負《お》うことである。これはとんでもない夢《ゆめ》物語《ものがたり》だ。たしかに途方《とほう》もないことのように思《おも》える。しかし簡単《かんたん》にできることもある。絶望的《ぜつぼうてき》に思《おも》われる問題《もんだい》でも解決《かいけつ》できることがある。

たとえばエイズは今《いま》は薬《くすり》があれば生《い》きられる病気《びょうき》だが、世界《せかい》で年《ねん》に三百万人《まんにん》、毎日《まいにち》七千人以上《にんいじょう》の数《かず》の人《ひと》が亡《な》くなっている。とくにアフリカの南《みなみ》の方《ほう》は大変《たいへん》な状況《じょうきょう》になっている。貧《まず》しくて高《たか》い薬《くすり》が買《か》えない。しかし、薬《くすり》の開発《かいはつ》・製造者《せいぞうしゃ》の利益《りえき》の独占《どくせん》を排《はい》して、薬《くすり》を安《やす》くすることはできる。そんなことはできないかと思《おも》われたが、できた。それでも薬《くすり》はただにはならない。ならばその薬代《くすりだい》を含《ふく》めお金《かね》を出《だ》せばよい。そのためにはいくらかかるか。何年《なんねん》かに分《わ》けて全部《ぜんぶ》で十五兆円《ちょうえん》ほどで足《た》りるという計算《けいさん》もある。それを何人《なんにん》でどう割《わ》るかによるが、たとえば相対的《そうたいてき》に豊《ゆた》かな十億人《おくにん》で均等割《きんとうわり》としよう。すると一人《ひとり》一万五千円《えん》ほど。これを数年《すうねん》に分《わ》けて払《はら》えばよい。この病《やまい》に限《かぎ》れば、これでなんとかなる。たいしたことではない。そして、特定《とくてい》の国《くに》が

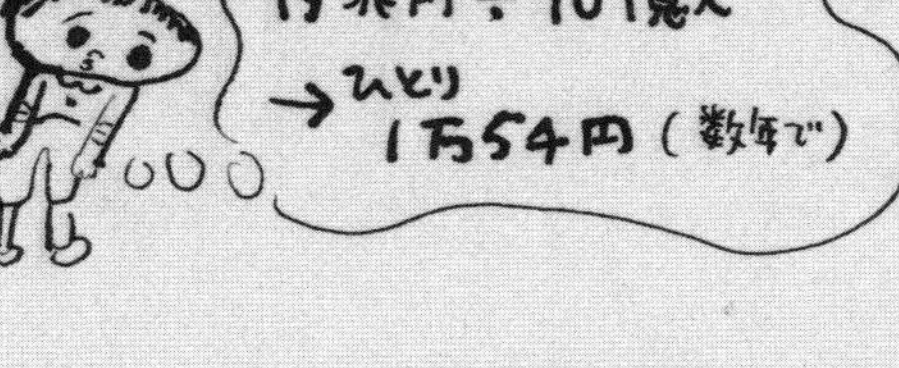

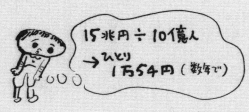

自《みずか》らの利益《りえき》を得《え》るための取《と》り引《ひ》き材料《ざいりょう》として援助《えんじょ》するのはよくないから、国家《こっか》を越《こ》えてお金《かね》を集《あつ》め、渡《わた》す仕組《しく》みを作《つく》る必要《ひつよう》もあるだろう。実際《じっさい》、まがりになりにもそんな方向《ほうこう》の国際的《こくさいてき》な取《と》り決《き》めも存在《そんざい》する。次《つぎ》に、国《くに》、政府《せいふ》を経由《けいゆ》すると、途中《とちゅう》でしばしばお金《かね》はなくなってしまうから、できれば一人《ひとり》ひとりに直接《ちょくせつ》わたるかたちがとれると、無駄《むだ》がなくてなおよい。そんなことができなくはない。こうして、私《わたし》たちは、社会《しゃかい》を知《し》るとともに、社会《しゃかい》の像《ぞう》を描《えが》くことができる。

[補《ほ》・2] 三人《さんにん》のひとと話《はな》してみた

この本《ほん》の編集《へんしゅう》を担当《たんとう》していただいた清水《しみず》檀《まゆみ》さんの発案《はつあん》・選択《せんたく》で、インタビュー・対談《たいだん》を三つ収録《しゅうろく》してもらうことになった。こういうものの場合《ばあい》、題《だい》や見出《みだ》しは、依頼《いらい》・掲載《けいさい》する側《がわ》が付《つ》けてくれるのが普通《ふつう》で、この三つもそうだった。ここでは、清水《しみず》さんにお願《ねが》いして、題《だい》や見出《みだ》しをいくらかつけ直《なお》してもらった。一つ目《め》は、ニューメディア人権機構《じんけんきこう》のＨＰ（ホームページ）「人権情報《じんけんじょうほう》ネットワークふらっと」に掲載《けいさい》されたインタビュー。二〇〇一年《ねん》六月《がつ》と九月《がつ》の二回《かい》に分《わ》けて掲載《けいさい》された。どちらも今《いま》もＨＰで読《よ》める。聞《き》き手《て》は社納葉子《しゃのうようこ》さんで、彼女《かのじょ》は自身《じしん》のＨＰももっている（名前《なまえ》で検索《けんさく》すると出《で》てきます）。インタビューが文章《ぶんしょう》になってくると、ときに「そんなー」と思《おも》うこと（↓インタビューにかかった時間《じかん》より直《なお》す時間《じかん》の方《ほう》がずっとかかったりすること）もあるのだが、社納《しゃのう》さんは腕利《うでき》きの聞《き》き手《て》・ライターで、すっきりまとめてくださった。掲載時《けいさいじ》の題《だい》は、1が「「がんばらなくてもいい」と言《い》える社会《しゃかい》でありたい」（本書《ほんしょ》では338ページ〜）、2が「「自己決定《じこけってい》」は気持《きも》ちよく暮《く》らすための権利《けんり》」（349ページ「尊重《そんちょう》と省略《しょうりゃく》」以降《いこう》）、副題《ふくだい》が「『弱《よわ》くある自由《じゆう》へ』著者立岩真也《ちょしゃたていわしんや》さん」だった。その前《まえ》の年《とし》の秋《あき》にその題《だい》の本《ほん》が出《で》て（303ページ～等参照《などさんしょう》）、そんなことがあって依頼《いらい》をいただいたのだと思《おも》う。またこの年《とし》の正月《しょうがつ》の『朝日新聞《あさひしんぶん》』に「つよくなくてもやっていける」という題《だい》の短文《たんぶん》を書《か》いたのだが、それも読んでいただいたようだ。その全文もついでに載せた。

二つ目《め》は、東京都八王子市《とうきょうとはちおうじし》の小児科医《しょうにかい》の山田真《やまだまこと》さんとの対談《たいだん》。二〇〇四年《ねん》四月出版《がつしゅっぱん》の『子育《こそだ》て未来視点《みらいしてん》BOOK・上巻《じょうかん》』に収録《しゅうろく》された。この本《ほん》を出版《しゅっぱん》したのはジャパンマシニスト社《しゃ》。不思議《ふしぎ》な名前《なまえ》だが、『知《し》りたいプレス加工《かこう》』とか『歯車《はぐるま》』といった本《ほん》を出《だ》しているのを知《し》ると、なるほどと思《おも》う。そこがどういうきさつなのか、『ちいさい・おおきい・よわい・つよい』、ついで『おそい・はやい・ひくい・たかい』という雑誌《ざっし》を出《だ》している。『ち・お』（と略《りゃく》される）は小《ちい》さい子《こ》どもの身体《からだ》とか病気《びょうき》とか障害《しょうがい》とかそんなことについての雑誌《ざっし》、『お・は』は小学生《しょうがくせい》ぐらいの子《こ》どもをもつ親《おや》が読《よ》んだりする雑誌《ざっし》。両方《りょうほう》ともとてもよくて、しかもそこそこ売《う》れているというのがすばらしい。その『ち・お』の十周年記念《しゅうねんきねん》ということで、上巻《じょうかん》・下巻《げかん》に分《わ》けた本《ほん》が出《で》たのだった。山田《やまだ》

さんは、その編集委員《へんしゅういいん》を務《つと》めてもきた人《ひと》で、たくさん著書《ちょしょ》もある――他《ほか》にたくさん本《ほん》を書《か》いている人《ひと》で編集委員《へんしゅういいん》をしている人《ひと》だとやはり小児科医《しょうにかい》の毛利《もうり》子来《たねき》さんとか。山田《やまだ》さんは、お名前《なまえ》は以前《いぜん》から知《し》っていて、本《ほん》もいくつか読《よ》んでいたのだが、お会《あ》いしたのはこの対談《たいだん》の時《とき》が初《はじ》めてだったと思《おも》う。一九四一年《ねん》生《うまれ》で、私《わたし》より十九歳上《さいうえ》ということになる（毛利《もうり》さんはもっと上《うえ》で一九二九年生《ねんうまれ》）。本書《ほんしょ》に出てきた「団塊《だんかい》の世代《せだい》」よりは少《すこ》し上《うえ》の人《ひと》なのだが、他《ほか》の大学生《だいがくせい》より大学《だいがく》に長《なが》くいる医学部生《いがくぶせい》だったこともあって、「大学闘争《だいがくとうそう》」（101ページ～）に関《かか》わり、その後《ご》いろいろ、「『障害児《しょうがいじ》』を普通学校《ふつうがっこう》へ・全国連絡会《ぜんこくれんらくかい》」の活動等《かつどうとう》に参加《さんか》してきた――このあたりのことは『闘《たたか》う小児科医《しょうにかい》――ワハハ先生《せんせい》の青春《せいしゅん》』（ジャパンマシニスト社、二〇〇五年《ねん》）、そして、303ページで紹介《しょうかい》した――おもしろいのに売《う》れてなくて残念《ざんねん》な――『流儀《りゅうぎ》』をどうぞ。

三つ目《め》は、岡崎勝《おかざきまさる》さんによるインタビューで、いま紹介《しょうかい》した『お・は』の二六号《ごう》（二〇〇五年《ねん》二月《がつ》）に掲載《けいさい》されたもの。その時《とき》の題《だい》は「みんな「できる人《ひと》」でないとダメなの？――学校《がっこう》の能力《のうりょく》・競争主義《きょうそうしゅぎ》をみつめて」。岡崎《おかざき》さんにもいろいろと著書《ちょしょ》がある。そして『ち・お』『お・は』の編集委員《へんしゅういいん》でもある。

「自由《じゆう》すぽーつ研究所《けんきゅうじょ》」に加《くわ》わっている「体育《たいいく》の先生《せんせい》」で、「既存《きぞん》の男性学《だんせいがく》に挑《ちょう》戦《せん》」したりしている人《ひと》でもある。私《わたし》は『季刊福祉労働《きかんふくしろうどう》』（現代書館《げんだいしょかん》）に書《か》かれた文章《ぶんしょう》などで存《ぞん》じあげていた。ただやはり、実際《じっさい》にお会《あ》いするのはこのときが初《はじ》めてだった。一九五一年生《ねんうまれ》、「ただの小学校教員岡崎勝《しょうがっこうきょういんおかざきまさる》（名古屋市《なごやし》）の仕事《しごと》の数々《かずかず》を後悔《こうかい》しつつ公開《こうかい》したワーキングページ」という「岡崎勝《おかざきまさる》のページ」というHPがあります（これも検索《けんさく》するとすぐ出《で》てきます）。

期《き》せずして、というか、そもそもの（先方《せんぽう》の）設定《せってい》として「障害《しょうがい》（者《しゃ》）ネタ」が多《おお》くなっている。同《おな》じ人間《にんげん》が書《か》いたりしゃべったりしているのだから当然《とうぜん》でもあるが、本書《ほんしょ》に記《しる》したことが繰《く》り返《かえ》されているところもある。他方《たほう》、もっと考《かんが》えて言《い》いたいこともある。たとえば三つ目《め》のに出《で》てくる「徒競争《ときょうそう》」のこととか。学校《がっこう》のこと全般《ぜんぱん》もまたそうなのだが、これはやはりなかなか難《むずか》しいテーマで、本書《ほんしょ》のもとになった(旧《きゅう》)理論社《りろんしゃ》の連載《れんさい》も、その話《はなし》から始《はじ》めたにもかかわらず、結局外《けっきょくはず》してしまった。なおしたり、加《くわ》えたりしたい気持《きも》ちもあったけれど、それをしたら別《べっ》のものになってしまうだろうし、それはがまんすることにした。

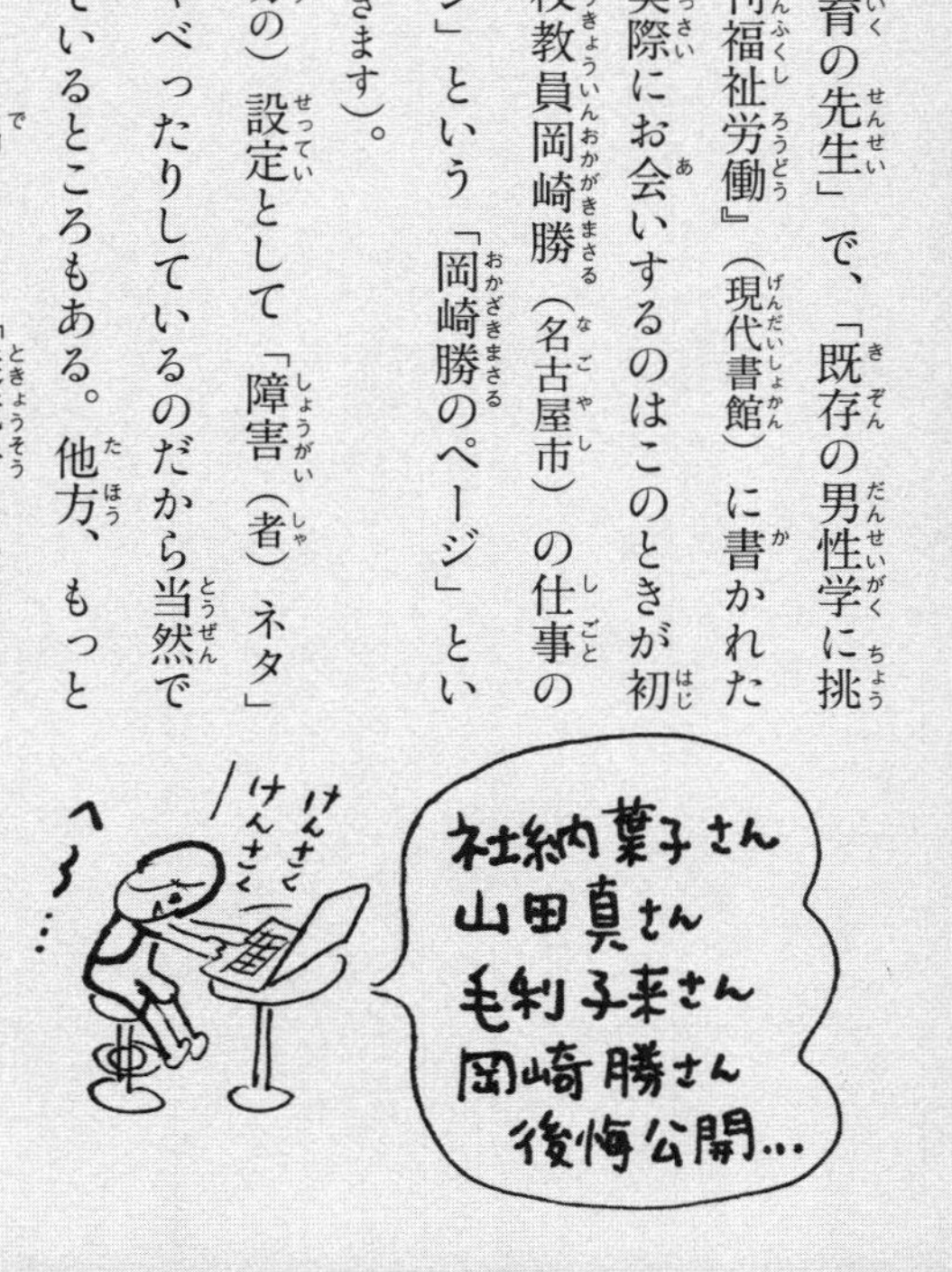

「できる」ことは
人間《にんげん》の「価値《かち》」ではない——社納葉子《しゃのうようこ》さんと

「弱《よわ》くある自由《じゆう》」という考《かんが》え方《かた》

社納《しゃのう》　まず、『弱《よわ》くある自由《じゆう》へ』というタイトルにグッときました。とかく『元気《げんき》な障害者《しょうがいしゃ》』『がんばってる障害者《しょうがいしゃ》』を持《も》ち上《あ》げる風潮《ふうちょう》の中《なか》で、「弱《よわ》いままでいてもいいじゃない」と言《い》ってしまう軟弱《なんじゃく》さ（笑）。このタイトルに、立岩《たていわ》さんはどんな思《おも》いを込《こ》められたんですか？

立岩《たていわ》　編集者《へんしゅうしゃ》は「売《う》れる本《ほん》にするために、流行《はや》りの「自己決定《じこけってい》」という言葉《ことば》をタイトルに入《い》れましょう」と言《い》ってたんですけど、この本《ほん》では自己決定《じこけってい》そのものについてはそれほど多《おお》く触《ふ》れてないんですね。「それじゃあ「看板《かんばん》に偽《いつわ》りあり」やから、止《や》めよう」と。それで僕《ぼく》が思《おも》っていることをそのままタイトルにしたんです。

たしかに障害者運動《しょうがいしゃうんどう》の中《なか》には「自分《じぶん》のしたいこと、やりたいことを主張《しゅちょう》して実現《じつげん》していこう」という運動《うんどう》ってあったし、あるし、必要《ひつよう》だと思《おも》うんです。言《い》い換《か》えれば「自分《じぶん》の暮《く》らしのことは自分《じぶん》で決《き》める」、すなわち「自己決定《じこけってい》」ということなんでしょうけど。

ただ、そういうことを強力《きょうりょく》に主張《しゅちょう》しながら、でももう一方《いっぽう》で「すくなくとも言葉《ことば》としては自分《じぶん》の意思《いし》を主張《しゅちょう》できなかったり、しない人《ひと》もいる。そういう人《ひと》も含《ふく》めて考《かんが》えないと、障害者運動《しょうがいしゃうんどう》としてなにか言《い》ったことにはならないんじゃないか」という考《かんが》え方《かた》も、じつは障害者運動《しょうがいしゃうんどう》が始《はじ》まった一九七〇年代《ねんだい》からあったんです。そういう運動《うんどう》の流《なが》れがあったことを、知《し》ってる人《ひと》は知《し》ってるけど、知《し》らない人《ひと》はまったく知《し》らない。それはやっぱりよくないと思《おも》うんですよね。

この歴史的《れきしてき》な流《なが》れについては最初《さいしょ》に出《だ》した『生《せい》の技法《ぎほう》』（302ページ〜等参照《などさんしょう》）という本《ほん》にも書《か》いたんですけど、それを補《おぎな》うことも含《ふく》めて、「自分《じぶん》を強《つよ》く主張《しゅちょう》するのも大事《だいじ》だけど、そうじゃないあり方《かた》の人《ひと》もいるし、そうじゃないあり方《かた》もある。そういうことも含《ふく》めて運動《うんどう》を考《かんが》えてきた人《ひと》たちがなにをやってきたのか、これからさきどうするのか」ということを考《かんが》えたかったんですよ。

社納　たしかに「自分《じぶん》の意思《いし》を主張《しゅちょう》できない人《ひと》、しない人《ひと》」、つまり『弱《よわ》くある自由《じゆう》』も認《みと》めようとか、どうするんだという話《はなし》はあまり聞《き》きませんね。とても大切《たいせつ》な

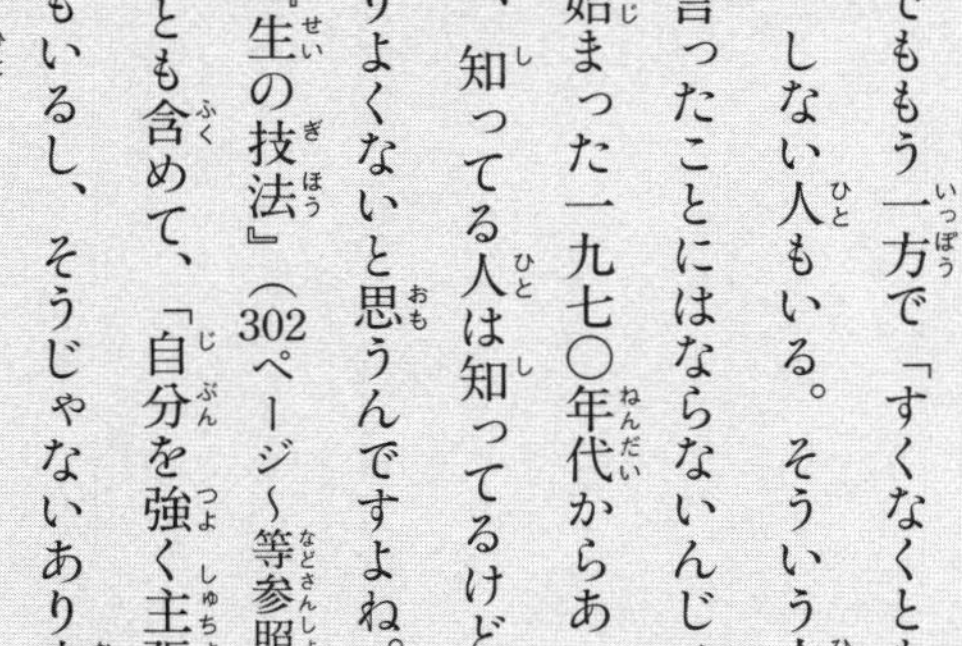

視点《してん》だと思《おも》うんですけど、障害者運動《しょうがいしゃうんどう》の歴史《れきし》の中《なか》で、「強《つよ》くなろう」という主《しゅ》張《ちょう》が目立《めだ》ち、「そうじゃないあり方《かた》だっていいんじゃないか」という声《こえ》がどんどん小《ちい》さくなってしまったのはなぜでしょう。

立岩　わざわざ僕《ぼく》が調《しら》べて書《か》かないといけないぐらいだから、あまり知《し》られていないのは事実《じじつ》です。ただ、昔《むかし》から「これだけがんばったら、ここまでできる」「これまでできなかった人《ひと》が、こうしたらできるようになった」という語《かた》られ方《かた》の方《ほう》がずっと大《おお》きい声《こえ》だったと思《おも》うし、今《いま》でもそうだと思《おも》う。そういう意味《いみ》では、昔《むかし》と比《くら》べて「弱《よわ》くある自由《じゆう》」を認《みと》めようという声《こえ》が小《ちい》さくなったわけではなくて、むしろ少《すこ》しずつではあるけど、多《おお》くの人《ひと》に届《とど》くようになってきたと感《かん》じる部分《ぶぶん》もあります。

生《い》きて暮《く》らしていることそのものが

社納　すごく基本的《きほんてき》な疑問《ぎもん》なんですけど、そもそも「自己決定《じこけってい》」とは何《なに》でしょう？障害《しょうがい》があるという「弱《よわ》い立場《たちば》」にいるととくに、「自分《じぶん》で決《き》めた」と「決《き》めさせられた」との境界《きょうかい》がすごく曖昧《あいまい》になりがちじゃないか、そう決《き》めざるを得《え》ない状況《じょうきょう》がそもそもあるとすれば、「自己決定《じこけってい》」自体《じたい》が「健常者《けんじょうしゃ》」の物差《ものさ》しになる恐《おそ》れがあるのでは、と思《おも》うのですが。

立岩　社会福祉業界用語《しゃかいふくしぎょうかいようご》としての「自己決定《じこけってい》」というのもあります（笑）。ただ、障害者運動《しょうがいしゃうんどう》の中《なか》での「自己決定《じこけってい》」というのは、障害者自身《しょうがいしゃじしん》の言葉《ことば》として選《えら》び取《と》られてきたのであって、借《か》り物《もの》の言葉《ことば》ではないと僕《ぼく》は思《おも》うんですね。

　言《い》い方《かた》がすごく難《むずか》しいんだけど、「充分《じゅうぶん》に決定《けってい》できない人《ひと》もいるじゃないか」というのは、運動《うんどう》をやってる人《ひと》たちの中《なか》でも大《おお》きなテーマです。でも「そういう人《ひと》たちのために社会福祉《しゃかいふくし》がある」とか「そういう人《ひと》たちを代弁《だいべん》するために専門家《せんもんか》がいるんだ」と、すぐに話《はなし》をそっちにもっていこうとするのが、いわゆる専門家《せんもんか》の人《ひと》たちなんですね。彼《かれ》らは言葉《ことば》、たとえば自己決定《じこけってい》という言葉《ことば》の捉《とら》え方《かた》が狭《せま》すぎるんです。言葉《ことば》としての意味《いみ》をきちっと説明《せつめい》できるというだけじゃなく、もっとゆるく考《かんが》えたら、知的障害《ちてきしょうがい》のある人《ひと》だって自分《じぶん》の思《おも》いや言《い》いたいことを言葉《ことば》じゃないかたちで伝《つた》えられるし、それも自己決定《じこけってい》のひとつのかたちですよね。当事者《とうじしゃ》たちは「社会《しゃかい》はその意思表示《いしひょうじ》をちゃんと受《う》け止《と》めようとし

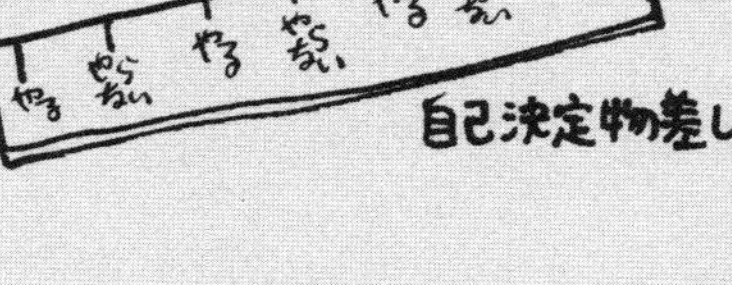

なかったじゃないか、だから〝決《き》められない人《ひと》もいるよ〟と簡単《かんたん》に言《い》わないでくれ。ちゃんと聞《き》いたらわかるはずだ」と言《い》ってきたわけです。

何度《なんど》も言《い》うけど言《い》い方《かた》が難《むずか》しいところで、「決《き》められるということが一番《ばん》大切《たいせつ》なことじゃないよ」とは言《い》えるかもしれないけど、そう言《い》うとすぐに「じゃあ代《か》わりに私《わたし》が決《き》めてあげましょう」という話《はなし》にからめとられてしまう部分《ぶぶん》があって、「いや、それはちょっと待《ま》って。まずはもう少《すこ》しきちんと聞《き》いてくれ」というのが当事者《とうじしゃ》たちの言《い》い分《ぶん》である、と。

それから、「それでもたしかに聞《き》き取《と》れない、わからない」という場合《ばあい》もあるんですが、「わかる」「わからない」という話《はなし》になると、自分《じぶん》の思《おも》いをきちんと伝《つた》えられるということが一番大切《ばんたいせつ》なのか、価値《かち》があることなのか、という問題《もんだい》が出《で》てくるんですよ。それに対《たい》して、どう答《こた》えるのかという。

社納　「自己決定《じこけってい》」という言葉《ことば》のとらえ方《かた》が、障害《しょうがい》がある人《ひと》たちと福祉関係者《ふくしかんけいしゃ》たちとでは違《ちが》うんですね。それから、自己決定《じこけってい》にこだわることによって、「自己決定《じこけってい》をし、それをわかるように伝《つた》えられることが一番大切《ばんたいせつ》なのか」という問題《もんだい》も出《で》てくる……。

立岩　それに対《たい》してすごくおおざっぱに言《い》ってしまうと、こうなるかな。「どうすれば気持《きも》ちがいいかは、本人《ほんにん》が一番《ばん》よくわかる」というのは基本的《きほんてき》には事実《じじつ》だから、その決定《けってい》を尊重《そんちょう》することは大切《たいせつ》です。でもその前《まえ》に、その人《ひと》が存在《そんざい》している、生《い》きて暮《く》らしていることそのものが大切《たいせつ》であり、生《い》きて暮《く》らすあり方《かた》のひとつとして「本人《ほんにん》が決《き》めたように暮《く》らしてもらう大切《たいせつ》さ」があるんじゃないかと僕《ぼく》は思《おも》うし、言《い》い方《かた》は多少違《たしょうちが》うかもしれないけど、運動《うんどう》をやってきた人《ひと》たちも同《おな》じことを言《い》い続《つづ》けてきたんじゃないかと思《おも》うんです。

　つまり「自分《じぶん》で決《き》めて、決《き》めたとおりにやる」というのが一番目《ばんめ》の価値《かち》じゃなくて、「そのまんまのかたちで生《い》きてる」というのが一番目《ばんめ》。その一部《ぶ》に「本人《ほんにん》が決《き》めた暮《く》らしをしてもらう」というのがある、と。だから「自己決定《じこけってい》できない人間《にんげん》には価値《かち》がない」という言《い》い方《かた》に反対《はんたい》しつつ、「自己決定《じこけってい》なんてたいした問題《もんだい》じゃないよ」という言《い》い方《かた》にも反対《はんたい》しつつ、自己決定《じこけってい》の大切《たいせつ》さを言《い》っていかなあかんというところが難《むずか》しいといえば難《むずか》しい、おもしろいといえばおもしろいところですね。

「できる」イコール「自分《じぶん》が生《い》きている値打《ねう》ち」か？

社納　「存在《そんざい》していること自体《じたい》が一番大切《ばんたいせつ》なんだ」というのは、理屈《りくつ》としてはよくわかるし、大事《だいじ》なことだと思《おも》います。ただ実際《じっさい》には「できなかったことができるようになる」「自分《じぶん》の暮《く》らしを自分《じぶん》の力《ちから》で支《ささ》えていく」ということによって、喜《よろこ》びや充実感《じゅうじつかん》を得《え》るのも事実《じじつ》だし、私《わたし》も含《ふく》めて多《おお》くの人《ひと》たちがその喜《よろこ》びや充実《じゅうじつ》感《かん》を求《もと》めて生《い》きているといっても過言《かごん》ではないと思《おも》うんです。そんな私《わたし》たちが、「生《い》きているのが一番大切《ばんたいせつ》なんだよ」と言《い》っても説得力《せっとくりょく》がないのでは？

立岩　それはそのとおりですね。今《いま》までできなかったことができるようになるというのは新鮮《しんせん》だったり、世界《せかい》が広《ひろ》がるような気《き》がしたりというのは、たしかにあります。そういう意味《いみ》では「できるようになる」というのは、本人《ほんにん》にとってわるいことじゃない。

社納　「できないことをできるようになるためにがんばる」とか「できるようになったときにものすごく嬉《うれ》しい」というのは、「できることがいいことだ」という価値観《かちかん》が刷《す》り込《こ》まれているのか、人《ひと》としての自然《しぜん》な感情《かんじょう》なのか……。

立岩　それは微妙《びみょう》なんやけど、どっちもあるでしょうね。そういうことに喜《よろこ》びを感《かん》じるというのはどんな時代《じだい》にもあっただろうし、それが生《い》きがいだという人《ひと》がいてもいいと思《おも》う。

ただ、「できる」「できない」ということに対《たい》して、自分《じぶん》が生《い》きていく中《なか》での楽《たの》しみの一部《ぶ》という以上《いじょう》の意味《いみ》を、僕《ぼく》らの社会《しゃかい》は付与《ふよ》してしまった。つまり、「できる」ということがすなわち「人間《にんげん》の価値《かち》」や「生《い》きてることの意味《いみ》」といったものまで含《ふく》めてしまったんです。そこまでいくと「ちょっと違《ちが》うんじゃない」と、僕《ぼく》は言《い》いたい。

「できる」イコール「自分《じぶん》が生《い》きている値打《ねう》ち」だというところまでいってしまうと、なんらかの理由《りゆう》でできなくなってしまえば、生《い》きている値打《ねう》ちがなくなってしまうということになります。たとえばアルツハイマーになって知的能力《ちてきのうりょく》が落《お》ちていくとか、進行性《しんこうせい》の難病《なんびょう》にかかって昨日《きのう》までできたことが今日《きょう》はできない、明日《あす》はもっとできなくなるという状況《じょうきょう》になったとき、たんに不便《ふべん》というだけじゃなく、自分《じぶん》の存在価値《そんざいかち》までが危《あや》うくなったように感《かん》じてしまい、「生《い》きる価値《かち》がない」から「死《し》ぬしかない」ところまでいってしまうと

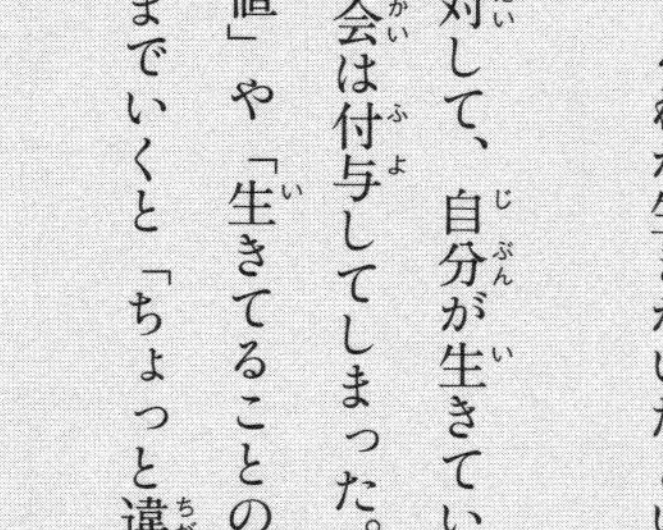

いうことが、実際《じっさい》にあるんですね。それが安楽死《あんらくし》といわれるものの一部《ぶ》だと思《おも》うんですけど。

社納　安楽死《あんらくし》についても書《か》かれていますよね。

立岩　ええ。二章《しょう》にわたって書《か》いたんですけど、簡単《かんたん》にまとめるとこういうことだと思《おも》うんです。今《いま》、安楽死《あんらくし》という選択《せんたく》をしようという人《ひと》は、「人間的《にんげんてき》に弱《よわ》いから、死《し》のうとする」というよりは、「強《つよ》くなくてはいけない、しかし現実《げんじつ》の自分《じぶん》は強《つよ》くない」という思《おも》いがあって、そのギャップのなかで死《し》を選《えら》ばざるを得《え》ないんじゃないか。つまりその人《ひと》は弱《よわ》いのではなく、「自分《じぶん》」というものを強《つよ》く意識《いしき》している、ある意味《いみ》では『強《つよ》い人《ひと》』だからこそ死《し》を選《えら》ぼうとする。だとすれば、そこで言《い》うべきなのは「強《つよ》くなれ」ではなく、むしろ「弱《よわ》くてもいいじゃないか」ということだと思《おも》うんですよ。

社納　「自分《じぶん》の命《いのち》をどうするかを決《き》めるのは自分《じぶん》だ」という主張《しゅちょう》の背景《はいけい》には、「強《つよ》くありたいのに、そうじゃない自分《じぶん》」への失望《しつぼう》がある可能性《かのうせい》もある、と。そうなると、その「自己《じこ》決定《けってい》」の意味《いみ》が変《か》わってきますよね。本来《ほんらい》の目的《もくてき》からずれているというか。「自己《じこ》決定《けってい》」という言葉《ことば》はたしかに最近《さいきん》よく言《い》われていますが、なんだかすごい説得力《せっとくりょく》を感《かん》じてしまいます。でも、「本人《ほんにん》が決《き》めたこと」をなによりも優先《ゆうせん》しようというのは大切《たいせつ》なことではあるけど、決《き》められない人《ひと》や今《いま》は決《き》めたくない人《ひと》もいるし、「決《き》めたこと」だけに気《き》をとられていると大事《だいじ》なことを見逃《みのが》してしまう恐《おそ》れもある。場合《ばあい》によっては人《ひと》を死《し》に追《お》いやってしまう、いわば「効《き》くけど、副作用《ふくさよう》も強力《きょうりょく》な薬《くすり》」のようなものだということも認識《にんしき》しておきたいですね。

立岩　まあ、「弱《よわ》くてもいいじゃないか」というのはスローガンというか、お題目《だいもく》みたいなもので、実際《じっさい》に弱《よわ》いまま、あるがまま、どう生《い》きていくかといえば、やっぱり「それでいいんだ」だけでは済《す》まないわけです。じゃあ弱《よわ》い部分《ぶぶん》をどう補《おぎな》って暮《く》らしていくのかを考《かんが》えないといけない。弱《よわ》くある自由《じゆう》のために。そういうことを書《か》いたのが『弱《よわ》くある自由《じゆう》へ』の第《だい》七章《しょう》で、介護《かいご》の話《はなし》が中心《ちゅうしん》なんですけど。

社納　「自己決定《じこけってい》」についてはあまり触《ふ》れていないとおっしゃいましたが、「弱《よわ》くある自由《じゆう》」と「自己決定《じこけってい》」とは深《ふか》い関係《かんけい》があるということがわかってきました。じつは本《ほん》を読《よ》んだかぎりでは、なかなかピンとこなかったんですよ、難《むずか》しすぎて（笑）。どういう読者《どくしゃ》をイメージして書《か》かれたのですか？

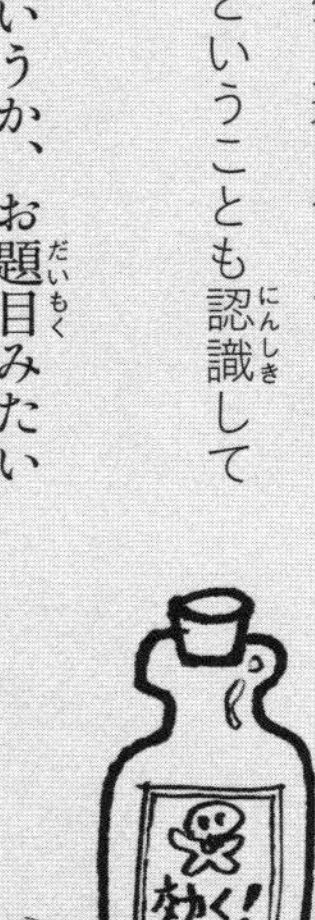

立岩　これはもともと『現代思想《げんだいしそう》』という雑誌《ざっし》に書《か》いたものを中心《ちゅうしん》にまとめたんです。『現代思想《げんだいしそう》』というのは「なにこれ、わからんぞ」という文章《ぶんしょう》が並《なら》んでいるような変《へん》な雑誌《ざっし》で、「わからなくて当《あ》たり前《まえ》」という世界《せかい》（笑）。だからじつは「誰《だれ》にでもわかるように」という配慮《はいりょ》はしていないんです。

社納　でもいいこと書《か》いてはるんで（笑）、これの普及版《ふきゅうばん》みたいなのがあればすごくいいと思《おも》うんですけど。

立岩　たまにそういう冗談《じょうだん》を言《い》う人《ひと》がいますね（笑）。この本《ほん》の前《まえ》に出《だ》した『私的所《してきしょ》有論《ゆうろん》』（302ページ～等参照《などさんしょう》）の漫画版《まんがばん》がほしいとか、口語訳版《こうごやくばん》がいるとかね。「源氏物語《げんじものがたり》」みたいやな」と言《い》われたんですよ。

社納　そう言《い》った人《ひと》の気持《きも》ち、わかります。朝日新聞《あさひしんぶん》の*1「論壇《ろんだん》」に書《か》かれたのはすごくわかりやすくて、「ああ、こういうことを書《か》いてはったんや」と、やっとわかった（笑）。

立岩　あれは一二〇〇字《じ》くらいだから……かなり考《かんが》えましたね。確《たし》かに反響《はんきょう》もありました。でも結論《けつろん》しか書《か》いてないんですよ、「そんなにがんばらんでええねん」と。そのわけは書《か》いてない（笑）。一般読者《いっぱんどくしゃ》は「あ、自分《じぶん》の感覚《かんかく》とマッチして

る、オッケー」みたいなとこでいいけど、玄人《くろうと》というか疑《うたぐ》り深《ふか》い人《ひと》に対《たい》しては「俺《おれ》が言《い》うてることは嘘《うそ》やないで。それはな……」ということを本《ほん》の中《なか》でじっくりと書《か》いていく、ということですかね。

「尊重《そんちょう》」と「省略《しょうりゃく》」

社納 それにしても、「自己決定《じこけってい》」という言葉《ことば》はかなり一般的《いっぱんてき》になり、いろんな場面《ばめん》で使《つか》われています。ただ、障害《しょうがい》があって自分《じぶん》がやりたいことを自分《じぶん》だけではできない人《ひと》にとっては、現実問題《げんじつもんだい》としてなかなか「自分《じぶん》はこうしたいんだ」と強《つよ》く言《い》えない部分《ぶぶん》があると思《おも》うんです。あるいは「ほんとうはこうしたいんだけど、やってくれる人《ひと》の手間《てま》を考《かんが》えるといいにくい」と遠慮《えんりょ》してしまうとか。そんな人《ひと》たちにとって「自己決定《じこけってい》」という言葉《ことば》や考《かんが》え方《かた》は、どんな意味《いみ》があるんでしょうか。

立岩 「自分《じぶん》はこうしたい」と意思表示《いしひょうじ》した以上《いじょう》、「自分《じぶん》で決《き》めた」ということには違《ちが》いないでしょう。ただ、できるとかできないということに対《たい》して、どういうふうな価値《かち》やルールを社会《しゃかい》がつくったうえでの自己決定《じこけってい》なのか、ということを見《み》ておく必要《ひつよう》があると思《おも》うんです。

たとえば「こうしたいけど、できない」という状況《じょうきょう》で、「じゃあ決《き》めてくださいね」と言《い》われても意味《いみ》がないですよね。「自分《じぶん》が決《き》めたことは自分《じぶん》でやってください」というルールの中《なか》で決《き》められるだけだとすれば、仮《かり》に決《き》められたといっても自分《じぶん》の力《ちから》でできない人《ひと》は実行《じっこう》できないわけで、それは無意味《むいみ》です。自《じ》分《ぶん》が決《き》めたように生《い》きるには、「他人《たにん》が、自分《じぶん》が決《き》めたように動《うご》く」という仕組《しく》みがいるんですね。

だから、決《き》めたことを実現《じつげん》するとか、「決《き》める」「できる」ということについてどういう仕組《しく》みがこの社会《しゃかい》にあるのかということから考《かん》えていかないといけないし、不都合《ふつごう》があるなら変《か》えていかなければならない。そのうえでどうしたいかを決《き》めてもらうなりなんなり……ということになるのかなと思《おも》います。

社納　決《き》めたことが実現《じつげん》できる仕組《しく》みが必要《ひつよう》なんですね。一方《いっぽう》で、そういうシステムの話《はなし》とは別《べつ》に、家族《かぞく》や友人《ゆうじん》として、自分《じぶん》で実行《じっこう》できない人《ひと》の自己《じこ》実現《じつげん》にどう関《かか》わっていけばいいのかというジレンマもあります。たとえば本人《ほんにん》への質問《しつもん》なのに介護《かいご》している人《ひと》に聞《き》いてしまうとか、逆《ぎゃく》に介護者《かいごしゃ》が本人《ほんにん》の代弁《だいべん》をしてしまうとか。


立岩　確《たし》かにそういうことはありますね。僕《ぼく》も介護《かいご》の経験《けいけん》が少《すこ》しあるのでわかります。ただ、本人《ほんにん》に聞《き》かないというのはある種《しゅ》の慣《な》れや習慣《しゅうかん》みたいなところもあって、逆《ぎゃく》に別《べつ》の習慣《しゅうかん》に切《き》り替《か》えてしまえばそれはそれで自然《しぜん》にやっていけるようになるものだと思《おも》います。

「どんな細《こま》かいことも本人《ほんにん》の指示《しじ》を仰《あお》ぐまでは動《うご》くべからず」という考《かんが》え方《かた》もあるけど、実際《じっさい》にはなかなか面倒《めんどう》くさい。頼《たの》む側《がわ》にしても「今日《きょう》は任《まか》せるわ」ということだってあるでしょう。そういう意味《いみ》では、なにからなにまで本人《ほんにん》が自分《じぶん》のことを細《こま》かく決《き》めて指示《しじ》しなきゃいけないということはないと思《おも》うんですよ。それでべつに困《こま》らなければ「適当《てきとう》にやっといて」ということがあってもいい。

　ただ、そういうことの中《なか》で、自分《じぶん》がしたくないのにさせられてきたという場《ば》面《めん》がずいぶんあるのも事実《じじつ》なんです。「これでいいよね」と言《い》われて食《た》べたくもないものを食《た》べさせられたり、トイレに行《い》きたくないときに行《い》かなきゃいけなかったり。やっぱり本人《ほんにん》にちゃんと聞《き》かないと、まわりにいる人《ひと》の都合《つごう》が入《はい》

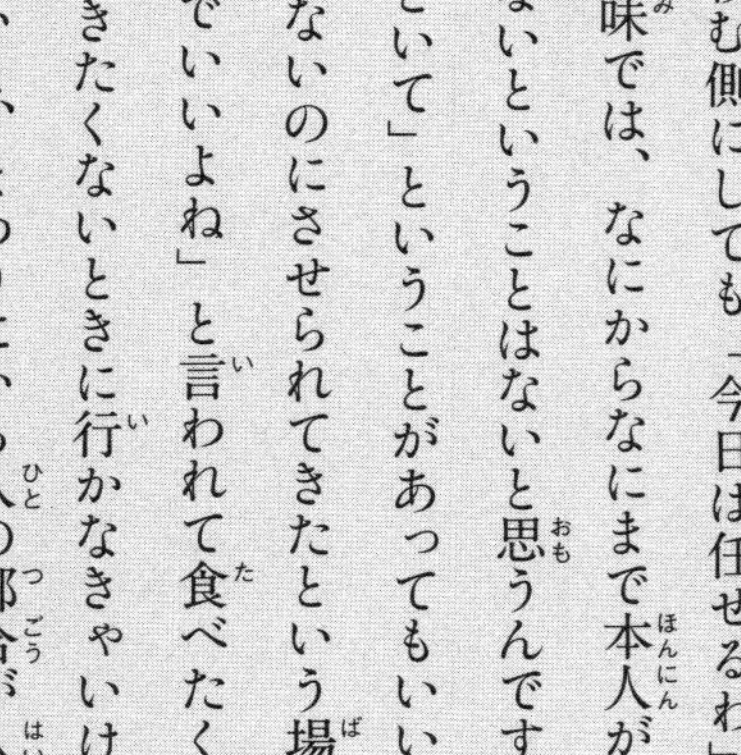

りがちなんですね。「本人《ほんにん》の意思《いし》を尊重《そんちょう》する」と言《い》いながら、いつの間《ま》にやら周《まわ》りのいいようにされているということは結構《けっこう》あるんですよ。だから原則《げんそく》としてはまず本人《ほんにん》に「どうしたいか」を聞《き》く。そのうえで省《はぶ》けるところは省《はぶ》くというのがいいんじゃないでしょうか。

しんどい現実《げんじつ》とそこから受《う》け取《と》ること

立岩　それから、当《あ》たり前《まえ》のことだけど障害《しょうがい》がある人《ひと》にもいろんなタイプがいますよね。自分《じぶん》を厳《きび》しく律《りっ》する人《ひと》もいれば、「もっとマジメにやれよ」と言《い》いたくなるような人《ひと》もいるわけで（笑）。だから介護《かいご》する・される関係《かんけい》にもいろいろなかたちがあると思《おも》うんですよ。人間関係《にんげんかんけい》として突《つ》き詰《つ》めて考《かんが》えることがあってもいいし、仕事《しごと》として割《わ》り切《き》るという考《かんが》えもあるだろうし。僕《ぼく》はどちらもあっていい、むしろどちらもあった方《ほう》がいいと考《かんが》えています。

そしてひとつの関係《かんけい》がしんどくなりすぎたら、誰《だれ》かとチェンジできるようなシステムが必要《ひつよう》ですね。真面目《まじめ》な人《ひと》ほど「やり遂《と》げなければ」みたいな責任感《せきにんかん》にがんじがらめになってしまう。そういうこともときにはあってもいいけど、どこかに「私《わたし》がいなくてもこの人《ひと》は生《い》きていける。他《ほか》にもやってくれる人《ひと》はいる」という〝逃《に》げ場《ば》〟がないと、ギリギリまでがんばった末《すえ》に限界《げんかい》を超《こ》えて逃《に》げ出《だ》すということになってしまいます。その手前《てまえ》ぐらいのしんどさなら続《つづ》けていけるはずなのに、代《か》わりの人《ひと》がいないというしんどさに耐《た》えかねて逃《に》げてしまい、さらに代《か》わりの人《ひと》がいなくなるという悪循環《あくじゅんかん》に陥《おちい》ってしまっている部分《ぶぶん》があります。

だから僕《ぼく》はいろんな介護《かいご》のパターンをどうやってつくるのかということを考《かんが》えていきたいし、実際《じっさい》に当事者《とうじしゃ》の人《ひと》たちは考《かんが》えてきたんじゃないかと思《おも》っていろいろ調《しら》べたんです。そして見《み》えてきた工夫《くふう》や技《わざ》を今回《こんかい》の『弱《よわ》くある自由《じゆう》へ』や、以前《いぜん》に出《だ》した『生《せい》の技法《ぎほう》』の中《なか》で紹介《しょうかい》しました。高齢者介護《こうれいしゃかいご》が大変《たいへん》だという話《はなし》はいくらでもあるけど、たとえば障害者《しょうがいしゃ》で介護者《かいごしゃ》を使《つか》いながら生《い》きてきた人《ひと》たちがどういうことを考《かんが》えて、どういう仕組《しく》みを考《かんが》えてきたかというのはあまり書《か》かれていないんですよね。

関係《かんけい》がしんどいときにどうやって切《き》り抜《ぬ》けるのか、あるいは介護者《かいごしゃ》との関係《かんけい》

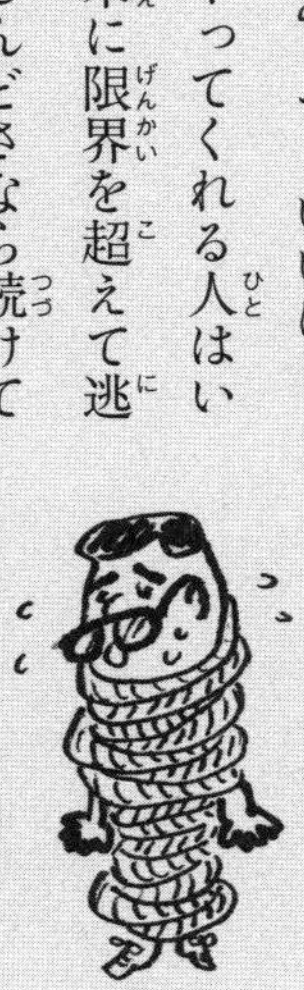

を当事者《とうじしゃ》はどうとらえているのか、逆《ぎゃく》に介護者《かいごしゃ》はなにがしんどいのか。現実《げんじつ》は現実《げんじつ》として押《お》さえておいて、でもそこから受《う》け取《と》れることがあるんじゃないかと思《おも》って書《か》いているようなところがあります。

「障害者《しょうがいしゃ》の親《おや》」という責任《せきにん》はない

社納　他人《たにん》なら介護者《かいごしゃ》をチェンジしたり、割《わ》り切《き》って考《かんが》えることもできますが、親《おや》となるとそうもいきませんよね。障害《しょうがい》の度合《どあ》いによって違《ちが》うでしょうが、よかれと思《おも》って世話《せわ》を焼《や》き過《す》ぎてしまったり、ハードなリハビリに邁進《まいしん》したりするケースも多《おお》いようです。行動《こうどう》は正反対《せいはんたい》ですが、どちらも「親《おや》の責任《せきにん》」を必要以《ひつようい》上《じょう》に抱《かか》え込《こ》んでいるように見《み》えます。

立岩　そうですね。だからまず、「私《わたし》に（障害者《しょうがいしゃ》の親《おや》という）責任《せきにん》はない」と思《おも》うことです。なかなかそうは思《おも》えないでしょうが。「（親《おや》なんだから）責任《せきにん》がある」というのも思《おも》い込《こ》みなんだけど、僕《ぼく》らの社会《しゃかい》ではそっちの思《おも》い込《こ》みの方《ほう》が自然《しぜん》なようなものになってしまっているでしょう。だから敢《あ》えて「この子《こ》はこの子《こ》。

私《わたし》は私《わたし》。なにもかも責任《せきにん》を負《お》ってやることはできない」と思《おも》ってもいい、むしろそう思《おも》うべきだと考《かんが》えてほしいんです。

子《こ》ども側《がわ》からの話《はなし》でいえば、コストパフォーマンスってやっぱりあると思《おも》う。たとえば実際《じっさい》によく聞《き》く話《はなし》なんですが、身体《しんたい》の機能《きのう》を少《すこ》しでも「できる」ようにするためにすごく遠《とお》い場所《ばしょ》の施設《しせつ》まで通《かよ》わせて、時間《じかん》とお金《かね》を遣《つか》うというような。それだけかけても見合《みあ》うものがあって、本人《ほんにん》も納得《なっとく》するなら構《かま》わないけど、場合《ばあい》によってはそういう努力《どりょく》のために失《うしな》っているものが多《おお》いこともままあると思《おも》うんですよね。だから、親《おや》であろうと自分《じぶん》のことを勝手《かって》に決《き》めさせたらあかん。自分《じぶん》の人生《じんせい》やから自分《じぶん》で決《き》めないとやっぱりあかんのや、と。そこから自己決定《じこけってい》という話《はなし》が出《で》てくるんですけど。

社納　親《おや》をフォローするシステムも必要《ひつよう》ですね。

立岩　「親《おや》プログラム」というものがあるにはあるんですよ。当事者《とうじしゃ》サイドから親《おや》たちに対《たい》して「気持《きも》ちもわかるけど、ありがた迷惑《めいわく》な部分《ぶぶん》もあるよ」みたいなことも含《ふく》めて、親子《おやこ》関係《かんけい》を考《かんが》えるというものです。「そんなのはさきの話《はなし》。まずは本人《ほんにん》の意識改革《いしきかいかく》だよ」という人《ひと》もいるから、どこでも取《と》り組《く》んでるわけでは

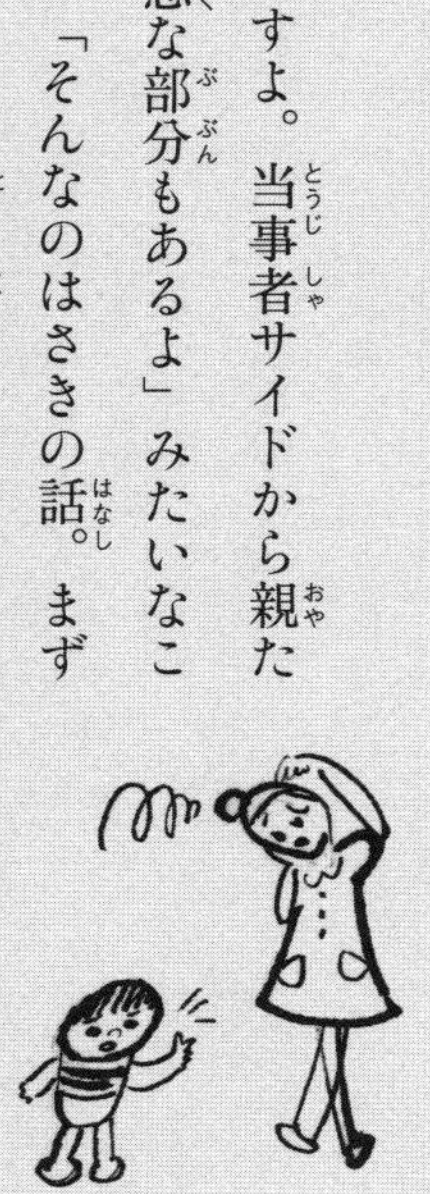

ありませんが。

いずれにしても、「どんな子《こ》どもが産《う》まれても、それは親《おや》の責任《せきにん》ではない」ということをはっきりさせておかないと、いろんなところで親《おや》の責任《せきにん》や義務《ぎむ》だという話《はなし》になります。だから無理《むり》をしてでも親自身《おやじしん》が責任感《せきにんかん》や義務感《ぎむかん》を切り捨《す》てていかないと、ちょっとやばい。

社納　ときには親《おや》と対立《たいりつ》してでも「自分《じぶん》のことは自分《じぶん》で決《き》める」という意識《いしき》をもちつづける……。自己決定《じこけってい》という言葉《ことば》の重《おも》みを感《かん》じます。

立岩　ほんといえば、僕自身《ぼくじしん》は自分《じぶん》の人生《じんせい》を自分《じぶん》で決《き》める「べき」であるとは思《おも》わないですよ、ある意味《いみ》では。「流《なが》されて、着《つ》いてみたらここでした」という人《ひと》もいてもいいし、そういう人生《じんせい》があってもいい。ただ、そうするとやっぱり「渡《わた》る世間《せけん》は鬼《おに》ばかり」じゃないけど、「こうした方《ほう》がいいわよ」とか「こんなもんでいいでしょう」とか、誰《だれ》かの好《す》きなようにさせられる、そしていつの間《ま》にか自分《じぶん》にとって気持《きも》ちのいい人生《じんせい》からかけ離《はな》れてしまうという恐《おそ》れがある。そういうところで自己決定《じこけってい》という権利《けんり》は役《やく》に立《た》つものだと思《おも》うんです。いわば気持《きも》ちよく暮《く》らすための権利《けんり》といったところでしょうか。

もちろん自己決定《じこけってい》が「できる」ということが人《ひと》としての資格《しかく》でもなければ、一番大切《ばんたいせつ》な価値《かち》でもありません。現実問題《げんじつもんだい》として「できない」人《ひと》もいます。すると「代《か》わりに決《き》めてあげる」という場面《ばめん》が残《のこ》りますね。そこで次《つぎ》は「どういうふうに代《か》わりに決《き》めたらいいのか」というのがテーマになります。つづく、みたいな（笑）。

世《よ》の中《なか》で一番《いちばん》いい加減《かげん》な学問《がくもん》

社納　話《はなし》は変《か》わりますが、「学問《がくもん》としての福祉《ふくし》と自分《じぶん》の実感《じっかん》の間《あいだ》には大《おお》きなギャップがある」と言《い》った車椅子《くるまいす》の友人《ゆうじん》がいました。立岩《たていわ》さんはドップリと学問《がくもん》の世界《せかい》に身《み》を浸《ひた》しておられるんですが（笑）、現場《げんば》とのズレやジレンマを感《かん》じられることはありますか？

立岩　僕《ぼく》がやっている社会学《しゃかいがく》というのは、社会福祉学《しゃかいふくしがく》や看護学《かんごがく》なんかとはちょっと違《ちが》うんですよ。社会福祉《しゃかいふくし》や看護《かんご》という〝業界《ぎょうかい》〟を背負《せお》い、それを職業《しょくぎょう》としている人《ひと》たちに向《む》けた学問《がくもん》が、社会福祉学《しゃかいふくしがく》であり、看護学《かんごがく》なんです。ですからたとえ

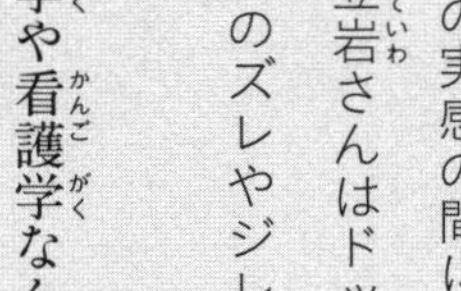

ば社会福祉《しゃかいふくし》の〝専門性《せんもんせい》〟を基本的《きほんてき》には肯定《こうてい》するという立場《たちば》にあらかじめ立《た》って言《い》うという部分《ぶぶん》があるんですよね。だけど社会福祉《しゃかいふくし》を使《つか》う側《がわ》にすれば、専門性《せんもんせい》というのが必《かなら》ずしも自分《じぶん》たちにとってプラスではないという場合《ばあい》があるんです。

で、僕《ぼく》なんかは背負《せお》わなければならない〝業界《ぎょうかい》〟もなければ、社会福祉《しゃかいふくし》や看護《かんご》を職業《しょくぎょう》としているわけでもない。そういう立場《たちば》で当事者《とうじしゃ》たちの話《はなし》を聞《き》き始《はじ》めたら、「社会福祉学《しゃかいふくしがく》」が言《い》ってるのと違《ちが》うことがいろいろ出《で》てきたんです。そこで「僕《ぼく》のいる場所《ばしょ》から見《み》たら、すでにある社会福祉学《しゃかいふくしがく》というものに対《たい》してどういうことが言《い》えるだろう」と思《おも》ったわけです。

社納　同《おな》じ学問《がくもん》の世界《せかい》でも、社会福祉学《しゃかいふくしがく》や看護学《かんごがく》とは立《た》っている場所《ばしょ》が違《ちが》うんですね。だから敵視《てきし》しているわけではないんだけど、結果的《けっかてき》に社会福祉学《しゃかいふくしがく》とは言《い》い分《ぶん》がズレている部分《ぶぶん》がありますね。そのズレをどうすればいいのかを考《かんが》えるのが、

立岩　僕《ぼく》の仕事《しごと》なんです。たとえば「じゃあ専門性《せんもんせい》をどう考《かんが》えるのか」「専門性《せんもんせい》の不要《ふよう》な部分《ぶぶん》はどれか」とか。

もちろん社会福祉学《しゃかいふくしがく》をやってる人《ひと》たちも考《かんが》えていることなんだけど、より勝手《かって》に、外野席《がいやせき》から野次《やじ》を飛《と》ばすみたいな感覚《かんかく》でやれるっていうのは、無責任《むせきにん》

といえば無責任《むせきにん》だけど、自由《じゆう》といえば自由《じゆう》ですよね。

ただ僕《ぼく》は、完全《かんぜん》に自由《じゆう》というよりは、実際《じっさい》にサービスを利用《りよう》している側《がわ》のサイドに立《た》って書《か》いてきました。一体化《いったいか》しているわけではなく、選択《せんたく》したんです。関《かか》わって調《しら》べていくうちに「基本的《きほんてき》にはあなたたちのサイドに立《た》ちます」と思《おも》ったわけで。だから外野《がいや》とはいえ一方《いっぽう》の側《がわ》についているんですけど、「文句《もんく》が言《い》いたくなったら言《い》うよ」という感《かん》じかなあ。

社会学《しゃかいがく》ってそういうところがあるんですよ。僕《ぼく》は世《よ》の中《なか》で一番《ばん》いいかげんな学問《がくもん》やと思《おも》ってるんですけど（笑）。そこが僕《ぼく》は好《す》きですけどね。

社納　次《つぎ》のテーマはなんでしょう？

立岩　ちゃんとしたものを書《か》きたいと思《おも》っています。「弱《よわ》いまま生《い》きていってもいいじゃないか」というのに対《たい》して、「そんなこと言《い》ったって金《かね》がかかるじゃないか。これから日本《にほん》は少子高齢化《しょうしこうれいか》で大変《たいへん》なのに、その金《かね》はどこからもってくるんだ」と言《い》う人《ひと》がいるでしょう？　それに対抗《たいこう》するための理屈《りくつ》です（笑）。

社納　「弱《よわ》くある自由《じゆう》」の向《む》こうにどんな風景《ふうけい》が広《ひろ》がっているのか、楽《たの》しみにしています。ありがとうございました。

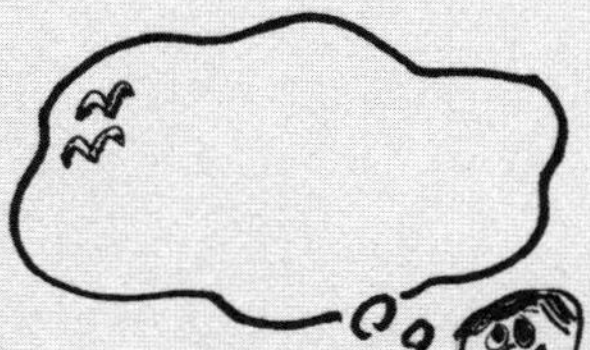

＊1

つよくなくてもやっていける

立岩真也《たていわしんや》　『朝日新聞《あさひしんぶん》』二〇〇一年一月一日朝刊《ちょうかん》　「論壇《ろんだん》／二十一世紀《せいき》の入《い》り口《ぐち》で」

誰《だれ》もが「右肩上《みぎかたあ》がり」の時代《じだい》は終《お》わったと言《い》う。だがそれにしては騒々《そうぞう》しくないか。なにかしなくてはならないことになっていて、「革命《かくめい》」とか「自由《じゆう》」とか、もっと別《べつ》のもののために使《つか》われてきた言葉《ことば》が気《き》ぜわしげに使《つか》われる。「危機《きき》」や「国家目標《こっかもくひょう》」が語《かた》られ、それらに「新世紀《しんせいき》」といった言葉《ことば》が冠《かん》せられる。

十分《じゅうぶん》に多《おお》くの人《ひと》たちは「消費《しょうひ》を刺激《しげき》する」といった言葉《ことば》の貧困《ひんこん》さや「人間《にんげん》の数《かず》を増《ふ》やす」という発想《はっそう》の下品《げひん》さに気《き》づいている。しかしそうしないと「生《い》き残《のこ》れない」とか言《い》われて口《くち》をつぐんでしまう。政治的《せいじてき》な対立《たいりつ》と見《み》えるものも「経済《けいざい》」をよくする手《しゅ》段《だん》について対立《たいりつ》しているだけだ。私《わたし》たちに課題《かだい》があるとしたら、それはそんなつまらない状態《じょうたい》から抜《ぬ》けることである。

　第《だい》一には、働《はたら》き作《つく》り出《だ》すことは人《ひと》が生存《せいぞん》し生活《せいかつ》するために必要《ひつよう》な手段《しゅだん》であり、基本《きほん》的《てき》にはそれ以下《いか》でもそれ以上《いじょう》でもないという当《あ》たり前《まえ》のことを確認《かくにん》すること。まったく言《い》うまでもないことなのに、じつにしばしば、浮足《うきあし》だった言葉《ことば》の中《なか》でそれが忘《わす》れられる。

　それでも労働力《ろうどうりょく》と生産《せいさん》が足《た》りないのだから、がんばらざるをえないと言《い》われる。生《せい》産《さん》につながらない部分《ぶぶん》にお金《かね》を使《つか》うのも節約《せつやく》しないとならない、福祉《ふくし》や医療《いりょう》を「特別《とくべつ》扱《あつか》いできない」という話《はなし》がある。だがまず、刺激《しげき》しないと消費《しょうひ》が増《ふ》えないなら、あるいは刺激《しげき》しても増《ふ》えないなら、その部分《ぶぶん》は足《た》りていると考《かんが》えたらどうか。またものはあるのに失業《しつぎょう》があるということは、少《すく》ない人数《にんずう》で多《おお》くを生産《せいさん》できるということであり、それ自体《じたい》は大変《たいへん》けっこうなことだと考《かんが》えてみたらどうか。ものものを作《つく》る人間《にんげん》の数《かず》も足《た》りている、工夫《くふう》すればこれからも足《た》りると私《わたし》は考《かんが》える。「国際競争《こくさいきょうそう》」の圧力《あつりょく》はたしかに無視《むし》できない。しかしごく原則的《げんそくてき》に言《い》えば、それは競争《きょうそう》に勝《か》つことで対応《たいおう》すべきでなく、競争《きょうそう》しなくてすむ方向《ほうこう》で解決《かいけつ》がはかられるべきなのだ。これをなんとかでき

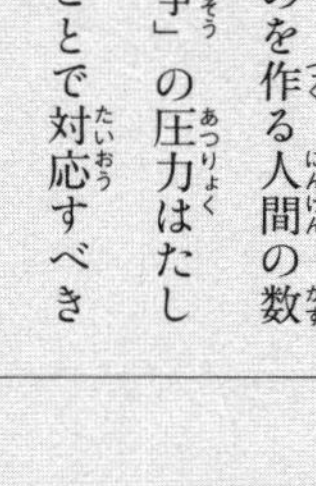

るなら、危機《きき》はほんとうに実在《じつざい》しない。

第《だい》二に、一人《ひとり》ひとりが人並《ひとな》みに生《い》き、暮《く》らせるために、今《いま》あるものを分《わ》けること、一人《ひとり》ひとりの自由《じゆう》のために分配《ぶんぱい》することである。たくさん働《はたら》ける人《ひと》が多《おお》くとれ、少《すく》なくしかできない人《ひと》が少《すく》なくしか受《う》け取《と》れないことが正義《せいぎ》でないことは論証済《ろんしょうず》みだと私《わたし》は考《かんが》える。所得《しょとく》の格差《かくさ》は、格差《かくさ》をつけるとそれにつられてやる気《き》が出《で》るという理由《りゆう》から、必要《ひつよう》な範囲《はんい》でだけ、正当化《せいとうか》される。分配《ぶんぱい》の意義《いぎ》はなおまったく失《うしな》われておらず、それは自由《じゆう》と対立《たいりつ》しない。自由《じゆう》の平等《びょうどう》のための資源《しげん》の分配《ぶんぱい》が追求《ついきゅう》されるべきである。失業《しつぎょう》が問題《もんだい》なら労働《ろうどう》も分割《ぶんかつ》し分配《ぶんぱい》すればよい。

これは市場《しじょう》だけで実現《じつげん》せず政治《せいじ》が担《にな》うべき部分《ぶぶん》がある。だがそれは「大《おお》きい政府《せいふ》」や「強《つよ》い国家《こっか》」を意味《いみ》しない。信用《しんよう》されていない人《ひと》たちがたとえば正義《せいぎ》を語《かた》り、押《お》しつけることが、かえって正義《せいぎ》の価値《かち》を下《さ》げ、信用《しんよう》を低《ひく》くしている。それは失望《しつぼう》と冷笑《れいしょう》しか生《う》まない。だから国家《こっか》は、わるいことをせず、一人《ひとり》ひとりが生《い》きていけることを妨《さまた》げないためのことをするのに徹《てっ》し、それ以外《いがい》の、様々《さまざま》な「振興策《しんこうさく》」等々《とうとう》を含《ふく》む「よいこと」は各自《かくじ》にまかせたらよい。

そうして訪《おとず》れる世界《せかい》は退屈《たいくつ》な世界《せかい》だろうか。退屈《たいくつ》でかまわないと私《わたし》は思《おも》うが、退屈《たいくつ》や停滞《ていたい》という言葉《ことば》が気《き》にいらないなら、落《お》ち着《つ》きのある社会《しゃかい》と言《い》いなおしてもよい。そして退屈《たいくつ》になった個々《ここ》の人《ひと》たちはすべきことをするだろう。

なにも新《あたら》しいことを言《い》ってはいない。前世紀《ぜんせいき》の後半《こうはん》、環境《かんきょう》や資源《しげん》の危機《きき》にも促《うなが》され、この社会《しゃかい》を疑《うたが》う人《ひと》たちが現《あらわ》れた。ただその疑《うたが》いを現実《げんじつ》に着地《ちゃくち》させることが難《むずか》しかった。生活欄《せいかつらん》で「がんばりすぎない」ことが言《い》われ、同《おな》じ新聞《しんぶん》の政治経済欄《せいじけいざいらん》に「新世紀《しんせいき》を生《い》き抜《ぬ》く戦略《せんりゃく》」がある。それを矛盾《むじゅん》と感《かん》じる気力《きりょく》も失《う》せるほど社会《しゃかい》を語《かた》る言葉《ことば》は無力《むりょく》だろうか。いま考《かんが》えるに値《あたい》することは、たんなる人生訓《じんせいくん》としてでなく、そう無理《むり》せずぼちぼちやっていける社会《しゃかい》を実現《じつげん》する道筋《みちすじ》を考《かんが》えることだ。足《た》し算《ざん》でなく引《ひ》き算《ざん》、掛《か》け算《ざん》でなく割《わ》り算《ざん》することである。もちろんそれは、人々《ひとびと》が新《あたら》しいことに挑戦《ちょうせん》することをまったく否定《ひてい》しない。むしろ、純粋《じゅんすい》におもしろいものに人々《ひとびと》が向《む》かえる条件《じょうけん》なのである。

繰《く》り返《かえ》すが、この社会《しゃかい》は危機《きき》ではないし、将来《しょうらい》は格別明《かくべつあか》るくもないが暗《くら》くはない。未来《みらい》・危機《きき》・目標《もくひょう》を言《い》い立《た》てる人《ひと》には気《き》をつけた方《ほう》がよい。（全文）

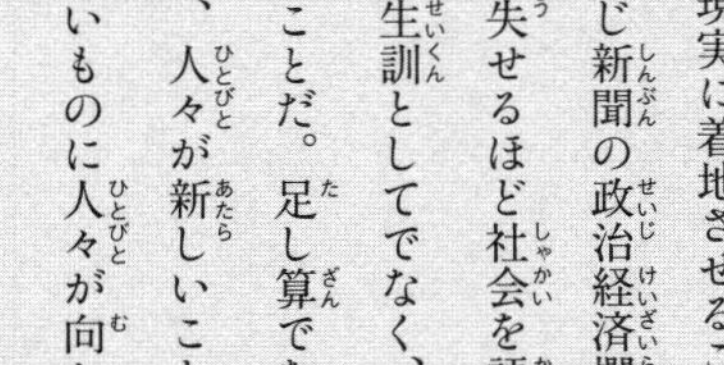

明《あか》るくないけど、
変《か》えることは不《ふ》可《か》能《のう》じゃない——
山《やま》田《だ》真《まこと》さんと

オジサンたちは考《かんが》えることをやめた

山田《やまだ》 既成《きせい》の価値観《かちかん》とはちがうものを提案《ていあん》したいと『ちいさい・おおきい・よわい・つよい』を十年《ねん》やってきました。しかし価値観《かちかん》というものはなかなかゆるがない。ゆるがすとしたら、その契機《けいき》はどのへんにあるのか、考《かんが》えてみたい。

立岩《たていわ》さんは、障害者《しょうがいしゃ》の運動《うんどう》や、かつてのさまざまな運動《うんどう》がきちんと総括《そうかつ》してこなかった問題《もんだい》を整理《せいり》する作業《さぎょう》をしてきていますが、これはどこから？

立岩《たていわ》 ぼくの場合《ばあい》、入《い》り口《ぐち》は政治的《せいじてき》というよりは文化《ぶんか》っぽいものでした。制服《せいふく》はいやだとか、頭髪検査《とうはつけんさ》はあほだとか、ロックはいいとか。そして、大学《だいがく》に入《はい》った七九年《ねん》が養護学校義務化《ようごがっこうぎむか》の年《とし》で、反対運動《はんたいうんどう》がまわりにもちあがって、それは正《ただ》しいって思《おも》いました。そのなかで、障害者運動《しょうがいしゃうんどう》のことを少《すこ》しは知《し》って、介助《かいじょ》とか、暮《く》らしの上《うえ》でのつきあいもあった。そういう主張《しゅちょう》の出所《しゅっしょ》が、六〇年代末《ねんだいまつ》、七〇年代《ねんだい》の運動《うんどう》にあることもわかってくる。

ぼくは六〇年生《ねんう》まれで大学闘争《だいがくとうそう》なんかほぼ終《お》わってましたけど、その気分《きぶん》には気持《きも》ちのいいものがありました。それは基本的《きほんてき》に正《ただ》しいと思《おも》い、それが出発点《しゅっぱってん》になってます。ただ考《かんが》えていくとやっかいなことがいろいろあって、基本的《きほんてき》には正《ただ》しくて気持《きも》ちのいいことを言《い》ったオジサンたちは、話《はなし》の続《つづ》きを考《かんが》えてない。考《かんが》えることをやめたと思《おも》うんですよ。だからしょうがないから、そのあとを考《かんが》えようと。

山田　おじさんたちにも当時《とうじ》、価値観《かちかん》の問《と》い直《なお》しの萌芽的《ほうがてき》なものがあったんだ。ところが、「価値観《かちかん》がひっくり返《かえ》るには、体制《たいせい》が変《か》わるしかない、革命《かくめい》だ」と、文《ぶん》化《か》の問《と》い直《なお》しや、平等《びょうどう》や正義《せいぎ》についての成熟《せいじゅく》した思想《しそう》には向《む》かわなかった。

立岩　体制《たいせい》が変《か》わらなければ、というのは正解《せいかい》だったかもしれない。しかしやってみても実現《じつげん》はむずかしいわけだし、考《かんが》えても詰《つ》まって終《お》わり。それにたいがいの人《ひと》は、頭《あたま》では困《こま》っても職《しょく》があれば暮《く》らしには困《こま》らない。社会《しゃかい》を変《か》えようとすることから降《お》りてもそんなに困《こま》らない。

ところが、障害者《しょうがいしゃ》は社会《しゃかい》が変《か》わってくれなければ、暮《く》らしが成《な》り立《た》たない。当事者《とうじしゃ》として降《お》りられないで続《つづ》けてきた。その人《ひと》たちの運動自体《うんどうじたい》、七〇年代前《ねんだいぜん》後《ご》の思想《しそう》との関《かか》わりの中《なか》からでてきたもので、従来《じゅうらい》の障害者運動《しょうがいしゃうんどう》とは質的《しってき》にちがう部分《ぶぶん》をもったものだと私《わたし》は思《おも》うんです。

そうして、かってはマイナーだった主張《しゅちょう》が、ともかく筋《すじ》は通《とお》っているから正《ただ》しいと言《い》わざるをえない。すくなくとも言論《げんろん》においては、主導権《しゅどうけん》をとるようになってきました。「自立生活運動《じりつせいかつうんどう》」や「DPI（障害者《しょうがいしゃ》インターナショナル）日《に》本会議《ほんかいぎ》」の活動《かつどう》など、それなりの政治的《せいじてき》な影響力《えいきょうりょく》をもっています。

「正常《せいじょう》」ってなんだ？

山田　ぼくは脳性《のうせい》まひ者《しゃ》の「青《あお》い芝《しば》の会《かい》」の初期《しょき》の運動《うんどう》に対《たい》して尊敬《そんけい》の気持《きも》ちがずっとあって、いまの運動《うんどう》の変化《へんか》ってつかみにくい。「青《あお》い芝《しば》」や「全障連《ぜんしょうれん》（全国障害《ぜんこくしょうがい》者解放運動連絡会議《しゃかいほううんどうれんらくかいぎ》）」の運動《うんどう》には「正常《せいじょう》ってなんだ」という問《と》い返《かえ》しがあったよね。

六〇年代初頭《ねんだいしょとう》、障害者自身《しょうがいしゃじしん》の運動《うんどう》の始《はじ》まりのころは、身体《しんたい》の障害《しょうがい》を手術《しゅじゅつ》でなんとかしよう、「正常《せいじょう》」に近《ちか》づこうという流《なが》れがあったけれど、うまくいかなかった。

立岩　結局《けっきょく》治《なお》らないことをわかりつつ、かなり無理《むり》な発想《はっそう》で、いろいろやってみたけど、へたな手術《しゅじゅつ》なんかすると、かえってあとで二次障害《にじしょうがい》がひどくでたりする。

山田　そう。無理矢理《むりやり》ふつうのかたちにしても、そのかたちの中《なか》でバランスをとっていた本人《ほんにん》にとっては「異常《いじょう》」なかたちになるわけ。「正常《せいじょう》」に近《ちか》づくために小《ちい》さなうちからすごく苦労《くろう》させられて、施設《しせつ》に入《い》れられて、でもよくならなくて、という恨《うら》みみたいなものが、「正常《せいじょう》ってなんだ」という問《と》い返《かえ》しになっていった。

全障連《ぜんしょうれん》の第《だい》二回大会《かいたいかい》で、すごい糾弾《きゅうだん》を受《う》けてね。当時《とうじ》、ぼくは森永《もりなが》砒素《ひそ》ミルク事件《じけん》の被害者運動《ひがいしゃうんどう》に関《かか》わっていて、被害者《ひがいしゃ》のひとりといっしょに行《い》った。そしたら「体《からだ》を元《もと》に戻《もど》せ」というスローガンに対《たい》して、これはなんだ、障害者《しょうがいしゃ》を排除《はいじょ》する思想《しそう》じゃないかと。医者《いしゃ》の犯罪性《はんざいせい》を一身《いっしん》にぶつけられたようでとまどった。

立岩　障害者《しょうがいしゃ》が「治《なお》ったほうがいいでしょう」と言《い》われてカチンとくるのは当然《とうぜん》です。治《なお》らないんだから。しかし、「もし治《なお》るなら」というのが現実性《げんじつせい》をもってくると、話《はなし》は難《むずか》しくなってくる。そこをどう考《かんが》えるか。

まず、痛《いた》いとか苦《くる》しいというのは、少《すく》ないほうがいい。でも、痛《いた》さを軽減《けいげん》す

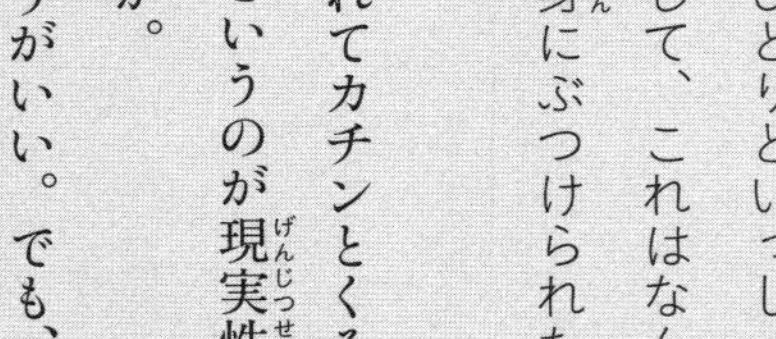

るとか、治療《ちりょう》をするために「支払《しはら》う」ものがありますよね。手術《しゅじゅつ》の痛《いた》みだったり、療育《りょういく》の場《ば》に通《かよ》うとその時間《じかん》に遊《あそ》べないとか。だから、得《え》られるものと支払《しはら》うものとを天秤《てんびん》にかけて考《かんが》えなきゃいけない。

ところが、この社会《しゃかい》は支払《しはら》いのほうを軽《かる》く見《み》る。子《こ》どもがいろんな努力《どりょく》をさせられたり、時間《じかん》を費《つい》やされたりして支払《しはら》うものを、小《ちい》さく見《み》てしまう。そんなことを「なおすことについて」（野口《のぐち》祐二《ゆうじ》・大村《おおむら》英昭《ひであき》編《へん》『臨床社会学《りんしょうしゃかいがく》の実践《じっせん》』、有斐閣《ゆうひかく》、二〇〇一年《ねん》）で書《か》きました。

もうひとつは、「不自由《ふじゆう》」をどう考《かんが》えるかということ。したいことができないのはたしかに困《こま》ったことです。でも、自分《じぶん》ができないことを他人《たにん》にやってもらったらちょうど同《おな》じになる場合《ばあい》もある。もっと言《い》えば、他人《たにん》にやってもらうほうが自分《じぶん》としては楽《らく》かもしれない。だから「障害《しょうがい》があっていいんだ」という障害者《しょうがいしゃ》の言《い》い方《かた》は荒唐無稽《こうとうむけい》、苦《くる》しまぎれに聞《き》こえるけれど、じつはそうでもないんだと思《おも》います。このことは「ないにこしたことはない、か・1」（石川准《いしかわじゅん》・倉本智明《くらもとともあき》編著《へんちょ》『障害学《しょうがいがく》の主張《しゅちょう》』、明石書店《あかししょてん》、二〇〇二年《ねん》）でふれました。

自分《じぶん》で選《えら》ぶことと人《ひと》を選《えら》んではいけないということ

山田　親《おや》の立場《たちば》でも、子《こ》どもの障害《しょうがい》がとても重《おも》いと、発想《はっそう》の転換《てんかん》ができて明《あか》るくなれるということがあるよね。学校《がっこう》に行《い》きたい、でも教《おし》えてもできるようにならないような重度《じゅうど》の障害《しょうがい》だと、「学校《がっこう》は教育《きょういく》の場《ば》じゃない、まずは生活《せいかつ》の場《ば》だ」とはっきり言《い》える。「学習《がくしゅう》」みたいなものを超《こ》えて、人間《にんげん》にとって必要《ひつよう》なものが見《み》えて、明《あか》るくなれる。

　同様《どうよう》に「治《なお》らなくてもいい。人《ひと》に迷惑《めいわく》かけてもいいじゃないか」と言《い》いきれるのは、治《なお》らないし、世《よ》の中《なか》でほとんど迷惑《めいわく》をかける存在《そんざい》としか思《おも》われないような人《ひと》たちだから、ということがある。知的障害者《ちてきしょうがいしゃ》は当事者《とうじしゃ》の運動《うんどう》がなかなかできにくいし、とりわけボーダーラインと言《い》われる人《ひと》たちやその親《おや》は、「開《ひら》き直《なお》ればいい」と言《い》いきれず、しんどい。

立岩　たしかに、障害《しょうがい》は補《おぎな》えればいいという路線《ろせん》で行《い》っても、他人《たにん》の「頭《あたま》を補《おぎな》う」のは他《ほか》よりは難《むずか》しい。でも補《おぎな》える部分《ぶぶん》もたくさんある。計算《けいさん》が面倒《めんどう》な人《ひと》は計算機《けいさんき》を使《つか》うように。ぼつぼつと当事者《とうじしゃ》の運動《うんどう》もでてきています。

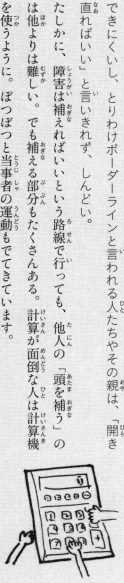

むろん、計算機《けいさんき》じゃ補《おぎな》われないって人《ひと》もいるし、なんにも言《い》わない人《ひと》もいる。ただ、日本《にほん》の脳性《のうせい》まひの人《ひと》たちの運動《うんどう》は、どこまで実際《じっさい》にいっしょにやれてきたかはまた別問題《べつもんだい》だけれども、基本的《きほんてき》には、知的障害《ちてきしょうがい》の人《ひと》たちも、重度《じゅうど》の人《ひと》でも、運動《うんどう》からきり離《はな》さないという構《かま》えだった。それは日本《にほん》の運動《うんどう》の偉《えら》いところです。そして、ほんとはなんにもできなくてもOKだというのと、補《おぎな》ってくればじつはそこそこできるんだというのと、ふたつは矛盾《むじゅん》しないはずです。

山田　それでもやっぱり、すごく分断《ぶんだん》があるよ。身体障害《しんたいしょうがい》の子《こ》が高校受験《こうこうじゅけん》で落《お》とされても「能力《のうりょく》があるのに体《からだ》が不自由《ふじゆう》だからと差別《さべつ》されるのはおかしい」という主張《しゅちょう》は認《みと》められる。ところが、知的障害《ちてきしょうがい》の子《こ》は入《はい》れなくて当然《とうぜん》、と。その分断《ぶんだん》はひどくなってる。

立岩　ぼくらの社会《しゃかい》では、能力《のうりょく》による区別《くべつ》は差別《さべつ》だと言《い》いませんからね。たとえば労働《ろうどう》の場《ば》では、「仕事《しごと》のできない人《ひと》は雇《やと》えません」ということになる。このことをどう考《かんが》えるか。ぼくは、能力《のうりょく》によって格差《かくさ》が生《しょう》じるのは差別《さべつ》だと、つまりわるいことだと言《い》えると思《おも》います。ただ、このことは職場《しょくば》で二人《ふたり》のうち一人《ひとり》採用《さいよう》するとき、仕事《しごと》ができるほうを採用《さいよう》するのはいけないと言《い》うことと同《おな》じでない。このへんから話《はなし》がややこしくなり、二人《ふたり》とも採用《さいよう》するという方向《ほうこう》で基本《きほん》は行《い》くべきだというのももっともな話《はなし》で、それでも、職場《しょくば》で能力主義《のうりょくしゅぎ》が残《のこ》るのは仕方《しかた》ないところがある。

ただ、教育《きょういく》はそれともちがうところがあります。かりに学校《がっこう》は「知力《ちりょく》を獲得《かくとく》する場《ば》」だとしても、その知力《ちりょく》や学力《がくりょく》によって人《ひと》を選《えら》ぶのが唯一《ゆいいつ》正《ただ》しい選抜《せんばつ》手段《しゅだん》か、という問《と》いがあります。このふたつは一見《いっけん》つながるけれど、じつは別《べつ》。「勉強《べんきょう》ができないから学校《がっこう》に来《き》てはいけない」というのには、労働《ろうどう》の問題《もんだい》より違和感《いわかん》があるでしょ。ここがひとつ考《かんが》える場合《ばあい》のねらい目《め》です。

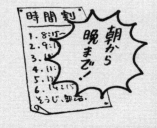

もうひとつは、「学校《がっこう》は生活《せいかつ》の場《ば》だ」と言《い》ってしまうこと。一日《にち》のうち、起《お》きている時間《じかん》の半分以上《はんぶんいじょう》を子《こ》どもは学校《がっこう》で過《す》ごすわけですから、生活《せいかつ》の場《ば》だというのは、主義主張《しゅぎしゅちょう》じゃなくて事実《じじつ》なんですね。となると、いわゆる勉強《べんきょう》のことだけで言《い》っているのはおかしいということになる。暮《く》らしを大切《たいせつ》にするというところから普通学校《ふつうがっこう》へ行《い》くというのはもっともな話《はなし》になります。

山田　障害者運動《しょうがいしゃうんどう》の中《なか》で、「学校《がっこう》なんかいらない」という議論《ぎろん》もかつてあった。知的《ちてき》障害《しょうがい》で意思表示《いしひょうじ》がうまくできない子《こ》もいるけれど、うちの娘《むすめ》の場合《ばあい》は、三人《にん》き

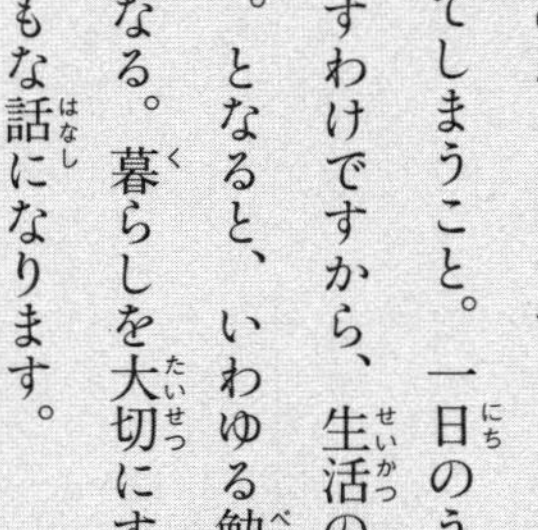

ようだいでいちばん学校《がっこう》が好《す》きで、できれば一生学校《いっしょうがっこう》に行《い》っていたいというくらいです。もちろんつらいこともある。でも、同世代《どうせだい》の人《ひと》たちといっしょに生活《せいかつ》する場《ば》はそこしかないわけです。まわりの子《こ》から見《み》ると、同《おな》じクラスになればいやでも目《め》に入《はい》る、隣《とな》りに座《すわ》ればつきあわざるをえない。それなりの情《じょう》がわいてきたり、仲間意識《なかまいしき》がでたりするんです。

学校《がっこう》のもつ強制力《きょうせいりょく》みたいなもので成《な》り立《た》つことってあって、そこにはこだわりたい。不登校《ふとうこう》の子《こ》には「学校《がっこう》なんか行《い》かなくてもいい」と言《い》いながらも、来《く》るなといわれる方《ほう》としてはこだわる。矛盾《むじゅん》という人《ひと》もいるけどね。

立岩　辻褄《つじつま》はあっていると思《おも》う。ここは慎重《しんちょう》に言《い》わなければいけないけれど、たとえば地域《ちいき》や暮《く》らしの場《ば》を「選《えら》べない」というところはかなり大切《たいせつ》なことだと思《おも》う。自分《じぶん》で選《えら》べるのはよいことだと思《おも》う。でもこのことと、人《ひと》を選《えら》んではいけないこととは矛盾《むじゅん》しないと思《おも》います。まずどんな社会《しゃかい》に育《そだ》つか自体《じたい》を子《こ》どもは選《えら》べない。どのようにか社会《しゃかい》を用意《ようい》するのはすでにそこにいる大人《おとな》たちであって、それを受《う》けいれることを子《こ》どもたちは強制《きょうせい》される。すると、どのような社会《しゃかい》をあたえるか、言《い》い方《かた》を強《つよ》めれば押《お》しつけるかを考《かんが》えるしかない。

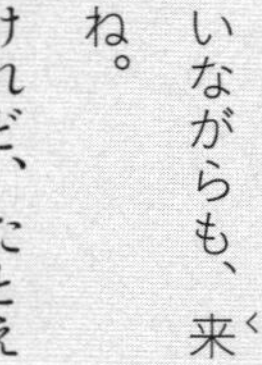

そのとき、人《ひと》が様々《さまざま》いて、それぞれにいる場《ば》をあたえ、そのことを教《おし》えるべきです。そのことを知《し》り体験《たいけん》することが、人《ひと》が様々《さまざま》にそれぞれに存在《そんざい》する自由《じゆう》を認《みと》めることになる。だから、学校《がっこう》でいろんな人《ひと》が混《ま》ざっているというあり方《かた》を保《たも》ちつづけることは大切《たいせつ》だし、「地域《ちいき》」が、自分《じぶん》がいやだと思《おも》う人《ひと》も含《ふく》めている場《ば》であることも大切《たいせつ》だし、自由《じゆう》のための条件《じょうけん》だとぼくは思《おも》う。

山田　同《おな》じところに住《す》んでいるから、同《おな》じ学校《がっこう》に行《い》くわけで、学校《がっこう》が選択性《せんたくせい》になったりすると、それも失《うしな》われる。

障害《しょうがい》の問題《もんだい》に限《かぎ》らないけれど、差異《さい》は差異《さい》として確立《かくりつ》した上《うえ》で不平等《ふびょうどう》にあつかわれないことを求《もと》める。これはごちゃごちゃする問題《もんだい》だけど、考《かんが》えつづけるしかないよね。

広《ひろ》げてみよう大風呂敷《おおぶろしき》

山田　障害児《しょうがいじ》を普通学校《ふつうがっこう》へと言《い》うと、「障害児《しょうがいじ》だと認《みと》めたくなくて見栄《みえ》で行《い》かせてる」という人《ひと》もいるけど、見栄《みえ》で、あんな苦労《くろう》はできない。

でもね、養護学校《ようごがっこう》って整然《せいぜん》としていて、まわりは全部障害者《ぜんぶしょうがいしゃ》で、世間《せけん》とはちがう世界《せかい》です。たとえば授業《じゅぎょう》をさぼるなんてことはありえない。親《おや》だってふつうはある程度《ていど》、権利《けんり》を主張《しゅちょう》できるけれど、養護学校《ようごがっこう》では反論《はんろん》なんてできない。「障害児《しょうがいじ》の親《おや》」らしい生《い》き方《かた》みたいなものがあって、障害児《しょうがいじ》の母親《ははおや》が仕事《しごと》をもつなんてダメということになる。

立岩　ごくごく原則的《げんそくてき》なことになるけど、子《こ》どもに対《たい》する責任《せきにん》は子《こ》どもの親《おや》が負《お》うべきなのかと。子《こ》どもに対《たい》する大人《おとな》の責任《せきにん》はある。けれども、その責任《せきにん》は親《おや》と親《おや》でない人《ひと》と、基本的《きほんてき》には、同《おな》じです。もちろん、実際《じっさい》には特定《とくてい》の大人《おとな》、多《おお》くの場《ば》合親《あいおや》が関《かか》わることになる。けれどその他《ほか》の人《ひと》も経済的《けいざいてき》な支援《しえん》や、いろんな関《かか》わり方《かた》ができる。そしてそれは、もし親《おや》に義務《ぎむ》があると言《い》うなら、それと同《おな》じだけは、親《おや》でない人《ひと》にとっても義務《ぎむ》だということです。

こういう負担《ふたん》とか義務《ぎむ》とかいう部分《ぶぶん》については、すくなくとも「建《た》て前《まえ》」としては、はっきりしたことを言《い》えるようになってきたかな、とも思《おも》うんです。

ただ、それにプラスして親《おや》の期待《きたい》ってあって、障害児《しょうがいじ》にかぎらず、子《こ》どもの将《しょう》来《らい》のために一生懸命《いっしょうけんめい》いろいろするというのをどう考《かんが》えるかは、ちょっと難《むずか》しい。

でも、確率的《かくりつてき》には、がんばって子《こ》どもにコストをかけてもそんなには返《かえ》ってこない。

山田　宝《たから》くじを買《か》いつづける人《ひと》がいるのと同《おな》じだね。

立岩　宝《たから》くじよりは確率高《かくりつたか》かったりするから、そこんとこがやっかいなんですけどね。ただ、みんながんばると、結局《けっきょく》みんなもっとがんばらなければいけなくなる。で、二人《ふたり》いてできる人一人《ひとひとり》だけしか入社《にゅうしゃ》できなかったりする。さらに、会社帰《かいしゃがえ》りに学校《がっこう》なんか行《い》って「スキル・アップ」したりしても、結局《けっきょく》、会社《かいしゃ》やめさせられるみたいなね。そんな社会《しゃかい》に、すでに今《いま》、なって、ます。これは自分《じぶん》の考《かんが》え方《かた》を変《か》えるとか、価値観《かちかん》を転換《てんかん》するとかで、どうこうなるという問題《もんだい》じゃない。だから、大風呂敷《おおぶろしき》、非現実的《ひげんじつてき》と言《い》われようが、社会《しゃかい》の仕組《しく》みを変《か》える方向《ほうこう》で動《うご》く、動《うご》く方向《ほうこう》を探《さが》してみるしかない。

だいたい、今《いま》の日本《にほん》はこれ以上《いじょう》がんばらないと飯《めし》が食《く》えないという社会《しゃかい》ではない。

「少子高齢化《しょうしこうれいか》で大変《たいへん》」と言《い》われるけど、危機《きき》を言《い》う言葉《ことば》は競争《きょうそう》を激《はげ》しくさせて、それでよいことがある人《ひと》には都合《つごう》よい。人《ひと》はすでにたくさんいます。外《そと》で働《はたら》け

るし働《はたら》きたいけど働《はたら》いてない女性《じょせい》の多《おお》くは失業者《しつぎょうしゃ》にカウントされないけれど、そういう人《ひと》も含《ふく》めれば働《はたら》き手《て》はいすぎるほどいます。この場合《ばあい》には、仕事《しごと》のあり方《かた》も変《か》えればいいんです。ごく簡単《かんたん》に言《い》えば、百人《にん》のうち八十人《にん》しか働《はたら》けない社会《しゃかい》でなく、百人《にん》が80パーセント働《はたら》けるようにすればいいってことです。

山田　ところが、みんな貧乏《びんぼう》になるのはやっぱり不安《ふあん》（笑）。

立岩　まあね。でも、お金《かね》をもらいすぎて忙《いそが》しいってぼやいている人《ひと》もたくさんいますよ。で、仕事《しごと》も収入《しゅうにゅう》も八十にする。仕事《しごと》を得《え》られない人《ひと》に、お金《かね》といっしょに仕事《しごと》も渡《わた》したほうがいい。それから、夫《おっと》が忙《いそが》しくて外《そと》で働《はたら》けなかった妻《つま》が働《はたら》けるようになるでしょ。

山田　でも、「国民性《こくみんせい》」っていうのかな、三時《じ》間昼寝《かんひるね》するとか、できないんですよね。

行《い》けるところまで行《い》けばよい

立岩　ぼくは勤勉《きんべん》ってわるいことじゃないと思《おも》うし、この国《くに》の人《ひと》たちが以前《いぜん》から勤勉《きんべん》だという説《せつ》に反対《はんたい》はしません。だけど、昔《むかし》から今《いま》みたいに慌《あわ》ただしかったかと

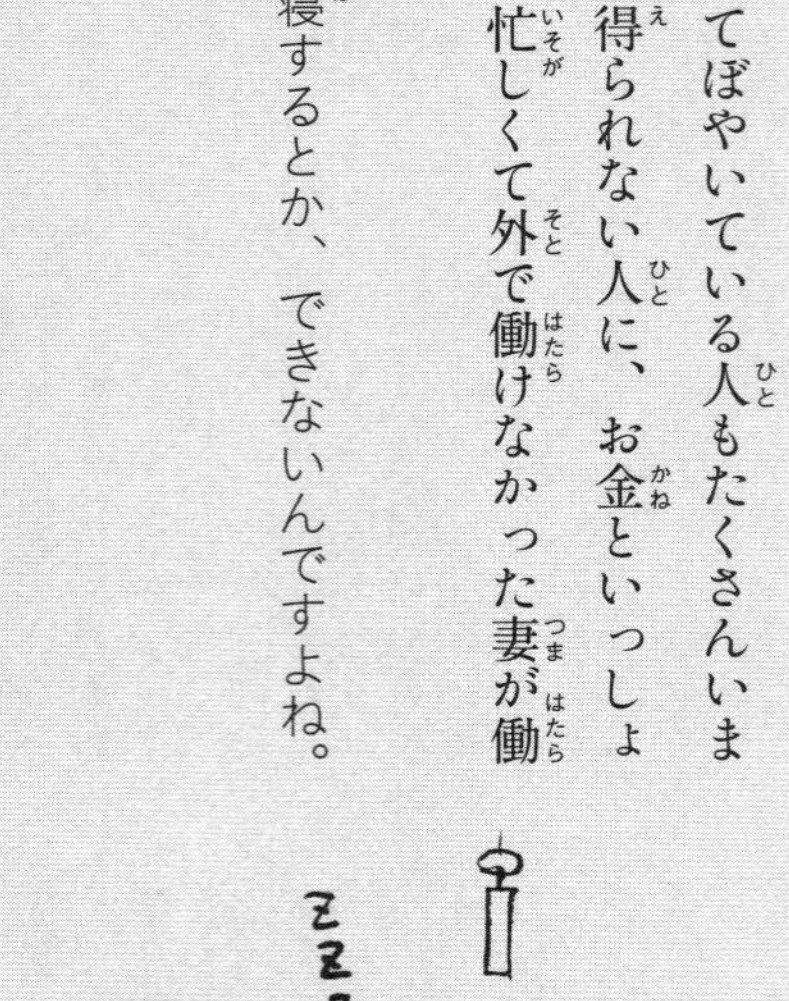

いうと、そんなことはない。もっとおちついて、合理的《ごうりてき》に暮《く》らしてきたはずなんですよ。それが変《か》わってきて、そしてその変化《へんか》を忘《わす》れてしまっている。そういうふうに明治以降《めいじいこう》、さらに戦後以降《せんごいこう》が動《うご》いてきたことに対《たい》して、「力《ちから》ぬこう」って言《い》ったことが、六〇年代末以降《ねんだいすえいこう》の社会運動《しゃかいうんどう》・思想《しそう》のほとんど唯一《ゆいいつ》偉《えら》いところでした。そしてそういうものを受《う》けて、障害者運動《しょうがいしゃうんどう》も変化《へんか》し、元気《げんき》になり、現実《げんじつ》をいくぶんか変《か》えてきたんだと思《おも》います。

山田　そうかな。でも、課題《かだい》もいっぱいあるとは思《おも》うよ。「教育基本法《きょういくきほんほう》はどうであれ、特別支援教育《とくべつしえんきょういく》はいい」なんて、おおきな文脈《ぶんみゃく》で見《み》たらとても言《い》えないことだけど、障害者《しょうがいしゃ》の問題《もんだい》だけを見《み》て全体《ぜんたい》の問題《もんだい》を見《み》ないとか。どの運動《うんどう》も世代交代《せだいこうたい》がなかなかできないし。

立岩　たしかに、学校《がっこう》の現場《げんば》とか気《き》が滅入《めい》るようなことがたくさん起《お》こっていて、そして世界《せかい》では……、と考《かんが》えるとまあ明《あか》るくはなれません。でも、多《おお》くの人《ひと》が明《あか》るくないってことは、別《べつ》のもののほうがいいと思《おも》っているってことでもある。では別《べつ》のものにしていくのは、たとえば人手《ひとで》が足《た》りないから原理的《げんりてき》に不可能《ふかのう》かというと、そうではない。そういうことを私《わたし》は言《い》っていきたい。いいアイディアだったら、とりあえず考《かんが》えるだけでも行《い》けるところまで行《い》ったらいいと思《おも》ってます。それが最初《さいしょ》に言《い》った、ぼくらの上《うえ》の世代《せだい》が言《い》いっぱなしにしてほっといてある話《はなし》の続《つづ》きをしようってことです。

（まとめ／高橋姿子《たかはししなこ》）

それでも世《よ》の中《なか》は回《まわ》っていく——岡崎《おかざき》勝《まさる》さんと

いろんなスピードがある

岡崎《おかざき》　立岩《たていわ》さんはずっと、いろいろな本《ほん》のなかで「能力主義《のうりょくしゅぎ》」*1というものについて考《かんが》えてこられました。能力《のうりょく》によって人《ひと》を分《わ》けるのは差別《さべつ》だ、とはっきりおっしゃっていますね。

立岩《たていわ》　障害者《しょうがいしゃ》というのは英語《えいご》でdisability、つまり「能力《のうりょく》がない」という意味《いみ》です。ぼくは今《いま》言《い》われたように、能力主義《のうりょくしゅぎ》ということにずっと関心《かんしん》があるので、*2障害《しょうがい》のことは、そういうつながりで考《かんが》えてきました。

能力《のうりょく》と差異《さい》ということを考《かんが》えるとき、二つのことをずっと思《おも》っています。僕《ぼく》自身《じしん》、高校《こうこう》までずっとすごい田舎《いなか》の学校《がっこう》で幼《おさな》なじみといっしょに育《そだ》ってきて、進学《しんがく》するにつれて能力別《のうりょくべつ》に分《わ》けられるということもなかったのです。高校《こうこう》に入《はい》っても、どうしても二次関数《じかんすう》がわからない同級生《どうきゅうせい》とかもいました。すると、僕《ぼく》にとっては授業《じゅぎょう》がゆったりしたスピードなのでかったるくて、寝《ね》たり、小説《しょうせつ》を読《よ》んだりして退屈《たいくつ》をしのいでいました。こんなのすっとばしてサッサと終《お》えてしまえばいいな、と思《おも》う気持《きも》ちはたしかにありました。これが一つ。

でもそういう、人《ひと》それぞれのちがいを自然《しぜん》に受《う》けいれられる環境《かんきょう》で育《そだ》つことができたのは、ぼくにとってよかったと思《おも》います。世《よ》の中《なか》にはいろんなスピードで進《すす》む人《ひと》がいるということを知《し》らずに育《そだ》ってしまうのはまずい。これが二つめ。

だから、すっとばしたければすっとばしてもいいという自由《じゆう》がある一方《いっぽう》で、いろんなスピードで進《すす》む人《ひと》とも共存《きょうぞん》できるような仕掛《しか》けがあればいいなと、漠《ばく》然《ぜん》と思《おも》っています。具体的《ぐたいてき》にどういう仕掛《しか》けかといわれると困《こま》るんですけど。

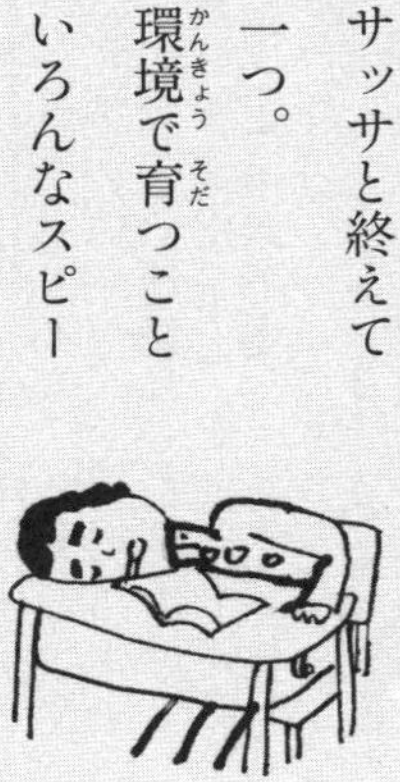

「いっしょに学校《がっこう》へ」の先《さき》にあるもの

岡崎　今《いま》、特別支援教育《とくべつしえんきょういく》というものが進《すす》み、「それぞれの子《こ》のニーズにあったケア」ということがさかんに言《い》われます。「普通学校《ふつうがっこう》でいっしょに生活《せいかつ》できるのがいい」と思《おも》う人《ひと》がいる一方《いっぽう》で、「この子《こ》にあった能力《のうりょく》を身《み》につけていくには、特《とく》殊学級《しゅがっきゅう》や養護学校《ようごがっこう》のほうが適切《てきせつ》だ」と学校側《がっこうがわ》は言《い》う。片方《かたほう》は生活《せいかつ》の場《ば》をともにすればいいと考《かんが》え、片方《かたほう》は教育《きょういく》の場《ば》として機能《きのう》させたいと思《おも》っている。そもそも前提《ぜんてい》がちがうのですから、話《はなし》がかみあいませんね。

立岩　まず言《い》えるのは、僕《ぼく》たちの住《す》む社会《しゃかい》では、学校《がっこう》に行《い》ってる時間《じかん》が妙《みょう》に長《なが》いということです。子《こ》どもが起《お》きている時間《じかん》の半分以上《はんぶんいじょう》は学校《がっこう》にいるわけですから、いやおうなく学校《がっこう》は生活《せいかつ》の場《ば》だと僕《ぼく》は考《かんが》えています。だから、雑多《ざった》な人《ひと》がいっしょにいるのがほんとうだと思《おも》う。能力《のうりょく》によって隔《へだ》てられてしまう生活《せいかつ》の場《ば》はいろいろな意味《いみ》でおかしい、気持《きも》ちがわるい。そういう意味《いみ》で、「障害児《しょうがいじ》を普《ふ》通学級《つうがっきゅう》へ」という主張《しゅちょう》は、誰《だれ》がなんと言《い》おうと正《ただ》しいと思《おも》います。

問題《もんだい》は、その次《つぎ》になにを考《かんが》えたらいいのかということです。「いっしょに学校《がっこう》へ」はいまの時点《じてん》で絶対《ぜったい》に正《ただ》しいのだけれど、学校《がっこう》がいやおうなく生活《せいかつ》の場《ば》になっているという前提自体《ぜんていじたい》変《か》わっていくべきなのかも、という気持《きも》ちもあります。今《いま》、学校《がっこう》の役割《やくわり》は肥大化《ひだいか》している。*3 学校《がっこう》がやっていることを少《すこ》し圧縮《あっしゅく》して、残《のこ》りの部分《ぶぶん》を拡大《かくだい》していけるとしたら、その、残《のこ》って広《ひろ》がった生活《せいかつ》の場《ば》に誰《だれ》がいるか。それが大切《たいせつ》なのでしょう。

そのことは、学校《がっこう》を出《で》てからのことを考《かんが》えればよくわかります。一生《いっしょう》の中《なか》で、やがて学校《がっこう》ですごす時間《じかん》は終《お》わります。では、そのあとでどう暮《く》らすか。多《おお》くの人《ひと》は働《はたら》く場《ば》に入《はい》ります。そこで基本的《きほんてき》に「生産性《せいさんせい》のある身体《しんたい》」が重要《じゅうよう》になってきます。だけど障害《しょうがい》をもった人《ひと》たちに、生産性《せいさんせい》の高《たか》い労働《ろうどう》ができるはずもない。「働《はたら》けること」「できること」だけを基準《きじゅん》にしたら、かならずそこにいられない人《ひと》が出《で》てきて、障害者《しょうがいしゃ》や病気《びょうき》の人《ひと》はあらかじめ「余計《よけい》」なものとされてしまう。

障害《しょうがい》があっても、なにかができなくても、できないなりにがんばる、ということもよく言《い》われますが、どうしたってかならず働《はたら》けない人《ひと》は出《で》てくるんです。それは仕方《しかた》ないよねと割《わ》りきるか、そうじゃない部分《ぶぶん》でなにか新《あたら》しい仕掛《しか》けを作《つく》るかが分《わ》かれ道《みち》になると思《おも》います。新《あたら》しい仕掛《しか》けを作《つく》るといっても、原則《げんそく》これで決《き》まりといったものはないような気《き》がするんです。それぞれの場《ば》でいろいろと現実《げんじつ》とおりあいをつけながら、さまざまなかたちで戦術《せんじゅつ》を考《かんが》えていくことが大事《だいじ》なのかなと考《かんが》えているんです。

みんなができる必要《ひつよう》などない

岡崎　これはぼくが体験《たいけん》したことですが、*4 運動会《うんどうかい》の徒競走《ときょうそう》に、体《からだ》に障害《しょうがい》のある子《こ》がどう参加《さんか》するかというときに、ビリになることはわかっているけどみんなといっしょに走《はし》ったほうがいいのか、障害《しょうがい》のある子《こ》だけで集《あつ》まって走《はし》るのがいいのかで、非常《ひじょう》に悩《なや》んだ経緯《けいい》があります。「できる、できない」っていったいなんなのでしょう。

立岩　学校《がっこう》とは、個々《ここ》の能力《のうりょく》の差《さ》などなくて、「みんなやればできるんだ」という幻想《げんそう》でなりたっているような場《ば》です。でも、歴然《れきぜん》と差異《さい》はあります。勉強《べんきょう》ができる、できないという差異《さい》は、テストの点数《てんすう》を公表《こうひょう》しないことでかくすという隠微《いんび》な方法《ほうほう》で収《おさ》めることができますが、*5 身体《からだ》に関《かん》する差異《さい》はわかりやすいですから、問題《もんだい》がよりはっきりしたかたちで出《で》てきますね。

であれば、「それを無理《むり》にかくそうとしたって、いいことはないぞ」ということは言《い》えると思《おも》います。ただ、「ちがい」がどういう場《ば》であきらかになるかという問題《もんだい》は微妙《びみょう》で、重大《じゅうだい》です。差異《さい》があることをわざわざさらしたくないと

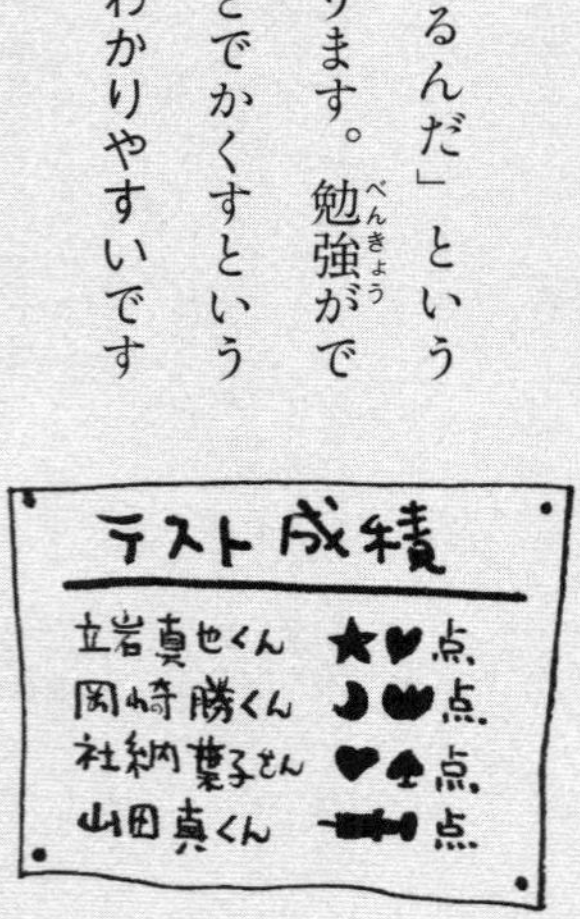

本人《ほんにん》が思《おも》っているとき、それをあえて他人《たにん》に周知《しゅうち》させることの意味《いみ》なんて、ほとんどの場合《ばあい》ない。「ほっといてもわかることを無理《むり》にかくそうとするのは変《へん》だ」というのと、「走《はし》るのが遅《おそ》いのをみんなに知《し》られたくなかったら、その意思《いし》は尊重《そんちょう》されるべき」というのを、両方言《りょうほうい》っていかなければと思《おも》います。

そして、「できる」「できない」ということの意味《いみ》をもっと考《かんが》えたほうがいいだろうと思《おも》っています。「できることはいいことだ」ということの意味《いみ》を、子《こ》ども自身《じしん》がわかることが大切《たいせつ》なんだと思《おも》うのです。できることには、いい点《てん》がある。それは否定《ひてい》しません。でも、今学校《いまがっこう》は、「できることの価値《かち》」だけを妙《みょう》に膨張《ぼうちょう》させていますよね。それが相対的《そうたいてき》にどれほどの意味《いみ》をもつかを教《おし》えない。徒競走《ときょうそう》の例《れい》で言《い》えば、走《はし》りたくない子《こ》が走《はし》らなくても、世《よ》の中《なか》は困《こま》りません。「そんなもんだ」とみんなが思《おも》ったらいい。学校《がっこう》は、競《きそ》わせることに効果《こうか》があると思《おも》っている。でも、それははっきりとした根拠《こんきょ》のある話《はなし》ではないんです。

世《よ》の中《なか》が回《まわ》っていくためには、みんなが食《た》べたり暮《く》らしたりしていくために、一定《いってい》の人《にん》は、なにかができないと困《こま》る。誰《だれ》かができないと困《こま》る。でもそれは、一定《いってい》の人間《にんげん》が一定《いってい》のことをできればいいのであって、できない人《ひと》がいてもまったくOK

なんです。みんなができるようになる必要《ひつよう》はない。*6 そのことを、リアリティをもって子《こ》どもたちが理解《りかい》できるようにする。そんな筋道《すじみち》をつけていくことで、今《いま》より少《すこ》しはマシな状態《じょうたい》をつくっていけるかなと思《おも》っているんです。

（まとめ／山本芳幹《やまもとよしみき》）

＊1

「能力主義《のうりょくしゅぎ》」というもの

立岩《たていわ》さんは、『子育《こそだ》て未来視点《みらいしてん》BOOK・上巻《じょうかん》』（ジャパンマシニスト社《しゃ》、二〇〇四年《ねん》）に掲載《けいさい》された山田真《やまだしん》さんとの対談《たいだん》（本書《ほんしょ》365ページ～に収録《しゅうろく》）で、「能力《のうりょく》による区別《くべつ》は社会的《しゃかいてき》差別《さべつ》に連動《れんどう》している」と述《の》べている。私《わたし》も、学校《がっこう》において「能力《のうりょく》」は、ある限定《げんてい》された条件《じょうけん》とものさしで計測《けいそく》できる「業績《ぎょうせき》」でしか計《はか》れないものとされている、と思《おも》う。学校《がっこう》とは、能力《のうりょく》を規定《きてい》し、格差《かくさ》をつけ、子《こ》どもをある一定《いってい》のものさしの上《うえ》に並《なら》べることをその本質《ほんしつ》にもってきたと考《かんが》えている。「多様化《たようか》」「個性差《こせいさ》を大切《たいせつ》に」と言《い》いながら、

実際《じっさい》に学校《がっこう》では、ある限定《げんてい》された個性《こせい》を特化《とくか》して評価《ひょうか》している。（岡崎《おかざき》）

＊2

障害《しょうがい》のことは、そういうつながりで考《かんが》えました

障害者問題《しょうがいしゃもんだい》というものを初《はじ》めて知《し》ったのは大学時代《だいがくじだい》です。ぼくが大学《だいがく》に入学《にゅうがく》した一九七九年《ねん》は、養護学校義務化《ようごがっこうぎむか》が実施《じっし》される年《とし》でした。脳性《のうせい》まひ者《しゃ》の金井康治《かないこうじ》さん（七七年《ねん》から八三年《ねん》にかけての六年間《ねんかん》の闘《たたか》いで、養護学校《ようごがっこう》から地元《じもと》の中学校進学《ちゅうがっこうしんがく》を果《は》たした）のことを知《し》ったりして、養護学校《ようごがっこう》の義務化《ぎむか》はおかしいと思《おも》いました。施設《しせつ》にいるのも親《おや》といっしょにいるのもいやだと、介助者《かいじょしゃ》を入《い》れて地域《ちいき》で暮《く》らす人《ひと》たちの聞《き》き取《と》りを始《はじ》めたのは、大学院《だいがくいん》の博士課程《はくしかてい》に入《はい》ってからです。そういう暮《く》らしのことは「自立生活《じりつせいかつ》」と呼《よ》ばれたりしていて、「自立生活運動《じりつせいかつうんどう》」という言葉《ことば》もあるし、「自立生活《じりつせいかつ》センター」という組織《そしき》も一九九〇年代《ねんだい》になるとできてきます。この調査《ちょうさ》というか研究《けんきゅう》というか、それをまとめて一九九〇年《ねん》に、共著《きょうちょ》の本《ほん》『生《せい》の技法《ぎほう》――家《いえ》と施設《しせつ》を出《で》て暮《く》らす障害者《しょうがいしゃ》の社会学《しゃかいがく》』（302ページ〜）が出《で》ました。このときに調《しら》べたり考《かんが》えたりしたことが、その後《あと》の僕《ぼく》にずいぶん大《おお》きなものをあたえてくれていると思《おも》います。そのころ知《し》り合《あ》った年長《ねんちょう》の障害者《しょうがいしゃ》のなかには、小学校《しょうがっこう》にも行《い》けなかった世代《せだい》の最後《さいご》にあたる人《ひと》たちもいました。今《いま》も東京《とうきょう》・立川《たちかわ》の自立《じりつ》センターには関《かか》わっています。（立岩《たていわ》）

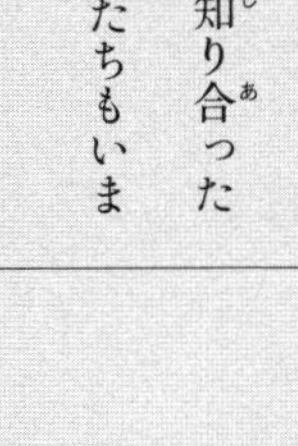

＊3
学校《がっこう》が～大切《たいせつ》なのでしょう
学校《がっこう》のあり方《かた》にしても、一人《ひとり》の人《ひと》が三十人《にん》を教《おし》えるのではなく、各人《かくじん》が三々五々やってきて、自分《じぶん》のペースで勉強《べんきょう》して、それが終《お》わったら遊《あそ》び場《ば》に行《い》く。その場《ば》が今《いま》の学校《がっこう》という建物《たてもの》であるか、地域《ちいき》の公民館《こうみんかん》みたいなところになるかわからないけれど、そんなことを考《かんが》えています。（立岩《たていわ》）

＊4
運動会《うんどうかい》の～悩《なや》んだ経緯《けいい》があります
これは補足《ほそく》が必要《ひつよう》だろう。運動会《うんどうかい》のときに、体《からだ》に障害《しょうがい》のある子《こ》がふつうに走《はし》れる子《こ》たちにまじって徒競走《ときょうそう》に参加《さんか》すると時間《じかん》がとられるので、障害《しょうがい》のある子《こ》だけを集《あつ》めて走《はし》らせようという意見《いけん》が出《で》た。ぼくは「それは人権侵害《じんけんしんがい》だ、差別《さべつ》だ」と反対《はんたい》したが、本人《ほんにん》たちに聞《き》いてみたら「足《あし》の悪《わる》い仲間《なかま》どうしで走《はし》りたい」という子《こ》もいた。体育主任《たいいくしゅにん》はそれを理由《りゆう》に、分《わ》けて走《はし》らせようといい、ぼくはそれはおかしいと言《い》いつづけ、結局校長《けっきょくこうちょう》の判断《はんだん》で、みんなにまじって走《はし》ることになった。結果《けっか》としては、ぼくの主張《しゅちょう》が通《とお》ったかたちになったのだが、釈然《しゃくぜん》としなかった。（岡崎《おかざき》）

＊5
体《からだ》に関《かん》する差異《さい》はわかりやすい
肢体不自由《したいふじゆう》の障害《しょうがい》は、バリアフリー化《か》や施設《しせつ》の改善《かいぜん》というハード面《めん》の対応《たいおう》である程《てい》度《ど》解決《かいけつ》できる部分《ぶぶん》がある（もちろん、それすらまだまだ十分《ぶん》ではないのだが）。知的障《ちてきしょう》害《がい》をもつ子《こ》どもたちの場合《ばあい》は、意思《いし》の疎通《そつう》やコミュニケーションの難《むずか》しさで、学校《がっこう》の集団生活《しゅうだんせいかつ》がスムーズにいかないことがあり、教員《きょういん》の側《がわ》にもエネルギーが必要《ひつよう》だ。いわゆる「やりがい」の側面《そくめん》から言《い》うと、理解《りかい》や進歩《しんぽ》が見《み》えにくい部分《ぶぶん》があるので、精神《せいしん》的《てき》に気《き》を遣《つか》う人《ひと》も多《おお》い。ある意味《いみ》、淡々《たんたん》と子《こ》どもとつきあうことの苦手《にがて》な教員《きょういん》が多《おお》いのかもしれない。（岡崎《おかざき》）

＊6

そのことを、リアリティをもって子《こ》どもたちが理解《りかい》できるようにする

学校《がっこう》が子《こ》どもを競《きそ》わせるのは、ある種《しゅ》の「仕掛《しか》け」です。要《よう》は、「メシがくえる人《ひと》」を作《つく》らなくてはいけないわけで、子《こ》どもはほっとくと勉強《べんきょう》しないから、ときには競《きそ》わせてアウトプットを高《たか》めている。そうやって大人《おとな》は、ときには子《こ》どもをしばいたりして「メシがくえる人《ひと》」に仕立《した》て上《あ》げているんだと。実際《じっさい》には、みんなができなきゃいけないわけではない。努力《どりょく》すればなんとかなるという話《はなし》じゃないぞ、と言《い》う人《ひと》もいるわけです。だけど先生《せんせい》はいちおう、「みんなできろよ、できるのがいいんだよ」と教《おし》えているんだよ。それはどうしてかと言《い》うと、ほんとはみんなができなくてもいいんだけど、そう言《い》うとみんながさぼっちゃうかもしれないから困《こま》るんだ。教員《きょういん》がそう言《い》っ

たっていいんじゃないですか。子《こ》どもはバカじゃないから、それをうすうす知《し》ってはいるけれど、もっとはっきり「なぜ自分《じぶん》たちは、できるように、できるようにと仕向《しむ》けられているのか」を理解《りかい》できた方《ほう》が、まだ、いいと思《おも》う。もちろん、手《て》のうちを明《あ》かすわけだから「アメとムチ」効果《こうか》は薄《うす》れるんですけれど。実際《じっさい》、そんなことをしなくたって世《よ》の中《なか》は動《うご》いていくわけなんです。失業者《しつぎょうしゃ》がたくさんいても世《よ》の中《なか》は回《まわ》っているということは、働《はたら》き手《て》が余《あま》っているということですからね。（立岩《たていわ》）

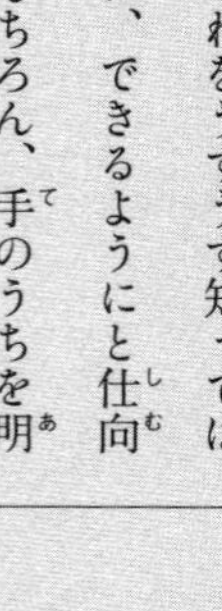

［補《ほ》・3］健康《けんこう》で文化的《ぶんかてき》な最低限度《さいていげんど》？

はい、読んでみようか！
日本国憲法第25条
「生存権、国の社会的使命」
1、
すべての国民は、健康で文化的な最低限度の生活を営む権利を有する。
2、
国はすべての生活部面について、社会福祉、社会保障及び公衆衛生の向上及び増進に努めなければならない。

最低限度ってどんくらいの感じ？

考えたことない…

こんな権利があったのか…

本第二版（増補新版）で再録するのは二〇〇八年に行なわれ、二〇〇九年三月に同成社から刊行された『生存権――いまを生きるあなたに』に掲載されたインタビュー。もとの題は「「目指すは最低限度」じゃないでしょう?」」。

とくにできのよいもの、他より優先して本書に再録するべきもの、というわけではない。ただ、私の他、岡本厚氏、尾藤廣喜氏へのインタビューによってできている『生存権』という小さな本は、印刷した分が全部売れて、購入できなくなっている。意外に読まれた本であったこともあり、ここに再録しようと考えた。もちろん内容的にも本書に関係するし、本書で述べたことが具体的に「制度」に関わるとどうなるのか、見てもらおうということもある。

そしてその『生存権』という本は、本書と同様不思議なでき方をした本でもある。当初この本は、三つのインタビューの聞き手でもある堀切和雅さんが企画し、インタビューが行なわれた。ただ、堀切さんが経営していた出版社ユビキタスタジオが閉じられることになって、企画が宙に浮いたようだった。そしてある日、同成社から本の現物が送られてきた。その間、なにか連絡があったのかもしれないが定かな記憶がない。どの段階でインタビュー記録に手をいれたかもわからない。今回見直した。本の末尾の著者紹介のところ以外には大きな間違いはなかったが、多くはごくごく細かく、数百箇所に手をいれた。ついでにもう一つ。堀切さんから、私へのインタビューで本を作りたいという申し出があり、二〇〇六年、京都で二日、東京で二日、話し通したのだが、それも実現はしなかった。たまにだが、そういうことがある。何を話したのだろう。とにかくすごく長い時間話した以外の記憶はない。だから、いくらかは、こうして本に収録・再録していこうと思う。

「悲惨《ひさん》」さを競わなくてはならないのか

立岩　憲法は、いろんな人が言うように、国民の一人一人に対する規則の設定であるよりは、政府がすべきこと、してはならないことを規定する法律ですよね。その中で、生存権の規定というのも、二十五条の第二項を読めば、国に、国民の生存権を保障しなさい、という政府に対する命令というか、あるいは自己規定です。

それを素直にとっていけば、やるべきことは自ずと決まってくるはずなんですが、ただ憲法学者の間では、それがどの程度の実効的な具体的施策を求める規定なのかについて、長いこと論争のごときものがあって、主流派の学説、ということになるんでしょうか、それだと、具体的にどういう生存の権利を規定するか、までは言っていない、そこは立法の範囲である、ってことにされて、立法に、いわば投げているわけです。これは「二十五条は**プログラム規定**[*1]である」という説らしいですけど、いやそんなことはない、憲法の文言を直接的な国への命令ととって、文字通り健康で文化的な最低限度の生活の保障を国は国民に保障するべきなんだ、とか、そういう学説間の、学説間というよりはある種の政治的な争いだと思いますけども、それがずっとあるそうです。

ただ、しばらく公的扶助《ふじょ》、生活保護のことが社会の前面に出ることはなかった時期がありました。研究も少なかったです。**朝日訴訟**[*2]なんかが、その原告を支持・支援した政治的立場も関係して、熱心に語られることはあったにせよです。貧困の問題が後景に退いた、というかそのように見えていたことがありました。ただ、貧困はずっとあったし、そして拡大している（本書187ページ～）。ようやくというか、注目を浴びている。注目されるようになったこと自体はよいことだと、当然のことだと思います。ただ、心配なのは、すごく悲惨な部分だけが取り出され、その悲惨こそが、悲惨さだけが問題だと語られ、そう思われてしまうことです。そうすると、生活保護を守ろうよくしようという側も悲惨なことを言わざるをえないです。これは本来は悲しいことです。そんなに悲惨ではなくても、もっとこの制度は使えてよいし、よくなるべき制度なんです。

当《あ》たり前《まえ》のものでもあった

ただ、生活保護・公的扶助がまた浮上してくる以前にも様々ありました。裁判ということで言うと、あまり知られてないと思うんですが、金沢の人なんですけど高真司《たかしんじ》さんという方がいらして、その人が、生活保護を受けていて、その中の**「他人介護加算」**[*3]の部分が、自分がちゃんと生きていくための介護加算としては足りないということで、訴訟を起こしたことがあるんです。[*4]**二〇〇三年に原告勝訴の判決**が明朝に出ています。

この介護加算は、介護保険だとか障害者総合支援法ではなく、生活保護の一部として出ているお金なんですが、これは意外と知られてなくてね、現場のケースワーカーとか行政の担当者なんかも、知らない人はほんとに知らないんじゃないかっていうぐらい知られていない。

介護加算には家族介護加算と他人介護加算があって、他人介護加算の方は、現金で受け取ることができるんです。僕は、八〇年代ぐらいから、障害者の運動を見てきたんですけれども、家族介護でもなく施設に入るのでもなくて暮らす、というライフスタイルっていうかな、そういうものを選ぼうとした人たちが、まず使った制度が生活保護であり、他人介護加算だったんです。

その当時、七〇年代から八〇年代初めは、いわゆる介護サービスの制度が、ないことはなかったけれども、少なくとも重度の障害を持っている人にとってはないに等しいようなものしかなくて、なおかつその人たちの多くは、稼ぐっていうこともできなかったと。そこのなかで生活保護を受け、他人介護加算を受け、っていうのが、彼らにとっては、かなり重要な生活のための資源だったんですね。

そういう意味では、生活保護というのは、僕にとってもというか、僕の知り合いたちにとって、とても身近な制度だったわけで、僕たちが最初に九〇年に書いた『生の技法』（藤原書店）という本の共著者の一人で、安積遊歩《あさかゆうほ》っていうのがいるんだけど（担当は第一章「〈私〉へ」）、彼女も、今はどうなってるのかはわからないけども、かなり長いこと生活保護で、生活のベースの部分はやっていました。

――障害を持ちながら、子どもを生んだ人ですね。

立岩　そうです。骨形成不全の親子をやっています。その後、自立生活センターという、彼らにとっての就職の場でもあり活動の場でもあるものが八〇年代の終わりぐらいからぽつぽつ出てくるなかで、ある部分の人たちはそこから収入を得る、働いて金を稼ぐということがぼつぼつできるようになってもいるのですけれども、とにかくその当時は生活保護を使って生きてた人たちっていっぱいいたんですね。だから僕にとっては、生活保護っていうのは、そりゃ要るよね当たり前だよねっていう、そういうものであってきたんです。

ただ、世の中の景気が良かった頃には、例えば社会福祉学会っていう学会でも、公的扶助とか生活保護といったテーマは、あんまり流行らなかった。高齢者福祉とかの研究のほうがずっと多くて、公的扶助については研究者も少なくて、という状況が続いてきた。一方ではそうだったんだけども、少し場面を移してみれば、生活保護制度は一貫して非常に重要な役割を果たしてきたということは言えると思うんですよ。

締《し》めるところを締《し》めて、という人たち

他人介護加算というのは、言ったように、ほんとに知られてない制度です。自治体の制度がなかったときに、国とかけあって、他人介護加算の特別基準っていうのができたんですが、生活保護のマニュアルのなかにもそれはほとんど出てこない。介護加算があるとは書いてあるんだけれど、特別基準には、厚生大臣承認とかあってそれには厚生大臣のハンコが必要だった。その後で知事承認というのができたと思います。前者だと、いちばん額の大きいのだと、介護加算分だけで二十万円ぐらいまでいくのかな、だからかなり大きかったんですよ。

僕らが知ってる人たちが、そういう知恵をいろんなところに広めて、厚生大臣宛の書類の書式の見本、テンプレートを作ってあげて、といった知恵をまわして、そのなかで初期の、他人介護を受けながら自立してい

くっていう人たちは出てきた、っていう経緯は確かにあるんですよ。そういうのみんな知らないんですよね。社会福祉の本にも書いてないし。

——官僚というか役所は、一応手は打ってますっていうとは言いますよね。セーフティネットはあります、と。でもそれを周知してるかっていうと、そのためには積極的に予算を使ってないんじゃないかという傾向があって、まわりに知恵を貸してくれる人とか積極的に動いてくれる人がいないと情報に到達できない。ほんとは、情報に到達できるまでを保障すべきですよね、生存権というならば。

立岩　特に特別基準というのは、例外規定みたいな感じで、運動に押されてっていうかある種の妥協というか、交渉の過程のなかでできてきて発展した制度であったので、そういった経緯を含めて、そんなに表には出なかった。特例的なものにはそういう事情があるでしょう。でも、公的扶助・生活保護全般にしても、その知らせ方が消極的だというのは、それはその通りですよね。

基本的には減らそうと思ってるわけだから、さぼって知らせてないっていうより、意図的にバリアを作ってるっていう部分はやっぱりあるわけです。そして、申請に行っても、北九州ですか、マスコミにも取り上げられたりしたけれども、書類を受理しないというか、手前の段階でなんやかんや言って、申請そのものを実質的にはさせないっていうことも行われてしまうっていうような状況で、事務的な怠慢《たいまん》ということではなくて、ずっとそうだったとも言えるんだけれども、締めるとこ締めていこうぜっていう流れのなかで、見えにくい、使いづらいものであることは事実です。

——「締める」というその判断がもうおかしいと思うんですが、社会保障費はなるべく削っていこうっていうマインドは、それは官僚にも予算の決定者にももしかしたら国民にもあるのかも知れない。それはもう社会観、国家観に関わることですけれども。

なら国家《こっか》なんていらないんじゃないか

立岩　どうなんだろうな。たとえば政府っていっても一枚岩ではないわけで、例えば厚労省の官僚たちは、基本的には、少なくとも低負担低福祉とは言わない。たぶん中くらいぐらいまではやりたい。もうちょっと上を狙ってるのかもしれない。

ただ、そのときのレトリックとかロジックとして、今三割払って、結局その三割があとで戻ってくれば、税金高くったって保険料高くったって、それはあなたのためになるんだからそれでいいんですっていう言い方が一方にあって、そういうロジックで、例えば介護保険にしても、どうせみんな年とって、あなたも介護がご入り用になるでしょうと。だから今のうちにお金を払っておいていただけばいいんですよ。結局はあなたにとってお得なんです。と、そういう話できたんです。

たしかに、例えば、三割出して、三割戻ってくるとかね。稼ぎがある時期に、保険料なり税金なり三割払っといて、退職後にその三割が戻ってくるって考える、あるいは四割払って四割戻ってくるって考える。その限りでは、出た分と戻った分と一緒ですから、高くても低くても同じだって考えることもできるわけですよね。国民負担率が高いことがそれ自体としてよろしくないわけではないというのはその通りです。さらに医療や介護については、自分でそのためのお金を貯めておくより保険にした方が良いことは良いわけです。自分の分を自分でと考えると、長生きしてたくさん必要になる可能性を見越してたくさん貯めておく必要がありますし。

ただ、こういう言い方で押していくのがはたして良かったのかっていうのは再考の余地があると思っています。一つは、それだったらじゃ俺自分で貯金しとくよとか、あるいは医療保険にしても介護保険にしても、民間の運用の上手なところでやるから、私は国家を頼りにしなくてやります、と。で、そういうメニューはいっぱいあるじゃないですか。保険なり社会保障なりっていうのが、自分の将来のためであるからこの話に乗ってちょうだいっていうところが、唯一そのシステムを正当化するロジックであったがゆえに、逆にそれが、だったら政府じゃなくてもいいみたいな話につながってきた部分があったんじゃないかと一つ思うんですね。そういうふうに言ったら確かに政府いらないですよ。だから政府がいるとしたら、その理由は別にある。

市場経済のなかでは、稼ぎに多い少ないがどうしたって必ず出てきますし、それと生活のために必要な額は対応しないに決まっています。少なくしか稼げない人はしばしばたくさんいる。例えば、障害を持っていて、満足な賃金が得られない。だけど、暮らしていくためには、介護だのなんだのっていうサービスはいる。そういうちぐはぐっていうか、それは必然的に出てきます。それはマーケットに任せておいたって、うまくいかないのは当たり前で、だから政府か何をするかっていえば、市場経済っていうものはそれなりにうまく機能するというか、よくできたメカニズムでも一方ではありますから、それはそれとして使いつつ、でも必ずそこで出てくるデコボコをなおす、いいとこに収めるっていうのが、税金の役割であり公的な保険の役割であるというふうに腹くくって言うしかないんです。

戻《もど》らないと、金《かね》持ちは逃《に》げるか

立岩　むしろそこのところを、ダイレクトに言わずに、これは保険ですよって言い、自分のためだというレトリックで言ってきて、それがずっと続いてきた。それが再分配なら再分配っていうものをやるんだ、ということに対する構えを弱くしてきたっていう感じがします。

——同感です。結局は、例えばあなたもいつ障害者になるかわからないんだからね、とか、あなたもいつ病気で困窮するかわからないんだからねっていう説得しかないのは限界がある。今は、例えば収入の四割を社会保障負担に入れれば、四割戻ってくるっていうロジックの話ですけれども、たまたま普通に働ける人間の場合は、四割払って戻ってくるのは二割でもいいじゃないかっていうふうに僕は思うんですね。

立岩　保険は保険で大切だし、うまく機能するなら、それはそれでけっこうなんで、べつにそれを否定しようってつもりはないんです。ただそれだけではないっていうことをはっきりさせとかないと、話を誤ってしまうというのが一つと、それから先ほどの負担率の話に戻れば、誰からどれだけとって、誰からはどれだけとるのかっていう話のほうが、むしろ大切でね。で私はどう考えるか。簡単で、高所得者には多く払ってもらう、ということでよいと思います。

──そのときに、そういうことをすると高所得者が日本から逃げていくっていう話が出てくるわけですが、そうでもないんじゃないか。

立岩　二つあってね、資本とか工場とかいったものは海外移転が比較的容易ですから逃げていくというか移っていく可能性は高い。それに比べての話ですけれども、人間っていうのは、それなりの、生まれた土地に対するしがらみであるとか、住みやすさとか、そういうことがありますから、そうめったやたら、中にはそれでも移り住む人もいるでしょうけど、そうたくさん、人そのものが流出していくことはないだろう。実質的にはあまり住んでないのにその国に住んでいることにするのを認めないようにする必要がありますけど、そうすれば、高額納税者が逃げていってしまう、というのは、累進税率をまあこのへんにしときましょうやっていうときの正当化のレトリックみたいな部分があって、いくらか眉《まゆ》に唾《つば》して受けとめたほうがいいだろうというのが一つです。

ただもう一つとして、資本の流出の問題であるとかもひっくるめて考えたときには、確かに再分配率の高いところから資金が逃げていき、貧しい人が入ってくるっていう可能性は、それはやっぱり否定はできないんですよ。そうすると、世界中で分配率をだいたい均《なら》していけば、国による高低が少なくなれば、それが原因での流出流入は減るはずですよね（立岩・村上慎司・橋口昌治『税を直す』、青土社、二〇〇九年、第一部第四章「流出」）。

人の流出入の自由を認めるという前提のもとでは、ロジカルにはその解しかないはずです。それはそうだと言うべきだと私は思っているので、言ってはみているると。ただそれは、どう考えたって難しいことであることは確かですよ。世界中で、協調してっていうのは厄介《やっかい》なことではありますから、そう簡単なことではない。けれども、向かうべき方向としては、そっちに近いほうに向かうように仕組んでいく。そっちの方向むいてやろうや、って言うことは可能なんですね。具体的にはまずある特定のこと、例えば難民に関わる支出とか、収入については国際貿易・交通に関わっての税の徴収とか。

──そもそもアメリカがグローバルに、金持ちじゃない人からもお金を吸い上げる仕組みを作っていって、そのかわりアメリカの企業でとってもお金持ちになる人は保護するっていう政策をとって長いですから、そこが変わらないと……

立岩　ただアメリカ一国の力っていうのが、今ほんとにどのぐらいなのかっていうのは、それは僕は具体的には知ってるわけではないのだけれども、なんだろうな、実はそれほどではないという気もしてるんですよ。また、やり方によれば、その特権的な力を削ぐこともできる、と考えた方がいいと思ってるんですけど。そのへんは実証家にきちんとやってもらいたいなと思っています。

――坂本龍一がどうもアメリカに税金を納めているらしいとか、『ハリー・ポッター』シリーズを出している静山社の社長がスイスに、とかいうと目立つし、スウェーデンなんかではスポーツ選手なんかですごく稼いでる人が国籍捨てたりしますけど、特に目立つ高収入者がどっかに逃避してでもですね、ある程度の高収入の人がとどまる動機のほうが大きいわけですから、そんなにみんなが逃げちゃう話ではないですよね。それに、本当は、日本がよい福祉国家の体制を作れれば、そこで税金を払うっていうことが嫌じゃないってなる可能性もありますよね。日本に税金を払うのはわりといいんじゃないか思うような国にするしかない。

立岩　アメリカぐらいになっちゃうと、かなり多くの人にとっては明らかに住みにくい社会で、あれよりはましな国は今いくらでも可能だし、現実に存在するし。それでも、税の安いところへの流出の可能性はありますよ。それに対する理論的に正しい答はさっきの答だけれども、実現は難しい。ただ、それは当座あきらめるとしても、流出を、完全にではないにしても、止めるための具体的に可能な方策はいろいろとありえます。

ただなら濫用《らんよう》するか？

――この前新聞を見ていたら、困窮で受診遅れ、二九人死亡、保険料滞納、無保険など低所得者が大半、ということで、要するに今国民健康保険証を持ってない人がかなり多いですよね。それが実際に、死亡率の違いにつながるっていうことが当然起こっているわけですけれども、国民健康保険はどんなに苦しくても自分で払わなくちゃいけないというのは、生存権の条文の関係からするとどうなんでしょうか。

立岩　介護保険にしてもほかの公的保険にしても同じことなんですけれども、基本的に定率で払わせるっていうやり方で、しかもその支払いに関しては、税金ほどきちっとしてなくて、事実上払わない、あるいは払えない人も出てきてしまって、いざとなったときにその人は受けられない、そういう仕掛けになってしまってるんです。本来であれば、医療なり福祉なりのサービスと所得保障を別にする必要はなくて、サービスの部分についても、たくさん持ってる人はたくさん出し、それだけで生活するのにちょうどっていう人は負担はゼロであり、っていう負担率の違いを設定することにはなんら問題はないと僕は思っています（立岩・堀田義太郎『差異と平等』、青土社、二〇一二年、他）。具体的には所得税と相続税ですね。この税金に取りはぐれることが多いというのは実際その通りです。けれどもそれも対処の方法がないわけではない。それでも、私も含めみんなずるいから、税金安くするためにいろいろやるでしょう。しかし、だからといって消費税だけが代替案だということにはなるはずがないんです。

――キューバでは〇円なんですよね、医療は。医療費全員〇円っていう選択だってそれはあり得る。

立岩　それは一つには自己負担の問題ですよね。キューバにしたって、市場経済を一方で認めるなら、税金で財源をまかなうことになる。そして、元手は必要です、どんな場合でもね。だから、今の話は自己負担の意味の問題ですよね。たぶんそれが正当化できるのは、無料だからってたくさん使いすぎることを止めるっていうのが、唯一のロジック、大きな理由なんですけれども。ただそれについても今おっしゃったような、自己負担が大きいから受診を控えてしまって結果としてもっと重くなってしまったりということが起こるじゃないかと。だからかえって、あとあとのコストとかもすべて考えたときにどうなのっていう、話が対置されてずっときた、というのが今までの議論だと思うんです。

ちょっと戻って考えると、たしかに見かけとして自分の財布からお金が出ていかないで、何かものが提供されるっていう場合に、それを濫用してしまうっていうことは一般論としてはあり得ます。ただ、例えば医療を考えたとき、実は介護もそうだと思うんだけれども、くれればくれるだけうれしいものかっていったらそれは違うだろうと思うんです（立岩『弱くある自由へ』第七章「遠離・遭遇——介助について」、本書267ページ〜、他）。

——もっと注射打ってくれとか、普通思いませんものね。

立岩　そう。たいがいの人は、できれば病院には行きたくない、できれば注射打たれたくない、薬もそんなにたくさん欲しくない、ほかの消費財と違ってね、あればあるほどいいものではないんですよ。

　介護にしたって、医療ほどではないかも知れないけれども、結局他人がやってくるわけですから、他人が始終いられたらそんなに気持ちいいかって言われたらそうでもないわけで、必要なだけ人が来て、そんなに膨張するものでは本来ないですし、一日は二十四時間ですから、二十四時間以上増えるっていうことはあり得ないですよね。

　そうやって考えていったときに、自己負担なるものを求めることによって、膨張を押さえるっていうことの意味が本当にあるのかっていったらこれはかなりあやしい。実際には抑えられているわけですが、その得られ方っていうのは、むしろ必要なものを押さえられてしまっている可能性のほうが高いはずだということだと思うんですよ。

——その背後にあるのはよくある**モラルハザード**[*5]論ですよね。確かに年金は払わなくても貰えるってなると、誰も若者も誰も払わなくなるから、年金制度の場合には払わないと貰えないですよっていうのはこれはやむを得ない。それと、年金受給者と「最低限度の生活」との関係というのがだんだんもうクリティカルなものになっていって、たぶん無年金でいった若者が老人になると、今の制度のままだとするともう生活保護の受給者というのがぐわーっと増えることになるわけですよね。

　だから自分で負担できる分はなんとか負担してくださいねっていう論も一方でたつんですが、一方で、憲法では、必ず、一人ももれなく、健康で文化的な最低限度の生活をできるようにしなければならないという大原則があって、その二つの間でいろんな齟齬《そご》が起こっているという気がしますね。

立岩　すごい極端な人でない限り、何らかのセイフティネットが必要だということを否定し、公言する人は、この社会にはそうたくさんはいない。リバタリアンと言われる、極限的な、稼いだものは自分のもの主義の人たちの中にも、ある種のセイフティネットなら認める人がいる。ただそれは、結局、「最低限」という話に収斂《しゅうれん》してしまう。そういったときに、この間起こってる話は、生活保護の水準がワーキングプアの収入より高いっていうような話です。そこの部分を、彼らの言葉で言うと是正して、水準を抑えるっていう、そういう類の話が一方にあり、他方の側は、そうではないんだと。そんなに贅沢《ぜいたく》してない、と。そういう間のすったもんだというか、が、ずっと続いてきたっていうことだと思うんですよね。結局その最低限っていうところの基準みたいなものをめぐる攻防なわけじゃないですか。

僕は、その議論はちょっとなんか貧しいな、という思いがずっとあって、そういう最低限なるものを、これが低いだの高いだのっていうようなことをめぐって議論しなきゃいけないっていうのは悲しいなっていう感じがどこかであるんですよね。だから僕は、考える上でね、すくなくともとりあえず考える上ではね、べつに最低限とかっていうふうに考える必要もなくて、みながだいたいほぼ同じぐらいの生活ができるっていうラインでみんながいければいいのであって、それがそのいわゆる最低限を超えたって、それは基本的にはよいことであって、かまわないと。『自由の平等』（岩波書店、二〇〇四年）なんかでそのことを書いてきましたけども。

だから、その最低限なるものをリジッドに決めなきゃいけないっていう話自体にあんまりのめりこんでしまうと、ちょっと悲しい話になってしまうと思っているんですね。

ワーキングプアが生活保護の人たちよりも、年間の総収入として低い、ということが起こっているのは事実ですよ。それはだけど、話が逆なわけで、だからワーキングプアに合わせましょうっていう話じゃないわけですよね。ワーキングプアと言われる人が、少なくとも生活保護受給世帯のラインに達する収入を得られればよいのであって。その方法として、労働政策の方からいくのか、所得保障の方からいくのか、両方なのかという方法論の問題はありますけど。私は両方でよいと思いますけどね。

――ワーキングプアのほうに合わせろっていうのはサディスティックでさえあるような感じがしますね。

ちょっと変だなと思うのは、少し前までは、生活保護関係のニュースと言えば、ものすごい暑い夏にクーラーを外されておばあちゃんが熱中症になったとか、保護の不充分さを訴えるものが多かった。ところがそれがあっという間に、この失われた十五年以降、ワーキングプアのほうが貧しいっていう議論で、生活保護の水準はいかがなものかっていうのが出てくるわけですけど、老人だったら病院にかかるケースも多いし。高齢者や障害者はなにかとお金がかかるっていうことを考えに入れないといけない。

立岩　イメージとしては、フリーターとかワーキングプアというと、二十代や三十代が多くて。親と一つ屋根の下に住んで、それでなんとかとりあえずなんとかっていう人たちがいます。これが「欧米」ということになると、親からの独立が当たり前だから、その人たちが即、公的扶助の受給者ということになり、その人たちと支給を抑制しようとする政府との間に一悶着《もんちゃく》起こることになる。他方、日本の場合、それがあまり顕在化しにくいところがある。とりあえずなんとかなってしまっている部分がある。ただ、実際には四十代五十代その上、僕らの年代とかもっと上とか、そういう人たちをひっくるめたところで、働いてるけれども収入少ないっていう人たち、仕事ないという人たちがたくさんいるっていうことも一つありますよね。

政策としては、基本的には二つあるんです。労働政策としてやっていくやり方と、所得保障政策としてやっていくやり方と。僕は基本的には両方やるべきだと思いますけれども。労働政策の場合、職業訓練だとかそんなものにとどまるならたいした意味なくて、労働の分割、ワークシェアリングですね、そしてフルタイムの仕事とパートの仕事の格差の縮小が必要です。そういう意味での労働政策、そして所得保障、そのいずれか、あるいはいずれかを足し合わせて、やっぱり少なくともというか、公的扶助のライン以上に、みんながそれを上回るというラインは実現可能であるし、そっちをやるしかないだろうと。低い方に合わせろっていうふうに世論が形成されるか、あるいは誘導されているとすれば、そんな話に乗っていいことはないんだと思うんです。

「ゼロ」にならないとだめだとされる

――タクシーの運転手さんの平均年収の低さを聞いてびっくりしました。子どもがいたら、学資が大変だろうな。そこは奨学金制度を充実させていくっていうことが重要だと思います。

立岩　基本的には高等教育に関しては、奨学金を拡張するっていう主張を支持するサイドなんです。

それには異論もあってね。全部税金でやって、高等教育をタダにしろっていう主張がある。それはある程度もっともなんです。ただ僕は、大学に関しては、ちょっと贅沢品かなというところもあって。というか、大学出ると収入にしても何にしても統計的には得であるというのは否めない事実であるから、それを考えたときに、高等教育に限って言えば、奨学金をきちんと、っていうのは、僕は思いますけど……。ただ、僕は大学院で働いているからなお実感としてありますけど、学部からずっと奨学金もらって、それを返すっていうのはたいへんなんですよね。大学院卒なんてほんとに今就職ないですから、かなり高額の借金になっているということは事実あります。いわゆるオーバードクターとかになった連中の多くにとっては重たい話になっています。ただ、確率的には他より儲かるはずだから将来返すという形での自己負担を求めることを認めたとして、結果そうならなかったのであれば、実際の収入に応じての減免とか返済免除というやり方も、基本的には、理に適っているはずです。

そして基本的に、生活保護・生活扶助か、自分で稼ぐか、二択という話ではないということです。例えば月十五万円というラインがあったとして、市場での収入が十万円しかなかったと。すると残りの五万円が所得保障として出る。生活保護っていうのはそうなんですよ。つまり、収入がゼロであれば、扶助のラインが満額そのまま出るわけだけど、収入があればその分さっぴかれますから残り五万円が公的扶助になるんですよ。そういう制度です。ただそれじゃ、むしろ働いた方が損みたいになるから、働いて稼いだ金が多くなればいくらかずつ総収入が増えるようにすればよい。それだけのことです。

ただ、現実にはそうなっていない。資産があったり貯金があったり、持ち家があってしまったりするとかすると、それを全部吐き出してしまってからでないと、わが国の公的扶助というのは使えないので、そういったあたりもネックになって、結局中高年になってしまうと、そういったものを持ってしまっている部分がやっぱりありますから、難しくなってしまう。たしかに土地やら資産やらある人をない人と同じに扱ってよいのかという問題はありますよ。けれども、それだってそこそこ公平な制度を構想することは不可能ではないはずなんです。

——公的扶助を受けるためには失わなければならないものも多いということですね。

立岩　資産って確かにデコボコがありますから、そこのところをどうするか、どうカウントするのかっていうのはなかなかに厄介な問題ではあると思うんだけれども、例えば知恵っていうのはそういうときに使うものであって、例えば失業した人にしても、働いているけれども賃金が安いという人にとっても使いやすいというか、使う余地のあるような所得保障の仕掛けを考えていくことは、難しいかもしれないけど可能なはずですよね。

すべてを人数分《にんずうぶん》で割《わ》る、ところから始《はじ》める

あとは、労働政策としてどういうことを考えていくか。さきほども言ったように、セイフティネットをまったく認めないっていう人はそんなには多くはない。逆に労働市場の自由化っていうラインの話っていうのは、セイフティネットはあるから、あることにするから、収入少なかったらそっちいけばいいはずだから、労働市場は自由化してっていうロジックになっているわけですよね。それは、認めてもいいかもしれないことがあるわけです。働けなくても働かなくてもちゃんと暮らしていけるっていうことであれば、あとは賃金の基準を設定するっていうやり方よりも、労働市場のほうは自由化に近いかたちをやってもいいという主張は、いくらかはもっともなんですよ。労働市場に関す

る規制をなくして、所得保障一本できちっとやるっていう線もあるわけです。これはこれでなんかすっきりしてるような気もするわけです。

あり得るんだけれど、まず第一に、実際問題として、あるからいいでしょっていうセイフティネットなるものは、わが国においてはどれだけのものなのか。使えるような仕掛けになっているかっていえば、そうではないわけですよね。

第二に、このやり方がよいのかという問題はやはり残る。基本のラインはあるけれども、そこから一万円収入を増やすために、すごい時間、かなり長い時間働かなきゃいけないとか、例えば時給二百円とか三百円とかなったりした場合、それでもいいのか、っていう話は、これはけっこう考えるに値するテーマであってね。

しかし、そういう、考えてもよいことがそう考えられていない。それは困ったことであって、基本的なところから考える必要がある。

私は、みんなが、すべての富を人数分で割ったぐらいのところで暮らすっていうのを、基本においてよいと思う。その上で、働いている人はそれなりに苦労もあるわけだし疲労もするわけだし、働いてない人よりはたくさんもらえていいんだっていうことも認める。そして、なにか褒美がないとやる気にならないということも、いくらかは、現実に存在することとして認めるしかないだろうと思う。すると、これらを配合して、どの辺りに落ち着かせるかという問題になります。それは、どれだけ褒美《ほうび》があったらどれだけやる気になるかとか、いろんな条件によって変わってきますから、具体的な値もいろいろと変わってきます。だけれども、すくなくとも、今の制度よりはずっとましなものになるはずだと思います（↓前掲『差異と平等』、本書240ページ〜）。

もっと上《うえ》を狙《ねら》っていい

僕は、二十五条を否定してるわけじゃなくて、この憲法のなかでかなり使える、あるいは使われるべき条文の一つだとは思っています。そして、裁判を、二十五条を盾にとって戦うかぎりは、「健康で文化的な最低限の生活」という言葉をめぐって、このぐらいは最低限人間として当然だろうっていう話をするのは当然だろうと思います。そういうことをきちんと世に訴えていく必要はもちろんあるでしょう。しかし、そう思うと同時に、それはさきほどの話なんだけれども、「いやそれだと贅沢だ」とか、「いやそうじゃない」っていう、なんかこう、やっていてちょっと悲しいねっていう話にもなって、それは仕方がないんだけれども、基本的にはそんなことを言う必要もないということを押さえておきたいと思うんですね。

今は憲法にそう書いてあって、それを盾《たて》にしてやるからには、そういう話をせざるを得ないし、するしかないんだということをわかりつつも、実際には、基準はやはり「最低限」じゃなきゃいけないものなのか、っていうところの視点を一方で持っている必要があると思うんですよ。そうじゃないと、線引きを巡るせめぎ合いみたいなところで、自分が貧乏であることを見せなきゃいけないみたいな、ちょっと苦しいというか消耗なところが出てきてしまうという感じがする。その線を厳密に定めようっていう話になってくる。

税金だってなんだって脱税するやつはいるわけですし、どんな制度を作ったたって、制度の裏をかいたりとか、ちょっとした漏れがあるっていうことは必ず出てくるわけです。探そうと思えば少なくともある程度出てくる。それをやかましく言って、やっぱり受けすぎのやつがいるという話になっていくと、しょぼしょぼっとした話になっちゃう。そういう話も必要なんだとは思います。ただ、それにしても、基準を「最低限」に置くかどうかで話はだいぶ変わってくるということです。

何をやったって、そういう、ある種の不整合というのはやむを得ない。それからコストの問題もありますよね。ある人の生活を精密に把握しようとしたら、そのためのコストっていうのがずいぶんかかるはずですよね。それと、ときどきは生じるかもしれない、取り漏れとか、あるいは支給しすぎとかね、そういったものと比べたときに、きつくしていくっていうのはどうなのか。

そして、きつくしていくっていうのは同時に生活のなかを見られてしまったりとか、そこに介入されてしまったりとか、そういう問題をたくさん起こすわけですよ。例えば身体が動かないっていうのは誰の目にも明らかですから、手が動かない人に手を動かせっていうことはできない。だから、そこでは割り切れるわけだけど、例えば精神的な障害というか病というかそういったものは、少なくとも外見的に、一見何もできないわけではなく、そして本人も多少無理をすれば、働けたりしてしまうところが、むしろ、誰の目にも明らかな体が動かない人と違った難しさで、そういうときに、働けるんであれば働けとか、そういうところで、細かい介入というか査定が行われると、そのボーダーあたりにいる人たちっていうのは非常に苦しめられることになる。

——鬱症状の人とかね。さぼっているようにしか見られないけど実は非常に外に出るのが苦痛であるとか。「健康で文化的な最低限の生活」の、最低限をとったらいいのかもしれないですね。みんなで健康で文化的に生きようよって。

立岩　僕はそうですよ。だけど条文にはそう書いてはいないですから、当座二十五条をめぐる憲法訴訟においては、それをめぐっての論戦にならざるを得ない。それは認めたうえで、どこかででも、ほんとはもっと上を狙ってもいいんだぜっていう視点を確保しておくということは必要なんじゃないかなと思っています。

どうしても、みんなが働《はたら》かなくてはいけないのか

立岩　困難な人たちを見たくない、関心も持ちたくないという気分が、ある種の、わりと多くの人たちにあるとして、弱者やその支援者が問題をアピールして、存在を露《あら》わにするというか、問題を見せるべきっていうのがひとつあるかも知れないけれども、それでも見たくないやつは見ないってことは可能なんですね。要するに見たくないわけですから、あるいは見てしまったらそこで何かしらの負債っていうかね、何かしなきゃいけないっていう予想みたいなものが立ってしまって、だから見ようと思えば見えるんだけど、目を伏せて脇のほうを通っていくっていうマインドってやっぱりあるじゃないですか。

そういう、見せる、知らせることっていうのは一方ではとても大切なことでありながら、そうやって自分

を露わにしなきゃいけない、自分の困難であったりそういったものを人に見せることによって支援を可能にするっていうのは、見せるサイドにとってみても負担なわけですよね。だから、そういうことを考えると、一方ではそうやって具体的にわれわれが知ることによって何かを可能にしていくっていう道は探るべきなんだけど、それが決定的というか唯一の解ではないような気がするんです。ですから、人々が知ろうと知るまいと、見ていようと見ていまいと、出すものは出すべしっていうラインっていうのは、それは抽象的な規範の設定ではあるんだけど、そういうこともふまえておかないといけないなと思いますね。

——ちょっと飛ぶようなんですけれども、立岩さんは、知的障害者は働かなくてはいけないと思うか、働かなくてもいいと思うか。

立岩　すごく雑駁《ざっぱく》に答えると、どっちでもいいって思ってるんです。働くっていうことのなかにもいろんな要素がありますよね。働くことって労苦だ、苦労だってさっきは言いましたし、実際その通りだと思うんだけれども、労苦でありながらというか、ときには労苦であることが、楽しいっていうこともないではないじゃないですか。それはいろんな商売というか仕事についてまわることですよね。純粋にただ手を動かしているのが楽しいっていう楽しみもあるでしょうし、何か他人に役立ったりとか、他人に使ってもらうとかそういう楽しみもあるでしょうし、そういった意味での楽しみっていうものはやっぱり否定できない。

　そういう意味で、活動というのか労働というのか、できることをしたいっていうのは、尊重としてよいだろうと。それからもう一つは、例えばベースのラインの所得っていうのが、仮に設定されていて、それで暮らしては行けるにしても、さきほど言ったロジックで言えば、よけいに働いた人がプラスαをもらえるっていうのを僕は認めたわけですから、そういう意味で、もうちょっと稼ぎたいなという人にとってみれば、働くことはよいことだということになる。

　でもその、同じ話なんですけど、その逆っていうかな、それは、人間はすべて働かなきゃいけないっていうことではないですよね。

　それとともに、一方では、このへんがちょっと話がややこしくなるんですけど、働く義務があるってこの頃書いてるもののなかで言ってるんですね（立岩・齊藤拓『ベーシックインカム』、青土社、二〇一〇年、第一部第五章「労働の義務について」）。生存権の保障にしても、それを保障するのは、広い意味での財ですよね。その財は、人がなにがしか働くという形で関与して、生産されて出てくるものである、という意味で言えば、生存権を保障するということはすなわち、人々には労働の義務があるということになる。全員の生存権を保障するための義務が、労働を提供できる人間にとってはある、っていうことが一般的に言えることだと思います。

しかし、それは、どれだけの義務を誰が持つかっていう話に次になっていくわけで、そのときに一つ考えなきゃいけないのは、誰も彼もが働かなきゃいけないほど働かないとうちの社会はやっていけませんかっていう話で、少なくとも私はそうは思えていない。かなりの数の人が半分しか働かなくても、あるいはまったく働かなくてもやっていけるだろうと。そういう意味で、一般的にいって義務はある。けれどもそれはすべての人ができる限り働かねばならないっていうことは意味せず、さきほど言った、働きたい、働くっていうことは何かしら自分にとってもいいことだ、プラス、働いたら、ベースのラインの所得保障よりももっとたくさん入ってくる、そういうモーチベーションだけで、ほぼ社会がやっていける分の生産っていうのは供給できるだろうと。

そういう意味で言えば、抽象的にというか一般的に義務はあるけれども、それは、お前はあそこに行って働けっていう、個別の労働の義務は帰結しないだろうというところまで次にいくわけですね。

そこまで行ってしまえばあとはある意味選択の問題になるわけで、個別の選択に委ねておいても社会は回っていくし、それでいいだろうと。知的障害の人がそのところでどう考えるかっていうあたりだと思うんですよ。働きたいっていう人はいるかもしれない。それはいい。働いてもらっていい。でも、いやちょっとしんどいなと。実際時間あたりのアウトプットっていうか、そのことだけ考えたら、やっぱり他の人が十を生産できる間に、その人は一かもしれない。二かもしれない、〇・五ぐらいかもしれないっていうことはあるわけですよね。だから働くなとは言わないけれども、これはちょっと消耗だなと。そんなにして、人の十倍働いて人と同じにだけなる。その代わりに他の人がその分働いてくれれば、自分がめいっぱい働くよりも、別の人が十分の一の時間働くだけで生産高としては同じになるわけだから、そっちはそちらにお任せして、ベースのラインの所得でいってもいい。それはどっちもありなのかなと思いますけどね。

――まったく同感なうえでですけれども、車椅子に乗っているけれども、コンピュータのプログラミングがうまくできるなんていう人はもう全然働いたほうがいいですよね。

でも、そうでない、知的障害や重複障害の人がしばしば行く、いわゆる授産所のようなところ、軽作業をするっていうところは、やっぱり場として重要だと思うし、それを楽しいと思う障害者もたくさんいるし、あるいはちょっといやでも学校に行くみたいに、暮らしのリズムを作っていくうえで、家族がその時間離れていられるという意味でもね、必要なんだろうと思うし、機能しているというんですけれども、だけどやっぱり能率ということで言えば十分の一くらいだったりするわけですよね。それに時給を払うとしたら五十円しか払えないようなものだったりするときに、人間は成長して一度くらいは働くのが一般的ではあるし、まあ親の資産があって働かない人もいるかもしれないけど、絶対にそれでなくてもいいなと思ったのは、やっぱり障害を持つ自分の子どもを見てると、今は子どもとして愛されていて非常に楽しそうなんです。彼女がもし無事にこれから先も成長していくとしたら、私は、うちの娘に、君は働かなくていいよ、と言いたいんですよ。もちろん授産所などで愉しく「働ける」なら働いてもいい。それで、まったく個人的な思いなんだけど、これは共感可能な人もいると思いますけれども、今の彼女は楽しいんですね。遊んだり幼稚園に行ったりすることが。ある重複障害を負った人が、うまく生産はできないけれども、楽しいと感じることができるんだったら、楽しく生きるのがその人の仕事だと考えてもいいんじゃないかっていうふうに親としては思ってね。楽しむことがあなたは一番得意なんだから、一生懸命楽しく暮らしなさいよっていうことを保障したいと思ったんですけど。それは現実には私個人が相当稼がないと出来ないことですが、一方で、そういう社会だって不可能じゃない、っていうふうに思ったんですよね。働かずに楽しく生きる障害者の天国というのをこの社会にビルトインする。

　障害を持っている人を、なんとか、働くことが正しいというみんなの倫理の、あんまりできない部類の人として、働くっていうことに組み入れるというのも、本人が嬉しい場合はいいんですが、そうじゃなくて人間として生まれてきて、他者のために目に見えるかたちで生産しないけれども、そういう人たち子たちも、幸せに生きているということで、人間社会が、自分たちの設計した社会が、得られるものっていうのはあるんじゃないか。

立岩　そうだと思いますね。作業だとかあるいはときには作業療法とかそういう言い方でなされていることのどこがどうよくて、どこがいただけないものであるのかは、よく見ておいた方がよいです。そう働けないのに無理して働いてもらったとして、そうして生産されたものがないとこの世がやっていけないということではまったくないわけです。それでも働くのがよいとすれば、なにか別の理由があるということになる。となると、それは何かということになる。探してもちゃんとした理由がないなら、そして本人がしたくないなら、それはしないほうがいい。

再度《さいど》、「最低限《さいていげん》」は「上《あ》がり」ではない

――話は飛びますけど、ALS[*6]の人たちで、会話が不可能になったときに、コンピュータのハードとソフトを整備することによって、しばらくの間意思伝達が可能である、という現状になっていますが、そのコンピュータはどこの費用からくるんですか。

立岩　社会福祉サービスの制度のなかで、いちおう支給されるものはあります。一定の金額まで支給されるという仕組みになっています。ただ、あらゆる既存の制度がそうですけれども、それが、使い勝手のいい、こういうもの使いたいからすぐそれが支給されるとかそういうふうには必ずしもなってないというのは事実です。

それから、製品開発の部分でね、それが企業ベースにのるかというと、それもまたちょっと別の問題としてであって、全然公的な金を使わなくて、製品を購入する部分をちゃんと税金でまかなえば、マーケットメカニズムのなかでちゃんと開発が行われていくだろうという場合もあるし、必ずしもそうとんとん拍子にいかなくて、初期投資として、開発の部分に税金を使った方がいい場合と、これは両方あると思います。

——ではコミュニケーションのためのツールを導入するに際しては、自己負担は発生しないんですか。

立岩　いろいろあったんですよ。ワープロはいいけどパソコンはダメとかね。それはさすがにね、ワープロって事実上姿を消しているわけで、そうなると少しずつ制度も変わってきて、パソコンもOKになる、とか。前だとほんとに、こういうものしかだめとか、自分に合った製品を選べないとかあったけど、そこのところの進展というか変化というのはあると思います。

ただ、例えば車椅子一つとってみても、よりよいものっていうのはしばしばより高価ですから、そういったものが欲しいとなると、高いものはやはり自己負担は増えます。それから支給されるまでに手間がかかるとか。それからALSの人の場合などは、体の状態が変わっていくので、それに応じていろいろ設定とか変えていく必要あるんですけど、その調整だとかはけっこうボランティアに依存している部分があります。そういう人がいないところでは、結局使えないとかね。

——しかし、ALSの人がコミュニケーションを維持するっていうのは、文化的な生活のほんとうに鋭い最低線だと思うから。

立岩　まあ、最低線だよね。

——それは憲法からいっても絶対に保障されるべきであると思ったので言ったんですけれども。

立岩　そこまでくると、やっぱりある意味理解しやすいわけですよね。これがあれば家族ともコミュニケーションがとれるのに、金がないから事実上しゃべれない、それはないだろうっていうのはわりあい多くの人に理解されやすいわけです。ALSとか、誰が見てもこれは重いっていう状態に関しては、さすがに行政も考える。考えることにはなっている。実際にはそういう部分でさえも対応遅くて、とろくて、困るんですが。

それでもこんな場合の困難は誰にもわかる。でも現実は、いろんな状態の人がいて、そのどこまでを救うのか、みたいな話になってしまうわけじゃないですか。ここらで線引きしようとか。そうするともう一度、あなたにだけそうたくさんあげられないみたいな話になって、となると結局、たくさん必要な人も困ることになる。だからこそ、繰り返しになりますが、当座の実現可能性はともかく、「最低限」を保障さえすればそれで「上がり」ということではないのだという視点を保っておく必要があると思うんです。

以下、注。＊4のみ筆者立岩が作成。

＊1　プログラム規定

国民の権利を保障する憲法規定の中で、現実的な法的効力をもたず、国家に対し、その実現に努めるべき政治的、道義的目標と指針を示すにすぎないものをいう。

＊2　朝日訴訟

一九五八年八月に提訴。被告は厚生大臣。訴えは憲法二五条とそれに基づいた生活保護法を根拠にするもので、原告の朝日茂さんは重い結核で国立岡山療養所にて一五年を送っていた。同療養所入所者には「完全給食」前提で、その他に充てる費用として当時月額六〇〇円のみ給付されていた。病臥のために寝汗をかき、本来頻繁な着替えを必要とする重症結核者にとって「シャツが二年に一枚、パンツが年一枚」（新井章『体験的憲法裁判史』）買える金額。「今の病状では、厚生大臣の定めた六〇〇円の品目以外、目に見えぬ費用がいるんです。たとえば食欲がないから、どうしても、嗜好的な栄養品目が必要です。朝食に目刺し一尾食べると、食欲がでて朝食が食べられるんです。夜中に喀血して眠れなんだときや、朝起きたときなど、身体が苦しうて、朝ごはんが食べれんことがあるんです。そんなときはなま卵をふたつくらいのんで、じっと寝ているんです。そうせなんだら弱って死んでしまいます」。そうした費用を認めてもらおうと訴訟は提起された。ところが厚生大臣側は「完全な給食」をタテにその必要を認めず、「かりに」「食欲不振等のため患者の飲食物について なんらかの考慮が必要であるとしても、これは、病院又は療養所における給食の問題として解決されるべきであって、それ以外の給付として措置すべきではない」との「筋違い論」を展開した。「給食の問題として解決されるべき」はたしかに筋であろうが、筋でしかない。病勢や個々の食欲の型によって必要となるものはいちいち異なるのだから、しかもそれは確実な栄養摂取が大事な結核患者にとっては文字通り死活的なことだったのだから、費用を現金で調え、患者自身が選択できるようにすることがほんとうの筋ではないのか。

そうして役人の「筋論」がこの訴訟を発火せしめた。訴訟提起以前に朝日さんが岡山県の厚生課の主事に窮状を訴えたところ、さすがに県の事務官もうなずかざるをえなかった。それからしばらくしてどう辿ったのか、三五年のあいだ離れて暮らしていた朝日さんの兄のもとに、宮崎県の社会福祉主事があらわれ、「民法の規定では、兄弟の扶養の義務があります。できればあなたは、月々三〇〇〇円を弟さんに送金してください」と言う。兄の生活も苦しかったが、それでも月一五〇〇円を送金することにする。それを知らせる兄からの手紙を読んで朝日さんは布団の中でしばらく泣いたという。

が、数日後、保護条件変更の決定通知が送られてくる。「あなたのお兄さんから今後、月々一五〇〇円送金されることになったから、いままで支給した入院患者の生活扶助費六〇〇円の支給は打ち切ります。入院患者の入院中の生活費は、厚生大臣が決めた月六〇〇円しか使えません。一五〇〇円のうち、九〇〇円は患者の入院費の一部負担として国庫に納入してください」。こうして朝日さんは訴訟を決意する。その時、形式としてはすでに整った生活保護法の、適用における非人間性を衝くための根拠たる法は、憲法第二五条しかなかった。（堀切和雄『結論を急がない人のための日本国憲法』、築地書館、一九九四年より抜粋）

その後、一九五七年、東京裁判所に厚生大臣を被告として提訴、六〇年一〇月、原告勝訴。それに対し、国側が控訴、東京高等裁判所は六三年11月、一審判決を破棄し、朝日茂さん側の請求を退けた。被被控訴人である朝日さんはこれを不服として上告したが上告審中に病没。その養子夫婦が訴訟を継承したが六七年五月、最高裁判所は「本件訴訟は上告人の死亡によって終了した」として訴訟終了の判決を行なった。

＊3　他人介護加算

「生活保護の生活扶助の加算の一つ特別介護料に、家族介護加算と介護人による介護に対する加算があり、後者を指す。自立生活を始めた人達の要求運動により、一九七五年度から厚生大臣が承認した場合に特別基準での支給が始まり、介助を得て地域で暮らす上での有力な手段となった。他人介護料の算定は、在宅の被保護者が、介護保険給付、介護扶助及び介護給付費等によるサービスを利用可能限度まで利用し、それでもなお、介護需要が満たされない場合において、家族以外の者から介護を受けることを支援するために行うものであること。」（立岩真也「他人介護加算」，秋元美世・藤村正之・大島巌・森本佳樹・芝野松次郎・山縣文治編『現代社会福祉辞典』，有斐閣）

＊4　二〇一三年に原告（高真司）勝訴

高訴訟については、井上英夫監修『高訴訟』、現代日本生存権問題資料集成2第7－10巻二〇一四年、すいれん舎。**（この注のみ筆者立岩が作成）**

＊5　モラルハザード

規律や倫理観の欠如した状態のこと。

＊6　ＡＬＳ

筋萎縮性側索硬化症（きんいしゅくせいそくさくこうかしょう、Amyotrophic lateral sclerosis、略称：ＡＬＳ）は、重篤な筋肉の萎縮と筋力低下をきたす神経変性疾患。国内では一九七四年、特定疾患に認定された指定難病。治癒のための有効な治療法は現在確立されていない。

本の紹介
   ほん   しょうかい

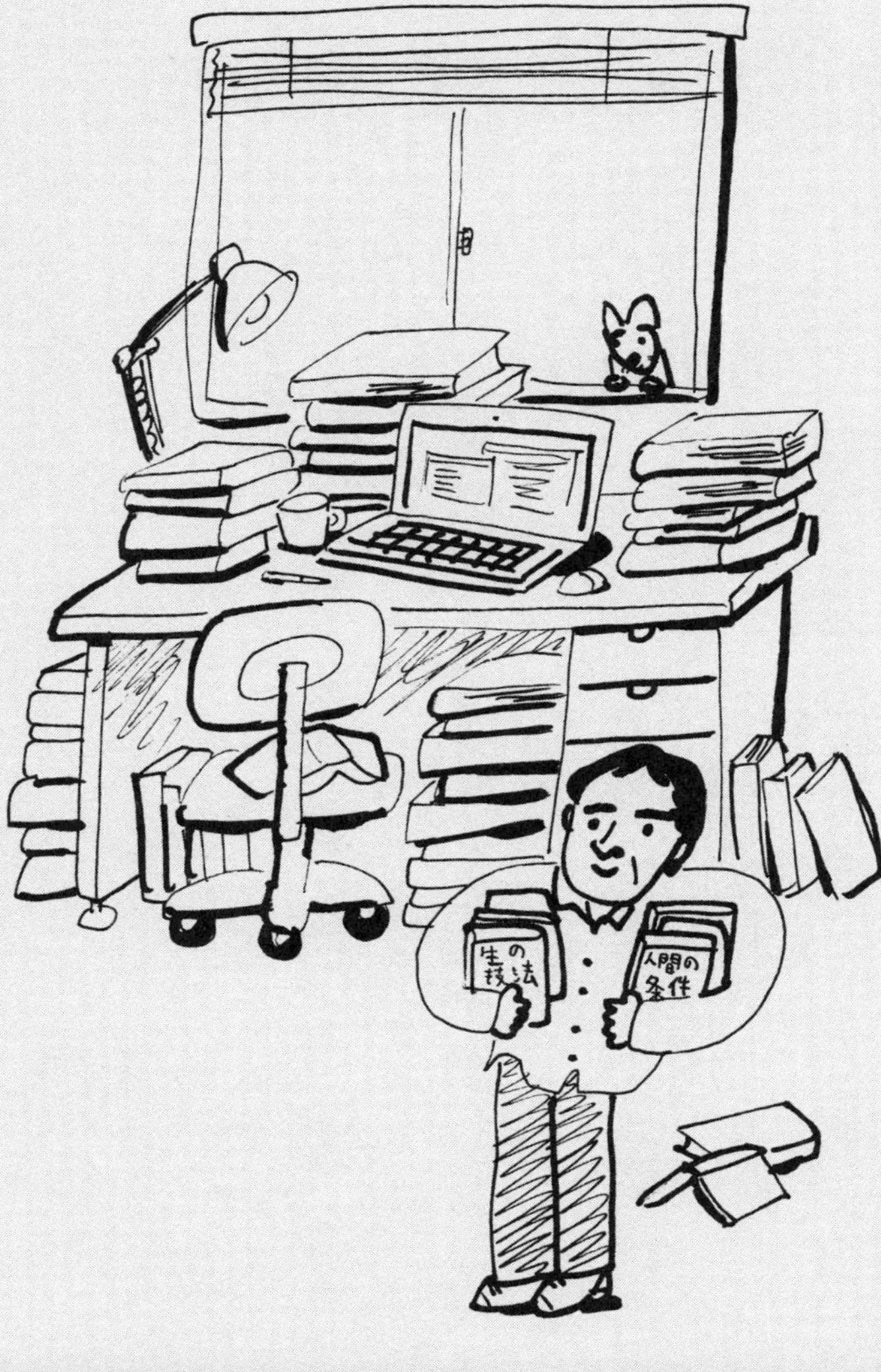

本《ほん》の紹介《しょうかい》（～二〇二〇）

この本《ほん》に書《か》いたことは、これまでに私《わたし》が書《か》いた本《ほん》に書《か》いたことではある。依頼《いらい》されて一《ひと》つの章《しょう》を担当《たんとう》したといった本《ほん》は別《べつ》にして、単著《たんちょ》（一人《ひとり》で書《か》いた本《ほん》）と共著《きょうちょ》（著者《ちょしゃ》が列挙《れっきょ》されている中《なか》に私《わたし》もいる本《ほん》）として、本書初版以前《ほんしょしょはんいぜん》、以下《いか》がある。

一九九〇年《ねん》　安積純子《あさかじゅんこ》・尾中文哉《おなかふみや》・岡原正幸《おかはらまさゆき》・立岩《たていわ》
『生《せい》の技法《ぎほう》——家《いえ》と施設《しせつ》を出《で》て暮《く》らす障害者《しょうがいしゃ》の社会学《しゃかいがく》』（藤原書店《ふじわらしょてん》）

一九九五年《ねん》『生《せい》の技法《ぎほう》——家《いえ》と施設《しせつ》を出《で》て暮《く》らす障害者《しょうがいしゃ》の社会学《しゃかいがく》　増補改訂版《ぞうほかいていばん》』
（同前《どうぜん》）

一九九七年《ねん》『私的所有論《してきしょゆうろん》』（勁草書房《けいそうしょぼう》）

二〇〇〇年《ねん》『弱《よわ》くある自由《じゆう》へ――自己決定《じこけってい》・介護《かいご》・生死《せいし》の技術《ぎじゅつ》』（青土社《せいどしゃ》）

二〇〇四年《ねん》『自由《じゆう》の平等《びょうどう》――簡単《かんたん》で別《べつ》な姿《すがた》の世界《せかい》』（岩波書店《いわなみしょてん》）

二〇〇四年《ねん》『ALS――不動《ふどう》の身体《しんたい》と息《いき》する機械《きかい》』（医学書院《いがくしょいん》）

二〇〇六年《ねん》『希望《きぼう》について』

二〇〇六年《ねん》稲葉振一郎《いなばしんいちろう》・立岩《たていわ》『所有《しょゆう》と国家《こっか》のゆくえ』（NHKブックス）

二〇〇八年《ねん》『良《よ》い死《し》』（筑摩書房《ちくましょぼう》）

二〇〇八年《ねん》稲場雅紀《いなばまさき》・山田真《やまだまこと》・立岩《たていわ》『流儀《りゅうぎ》――アフリカと世界《せかい》に向《む》かい我《わ》が邦《くに》の来《き》し方《かた》を振《ふ》り返《かえ》り今後《こんご》を考《かんが》える二《ふた》つの対話《たいわ》』（生活書院《せいかつしょいん》）

二〇〇九年《ねん》立岩《たていわ》・岡本厚《おかもとあつし》・尾藤廣喜《びとうひろき》『生存権《せいぞんけん》――いまを生《い》きるあなたに』（同成社《どうせいしゃ》）

二〇〇九年《ねん》『唯《ただ》の生《せい》』（筑摩書房《ちくましょぼう》）

二〇〇九年《ねん》立岩《たていわ》・村上慎司《むらかみしんじ》・橋口昌治《はしぐちしょうじ》『税《ぜい》を直《なお》す』（青土社《せいどしゃ》）

二〇一〇年《ねん》立岩《たていわ》・齊藤拓《さいとうたく》『ベーシックインカム――分配《ぶんぱい》する最小国家《さいしょうこっか》の可能性《かのうせい》』（青土社《せいどしゃ》）

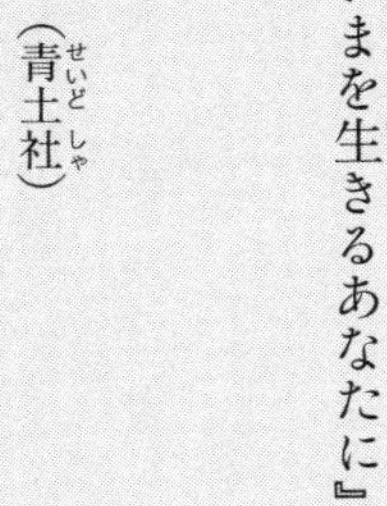

私《わたし》はごく普通《ふつう》のことを普通《ふつう》に書《か》いているつもりなのだが、どうもそのようには受《う》けとってもらえず、面倒《めんどう》なことを書《か》いている人《ひと》だと思《おも》われていて、残念《ざんねん》だ。それでも一九九〇年代《ねんだい》のものについては、そう言《い》われるのもわからないでもないところがある。けれどそれらも含《ふく》め、たしかに単純《たんじゅん》であるかもしれないが私《わたし》にはどうにも理《り》解《かい》できないことが書《か》いてある本《ほん》やなにか——たくさんある——よりは、ましなことが書《か》いてあると思《おも》う。読《よ》んでいただければと思《おも》う。なお、すべてについて当方《とうほう》のホームページ http://www.arsvi.com/ts/0.htm に目次《もくじ》などがある。多《おお》くについては私《わたし》の方《ほう》から直接《ちょくせつ》にお送《おく》りすることもできる。

これからこの社会《しゃかい》はこういうことで行《い》きましょう、といったことを私《わたし》が列挙《れっきょ》しているのは、『自由《じゆう》の平等《びょうどう》』と、稲葉《いなば》さんとの対談《たいだん》をまとめた『所有《しょゆう》と国家《こっか》のゆくえ』。それらに並《なら》べた一《ひと》つひとつの項目《こうもく》について、考《かんが》えて書《か》いていこうと思《おも》っている。『生《せい》の技法《ぎほう》』と『私的所有論《してきしょゆうろん》』は、昔話《むかしばなし》をしながら書《か》いた本書《ほんしょ》**III**（85ページ〜）、**IV**（111ページ〜）、**V**（113ページ〜）に出《で》てくる。ただし『生《せい》の技法《ぎほう》』に関係《かんけい》したすこし長《なが》い話《はなし》はまた別《べつ》の本《ほん》ですることになるだろう。

「自己決定《じこけってい》」について、そして、後《のち》の本《ほん》でも書《か》くことになる「安楽死《あんらくし》」のことについての章《しょう》のある、一人《ひとり》で書《か》いた本《ほん》では二《に》冊《さつ》めの『弱《よわ》くある自由《じゆう》へ』。その後半《こうはん》三分《ぶん》の一は、介助《かいじょ》（介護《かいご》）についての章《しょう》「遠離《おんり》・遭遇《そうぐう》――介助《かいじょ》について」がある。「ケア」とかいうとすぐ「ふれあい」とか言《い》われる。べつに「ふれあい」はきらいではないのだが、しかし他《ほか》にも言《い》うことがあるだろう。仕掛《しか》け・仕組《しく》みのことも含《ふく》め、まっとうなことをちゃんと書《か》いたと自分的《じぶんてき》には思《おも》っている。

『自由《じゆう》の平等《びょうどう》』。これも、これがわかりにくいなどと言《い》われると困《こま》ってしまう本《ほん》。各章《かくしょう》を順番《じゅんばん》にでなくてもよく、何ページかでも順番通《じゅんばんどお》りに読《よ》んでもらえば、はしごを外したような場所はないはずだから読んでもらえればわかるはず。忘れていたのだが、第《だい》5章《しょう》は「機会《きかい》の平等《びょうどう》のリベラリズムの限界《げんかい》」だった。本書《ほんしょ》VII「機会《きかい》の平等《びょうどう》」というお話《はなし》がいけてない話《はなし》」（167ページ～）がもうすこし詳《くわ》しく書《か》いてあるはず。

『ALS』は、珍《めずら》しく書《か》かれたものを読《よ》んで書《か》いた本《ほん》。といっても「学術的《がくじゅつてき》」な本《ほん》ではなく、ALS（筋萎縮性側索硬化症《きんいしゅくせいそくさくこうかしょう》）というものになってしまった人《ひと》たちが書《か》いたものを集《あつ》めて、並《なら》べて、身体《しんたい》がとことん動《うご》かなくなるっていうことがどんなことだろうかとか、だから死《し》にたいって人《ひと》になにか言《い》えることがあるのだろうかなどと思《おも》ったりしながら、書《か》いた。

『良《よ》い死《し》』『唯《ただ》の生《せい》』は、その「安楽死《あんらくし》」「尊厳死《そんげんし》」の話《はなし》の続《つづ》きということになる。私《わたし》が死《し》ぬのは、自分《じぶん》が決《き》めたことであり、自然《しぜん》なことであり、そして家族他《かぞくほか》の人々《ひとびと》のためでもある、ならば文句《もんく》がない、か。文句《もんく》があるので、書《か》いた。これまでにこの主題《しゅだい》で出《で》ている本《ほん》たちの中《なか》では、考《かんが》えるべきことは考《かんが》えて書《か》いている本《ほん》になっているはずだ。本書《ほんしょ》（＝「よりみちパン！セ」シリーズのこの本《ほん》）に記《しる》した「この世《よ》の仕《し》組《く》み」があって、それで人《ひと》は死《し》ぬことになるのだとわかってもらえると思《おも》う。また、Ｖ「人《ひと》は違《ちが》うものを信《しん》じている」（133ページ～）と『良《よ》い死《し》』の第《だい》二章《しょう》「自然《しぜん》な死《し》、の代《か》わりの自然《しぜん》の受領《じゅりょう》としての生《せい》」とは対応《たいおう》している。『唯《ただ》の生《せい》』の第《だい》三章《しょう》「有限《ゆうげん》でもあるから控《ひか》えることについて——その時代《じだい》に起《お》こったこと」は、ここ三十年《ねん》ほどの間《あいだ》に、日本《にほん》で起《お》こったことについて書《か》いている。

『希望《きぼう》について』は、『弱《よわ》くある自由《じゆう》へ』に続《つづ》いて、青土社《せいどしゃ》から出《だ》してもらった二冊《さつ》めの本《ほん》。天下国家《てんかこっか》／政治《せいじ》のこと／境界《きょうかい》について／不足《ふそく》について／働《はたら》くということ…。　硬軟《こうなん》いろいろではあるが、新聞《しんぶん》に書《か》いた千字《じ》ぐらいの文章《ぶんしょう》も収録《しゅうろく》している。それがわからん、ということはないだろうと思《おも》う。ＡＬＳだとか安楽死《あんらくし》だとかについて書《か》いた短《みじか》い文章《ぶんしょう》は大学《だいがく》や高校《こうこう》の国語《こくご》や小論文《しょうろんぶん》の入試問題《にゅうしもんだい》に幾度《いくど》か使《つか》われている。

自分《じぶん》で答《こたえ》を書《か》いてみたことはないが。

『流儀《りゅうぎ》』は、あるまじきことに、あまり売《う》れてないのだそうだが、読《よ》んでみるとてもおもしろい本《ほん》。アフリカ日本協議会《にほんきょうぎかい》で働《はたら》いている稲場雅紀《いなばまさき》さんへのインタビューと、東京《とうきょう》の八王子《はちおうじ》で小児科医《しょうにかい》をしている山田真《やまだまこと》さんへのインタビュー。稲場《いなば》インタビューでは、そんなにアフリカが注目《ちゅうもく》されないこの国《くに》でどうやって「勝《か》っていくのか」について聞《き》いたり、話《はな》したりした。山田《やまだ》インタビューは、頼《たの》んで、基本《きほん》、昔話《むかしばなし》をしてもらった。そしてそこに本文《ほんぶん》と同《おな》じぐらいの量《りょう》の注《ちゅう》をつけた。本書《ほんしょ》では**III**（85ページ〜）、**IV**（11ページ〜）あたりにすこし書《か》いた私《わたし》の昔話《むかしばなし》のその前《まえ》の時代《じだい》から山田《やまだ》さんはいろいろとやってきた。ほめ称《たた》えなくてもよいから、知《し》っておいた方《ほう》がよいことがたくさんある。

『生存権《せいぞんけん》』は、編集者《へんしゅうしゃ》（出版社《しゅっぱんしゃ》などで働《はたら》き、本《ほん》や雑誌《ざっし》の企画《きかく》を立《た》て、本《ほん》や雑誌《ざっし》を作《つく》る仕事《しごと》をする人《ひと》のことで、本《ほん》の「編者《へんしゃ》」とはまた違《ちが》う）からインタビューを受《う》け、しばらく音沙汰《おとさた》がなかったのだが、いつのまにかできて、できてから知《し》ったような本《ほん》。日本国憲法《にほんこくけんぽう》二十五条《じょう》（他《ほか》）に書《か》いてある「生存権《せいぞんけん》」についての三《みっ》つのインタビューが並《なら》んでいて、私《わたし》は、本書《ほんしょ》では、**IX**「文句《もんく》の言《い》い方《かた》」の［**3**］「「最低限《さいていげん》」を保障《ほしょう》でよくはないか、について」（218ページ〜）、［**4**］「貧乏《びんぼう》の証明問題《しょうめいもんだい》」（221ページ〜）に書《か》いた

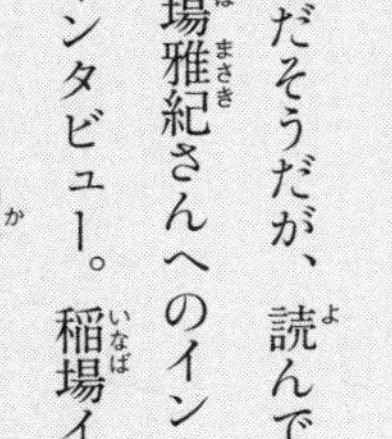

ようなことを話《はな》している。（本書《ほんしょ》［補《ほ》・3］383ページに収録《しゅうろく》）

どうやって、どのような具合《ぐあい》に、社会《しゃかい》にあるお金《かね》を使《つか》うか。『税《ぜい》を直《なお》す』と『ベーシックインカム』はそのことに関《かか》わる。この国《くに》（日本国《にほんこく》）は、何《なん》十年《ねん》もかけてお金《かね》のあるところからお金《かね》をとってこなくなってきた（税《ぜい》の累進性《るいしんせい》を緩《ゆる》めてきた）国《くに》なのだが、『税《ぜい》を直《なお》す』ではその時《とき》に、つまり税《ぜい》を低《ひく》くしないとお金《かね》のある人《ひと》が働《はたら》く気《き》がなくなるといったことがさんざん言《い》われたりしたこと、けれどもそれはけっこう怪《あや》しい話《はなし》であったこと等《など》を書《か》いた。またこの本《ほん》では橋口昌治《はしぐちしょうじ》さんが貧困《ひんこん》・格差《かくさ》についてここのところたくさん出《だ》された本《ほん》を要領《ようりょう》よく紹介《しょうかい》してくれている。ここだけでもこの本《ほん》を手《て》もとにおいて置《お》く価値《かち》はある。

そして『ベーシックインカム』では、誰《だれ》にでも、無条件《むじょうけん》で、同一額《どういつがく》を支給《しきゅう》するという、ベーシックインカムという考《かんが》え方《かた》について検討《けんとう》した。ただ、この考《かんが》え方《かた》についていろいろな人《ひと》が言《い》っていることを紹介《しょうかい》したりするのは共著者《きょうちょしゃ》の齊藤拓《さいとうたく》さんにまかせて、私《わたし》は、すこし基本的《きほんてき》なこと、たとえば「労働《ろうどう》の義務《ぎむ》」のことを考《かんが》えようと思《おも》って、書《か》いた。それとともに本書《ほんしょ》**X**「世界《せかい》の分《わ》け方《かた》」（227ページ）で書《か》いたことを、『税《ぜい》を直《なお》す』では第《だい》一部《ぶ》の第《だい》一章《しょう》「分配《ぶんぱい》のために税《ぜい》を使《つか》うで、『ベーシックインカム』ではやはり第《だい》一部《ぶ》の第《だい》一章《しょう》「此《こ》の世《よ》の分《わ》け方《かた》」でもうすこし詳《くわ》しく書《か》いている。言《い》いたいことははっきりしている。

本《ほん》の紹介《しょうかい》・二〇一〇〜

二〇一〇年《ねん》『人間《にんげん》の条件《じょうけん》——そんなものない』（理論社《りろんしゃ》）

二〇一一年《ねん》立岩《たていわ》・村上潔《むらかみきよし》『家族性分業論前哨《かぞくせいぶんぎょうろんぜんしょう》』（生活書院《せいかつしょいん》）

二〇一二年《ねん》立岩《たていわ》・堀田義太郎《ほったよしたろう》『差異《さい》と平等《びょうどう》——障害《しょうがい》とケア／有償《ゆうしょう》と無償《むしょう》』（青土社《せいどしゃ》）

二〇一二年《ねん》立岩《たていわ》・有馬斉《ありまひとし》『生死《せいし》の語《かた》り行《おこな》い・1——尊厳死法案《そんげんしほうあん》・抵抗《ていこう》・生命倫《せいめいりん》理学《りがく》』（生活書院《せいかつしょいん》）

二〇一二年《ねん》安積純子《あさかじゅんこ》・尾中文哉《おなかふみや》・岡原正幸《おかはらまさゆき》・立岩《たていわ》『生《せい》の技法《ぎほう》——家《いえ》と施設《しせつ》を出《で》て暮《く》らす障害者《しょうがいしゃ》の社会学《しゃかいがく》　第《だい》3版《はん》』（生活書院《せいかつしょいん》）

二〇一三年《ねん》『私的所有論《してきしょゆうろん》　第《だい》2版《はん》』（生活書院《せいかつしょいん》）

二〇一三年《ねん》『造反有理《ぞうはんゆうり》——精神医療現代史《せいしんいりょうげんだいし》へ』（青土社《せいどしゃ》）

二〇一四年《ねん》『自閉症連続体《じへいしょうれんぞくたい》の時代《じだい》』（みすず書房《しょぼう》）

二〇一五年《ねん》 早川一光《はやかわかずてる》・立岩《たていわ》・西沢《にしざわ》いづみ『わらじ医者《いしゃ》の来《き》た道《みち》——民主的医療《みんしゅてきいりょう》現代史《げんだいし》』（青土社《せいどしゃ》）

二〇一五年《ねん》『精神病院体制《せいしんびょういんたいせい》の終《お》わり——認知症《にんちしょう》の時代《じだい》に』（青土社《せいどしゃ》）

二〇一六年《ねん》 横田弘《よこたひろし》・立岩《たていわ》・臼井正樹《うすいまさき》『われらは愛《あい》と正義《せいぎ》を否定《ひてい》する——脳性《のうせい》マヒ者《しゃ》 横田弘《よこたひろし》と「青《あお》い芝《しば》」』（生活書院《せいかつしょいん》）

二〇一六年《ねん》 On Private Property, English Version（Kyoto Books）

二〇一七年《ねん》 立岩《たていわ》・杉田俊介《すぎたしゅんすけ》『相模原障害者殺傷事件《さがみはらしょうがいしゃさっしょうじけん》——優生思想《ゆうせいしそう》とヘイトクライム』（青土社《せいどしゃ》）

二〇一七年《ねん》『生死《せいし》の語《かた》り行《おこな》い・2——私《わたし》の良《よ》い死《し》を見《み》つめる本《ほん》etc.』(Kyoto Books)

本第二版以前《ほんだいはんいぜん》には以上《いじょう》が出《で》ている。解説《かいせつ》は略《りゃく》す。『生《せい》の技法《ぎほう》』『ALS』『唯《ただ》の生《せい》』『流儀《りゅうぎ》』等《など》もそうだが（じつは『税《ぜい》を直《なお》す』等《など》も）「現代史《げんだいし》」に関《かか》わる本《ほん》が多《おお》くなっている。とくに本書《ほんしょ》に関係《かんけい》するのは『差異《さい》と平等《びょうどう》』。『相模原障害者殺傷事件《さがみはらしょうがいしゃさっしょうじけん》』にも本書《ほんしょ》に記《しる》した場所《ばしょ》から進《すす》め、という思《おも》いがある。そして最《もっと》もおすすめは『私的所有《してきしょゆう》論《ろん》』英語版《えいごばん》＋文庫版第二版《ぶんこばんだいはん》。百年《ひゃくねん》が経《た》ったらまともに読《よ》まれるかもしれない。

終《お》わりに

終わっちゃった。
立岩先生ちょっと聞きたいことたくさんあるんですけど
ぜひそれ教えてください!!
質問のあて先も書いときましたから
わかりました…!!

編集者《へんしゅうしゃ》の清水檀《しみずまゆみ》さんから「よりみちパン！セ」のシリーズの一冊《いっさつ》をという申《もう》し出《で》をいただき、しかし時間《じかん》はないし、どうせさぼるだろうし、では、このシリーズを当時《とうじ》出《だ》していた理論社《りろんしゃ》のウェブサイトに連載《れんさい》を書《か》いて、それをまとめて本《ほん》にすればなんとかなるかということになった。それで二〇〇六年《ねん》の一月《がつ》「人間《にんげん》の条件《じょうけん》」というおそろしいタイトルの連載《れんさい》が始《はじ》まった。途中《とちゅう》で休《やす》んでしまったりして、二〇一〇年《ねん》になってしまい、二十七回《かい》めを書《か》いたあたりでとにかくまとめねばということになって、まとめてみたら、いろいろ書《か》かねばということがまた出《で》てきてしまったりして、また書《か》き足《た》したりということになった。そして、二〇一〇年《ねん》の八月《がつ》十六日《にち》、一九六〇年《ねん》の同《おな》じ月日《つきひ》に生《う》まれた著者《ちょしゃ》の誕生日《たんじょうび》に出版《しゅっぱん》された。

ただその理論社《りろんしゃ》、本《ほん》が八月《がつ》に出《で》て、その半年後《はんとしご》に印税《いんぜい》が入《はい》ることになっていたその間《あいだ》に民事《みんじ》再生《さいせい》法適用《ほうてきよう》、ということになった。それで単価《たんか》は安《やす》いものの一万部《まんぶ》と私《わたし》の本《ほん》としては破格《はかく》に多《おお》い初刷《しょずり》の数《かず》で、たくさん印税《いんぜい》が入《はい》るはず、のところ、まったくなし、になり、さらに本《ほん》は出《だ》せなくなった。その後《ご》、イースト・プレスという出版社《しゅっぱんしゃ》からいったん再刊《さいかん》されたが、諸般《しょはん》の事情《じじょう》あり、やはり出《だ》せなくなるという不《ふ》幸《こう》な経緯《けいい》を辿《たど》った。その頃《ころ》（&その年《とし》から約《やく》六年《ねん》）心身《しんしん》がよろしくなかったのはそれとは関係《かんけい》がない。ただ、清志郎《きよしろう》は長《なが》らく聞《き》いていない。

そして時《とき》が経《た》ち、本書《ほんしょ》、というか「よりみちパン！セ」シリーズが今度《こんど》は新曜社《しんようしゃ》で再刊《さいかん》・再開《さいかい》されることになった。それでついでだから、と少《すこ》し加筆《かひつ》して、第《だい》二版《はん》（増補新版《ぞうほしんぱん》）とすることにした。といっても、イラストとルビがきっちり入《はい》った本体《ほんたい》はほぼまったくそのままということで、二〇〇九年《ねん》に出版《しゅっぱん》された『生存権《せいぞんけん》――いまを生《い》きるあなたに』に収録《しゅうろく》されていた「「目指《めざ》すは最低限度《さいていげんど》」じゃないでしょう？」を［補《ほ》・3］として加《くわ》えた（二段組《だんぐ》みということもあり、ここは総《そう》ルビではない）。この出版《しゅっぱん》の経緯《けいい》もまた不思議《ふしぎ》であったこと等《など》はその冒頭《ぼうとう》で説明《せつめい》している。他《ほか》には、初版《しょはん》の後《あと》に出《で》た本《ほん》のリストを置《お》いたぐらいだ。だから第《だい》二版《はん》といっても、『私的所有論《してきしょゆうろん》』（現在第《げんざいだい》二版《はん》）や『生《せい》の技法《ぎほう》』（現在第《げんざいだい》三版《ばん》）のような大《おお》きな増補《ぞうほ》をしたのではない。

私《わたし》のこれからのつもりについて簡単《かんたん》に。「本《ほん》の紹介《しょうかい》」にあげた『自由《じゆう》の平等《びょうどう》』『ALS』は第《だい》二版《はん》を用意《ようい》したいと思《おも》っている。二〇〇五年《ねん》から『現代思想《げんだいしそう》』での連載《れんさい》

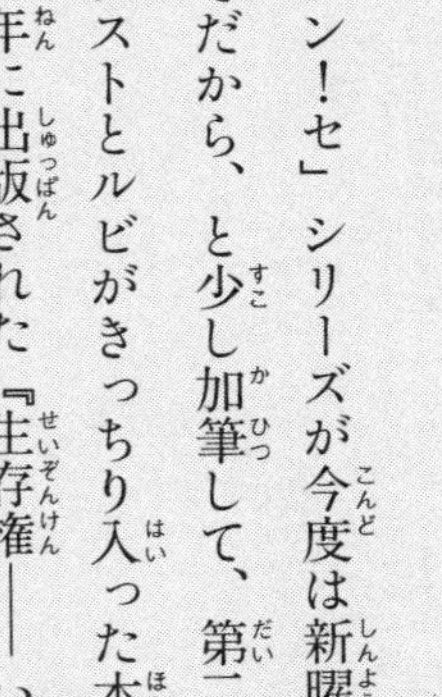

を続《つづ》けさせてもらっていて、そこから七冊《さつ》ほどの本《ほん》ができたが、まだ半分以上《はんぶんいじょう》は本《ほん》になっていない。そこで「生《せい》の現代《げんだい》のために」という続《つづ》きものをここしばらくしていた、それとその後《あと》に書《か》いている部分《ぶぶん》とを、理論篇《りろんへん》・歴史篇《れきしへん》（の1）という具合《ぐあい》に仕立《した》てなおして、まず二〇一八年《ねん》に二冊《さつ》の本《ほん》にする。

また本書《ほんしょ》の本篇《ほんぺん》の最後《さいご》XIIに書《か》いたことは、一《ひと》つに、とくに「人間《にんげん》は足《た》りている」という話《はなし》。このことをかなりの回数《かいすう》、いろいろなところで書いているのだが、なかなか信《しん》じてもらえない。誰《だれ》か数《かず》が数《かぞ》えられ、お金《かね》の計算《けいさん》ができるような人《ひと》の助《たす》けを借《か》りてになるか、あまり長《なが》くない本《ほん》を出《だ》したいと思《おも》っている。もう一《ひと》つ、「材料《ざいりょう》（知識含《ちしきふく》む）を分《わ》ける」というのは「資本《しほん》」の所有《しょゆう》をどうするかということでもあって、これは普通《ふつう》の意味《いみ》での分配《ぶんぱい》論《ろん》とはまた少《すこ》し異《こと》なる「体制論《たいせいろん》」にもなる。「そのうちなにか書《か》きたい」と書《か》いた（99ページ）それを、そのうち書《か》ければと思《おも》う。このごろ時々呟《ときどきつぶや》いており、一度《いちど》さきの『現代思想《げんだいしそう》』連《れん》載《さい》でも書《か》いたことのある「素朴唯物論《そぼくゆいぶつろん》を支持《しじ》する」という話《はなし》は、その二《ふた》つともに関《かか》わる。

そして、いま研究費《けんきゅうひ》をもらって「病者障害者運動史研究《びょうしゃしょうがいしゃうんどうしけんきゅう》」というものをやっているのだが、（この語《ご》で検索《けんさく》すると出《で》てきます）、その関係《かんけい》。例《たと》えば、二十世紀《せいき》の偉人《いじん》として横塚晃一《よこづかこういち》と高橋修《たかはしおさむ》という人《ひと》をあげた（127ページ）。横塚《よこつか》についてはいくつか既《すで》に書《か》いたものがあるが、高橋《たかはし》についても本《ほん》を作《つく》りたいと思《おも》う。そういうもので出《だ》すべきものがたくさんあって、誰《だれ》かお願《ねが》いと長《なが》く願《ねが》ってきているのだが、なかなかだ。協力《きょうりょく》してくれる人《ひと》とともに、結局私《けっきょくわたし》自身《じしん》も仕事《しごと》をしないとならないようだ。

「歌《うた》うならともかく、字《じ》を書《か》くなら、退屈《たいくつ》でも、長《なが》くなっても、順番《じゅんばん》どおりに」と本書《ほんしょ》の冒頭《ぼうとう》に述《の》べた（14ページ）。それは私《わたし》の好《す》き嫌《きら》いと別《べつ》に、仕方《しかた》なく求《もと》められているものだから、続《つづ》けられる限《かぎ》りは続《つづ》けていく。ただ、なかなか読《よ》んではもらえない。だから、新書《しんしょ》など短《みじか》いものの割合《わりあい》を増《ふ》やしていこうとも思《おも》っている。

こうして、非力《ひりき》（無能力《むのうりょく》）ゆえ困《こま》ることはあるが、書《か》く主題《しゅだい》・題材《だいざい》には困《こま》らない。「社会《しゃかい》の部品《ぶひん》や部品《ぶひん》の組《く》み合《あ》わさり具合《ぐあい》を、一《ひと》つひとつ、一《ひと》つひとつはごくごく当《あ》たり前《まえ》に、順番《じゅんばん》に」（129ページ）見《み》て、考《かんが》えていければと思《おも》っている。それを私《わたし》はおもしろいと思《おも》うのだが、そんな人《ひと》がもっといてくれると、なおうれしい。

谷川俊太郎《たにかわしゅんたろう》さんからの四つの質問《しつもん》への立岩真也《たていわしんや》さんのこたえ

「何《なに》がいちばん大切《たいせつ》ですか？」

生《い》きていること。


「誰《だれ》がいちばん好《す》きですか？」

どうなんでしょ。


「何《なに》がいちばんいやですか？」

いまは死《し》ぬこと。


「死《し》んだらどこへ行《い》きますか？」

どこへも。了《おわ》り。

立岩真也（たていわ・しんや）1960年、新潟県佐渡島生まれ。社会学者。東京大学大学院社会学研究科博士課程修了。現在、立命館大学大学院先端総合学術研究科教授。2007年より、文科省の採択による、新しい教育、研究拠点としての「生存学研究センター」長を務める（2012年を除く）。同センターの目的は以下の通り。「病や老い、障害など、ままならない身体とともに生きること。それは、福祉や医療の援助の対象である前に、人びとが生きていく過程であり、生きる知恵や技が創出される現場です。その人びとの経験や語りを集め、社会とのかかわりを解析し、人びとのこれからの生き方を構想し、あるべき社会・世界を実現する手立てを示す——それが「生存学」です。自然科学と人文社会学のはざまで分散し埋もれていた情報をデータベース化し、それをもとに本格的な学問的考察を行い社会に発信します」。詳しくは、http://www.arsvi.comを参照。また、いままでの著作については、本書の本文中をはじめ、421-430ページなど、さらに詳しくは、http://www.arsvi.com/ts/0.htmで知ることができる。社会の「あたりまえ」の仕組みを批判的かつ根源的なアプローチで読み解きながら、あるべき社会像を丹念に描き出していくその仕事はきわめて精緻かつエキサイティングであり、その影響は深く広く、多方面に及び続けている。2023年7月31日逝去。

増補新版 人間の条件 そんなものない

2018年5月 5 日　初版第1刷発行
2024年4月15日　初版第5刷発行

よりみちパン!セ
YP03

著　者　立岩真也
発行人　塩浦 暲
発行所　株式会社　新曜社
101-0051　東京都千代田区神田神保町3-9
Tel: 03-3264-4973　Fax: 03-3239-2958
e-mail: info@shin-yo-sha.co.jp
URL: http://www.shin-yo-sha.co.jp/

装画・挿画　100%ORANGE／及川賢治
ブックデザイン　祖父江 慎＋根本 匠（cozfish）
印刷・製本　中央精版印刷株式会社

Printed in JAPAN　ISBN 978-4-7885-1564-2 C0095

＊本書は2011年に理論社より刊行された同名書籍に、新たに【補・3　健康で文化的な最低限度？】を加え、ほかに若干の修正と増補を施したうえ、増補新版として刊行したものです。

『人間の条件 そんなものない』を読んだ人に

著者 立岩真也さんからのおすすめメディア

恥ずかしついでに中〜高校の時に読み聞きしていたもの順番に。
小説は忘れたので略。

『谷川俊太郎詩集』（1965、思潮社、「続」は1979、思潮社）

大人になってからも本の題に使える言葉ないかと開くことあり。
成功したことはなし。

The Rolling Stones のいろいろの中の幾つか

学校に行く前威勢よくなるため聞いていたのがどれだったのか、
特定できませんでした。

Eric Dolphy at the Five Spot, Volume 2

（録音1961、CDあり）

偉すぎてめったに聞かない人ですが、“Aggression”は頭に来てる時とかよいです。

武満徹「ガーデンレイン」

（録音1974、LP『ミニアチュール第5集』、題名の違う中身の同じCDは廃盤だが他で探せなくはない）

高校の図書館で借りた『音、沈黙と測りあえるほどに』（1971、新潮社）を
見つけて知って最初に買ったLPに収録。初期の曲の方が私は好き。

最後のは大学に入ってから

『1900年』（1976、ベルナルド・ベルトルッチ監督）

映画観ていると人生終わりそうなので、25 年ほど前に観るのをやめました。

編集部からのおすすめ本

●「よりみちパン!セ」シリーズ内の本
＊今後復刊される予定の本も含まれています。

伏見憲明『さびしさの授業』／貴戸理恵＋常野雄次郎『不登校、選んだわけじゃないんだぜ!』／小熊英二『決定版 日本という国』／倉本智明『だれか、ふつうを教えてくれ!』／鈴木邦男『失敗の愛国心』／森達也『きみが選んだ死刑のスイッチ』／湯浅誠『どんとこい、貧困!』／綾屋紗月『前略、離婚を決めました』など。

●医学書院刊「ケアをひらく」シリーズ（読めば人生変わります）

川口有美子『逝かない身体：ALS 的日常を生きる』（大宅壮一ノンフィクション賞受賞!）／熊谷晋一郎『リハビリの夜』／澁谷智子『コーダの世界：手話の文化と声の文化』／浦河べてるの家『べてるの家の「非」援助論：そのままでいいと思えるための 25 章』など。

●生活書院刊

横塚晃一『母よ！ 殺すな』

20 世紀の偉人（本書 127 ページ）が遺した不朽の名作。

ほか、本文中に登場する本すべて。